LÜSHI YANZHONG DE
MINFADIAN

律师眼中的民法典 ①

北京市安通律师事务所 ◎ 著

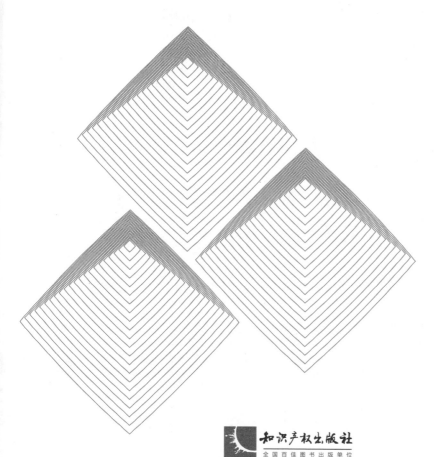

知识产权出版社
全国百佳图书出版单位
—北京—

图书在版编目（CIP）数据

律师眼中的民法典 .1／北京市安通律师事务所著 . —北京：知识产权出版社，2021. 9
ISBN 978－7－5130－7556－5

Ⅰ.①律… Ⅱ.①北… Ⅲ.①民法—法典—中国—学习参考资料 Ⅳ.①D923.04

中国版本图书馆 CIP 数据核字（2021）第 112355 号

责任编辑：齐梓伊　　　　　　　　　　　　责任校对：潘凤越
执行编辑：凌艳怡　　　　　　　　　　　　责任印制：刘译文
封面设计：瀚品设计

律师眼中的民法典 1

北京市安通律师事务所　　著

出版发行：**知识产权出版社** 有限责任公司	网　　址：http：//www. ipph. cn
社　　址：北京市海淀区气象路 50 号院	邮　　编：100081
责编电话：010－82000860 转 8176	责编邮箱：qiziyi2004@ qq. com
发行电话：010－82000860 转 8101/8102	发行传真：010－82000893/82005070/82000270
印　　刷：天津嘉恒印务有限公司	经　　销：各大网上书店、新华书店及相关专业书店
开　　本：710mm×1000mm　1/16	印　　张：28.5
版　　次：2021 年 9 月第 1 版	印　　次：2021 年 9 月第 1 次印刷
字　　数：454 千字	定　　价：98.00 元
ISBN 978－7－5130－7556－5	

序言一：律师是准确适用民法典、依法保障人民权益的重要力量

王利明[*]

2020 年 5 月 28 日，《中华人民共和国民法典》[①] 高票通过！作为我国民事法律的集大成者，民法典是中华人民共和国成立以来第一部以"法典"命名的法律，也是第一部直接以"民"命名的法典。以"法典"命名，表明凡是纳入民法典的规则，都具有基础性、典范性的特点；以"民"命名，说明民法典把人民的愿望置于首位，充分反映了人民的利益诉求。此次颁布的民法典最大的亮点就是为民立法、以民为本，最大化地谋求人民的利益。民法典的立法宗旨和目的就是充分反映人民群众的意愿，保障私权，维护广大人民群众的利益。

习近平总书记指出，"民法典在中国特色社会主义法律体系中具有重要地位，是一部固根本、稳预期、利长远的基础性法律"。如何理解习近平总书记所说的"基础性法律"？我认为可以从四个方面理解：

一是，在整个社会主义法律体系中，民法典是一部基础性法律。所谓"典"，就是典范、典籍的意思，在整个社会主义法律体系中，民法典是在宪法之下的基础性法律。习总书记特别强调民法典是一部基础性法律，也就意味着其他法律、行政法规以及单行法等，都应当和民法典保持一致。

---

[*] 王利明，中国第一位民法学博士，中国人民大学原常务副校长，教授，博士研究生导师。国务院学位委员会法学学科评议组成员兼召集人，中国法学会副会长，中国法学会民法学研究会会长，中国法学会民法典编纂项目领导小组副组长。

[①] 本书下文简称《民法典》。

二是，在民事领域的立法中，民法典具有基础性地位。民法典也被称为私法基本法。我们采用民商合一的立法模式，民法典在整个民商事立法中也处于基础性地位。我国目前有二百五十多部法律，其中一半以上属于民商事立法或者涉及民事法律关系的调整，除已废止的法律以外，这些民事立法都要在民法典的统率下，构成统一的整体。

三是，民法典是市场经济的基本法。民法典有关产权保护的规则、有关人身权保护的规则以及有关合同债权的保护规则等，构建了整个市场经济的基础。因此可以说，民法典是调整市场经济的基本法律制度，是市场经济的基本法。

四是，民法典是行政执法和司法的基本遵循。法典化带来的最大好处就是找法方便、修法透明、规则统一。正所谓"法典在手，找法不愁"，解决民事纠纷的基本裁判依据都在民法典中，在找法时不再盲目。民法典也是法律工作者今后研究、处理民事纠纷的基本依据，是执法、司法的基本平台，民事纠纷的解决都应当在该平台中研讨。民事领域中对我们执法能力的考验，很大程度上就是在衡量我们准确把握、理解和运用民法典的能力。

民法典是法律人适用法律的基本依据。为什么说律师是准确适用民法典、依法保障人民权益的重要力量？

首先，律师是全面宣传民法典的重要群体。习近平总书记强调，学习民法典"要聚焦民法典总则编和各分编需要把握好的核心要义和重点问题，阐释好民法典关于民事活动平等、自愿、公平、诚信等基本原则，阐释好民法典关于坚持主体平等、保护财产权利、便利交易流转、维护人格尊严、促进家庭和谐、追究侵权责任等基本要求，阐释好民法典一系列新规定、新概念、新精神"。[1] 律师是法律人共同体的一员。民法典既是老百姓的"权利宣言书"，也是法律人共同体讨论民商事案件、解决民商事纠纷的统一平台。民法典实现了民事裁判规则的集中和体系化，因此，在民法典颁布之后，法律

---

[1] 习近平：《充分认识颁布实施民法典重大意义　依法更好保障人民合法权益》，载《求是》2020 年第 12 期。

人共同体不能各说各话，而应当依据民法典的规定来讨论问题，在民法典的内在体系与外在体系的指引下，对法律条文进行解释，这既是民法典的意义之所在，也是法律人共同体的职责之所在。而律师作为法律人共同体中的重要成员，必须在民法典的框架范围内讨论相关案件、解决相关纠纷，这对于宣传民法典、准确把握民法典将发挥重要作用。

其次，律师群体是全面贯彻实施民法典的重要群体。律师是社会主义法治事业的参与者，是社会主义法治事业的重要力量。"律师兴则国家兴"，律师依据民法典，帮助当事人理解法律、运用法律，在法庭上辩论理据，有助于法官查明事实、准确适用法律。律师们还是能够广泛参与政府重大决策的法律顾问，能参与到各类企事业单位的纠纷预防、重大合同签订谈判等各个环节和过程，可以通过所掌握的民法典知识，避免当事人因违反法律而利益受损。

最后，律师群体是依据民法典解决民商事纠纷的重要参与者。律师群体准确理解民法典、科学运用民法典是民法典能够准确适用的重要环节，也是民法典走到群众身边、走进群众心里的关键环节。民法是裁判法，民法典更是裁判规则的集大成者。民法典的作用，主要通过一个个案件的裁决裁判、一起起纠纷的解决处理来实现，要让老百姓在每一个个案中感受到法律的公平正义，离不开律师群体的广泛参与。因此，律师必须带头深入学习民法典的规定，理解民法典的基本原则和价值理念。

北京市安通律师事务所在民法典颁布之后立即展开对民法典各编内容的学习，并由该所主任和律师撰写了一系列学习文章，这是对民法典深入学习的第一步。这些文章对于民法典的理解或深或浅，有些观点也属于一家之言，但对民法典的理解和适用是一项浩大的工程，需要千千万万法律人的深度参与，过程可能需要绵亘数百年。因此，安通律师事务所对民法典的这种高昂的学习热情，值得肯定。

现代法治强调"规范公权，保障私权"，民法典是权利保障的宣言书。习近平总书记强调，民法典专业性较强，"要充分发挥律师事务所和律师等法律专业机构、专业人员的作用，帮助群众实现和维护自身合法权益，同时要发挥人民调解、商事仲裁等多元化纠纷解决机制的作用，加强法律援助、司法救助等工作，通过社会力量和基层组织务实解决民事纠纷，多方面推进民法典实施工作。"①

　　为此，我应安通律师事务所汤敏煌主任的邀请，为其律所的民法典系列学习文章作序以勉之。

2020 年 6 月 14 日

---

① 　参见习近平总书记 2020 年 5 月 29 日在中共十九届中央政治局第二十次集体学习时的讲话。

序言二：这部民法典的
新书是如何炼成的

刘桂明*

每一部新书的出版都是有理由的。这部有关民法典学习、理解、宣传的新书的出版，同样也有一个特别叫得响的缘由。

因为这部新书的出版，完全得益于王利明教授的特殊倡议和特别鼓励。可以说，如果没有王利明教授的倡议和鼓励，这部新书的出版显然是不可能的。之所以能够有王利明教授这样的著名学者倡议和鼓励，是因为其对北京市安通律师事务所多年来的特别关心和悉心指导。更重要的，是因为王利明教授对律师制度乃至律师职业的深刻认识和特别关注。

无论是作为中国法学会副会长、中国法学会民法学研究会会长，还是作为中华人民共和国成立后第一位民法学博士和著名的长江学者、博士研究生导师，刚刚卸任中国人民大学常务副校长的王利明教授，最钟情、最看重的一定是他为之奋斗一生的民法事业。

在王利明教授看来，今年可谓丰收之年。他不仅迎来了自己光荣卸任的花甲之年，更喜逢自己一直孜孜以求的《民法典》的高票通过。

从当年在湖北财经学院（现中南财经政法大学）临近大学毕业时无意中看到油印的《民法概论》，到当晚熬夜读完这本书，并利用借阅的三天三夜时间抄完这本约10万字的"小薄本"；从1981年顺利通过中国人民大学法律

* 刘桂明，中国法学会《民主与法制》周刊原总编辑，《中国律师》杂志原总编辑，团中央中国预防青少年犯罪研究会副秘书长。曾发起创办"中国律师网""中国律师论坛""中国青年律师论坛""法学与法治巡回论坛"等律师行业优秀交流平台。同时，组织参与了"中国律师2000年大会""首届全国律师电视辩论大赛"等大型活动的宣传策划。

系硕士研究生考试到成为被学界誉为"中国民法之父"佟柔教授的学生；从人大硕士毕业后留校任教到 1990 年在佟柔教授的病榻前完成自己的博士论文答辩并成为中华人民共和国成立后第一位民法学博士；从当年在佟柔教授的指导下参与起草《中华人民共和国民法通则》① 到而后又参与起草《民法典》，王利明教授走过了从学习者到研究者乃至立法建言者的四十余年。如果说刚开始他是因为兴趣而学习民法，那么到后来则是因为使命而研究民法。可以说，对王利明教授来说，民法首先是学业，后来是专业，现在则是事业。

王利明教授在多年以来的法学研究和立法实践中，对律师制度同样有深入研究。从他撰写的《从"律师被逐出法庭"谈律师的职业定位》一文中可以看出，他对律师制度的认识既有客观性，也有超脱性，更有前瞻性。他强调，全社会都要准确认识律师在法治社会中的地位和作用。他认为，律师是法治文明发展到一定阶段的产物，也是法治文明的标志；律师是程序公正的保障，其不仅捍卫着程序公正，对法律案件的介入本身也是程序公正的体现。作为实现程序正义和实体正义的重要力量，律师和其他法律人一起担负着共同的使命。而且我国的法律实践业已表明，律师在庭审等法律活动中发挥的作用越大，对法官的帮助就越大。因此，律师和公检法机关不是对立的，而是和公检法机关一起，共同构成法治建设的重要力量。既然如此，我们要推进社会主义法治建设，就必须承认法律职业共同体这一概念。

现在，我国的史无前例的民法典颁布了。对于律师在民法典的学习、宣传、运用中的作用和功能，王利明教授同样非常看重和期待。在王利明教授看来，律师既是全面宣传民法典的重要群体，也是全面贯彻实施民法典的重要群体，更是依据民法典解决民商事纠纷的重要参与者。

在王利明教授的弟子中，既有诸多享誉法学界的学者，也有很多名播实务界的法官、检察官，更有不少做人低调、做事高调的执业律师。其中，北京市安通所主任汤敏煌律师就是其中一位这样低调而内敛、内敛而有为的律师。

1988 年就取得律师资格的汤敏煌律师，于 1995 年 3 月辞去公职，创办

---

① 本书下文简称《民法通则》，《民法典》生效后该法废止。

湖南辉煌律师事务所。后来，辉煌所被岳阳市司法局授予"四好律师事务所"，被湖南省司法厅授予首批"省级文明律师事务所"和"优秀律师事务所"等称号。之后，汤敏煌律师被选为岳阳市律师协会副会长、湖南省律师协会理事。当年闻名全国的"岳阳律协罢辩事件"，他发挥了巨大的作用。1997年，岳阳市律协发布了一份今日读来仍让全国律师深受震撼的文件，即《关于自即日起全市律师停办刑事案件的紧急通知》。该通知中称，由于岳阳市云溪区检察院严重侵犯了刘正清律师的合法权利，且拒绝改正，律协要求全市律师自即日起停办所有刑事案件。因为律协的坚持和各方的支持，这场风波最后获得了圆满解决，从而成就了一段如王利明教授所期待的法律职业共同体的佳话。后来，辉煌所与另外两家律所合并成为湖南万和联合律师事务所，汤敏煌律师担任该所董事局主席职务。

2000年，汤敏煌律师暂停律师业务，考入中国人民大学法学院并师从王利明教授；2003年1月，如期毕业如愿成为法律硕士。毕业时，在恩师王利明教授和班主任老师姚欢庆教授的建议下，汤敏煌决定留在北京执业。从此，汤敏煌成为一名北京律师。

2008年，在辗转了几家北京大所之后，在王利明教授的指导和支持下，汤敏煌终于创办了自己领衔的北京市安通律师事务所。十几年来，安通所坚持以"专业领域、专家水平、专有服务"为服务目标，致力于为高端企业和企业家、知名人士提供法律顾问服务、民商事法律服务、建设工程法律服务、企业商业模式策划。可以说，这是一家能做业务、很爱学习、讲究团结的律师事务所。为此，王利明教授充分肯定全所律师勤于参加各种业务讲座、乐于举办各种交流活动的热情和行动。

2020年5月28日，十三届全国人大三次会议审议通过了《民法典》，这是中华人民共和国首部以"法典"命名的法律，这也是一部与人民生活各方面密切相关的"社会生活百科全书"。民法典的颁布，标志着我国人民权利保障进入了新阶段。

徒法不足以自行，民法典的生命在于实施。2020年5月29日开展的中共十九届中央政治局第二十次集体学习中，习近平总书记强调指出，"民法典专业性较强，实施中要充分发挥律师事务所和律师等法律专业机构、专业人员的作用，帮助群众实现和维护自身合法权益"。

作为一线法律实践者，作为全面宣传、贯彻实施民法典的重要群体，作为依据民法典解决民商事纠纷的重要参与者，律师更需要带头宣传、推进、保障民法典的实施，要争做学习、遵守、维护民法典的表率。

民法典颁布后，安通所第一时间组织律师学习民法典、积极撰写专业文章，并特别邀请王利明教授撰写评析文章。王利明教授对这种学习民法典的热情予以赞赏并建议安通所将该系列文章结集出版，就如何学习、运用民法典，向全国律师推广这一有益做法。不仅如此，王利明教授还应安通所主任汤敏煌律师的邀请，立即为这部民法典新书作序，以示鼓励和支持。

在新书出版之前，《民主与法制》周刊2020年第23期专门辟出版面，为安通所学习民法典的快速反应而策划了一组题为"律师眼中的民法典"的封面聚焦专题。这组学习解读民法典的文章，都很有针对性，同时也做到了通俗易懂、举一反三。从标题就可以看出，每一篇文章都各具特色、各显风采。这些文章分别是：《民法典：一种学习方式的深入浅出》《总则编：一部基本法典的来龙去脉》《物权编：一种财产权利的天经地义》《合同编：一纸契约保护的居安思危》《人格权编：一项个人权利的前世今生》《婚姻家庭编：一个基础条款的天长地久》《继承编：一种社会理念的承前启后》《侵权责任编：一种指引规则的继往开来》。

王利明教授的序文题目是《律师是准确适用民法典、依法保障人民权益的重要力量》。由此可见，律师在学习理解实施运用民法典中的独特作用和功能。

王利明教授认为，北京市安通律师事务所在民法典颁布之后立即展开对民法典各编内容的学习，并由该所主任和资深律师撰写了一系列学习文章，这是对民法典深入学习的第一步。这些文章对于民法典的理解虽或深或浅，有些观点也属于一家之言，但对于民法典的理解和适用是一项浩大的工程，需要千千万万法律人的深度参与，过程可能需要绵亘百年。因此，安通所对民法典学习宣传运用这种高昂的学习热情，值得肯定。

值得肯定和支持的，不仅是安通所这种对于民法典学习的做法，更重要的是安通所这种对于民法典学习的写法。这种写法不仅体现在安通所全所总动员之后的效率，更体现在安通所每位律师积极响应认真学习之后的效果。其效果可谓不同一般，因为安通所在不到三个月的时间里圆满完成了王利明教授所倡议的任务。

不同一般的，还在于本书的几大亮点：

亮点之一：每位律师的选题——各显其能。在全所律师第一时间组织学习民法典之后，律所立即发布了准备将大家的学习文章汇编成书的通知。对于每位律师的选题，律所要求大家根据自己的学习兴趣与研究心得，自由自主选择有关写作主题。在大家动笔之前，律所根据不同团队的业务发展情况对有关选题安排又进行了协调。最后，又分别安排了有关总则编、物权编、合同编、人格权编、婚姻家庭编、继承编、侵权责任编等部分的负责人。从后来实际写作的情况来看，基本上都照顾到了每位律师的学习兴趣和特长。

亮点之二：每个选题的切入——各显风采。因为每位律师都是根据自己的专业特长和学习兴趣而选择的主题，所以每个选题的切入点，显然都是有的放矢、对症下药。这样一来，自然而然就达到了学习有兴趣、写作有感觉、研究有成果的目的。可以说，这样的学习方式和写作方法，效果必然会事半功倍，结果必然会相得益彰。

亮点之三：每篇文章的内容——各具特色。在内容上，每篇文章既有针对性强且很对路的条文解答，也有故事性很丰富的案例解析，更有专业性很全面的法理解读。通过阅读，我认为，这是一部执业律师学习民法典的心得之作。关于民法典所涉及的有关民事权利、民事行为、民事关系等诸多法律问题，从名词解释的通俗易懂到法律概念的深入浅出乃至法律规定的举一反三，每篇文章都有精彩的案例演示，每个主题都有精准的规则启示，每位作者都有精美的才华展示。

中华人民共和国成立70余年来，因为党的正确领导和人民的巨大支持，因为几代法律人的不懈努力，历经5次启动制定并历时66年磨一剑，终于在2020年成就了这部7编加附则、84章、1260个条文，总字数逾10万字的民法典。

同样，因为一位著名民法学者的积极倡议和大力鼓励，因为一位著名民法学者对律师制度乃至律师职业的高度认可和正确认识，因为一位著名民法学者对一位律师乃至一家律所的悉心指导和特别关照，终于成就了这部完全由律师撰写的学习、宣传、运用、实施民法典的新作。

这是有来由的关于民法典学习的心得之作，也是一部有缘由的关于民法典理解的研究之作，更是一部有理由的关于民法典实施的实用之作。值得阅读，更值得分享和参考。

是以为序。

2020 年 9 月 10 日于北京皂君庙

序言三：法典的生命在实施

姚欢庆[*]

《民法典》是中华人民共和国第一部以"法典"命名的法律，涵盖了物权、合同、婚姻、继承、侵权责任和人格权等方面的内容，是"社会生活百科全书"。民法典的颁布是个大事情，但正如先哲孟子所说的那样，"徒法不足以自行"，民法典的学习与实施是更为重要的事情。习近平总书记指出，"要加强民法典重大意义的宣传教育，讲清楚实施好民法典……民法典实施水平和效果，是衡量各级党政机关履行为人民服务宗旨的重要尺度"。我看到北京市安通律师事务所的一批律师写了自己学习民法典的心得，既有理论，又有结合实践的思考，很有感触。我应安通律师事务所汤敏煌主任的邀请，为其律所的民法典系列学习文章，在这里谈点自己的感受，与各位律师朋友共勉。

一、民法典的颁布意味着什么？

民法典的颁布，总结了自改革开放以来中国及世界的法学发展，也整理了中华人民共和国成立以来的民事立法经验，从立法上保障了自改革开放以来的制度建设成果。正如有学者指出，法典具有"体系化效应"，通过民法典的制定，把原来庞大的民法规范和制度按照一定的逻辑整合为一个具有内在融贯性的法典，国家在实现基本法制统一的同时，可以较好地保证法官裁判尺度的统一。

---

* 姚欢庆，法学博士，中国人民大学民商事法律科学研究中心副主任。中国法学会知识产权法学研究会副秘书长、常务理事，中国民商法律网负责人，中国国际经济贸易仲裁委员会仲裁员。著作主要有：《知识产权案例精析》《知识产权法教学法规》《担保法案例精析》《合同法案例精析》《商法概要》等。

民法典的颁布对于维护人格尊严、保障私权，以及建设自由平等的私法秩序和法治社会有着莫大的意义。民法典在人格权的独立成编、呼应科技发展所带来的隐私保护难题等方面都有着自己的创新和特色，民法典立法在这方面的努力对于建设一个中国特色的法治社会有着重要的制度价值。

民法典的颁布，为中国民事领域的法学家、法官和律师等法律工作者共同创建了实践性的话语交流平台。未来也会以此为基础，形成真正的法律人共同体。

尤其需要指出的是，民法典作为社会生活的百科全书，贯穿了一个人从摇篮到坟墓的整个过程。每个人的一生中都会与民法典相遇若干次，只是作为普通民众的大部分人是被动地与民法典打交道，甚至是无意识地与民法典打交道。但是作为法律共同体的律师却不是，他们是学法、用法的真正实践者，很多时候还是法律的布道者。每个民事案件都是民法典适用的场景化体现，律师与当事人交流的过程，就是一个普法的过程，也是让每个人切实感受法治的过程。因此，民法典能否成功实施，离不开所有专业实践者的参与。正如习近平总书记指出的那样，"民法典专业性较强，实施中要充分发挥律师事务所和律师等法律专业机构、专业人员的作用……多方面推进民法典实施工作"。[①] 因此，作为律师，应当主动学、积极学，化民法典为自己所用，真正用平生所学推进中国的法治实践。

二、如何学好和用好民法典？

认识了民法典的制度价值后，一个专业的法律工作者，又应当如何学习，才能学好和利用好民法典呢？个人认为，应当把握以下几点：

首先，在规范层面掌握民法典规范与以前民事规范的差异。民法典颁布以后，一个最常看到的段子就是"平生所学，毁于一旦"。那么作为长期学习法律、实践法律的律师来说，是不是真的是这样呢？不是。如十三届全国人大常委会副委员长王晨在全国人大会议上所称，"编纂民法典，就是通过对我国现行的民事法律制度规范进行系统整合、编订纂修，形成一部适应新

---

① 参见习近平总书记 2020 年 5 月 29 日在中共十九届中央政治局第二十次集体学习时的讲话。

时代中国特色社会主义发展要求，符合我国国情和实际，体例科学、结构严谨、规范合理、内容完整并协调一致的法典。"① 可见民法典不是凭空出世的，它是对原有民事法律规范的继承和整合。所以长期从事民商事实践的律师，大可不必感慨"毁于一旦"，而是应该积极寻找学习方法，事半功倍，缩短学习时间。其中很重要的一点就是要了解民法典与原有民事法律规范之间的差异。例如，民法典的七编中，总则编几乎没有变化，继承编除了增加打印遗嘱、兄弟姐妹子女的代位继承权、取消公证遗嘱的优先效力等内容外，变化不大。而物权编、合同编的变化就比较大，物权编有居住权制度、动产担保等多方面的内容创新，合同编部分除了增加新的合同类型（保理合同、合伙合同、保证合同）以外，在情势变更、合同僵局等方面也有制度创新；其他小的变化更是众多。所以在学习时注意做好这方面的功课和时间分配，有助于迅速了解和掌握民法典的相关变化。从安通所的各位大律师撰写的学习心得来看，大部分都是提纲挈领或者利用案例将民法典中的新规范指出，有助于其他人迅速了解这些变化，值得肯定。

其次，理解系统编纂的意义，掌握规范背后的精神。如果认为了解民法典规范本身就算是学好了民法典，那是对法律的误解。如果掌握规范本身就够了，那么计算机就成了最好的法律学习者。掌握民法典规范只是万里长征第一步，要真正掌握和理解民法典，还必须理解系统编纂的意义并掌握规范背后的精神。在民法典颁布之前，各种民事立法产生于不同历史时期，贯彻不同时期的社会政策导向，彼此之间多有冲突，这在司法适用中多有体现。民法典的制定为形成一个逻辑严密、价值自洽的法律体系提供了可能性。一部体系完整、内容自洽的民法典，不仅能帮助普通民众预测自己行为可能的法律后果，更是为法律共同体提供了具体、明确的裁判依据，为整个社会经济生活减少交易成本。所以作为律师，在学习中，一定要将整个民法典作为一个体系看待，要理解规范之间相互依赖、相互解释的价值。当然，更应该理解规范背后的法律精神，从而在遇到疑难案件的时候，能够结合规范背后

---

① 参见全国人大常委会副委员长王晨 2020 年 5 月 22 日在第十三届全国人民代表大会第三次会议上作关于民法典草案的说明。

的法律精神阐述规范的正确含义，为真正的法律实践服务。比如物权编为什么要增加居住权？为什么要拓宽动产担保？继承编为什么要增加打印遗嘱？如果能够很好地理解这些制度背后的缘由，必然能够在实践中灵活运用。

最后，理论联系实际，用具体规范指导自己的实践。马克思说过，需求是最大的动力。作为法律的实践者，若能够在法律实践中应用自己学习的知识，并获得好的结果，就一定会让自己的学习动力大增。所以应当理论联系实际，迅速地将学到的知识转化为具体的实践，让自己对民法典的理解更上一层楼。

法典的生命在于实施。律师是民法典真正的实践者和诠释者，通过一个个个案的代理实践，把民法典的条文变成人民生活的规范，这是民法典实施、实践社会主义法治最好的注解。让我们共同努力，为真正实现习近平总书记所说的"对生命健康、财产安全、交易便利、生活幸福、人格尊严等各方面权利平等保护"① 而奋斗！

① 参见习近平总书记2020年5月29日在中共十九届中央政治局第二十次集体学习时的讲话。

序言四：像律师一样思考民法典

孟　强[*]

在英国大文豪莎士比亚的笔下，律师们只在开庭期间忙碌，其他时间则尽情休假。但是，中国的律师则向来是专业精湛、勤奋进取、敏而好学的群体，尤其是 2020 年的上半年，绝对是律师们忙于学习、自我提升的半年，而且很可能会持续到下半年，因为中华人民共和国成立以来第一部以"法典"命名的法律——《民法典》——颁布了。这部法典包括正文 7 编及附则，共1260 条，10.6 万余字。民法典不仅地位高、影响大，而且体系性强、内容十分丰富，虽然物权编、合同编、婚姻家庭编、继承编、侵权责任编等都是从民事法律修改而成，但改动之处甚多，新制度、新规定在每编中都有不少体现，而人格权编更是全新的立法规定。

上到国家治理现代化，下至老百姓个人权利保障，民法典均发挥无比重要的作用。作为律师，焉有不认真学习之理？于是在 2019 年 12 月底民法典草案向全社会公开征求意见时，全体法律人便感受到了学习这部新法的巨大压力，律师们由于业务相关，更是感到压力倍增，不少人感叹"专业选得好，天天像高考""天若有情天亦老，人学法律头发少"。在 2020 年 5 月 28日民法典正式颁布之后，针对民法典的各类培训、授课和学习便紧锣密鼓地展开，律师们纷纷投身紧张的学习之中，不少功底扎实的律师迅速学有所获、学有所成。而北京市安通律师事务所的民法典系列学习文章，作为一群热爱学习的律师们在学习民法典之后的心得感悟、思索结晶，便是明证。我应安

---

　　[*] 孟强，法学博士，北京理工大学法学院民法典研究中心主任，副教授，硕士研究生导师。中国法学会民法学研究会副秘书长，中国法学会民法典编纂项目领导小组秘书处成员，中国法学会民法典分则编纂课题组成员。

通律所汤敏煌主任的邀请，谈谈如何像律师一样思考民法典。

一

在我国基本民事法律已经具备的环境下制定民法典，绝非仅仅只是从形式上对民事法律进行完善，而是有着深刻而长远的时代背景与考量。改革开放以来，我国从计划经济向社会主义市场经济转型，属于全球范围内的先驱者、探路者。改革伊始，并无章法可循，这也是立法机关在 1982 年 5 月先后草拟了四个民法草案但仍然踌躇无法成典的原因。在邓小平同志的高瞻远瞩下，全国人民开始"摸着石头过河"，走一步看一步，一边探索、一边推进改革开放，既不裹足不前，又不盲目冒进。在这样的时代背景下，立法机关也逐渐形成了分阶段、分步骤的立法思想，决定成熟一部制定一部，短期内不再寻求编纂民法典。随后数十年间，我国陆续颁布了《婚姻法》（1980年）、《继承法》（1985）、《民法通则》（1986）、《企业破产法（试行）》（1986）、《收养法》（1991）、《公司法》（1993）、《担保法》（1995）、《合伙企业法》（1997）、《合同法》（1999）、《物权法》（2007）以及《侵权责任法》（2009）等民事领域中重要的法律。

2014 年 10 月 23 日，党的十八届四中全会通过了《中共中央关于全面推进依法治国若干重大问题的决定》，其中在"加强重点领域立法"中指出要"编纂民法典"。此后五年多的时间里，立法机关殚精竭虑，先是于 2017 年制定了作为民法典总则篇的《中华人民共和国民法总则》①，随后起草分则各编草案，并在 2020 年总则分则合体成典，经由十三届全国人大三次会议审议，高票通过颁行。

一部民法典的效力，往往能绵延数百年而不衰。如 1804 年的《法国民法典》、1900 年的《德国民法典》都一直适用至今。我国民法典作为全国人大制定的基本民事法律，具有适用范围的广泛性、法律效力的高位阶性、立法程序的严格性等特征，因此具有权威性、稳定性、长期性。民法典一旦颁布，意味着其所制定的关于平等主体之间的人身和财产的各种规则、制度便固化

---

① 本书下文简称《民法总则》，《民法典》生效后该法废止。

并长期稳定下来。因此，从民事单行法到民法典的立法过程，其实是宣告了"摸着石头过河"探索阶段的结束，我国已经总结了改革开放四十余年的经验，未来的方向已经明朗，道路已经清晰，我国进入了社会主义市场经济发展的稳定轨道，对于未来已经有信心、有底气进行超长远的规划，对于老百姓的各项权利，已经可以通过法典化的形式作出长久的承诺与保障。这也就是习近平总书记在中共十九届中央政治局第二十次集体学习民法典时首先就强调的，"民法典在中国特色社会主义法律体系中具有重要地位，是一部固根本、稳预期、利长远的基础性法律"。

二

民法典在国家法治层面，首先能够实现立法的体系化。改革开放以来，立法机关制定的法律中，涉及民事规范的有几十部之多，而中央行政机关制定的行政法规中，涉及民事规范的更是有数百部之多，这些法律法规数量庞杂，相互之间不少内容存在抵牾和冲突。

例如，关于产品责任的赔偿范围是否包括产品本身的损害，学界长期存在争议，司法实践亦存在不同裁判观点，其主要原因在于《中华人民共和国产品质量法》① 和《中华人民共和国侵权责任法》② 在相关条款立法表达上的不同。《产品质量法》强调赔偿范围是"因产品存在缺陷造成人身、缺陷产品以外的其他财产损害"，可见产品责任的赔偿范围是不包括产品自身的损失的。而《侵权责任法》则规定赔偿范围是"因产品存在缺陷造成他人损害"，不再区分产品责任的范围是否仅限于缺陷产品以外的其他财产损害，而是统一用"损害"的概念，这就导致在有关产品责任赔偿范围的法律适用上，新法与旧法存在着差异。因为《侵权责任法》与《产品质量法》均为全国人大常委会颁布的一般性法律，两者存在新法与旧法、一般法与特别法并存的特殊关系。虽然依照新法优于旧法的原则，可以主张适用《侵权责任法》，但同时，也可以基于特别法优于一般法的原则而主张适用《产品质量法》。因此，同一位阶的两部法律出现了不同规定时，必然会导致学界和司

---

① 本书下文简称《产品质量法》。
② 本书下文简称《侵权责任法》，《民法典》生效后该法废止。

法机关的不同理解和适用。而这种状况在民法典生效后将会得到改变，因为民法典作为基本民事法律，相对于《产品质量法》而言，是上位法、新法，后者不得与前者相冲突。

可见，作为基本民事法律集大成者的民法典具有高位阶性，并且对重要民事规范作出了集中规定，其他法律法规必须据此进行整合，不得与民法典的规定相冲突，从而能够有效消弭法律法规层面的不一致、不协调现象。

此外，民法典自身具有基本原则、理念等形成的内在体系与制度条文概念等展现出来的外在体系，能够自我解释、自我论证、自我扩充，形成法律解释与发展的生态体系，可以有效应对发展变化的社会需求。

三

律师是当事人与法官沟通的桥梁，对于律师而言，学习好民法典不仅有助于自身理解和领会民法典的规定，也有助于桥梁"两端"对于民法典的准确理解和科学适用。对于当事人而言，律师往往是其接触法律的第一人、第一步，律师对当事人讲解分析案情，是当事人接受普法知识的绝佳机会，也是当事人愿意"付费学习"的重要场景。一名认真负责的好律师，既不会对当事人巧言令色、曲意奉承，将当事人的主张和诉求吹捧成天理人心、板上钉钉；也不会对当事人虚张声势、恫吓哄骗，使当事人感到孤立无援、唯有本"大状"能够仁心搭救。律师应当切实回应当事人的诉求，从民法典上为当事人寻找请求权基础，对当事人展开案情分析，对当事人的诉求作出利弊成败的客观分析，通过专业知识、专业素养为当事人进行服务，使当事人信服信任，从而形成长远的良好合作关系。

就法官审理案件而言，也希望案件的当事人有律师的帮助，因为有了专业人士的参与，案件的审理会流畅省时许多，不需要连一些基本法律概念都还得向当事人进行解释。就像流传的一个庭审笑话中讲的，法官问双方当事人："各方对上述证据有无异议？好，没有异议。"结果原告一听就来气了，说："你这个法官真欺负人，我认认真真说了那么半天，你怎么说没有意义?!"在基层法院中，当事人聘请律师的比率不太高，往往不到一半的案件有律师的帮助，所以基层法官在庭审时不得不将大量的时间花费在与当事人的沟通说明上，难以直接针对争点问题展开高效审理，这也是不少基层法官感受到职业挫败感的因素之一。而审级越高的法院，所处理的案件由于标的比较大、利害关系比较重大、当事人也比较重视，所以律师参与的程度也越高，法官也能够将精力聚焦在法律适用的疑难问题上，职业的专业性也得以彰显。因此，法官也希望当事人聘请的律师足够专业，能够结合证据找到案件的关键点，集中展开辩论，提高审判效率。

至于民法典中关于物权法定的争议、担保合同的效力、各类财产权利的登记、合同中的抗辩权行使、违约责任的认定、人格权侵权的免责情形、婚姻中夫妻感情破裂的标准、夫妻共同债务的认定、遗嘱的效力、数人侵权的责任承担、网络侵权的通知与转告通知规则、侵权责任的免责事由、知识产权侵权的惩罚性赔偿标准等问题的诸多规定，如果没有律师专业知识的帮助，那么当事人要妥当运用这些规定保护自己的权利，并且与法官进行有效沟通，显然并不容易。

此外，对于法官而言，律师既是案件争议焦点的提供者，也是请求权基础的提出者。律师在诉状、代理意见中的观点和论据，会成为法官审理案件撰写裁判文书时的重要参考资料。在一些案件中，法官甚至会基于律师提出的法律条文而完成对案件待适用法律条文的查明。近期有媒体报道，原本是上海市高级人民法院2007年发布的《上海市高级人民法院关于审理民事纠纷案件中涉及刑事犯罪若干程序问题的处理意见》，竟然在网络传播中标题被改成了《最高人民法院关于审理民事纠纷案件中涉及刑事犯罪若干程序问题的处理意见》，进而广为流传，甚至不少法院的裁判文书引用这一"假司法解释"作出裁判。但事实上，最高人民法院并未制定过这一名称的司法解释，相近的是1998年发布的《最高人民法院关于在审理经济纠纷案件中涉及经济犯罪嫌疑若干问题的规定》，但两者内容差异极大。这样一部并不存在的"假司法解释"，由于其内容比较详细，对不少案件的处理确实有帮助，于是被一些法官不辨真伪地进行引用，作为裁判依据。这样的"乌龙事件"发生在严肃的司法裁判领域，确实让人啼笑皆非、大跌眼镜。造成这一事件的原因：一是法官检索法律条文尚欠缺权威统一、方便好用的数据库，导致法官通过一般的搜索引擎检索到了"假司法解释"；二是律师在搜索引擎中检索到了这一"假司法解释",然后在诉讼文书中进行了引用,进而以讹传讹,被法官信以为真,予以采纳引用。

正如美国学者约翰·麦克西·赞恩在《法律的故事》一书中指出的:"优秀的法官和称职的律师可以使制度的灵活性和通融性得以完善。即便有最好的制度,如果法官和律师的素质与水平跟不上,那也只会招致抱怨。"一般认为,律师、法官、检察官、法务人员、法律学者等,一起构成了法律人共同体。而作为法律共同体的成员,律师与法官之间是良性互动关系,律师对于法律条文准确、深刻的理解,对于法官在裁判中适用法律的准确、科学,有直接的影响。

因此,无论是基于向当事人分析其诉求的需要,还是基于在法庭上准确表达请求权基础的需求,律师都应当深入学习民法典,全面理解民法典的基本原则、理念与各项具体制度,做好当事人与法官沟通的桥梁,让当事人追求正义的朴素愿景能够转化为法官对于案件的充分说理、依法裁判。

四

在英美法系国家,以判例法作为主要法律渊源,律师需要寻找对己方有利的先例来证明自己的观点;同时,法庭在审判中奉行当事人主义,因此在庭审的舞台上大放异彩的是律师,而且律师既可以去当法官,也可以去学院当教授。所以,在英美法系国家,律师是法律人的典型代表,"像律师一样思考"既是对法律人的基本要求,也是对法律人的最高要求。大陆法系国家虽然以成文法作为主要法律渊源、以立法为中心,但法律颁布之后的活学活用,也依赖律师的主动出击、积极适用,如此才能将纸面上的法转化为行动中的法。同时,律师既需要精通法律,又需要善于与人交往、能够服务不同的委托人。"像律师一样思考"意味着既要懂法律规定,又要懂社会实际,这是沟通静坐书斋一端与充满"烟火气"一端的思维通道,同样是对法律人的高度要求。

那么,"像律师一样思考"究竟是如何思考、何种思考?其实,像律师一样思考,就是在思考问题时讲事实基础、讲法律依据、讲逻辑关系。讲事实基础,就意味着"有几分证据,说几分话",要时刻考虑生活中的事实是否能够通过证明方法转化为法律上的事实，而不能夸夸其谈、凭空捏造、颠倒黑白；讲法律依据，就是在思考时具有问题意识，以解决问题为导向，并且以在我国的法治环境中解决问题为思考的背景，言出有据、有法可循；讲逻辑关系，就是注重思维方式的逻辑性，注重三段论、因果律的运用，思路细致缜密，说话井井有条，不能胡思乱想、自相矛盾、漫无边际。总之，"像律师一样思考"就是要在法律框架下有逻辑地、细致全面地思考。能够将这样的思维习惯内化为自己观察世界的视角并形成职业习惯，就是律师经过长期训练而具备精湛法律技能和法学专业素养的集中体现。

正如近平总书记强调的，"民法典专业性较强，实施中要充分发挥律师事务所和律师等法律专业机构、专业人员的作用，帮助群众实现和维护自身合法权益"。[①] 民法典即将生效实施，律师们经过充分的学习，也即将以民法典为依据，捍卫自己当事人的民事权益。像律师一样思考民法典，意味着不仅要把民法典的内容学懂学通，更要能够在民法典的框架下和规范群中进行思考，理解民法典的立法逻辑和适用要点，将民法典的抽象条文转化为当事人具体的权利、义务和责任，将当事人的诉求通过民法典的规定进行表达，推动民法典各项制度在每一个民商事案件的审理裁判中得到准确理解与科学适用，"让人民群众在每一个司法案件中都感受到公平正义"。

民法典的长青不老，也端赖于此。

是为序。

2020 年 8 月 6 日于北京

---

① 参见习近平总书记 2020 年 5 月 29 日在中共十九届中央政治局第二十次集体学习时的讲话。

目 录

》》》》》》 CONTENTS

◇ 合 同 编

◇ 人 格 权 编

◇ 婚姻家庭编

◇ 继　承　编

◆ 侵权责任编

总 则 编

总则编：一部基本法典的来龙去脉[*]

汤敏煌^{**}

我国民法制度迎来了民法典时代。作为中华人民共和国历史上首部以"法典"命名的法律，中国第一部民法典的诞生承载着几代立法者、法律工作者乃至亿万人民的梦想，在我国立法史上具有里程碑意义。

习近平总书记强调，民法典专业术语很多，要加强解读。要聚焦民法典总则编和各分编需要把握好核心要义和重点问题，阐释好民法典一系列新规定、新概念、新精神。

为了落实学习、宣传、运用、阐释民法典的重要精神，作为一家专注高端民商事法律服务的律师事务所，在这一历史性时刻，安通所第一时间组织律师认真学习、研究民法典，并撰写专业文章分享学习心得，宣传、运用民法典。

初衷：民法典总则编的制定历程

关于为什么要编纂民法典，王利明教授认为："简单地说，还是为了完善我国的民事法律体系，以更好地服务于'规范公权、保障私权'的目的。"

中华人民共和国成立以来，曾于 1954 年、1962 年、1979 年和 2001 年 4

---

　　* 本文首发于《民主与法制》周刊 2020 年第 23 期。

　　** 汤敏煌，高级律师，北京市安通律师事务所主任。毕业于中国人民大学法学院，师从王利明教授。曾任岳阳市律师协会副会长、岳阳仲裁委员会仲裁员、湖南省律师系列高级职称评委库评委委员。主要学术成果：《股份制是国家财产所有权与经营权分离的最佳形式》《法律名词辨析》（合著）、《为什么当初不请律师》《律师执业风险与防范》《显失公平制度研究》《论合同解除的法律后果》《关于标的物的交付与所有权的转移》《〈老鼠爱大米〉一权数卖是否合法》（合著）。

次启动民法典的起草工作，但受当时的历史条件所限，民法典的制定始终未能完成。

2014年10月23日，党的十八届四中全会审议通过的《中共中央关于全面推进依法治国若干重大问题的决定》明确指出，加强市场法律制度建设，编纂民法典。这一决定，为民法典的制定提供了新的历史契机。

"同时，编纂民法典，是坚持和完善中国特色社会主义制度的现实需要，是推进全面依法治国、推进国家治理体系和治理能力现代化的重大举措，是坚持和完善社会主义基本经济制度、推动经济高质量发展的客观要求，是增进人民福祉、维护最广大人民根本利益的必然要求，具有重大的现实意义和深远的历史意义。"王利明教授表示。

民法典内容浩繁，体系庞大，涵盖社会生活的方方面面。因此，制定民法典首先需要制定一个能够统领各部民商事法律的总则。

2015年3月，全国人大常委会法工委启动民法典编纂工作，着手民法总则制定工作，以1986年制定的民法通则为基础，按照"提取公因式"的方法，将其他民事法律中具有普遍适用性的规定写入民法典。系统梳理总结有关民事法律的实践经验，提炼民事法律制度中具有普遍适用性和引领性的规则，以形成民法总则。

2017年3月15日，《民法总则》审议通过。

这是民法典的第一步，开启了民法典的编纂进程，并成为民法典的核心组成部分，而且也有力地助推了法律体系的完善。

接下来，我就民法典总则编谈一点自己的学习体会。

突破："绿色原则"、习惯等入法

民法典总则编，规定了民事活动必须遵循的基本原则和一般性规则，统领民法典各分编。

从体例来看，民法典总则编共10章、204条，基本保持了原来《民法总则》的结构和内容，根据法典编纂体系化要求，只对个别条款作了文字修改，并将"附则"部分移到民法典最后。

从内容来看，民法典总则编第一章，规定了民法典的立法目的和依据。

将"弘扬社会主义核心价值观"作为一项重要的立法目的，体现坚持依法治国与以德治国相结合的鲜明中国特色。

同时，它还规定了民事权利及其他合法权益受法律保护，确立了平等、自愿、公平、诚信、守法和公序良俗等民法基本原则。为贯彻习近平总书记关于生态文明建设的思想，民法典特别将绿色原则确立为基本原则，规定民事主体从事民事活动，应当有利于节约资源、保护生态环境，促进人与自然和谐发展。

在适用规则方面，民法典总则编规定，处理民事纠纷，应当依照法律规定；法律没有规定的，可以适用习惯，但不得违背公序良俗。民事关系十分复杂，对法律没有规定的事项，人民法院在一定条件下根据商业惯例或者民间习惯处理民事纠纷，有利于纠纷的解决。其他法律对民事关系另有特别规定的，依照其规定。这一规定明确了民事法律的适用规则，对于正确适用法律具有重要指导意义。

创新：新型民事权利首获保护

保护民事权利是民法的核心。按照党的十八届四中全会关于实现公民权利保障法治化的要求，为了凸显对民事权利的尊重，加强对民事权利的保护，民法典继承了民法通则的做法，设专章规定民事权利的种类和内容，包括各种人身权利和财产权利。对知识产权也作了概括性规定，以统领单行的知识产权法律。同时，对数据、网络虚拟财产的保护作了原则性规定。此外，还规定了民事权利的取得和行使规则等内容。

民法典明确规定自然人的人身自由、人格尊严受法律保护；自然人享有生命权、身体权、健康权、姓名权、肖像权、名誉权、荣誉权、隐私权、婚姻自主权等权利。同时规定法人、非法人组织享有名称权、名誉权、荣誉权等权利。

民法典规定自然人的个人信息受法律保护。任何组织或者个人需要获取他人个人信息的，应当依法取得并确保信息安全，不得非法收集、使用、加工、传输他人个人信息，不得非法买卖、提供或者公开他人个人信息。

保护自然人、法人等民事主体的财产权利是民法典的重要任务，也是民法总则的应有之义。民法典规定：民事主体依法享有的收入、房屋、生活用品、生产工具等财产权利受法律保护；民事主体依法享有物权。物权是权利人依法对特定物享有直接支配和排他的权利，包括所有权、用益物权、担保物权；民事主体依法享有债权。债权是因合同、单方允诺、侵权行为、无因管理、不当得利以及法律的其他规定，权利人请求特定义务人为一定行为的权利。

为了加强对知识产权的保护，促进科技创新，建设创新型国家，有必要在民法总则中对知识产权作概括性规定，以统领各知识产权单行法律、行政法规。据此，民法典规定，民事主体对作品、专利、商标、地理标志、商业秘密、集成电路布图设计、植物新品种等智力成果依法享有知识产权。

民法典是 21 世纪的民法。对应当前高速发展的科学技术，出现了许多以前从未见过的新型技术，这些在民法典中要有民法规则的反映。因此，为了适应互联网和大数据时代发展的需要，民法典总则编对网络虚拟财产、数据信息等新型民事权利客体作了规定。

民法典对弱势群体民事权利的特别保护也作了衔接性规定：法律对未成年人、老年人、残疾人、妇女、消费者等的民事权利有特别保护规定的，依照其规定。此外，民法典还对继承权、股权等民事权利作了规定，并为其他新型民事权利的保护留出了空间。

完善：弥补民事自助行为空白

生活中，我们经常会遇到交通肇事车主逃逸、顾客吃"霸王餐"开溜、东西被偷时扒手逃跑的事儿，毫无疑问，当事人首先要做的，是报警。但是有时候，远水解不了近渴，在等待警察出警的这段时间，当事人可以实施哪些行为进行自救呢？这些行为应该保持在什么限度之内呢？

《民法典》第 1177 条填补了民事自助行为这一立法空白，规定了这种情况出现后，受害人可以采取必要的扣留侵权人财物等合理措施，并且明确了此类民事自助行为免责的三个前提条件：自己的合法权益受到侵害，情况紧迫来不及请求公力救济；不立即采取措施将使其合法权益受到难以弥补的损害；不超过必要限度，超过必要限度的构成侵权行为。同时，法律还规定，受害人在采取自助行为后，拥有立即请求有关国家机关处理的行为后义务。

我国法律此前并未规定民事自助行为，但其与《民法总则》第181条规定的正当防卫、《民法总则》第182条规定的紧急避险等均可构成侵权法理论上的违法性阻却事由。在司法实践中，通常是对必要限度内的自助行为予以承认，进行免责。

民法典增加的自助行为的规定填补了法律的空白，既有利于当事人在民事活动中更好且更有效地维护自身合法权益，也有利于公权力机关节省在民事纠纷中追查当事人等环节所耗费的公权力资源，有利于提高经济运行效率。

新规：诉讼时效助力权利保护

诉讼时效是权利人在法定期间内不行使权利，该期间届满后，权利不受保护的法律制度。该制度有利于促使权利人及时行使权利，维护交易秩序和安全。

民法典总则编第九、十章规定了诉讼时效和期间计算制度。诉讼时效是权利人在法定期间内不行使权利，权利不受保护的法律制度，其功能主要是促使权利人及时行使权利、维护交易安全、稳定法律秩序。诉讼时效的期间及其起算、法律效果，诉讼时效的中止、中断等内容，规定了期间的计算单位、起算、结束和顺延等。

民法典将二年的一般诉讼时效期间延长为三年。近年来，社会生活发生深刻变化，交易方式与类型也不断创新，权利义务关系更趋复杂，要求权利人在二年诉讼时效期间内行使权利显得过短，有必要适当延长。

民法典明确了不适用诉讼时效的情形：请求停止侵害、排除妨碍、消除危险；不动产物权和登记的动产物权的权利人请求返还财产；请求支付赡养费、抚养费或者扶养费；其他依法不适用诉讼时效的请求权。

民法典强调了诉讼时效的法定性。因诉讼时效制度关系法律秩序的清晰稳定性的要求，权利人和义务人不可以自行约定。民法典规定，诉讼时效的期间、计算方法以及中止、中断的事由由法律规定，当事人约定无效。当事人对诉讼时效利益的预先放弃无效。

诉讼时效对于我们维护自身合法权益至关重要，每个人都应该养成法律层面的时间观念，不躺在法律上"睡懒觉"。以上关于诉讼时效的诸多新规，有助于我们积极主张自己的合法权利，在全社会营造诚实守信的良好风气。

新增：民事法律行为内涵得到调整

《民法典》总则编第133条规定，民事法律行为是民事主体通过意思表示设立、变更、终止民事法律关系的行为，调整了"民事法律行为"的内涵。

《民法通则》第54条规定，民事法律行为是民事主体适用法律的合法行为。

《民法典》总则编这个规定和《民法通则》第54条的规定比较看，以及从此前我国民法学界多数人的观点来看，民法典总则编这个规定有民法基本理论和制度的重大突破。

民法上的意思表示理论，不仅仅只是民法上的权利义务是否受法律承认的分析和判断的工具，而更是民事主体是否有权利意思自治、是否能够承受民法上的各种权利和义务的主体理论的贯彻和表征。

民法通则以及此前的民法学通说，并不能彻底接受民法上的意思表示理论。

本次民法典总则编这个规定，实现了民法基本理论和制度的重大更新，贯彻了民事主体的意思自治原则。

意思表示是民事主体内心意愿的外在表达，是民事法律行为的基础，增加这一规则对于确定民事法律行为的效力具有重要作用，使民法整体制度的构造更加符合民事权利的伦理基础。

区分：债权和物权法律效力的科学法理

在民事交易过程中，当事人都会先订立合同，然后履行合同。

合同应该履行，但是现实中合同并不是绝对全部会被履行，那些没有履行的合同有些是一开始当然有效的，有些是无法生效的或者后来无法履行的。但无论如何，我们不能在立法中把合同的成立等同于合同履行，而应该把合同订立发生的债权效果和合同履行发生的物权效果区分开来。

但是这一科学原理在以前制定的一些法律中，没有人认识到，甚至在制定合同法时，人们还把合同订立和合同履行混为一谈。民法典彻底接受了债权和物权的法律效力及其法律根据相互区分的科学法理。这一改变在涉及交易的民事活动分析和裁判中有贯穿性作用，属于民法基本制度的更新改造。

这一民法基本制度的更新改造意义显著，因为民商法上全部的交易都存在着订立合同和履行合同的区分，所以这个改变对于涉及交易案件的分析和裁判具有指导意义。这个科学原理，无论对于法官还是仲裁员以及涉及民事执法的行政官员，都具有业务能力提升的意义。

互动：监护制度得到完善

民法典完善了监护制度。未成年人和有智力、精神健康障碍等情形的成年人，为限制民事行为能力人或者无民事行为能力人。监护制度的主要功能是对这部分人的民事行为能力予以弥补。针对监护领域的突出问题，《民法典》对监护制度作了完善。

增加规定父母对未成年子女负有抚养、教育和保护的义务，子女对无民事行为能力或者限制民事行为能力的父母负有赡养、照顾和保护的义务，以强调家庭责任，弘扬中华民族传统美德。

扩大了被监护人的范围。将智力障碍者以及因疾病等原因丧失或者部分丧失辨识认知能力的成年人也纳入被监护人范围，有利于保护其人身财产权益，也有利于应对人口老龄化问题，更好地维护老年人权益。

调整了监护人的范围。《民法通则》规定，单位有担任监护人的职责。在社会主义市场经济条件下，单位与职工之间主要是劳动合同关系，而且就业人员流动越来越频繁，单位缺乏履行监护职责的意愿和能力。与此同时，随着我国公益事业的发展，有监护意愿和能力的社会组织增多，由这些组织担任监护人可以作为家庭监护的有益补充，也可以缓解国家监护的压力。这些社会组织担任监护人应当具备的信誉、财产状况等条件，可以由相关法律具体规定。据此，民法典明确：居民委员会、村民委员会、学校、医疗机构、妇女联合会、残疾人联合会、未成年人保护组织、依法设立的老年人组织、民政部门等，可以担任监护人。

完善了撤销监护制度。针对实践中监护人侵害未成年人等被监护人合法权益时有发生的情况，民法典规定了人民法院可以根据申请撤销监护人的资格、依法指定新监护人，并对提起撤销监护诉讼的主体、适用情形，监护人资格的恢复等作了明确规定。此外，还理顺了监护纠纷的解决程序，明确规定，对担任监护人有争议的，有关当事人也可以直接向人民法院提起诉讼。

完善监护人暂时无法履行监护职责制度。结合此次疫情防控工作，《民法典》对监护制度作了进一步完善，第34条规定因发生突发事件等紧急情况，监护人暂时无法履行监护职责，被监护人的生活处于无人照料状态的，被监护人住所地的居民委员会、村民委员会或者民政部门应当为被监护人安排必要的临时生活照料措施。

民法典确定了以家庭监护为基础、社会监护为保障、国家监护为补充的监护体制，形成了国家和社会的良性互动。

衔接：公权力有条件的介入制度

非法律规定，公权力不得介入私权。为了更好地保护未成年人、不能辨认或者不能完全辨认自己行为的成年人的利益，民法典总则编做了相应规定。

有关组织，可以向人民法院申请认定该成年人为无民事行为能力人或者限制民事行为能力人，或认定该成年人恢复为限制民事行为能力人或者完全民事行为能力人。

其他愿意担任监护人的个人或者组织，须经未成年人住所地的居民委员会、村民委员会或者民政部门同意。

对监护人确定有争议的，由被监护人住所地的居民委员会、村民委员会或者民政部门指定监护人。确定指定监护人前，被监护人的人身权利、财产权利以及其他合法权益处于无人保护状态的，由被监护人住所地的居民委员会、村民委员会、法律规定的有关组织或者民政部门担任临时监护人。

《民法典》第34条的规定，也是结合此次疫情防控，由法律规定公权力的介入。

个人和民政部门以外的组织未及时向人民法院申请撤销监护人资格的，民政部门应当向人民法院申请。

如上种种变化，我们可以看出，民法典总则编贯彻了民法的基本科学原理，凝结了人类社会数千年民法发展历史的经验和智慧。民法典总则编与各分编之间分工合作、统辖遵从的逻辑关系，充分体现了总则编的体系价值，值得我们不断学习研究、贯彻实施。

而律师职业，作为联系法律与民众的其中一条纽带，更要肩负起学习、宣传、解释民法典，实践、运用、推进民法典实施的重任，通过运用民法典，做到维护人民权益、化解矛盾纠纷、促进社会的和谐稳定。

《民法典》第1条的亮点是什么？

汤敏煌*

一、《民法典》规定

第1条 为了保护民事主体的合法权益，调整民事关系，维护社会和经济秩序，适应中国特色社会主义发展要求，弘扬社会主义核心价值观，根据宪法，制定本法。

二、知识要点

1. 民法典的立法目的：保护民事主体的合法权益，调整民事关系，维护社会和经济秩序，适应中国特色社会主义发展要求，弘扬社会主义核心价值观。

2. 民法典的立法依据：根据宪法，制定本法。

三、典型案例

张某伟诉陈某龙、林州二建集团建设公司（以下简称林州二建公司）建设工程合同纠纷案。详见漯河市召陵区法院（2019）豫1104民初3718号民事判决书。

张某伟诉讼请求：①判令被告支付20万元保证金；②判令被告支付工程款910万元。

林州二建公司辩称，其与原告没有任何合同关系，没有收取20万元保证

---

* 汤敏煌，高级律师，北京市安通律师事务所主任。毕业于中国人民大学法学院，师从王利明教授。曾任岳阳市律师协会副会长、岳阳仲裁委员会仲裁员、湖南省律师系列高级职称评委库评委委员。主要学术成果：《股份制是国家财产所有权与经营权分离的最佳形式》《法律名词辨析》（合著）、《为什么当初不请律师》《律师执业风险与防范》《显失公平制度研究》《论合同解除的法律后果》《关于标的物的交付与所有权的转移》《〈老鼠爱大米〉一权数卖是否合法》（合著）。

金；原告与陈某龙是否结算，其不知情，即使结算，也不认可。请求驳回诉讼请求。

召陵法院认为，宏阳置业公司与林州二建公司签订合同协议书，将3#、5#、6#、7#楼建设工程发包给林州二建公司承建。林州二建公司将工程分包给不具备建筑资质的陈某龙、张某伟，属于违法分包，所签订的相关协议书、意向书均为无效合同。其行为均存在过错，对拖欠工程款均应负有给付义务。陈某龙与张某伟对工程量及工程款进行了核对，并出具结算单，共欠910万元。涉案工程已经竣工并投入使用，各方均未提出质量异议，本院予以支持。张某伟要求林州二建公司承担保证金返还责任，没有事实及法律依据，本院不予支持。陈某龙答辩称其收取的20万元交给了林州二建公司，未向法庭提供任何证据，本院不予采信。陈某龙拒不到庭，视为放弃庭审相关权利。

召陵法院认为，秉持诚实信用、行为善意原则是依法治国的基本要求，从弘扬社会主义核心价值观和传播社会主义法治理念的要求出发，各方均要严格遵循这一原则，不能给当事人传达一个错误信息，使其误认为只要提出主张、抗辩，就必然导致相对方履行、不履行、减轻或者免除其应承担责任、义务的法律后果。双方作为合同主体，在明知不具备签订有效合同的条件下而为之，扰乱我国良好的建筑市场秩序，不利于建筑行业健康、有序的运作，不能得到法律的肯定与认可，更不能得到法律保护，在其自身有过错的情况下，不能将全部责任推给对方。人民法院通过裁判给社会提供一个正确的导向、良好信息及价值理念，积极传播社会主义法治精神，努力让人民群众在每一个司法案件中感受到公平正义。

召陵法院判决：被告陈某龙支付原告张某伟工程款共计910万元，被告林州二建公司负连带支付责任；被告陈某龙返还原告张某伟工程质量保证金20万元。

通过本案的研究学习，笔者认为，值得注意的法律问题是，承包建筑工程，必须具备相应的资质条件与要求，禁止承包单位将建筑工程包括工程劳务、水电安装等分包给不具备相应资质条件的单位或者个人，扰乱建筑市场秩序。当事人提出的主张、抗辩，均必须有证据证明。人民法院的裁判也是遵循弘扬社会主义核心价值观这一民法典的立法目的的。

四、律师解析

每部法律的第一条都会规定立法目的。看似虚，实则博大精深。

《民法典》第 1 条开宗明义规定：为了保护民事主体的合法权益，调整民事关系，维护社会和经济秩序，适应中国特色社会主义发展要求，弘扬社会主义核心价值观，根据宪法，制定本法。这是在强调这部民法典是中国人的民法典，扎根于中国文化，与中国土壤密切相连。民法典制定前后，有一种声音认为，我们的民法典都是照抄他国民事法律，没有什么特色可言。这是很不客观的。所以，我们开宗明义就强调这部民法典具有"中国特色"，弘扬的是"社会主义核心价值观"，与其他国家的民事法律有本质区别。

《民法典》第 1 条相对于原《民法通则》第 1 条的规定，更加精练准确地规定了立法目的、立法依据、法律地位。

（一）民法典的立法目的

中国人民大学教授、中国法学会民法学研究会会长王利明指出：民法典的立法目的，也是民法典的任务。主要体现在以下五个方面。

1. 保护民事主体的合法权益

制定民法典的首要目的是保护民事主体的合法权益。民法典常常被称为"私权保护法""民事权利的宣言书"，以确认、保障、救济民事权利为基本宗旨。

民法典通过构建完整的民事权利体系，不但强化了私权的保护，也为法治建设奠定了重要基石。法治的基本价值是"规范公权，保障私权"，民法典通过确认民事权利、分配民事权利、保障民事权利、救济民事权利，其价值在于保障了私权，从而限制了公权，弘扬了私权神圣和私法自治，强化了对人格尊严价值的保障。

民法典保护的民事主体的合法权益非常广泛，不但包括民事主体享有的生命权、身体权、健康权、姓名权、名称权、肖像权、名誉权、荣誉权、隐私权等人格权，还包括自然人享有基于人身自由、人格尊严产生的其他人格权益，自然人的个人信息受法律保护权；不但包括物权、债权等财产权利，还包括知识产权，数据、网络虚拟财产的保护权，继承权等权利；自然人因婚姻家庭关系等产生的人身权利也受法律保护。

2. 调整民事关系

法律的基本功能是调整社会关系，任何一部法律都有自己的特定调整对象与适用范围。民法典确定了自己的法域。

民法典有其特定的调整对象，即民事关系，是平等主体之间的权利和义务关系。其区别于刑事关系、行政关系，也不是民事诉讼关系、刑事诉讼关系、行政诉讼关系。其主要包括两种：一是平等主体之间的人身关系，如生命权、身体权、健康权、姓名权、肖像权、名誉权、荣誉权、隐私权、婚姻自主权等人格权利。二是平等主体之间的财产关系，如物权、债权等财产权利。

民法典有其特定的调整方法，即民法典调整对象的特殊性决定了它要采用平等、有偿、自愿等调整方法，并以私法自治作为其基本的价值理念。

3. 维护社会和经济秩序

民法典又被称为"市民社会的百科全书""市场经济的基本法"。其调整的人身关系和财产关系涉及社会生活的方方面面，直接关系到每一个民众的切身利益与整个社会的社会和经济秩序。民法典通过规定完善的民商事法律制度、构建完整的民事权利体系，从而引领社会发展，平衡社会利益，规定社会行为，维护社会和经济秩序。例如，民法典规定了绿色原则，顺应了保护资源、维护环境的现实社会需求；明确宣告"民事主体的财产权利受法律平等保护"，有力保护了私人财产权，将会大力促进民众对社会财富的创造。

4. 适应中国特色社会主义发展要求

经济基础决定上层建筑，而且两者必须相适应。民法典作为上层建筑，由经济基础决定，并服务于经济基础。

中国特色社会主义，包括中国特色社会主义道路、理论、制度、文化。中国特色社会主义发展道路，即指由中国共产党领导中国人民开辟的一条中国式现代化道路，具有鲜明的时代特征和中国特色。中国特色社会主义立足基本国情，以经济建设为中心，坚持四项基本原则，坚持改革开放，解放和发展社会生产力，建设中国特色社会主义市场经济、民主政治、先进文化、和谐社会、生态文明。国家必须适应中国特色社会主义法治需求而编纂民法典，完善中国特色社会主义法律体系，健全市场秩序，维护交易安全，促进市场经济持续健康发展。

5. 弘扬社会主义核心价值观

社会主义核心价值观是社会主义核心价值体系的内核，体现社会主义核心价值体系的根本性质和基本特征，反映社会主义核心价值体系的丰富内涵和实践要求，是社会主义核心价值体系的高度凝练和集中表达，是法治的价值内核及法治建设的灵魂。

富强、民主、文明、和谐是国家层面的价值目标，自由、平等、公正、法治是社会层面的价值取向，爱国、敬业、诚信、友善是公民个人层面的价值准则。这 24 个字是社会主义核心价值观的基本内容。

民法典开宗明义强调，为了"弘扬社会主义核心价值观"，这是与其他国家的民事法律有本质区别的。具体体现在以下几个方面：

（1）确定平等原则。民事主体在民事活动中的法律地位一律平等，强调财产权的平等保护，反对特权、反对歧视，这也就是倡导平等、公正、法治。

（2）确定自愿原则。当事人按照自己的意思设立、变更、终止民事法律关系。贯彻私法自治理念，响应"法无禁止即自由"精神，这实际就是弘扬社会主义核心价值：自由、法治。

（3）确定诚信原则。秉持诚实，恪守承诺，崇尚法律，守约履行，当事人应当按照约定全面履行自己的义务，就是弘扬诚信、友善。

（4）确定守法与公序良俗原则。社会生活不得违反法律，不得违背公序良俗。对生活有特殊困难又缺乏劳动能力的继承人，分配遗产时，应当予以照顾。保护妇女、未成年人和老年人的合法权益。家庭应当树立优良家风，弘扬家庭美德，重视家庭文明建设。夫妻应当互相忠实、互相尊重、互相关爱；家庭成员应当敬老爱幼，互相帮助，维护平等、和睦、文明的婚姻家庭关系。这就是弘扬：诚信、友善、民主、文明、和谐。

（5）确定公平原则。要求民事主体合理确定权利义务，就是倡导：平等、公正、法治。

（6）确定绿色原则。鼓励见义勇为和保护英雄烈士人格权利的条款，从事与人体基因、人体胚胎等有关医学和科研活动的，应当遵守法律、行政法规和国家有关规定，不得危害人体健康、不得违背伦理道德、不得损害公共利益。这就是要实现国家层面的价值目标：富强、民主、文明、和谐。

（二）民法典的立法依据

民法典的立法依据是"根据宪法，制定本法"。一方面宪法是母法，是国家根本大法，具有最高的法律效力，是其他一切法律的立法根据，法律法规均不得同宪法相抵触。另一方面表明民法典源于宪法，从法律发展渊源来说，民法典是根据宪法而制定的，法律位阶仅低于宪法，从而也确定了民法典的法律地位，可见民法典在我国法律制度中的核心地位。

胎儿也有继承权吗?

汤敏煌*

一、《民法典》规定

第16条 涉及遗产继承、接受赠与等胎儿利益保护的,胎儿视为具有民事权利能力。但是,胎儿娩出时为死体的,其民事权利能力自始不存在。

二、知识要点

1. 胎儿不是民事主体,不具有民事权利能力。《民法典》第13条规定,自然人的民事权利能力始于出生。故胎儿不是民事主体,不具有民事权利能力。

2. 胎儿利益受法律保护,视为具有民事权利能力。胎儿有继承遗产、接受赠与等利益权利。该条规定列举了胎儿享有遗产继承权、接受赠与权,对于胎儿其他利益的保护,目前民法典则尚未规定,而是用"等"概括规定了胎儿享有利益。笔者认为,这一表述表明,涉及胎儿的合法利益受法律保护,如生命权、健康权等。生命仅指出生后自然人的生命。但胚胎是生命形成的必经阶段,胎儿是人的生命的原始阶段,胎儿有自己的利益,即区别于其父母亲的利益,毫无疑问,法律必须保护胎儿。但出生前他的生命和母亲是一体的,胎儿在孕育期间所享有的生理机能正常发育的权利也是胎儿权益。如胎儿在孕育期间受到的诸如环境、药品、医生失职造成的

* 汤敏煌,高级律师,北京市安通律师事务所主任。毕业于中国人民大学法学院,师从王利明教授。曾任岳阳市律师协会副会长、岳阳仲裁委员会仲裁员、湖南省律师系列高级职称评委库评委委员。主要学术成果:《股份制是国家财产所有权与经营权分离的最佳形式》《法律名词辨析》(合著)、《为什么当初不请律师》《律师执业风险与防范》《显失公平制度研究》《论合同解除的法律后果》《关于标的物的交付与所有权的转移》《〈老鼠爱大米〉一权数卖是否合法》(合著)。

疾病、畸形等其他危害是对胎儿权益的严重损害。此次民法典将胎儿权益的保护纳入其中可谓是一项重大的举措，表明我国人民法律意识在逐渐增强。

3. 胎儿权益保护的条件为出生时是活体状态。胎儿出生时是活体状态，还是死体状态将影响到他后续所享有的权利。该条规定，胎儿娩出时为死体的，其民事权利能力自始不存在。

三、典型案例

原告姚某（2017 年 8 月出生）诉被告新昌县羽林街道大明市居民委员会（以下简称大明居委会）侵害集体经济组织成员权益纠纷案。详见新昌县人民法院（2020）浙 0624 民初 1164 号民事判决书。

【案情简介】原告姚某系大明居委会集体经济组织成员，2017 年 8 月 31 日出生，2016 年 12 月 27 日，被告集体土地被征用，向每位村民平均发放土地征用补偿款 7 万元。但被告以原告出生迟于土地款分配截止日为由，不予分配。原告则认为：被告于 2016 年 12 月 27 日分配土地征用补偿款时，原告母亲已怀孕，胎儿已形成，涉及胎儿利益时，应当预留胎儿份额及其他应当享有的民事权利，请求依法判给原告土地征用补偿款 7 万元。

【焦点问题】原告姚某是否享有土地征用补偿款分配资格。

四、律师解析

根据《民法典》第 16 条规定，涉及遗产继承、接受赠与等胎儿利益保护的，胎儿视为具有民事权利能力。但是胎儿娩出时为死体的，其民事权利能力自始不存在。该条款对于胎儿利益保护提供了明确的法律依据。土地系农民赖以生存的重要保障，征地补偿费亦是保障其生存权益的一项根本利益，胎儿出生后对其的依赖同样存在，故赋予胎儿土地征用补偿款的分配权符合《民法典》的上述规定，更有利于保障胎儿的合法民事权益。故此，原告诉讼请求符合法律规定应予支持。

我国立法对胎儿法律地位早有规定，《中华人民共和国继承法》① 第28
条（胎儿预留份）规定："遗产分割时，应当保留胎儿的继承份额。胎儿出
生时是死体的，保留的份额按照法定继承办理。"《最高人民法院关于贯彻执
行〈中华人民共和国继承法〉若干问题的意见》第45条，专门对该法第28
条作了说明："应当为胎儿保留的遗产份额没有保留的应从继承人所继承的
遗产中扣回。为胎儿保留的遗产份额，如胎儿出生后死亡的，由其继承人继
承；如胎儿出生时就是死体的，由被继承人的继承人继承。"《民法典》第16
条规定："涉及遗产继承、接受赠与等胎儿利益保护的，胎儿视为具有民事
权利能力。"保护胎儿，文义十分简单，但法理上涉及许多问题。如胎儿利
益保护中的权利举张人或代理人到底是谁？胎儿出生前其权利就受到损害，
由此而发生的各种请求权的诉讼时效的期间和起算怎么办？这都是值得我们
研究的。

（一）胎儿利益保护中的权利举张人或代理人

虽然胎儿无法正常表达自己的行为意思，但秉持尊重人权的理念将胎儿
利益保护纳入法律规范中是极为重要的。但值得注意的是，《民法典》第16
条虽然承认了胎儿的继承和接受赠与等利益，但当胎儿利益受到侵害，此时，
胎儿还没有出生，还不是民事主体，并不具有民事权利能力。那么《民法
典》第16条所规定的涉及胎儿的继承、接受赠与等利益保护的权利由谁来行
使？代理人是谁？这是值得我们关注的问题。

笔者认为，在涉及诉讼的过程中，胎儿尚未出生，不可能自己保护自己
的权利，胎儿利益的保护必须由其法定代理人代为完成，依据是民法原理中
的欠缺行为能力人以监护人意志为意志的原理。即如果胎儿尚未出生，则其
法定代理人以自己的名义代理；如果胎儿已出生，则其法定代理人可以以婴
儿的名义起诉或应诉。对此，可参照应用《民法典》第27条第1款的规定
确定法定代理人，即父母是未成年子女的监护人；监护人按照《民法典》第
34条的规定行使权利，监护人的职责是代理被监护人实施民事法律行为，保
护被监护人的人身权利、财产权利以及其他合法权益等。由父母等作为监护

---

① 本书下文简称《继承法》，《民法典》生效后该法废止。

人代胎儿实施民事法律行为，保护胎儿的人身权利、财产权利以及其他合法权益等。

继承中，胎儿的代理人与胎儿同为第一顺序继承人，具有直接的利害关系。如胎儿的父亲去世，胎儿的代理人其母，为《民法典》第 1127 条第（一）项规定的第一顺序（配偶、子女、父母）遗产继承人，对此，应应用《民法典》第 27 条第 2 款之（三）及《民法典》第 32 条的规定确定新的监护人，以有利于胎儿利益的保护。

（二）胎儿利益保护中胎儿各种请求权的诉讼时效的期间和起算

胎儿出生前其权利就受到损害，由此而发生的各种请求权的诉讼时效的期间到底是多少年？3 年或 20 年或更长？从何时起算？从胎儿出生前其权利就受到损害时起算，还是从胎儿出生时开始计算？还是自胎儿年满 18 周岁之日起计算？

笔者认为，根据《民法典》第 188 条规定，向人民法院请求保护民事权利的诉讼时效期间为 3 年。诉讼时效期间自权利人知道或者应当知道权利受到损害以及义务人之日起计算。这是《民法典》关于请求保护民事权利的诉讼时效期间的规定，胎儿利益保护也必须遵循这一法律原则。也就是说，胎儿利益保护中胎儿各种请求权的诉讼时效的期间为 3 年。

根据《民法典》第 13 条规定，自然人从出生时起到死亡时止，具有民事权利能力，依法享有民事权利，承担民事义务。自然人民事权利能力始于出生，对于胎儿利益保护也必须遵循这一法律原则。也就是说，胎儿利益保护中胎儿各种请求权的诉讼时效的期间，应从出生开始计算，从而更好保护胎儿利益。

对于接受赠与而言，考虑到民法典并未限定赠与合同生效的时间点，但为保护胎儿的利益，防止胎儿出生之前就起算诉讼时效，在此应适用"在胎儿出生前不开始计算"的规则，并将赠与合同生效的时间解释为：在胎儿出生前不生效，自然也就没有诉讼时效期间计算起点的问题。

对于胎儿继承的诉讼时效期间，《民法典》规定为 3 年，自继承人知道或应当知道权利被侵害之日起计算。这里的诉讼时效期间的起算点，因《民法典》第 16 条规定了胎儿的继承能力，应从其法定代理人知道或应当知道胎儿权利被侵害之日起计算。但为了保护胎儿利益，应解释为在胎儿出生前不开始计算。

对于损害赔偿请求权的诉讼时效期间，考虑到胎儿未出生时无法知道损害的具体情况，也就不能提起具体的赔偿请求，即权利实际上根本无法行使，也就不能开始计算诉讼时效，只能解释为胎儿出生后开始计算。

（三）胎儿娩出时为死体，民事权利能力自始不存在

《民法典》第 16 条规定胎儿在涉及继承、接受赠与等利益保护所需要的范围内，视为具有权利能力，但此情况仅是第 13 条规定的例外，并不破坏"人的权利能力始于出生"这一原则。并且这里所谓的"权利能力"仅是在"享有利益"限度内具有权利能力，而不能包括义务。例外情形下，如遗产继承、接受赠与、侵权行为等特殊情形下才为胎儿创设民事权利。即采特别保护的法例。

民法典对胎儿的权利能力采用法定解除条件说。胎儿的权利能力的取得附有停止条件，也就是说，在孕育期间，胎儿被视为具有民事权利能力，只有在出生时为死体的，其已经取得的民事权利能力才溯及消灭，即自始至终不存在。

自然人的民事权利能力始于出生。胎儿尚未出生，原则上不具有民事权利能力。但是为了保护胎儿的遗产继承、接受赠与等权利，有必要在需要对胎儿利益进行保护时，赋予胎儿一定的民事权利能力。据此，《民法典》在《继承法》规定的基础上明确：涉及遗产继承、接受赠与等胎儿利益的保护，胎儿视为具有民事权利能力。但是，胎儿出生时未存活的，其民事权利能力自始不存在。

8 岁孩子在什么情况下可以"打酱油"?

陈文明[*]

一、《民法典》规定

第 19 条 八周岁以上的未成年人为限制民事行为能力人,实施民事法律行为由其法定代理人代理或者经其法定代理人同意、追认;但是,可以独立实施纯获利益的民事法律行为或者与其年龄、智力相适应的民事法律行为。

二、知识要点

根据《民法典》中的规定未成年人为限制民事行为能力人,所实施的民事法律行为是否有效可分两种情形讨论:

1. 是否未成年人所实施的民事法律行为要经过其法定代理人的同意或追认才有效。

2. 是否未成年人实施的纯获利益的民事行为或与其年龄、智力相适应的民事法律行为有效。

三、典型案例[①]

【案情简介】2019 年 1 月 10 日,张某子父亲张某父使用本人的支付宝时,发现支付宝的钱少了。经查证和与张某子沟通,发现是张某子在张某父多次为其挂号取药的过程中看到了密码,张某子在张某父不知情的情况下使用张某父的支付宝账户充值了爱九游公司的游戏产品。2019 年 1 月 10 日,

---

[*] 陈文明,浙江晓德律师事务所创始人、主任。浙江省律师协会网络信息专业委员会委员,杭州市律师协会金融专业委员会委员。担任杭州电视台等 30 多家企事业单位法律顾问。

① 案号:(2019)粤 0192 民初 1726 号。

张某父分别修改了相应的中国建设银行银行卡和支付宝的密码。2019 年 1 月 12 日张某父与爱九游公司沟通时，爱九游公司确认确有此事，但表示充值游戏是单向的退不了款。

于是张某父以法定代理人身份向法院提起诉讼称：张某子本人 12 岁，在家长不知情的情况下充值爱九游公司游戏的行为是无效的，爱九游公司应该退还充值费用 810 元。

最后法院查明认为：第一，该充值行为是张某子所为。2019 年 1 月 7 日至 9 日，张某父支付宝账户向爱九游公司付款的时间轨迹和金额与游戏角色"吹雪舰娘"的消费情况基本相符，可以判断"吹雪舰娘"的充值款项来源确为张某父的支付宝账户。结合张某父向支付宝及爱九游公司反映的情况及爱九游公司要求张某父提供小孩年龄等情况，虑及当事人的举证能力以及待证事实发生的盖然性，游戏角色"吹雪舰娘"的实际使用人为张某子的盖然性较高，本院认定游戏角色"吹雪舰娘"的实际使用人为张某子。第二，该充值行为有效。张某子的出生日期为 2006 年 2 月 13 日，2019 年 1 月 7 日至 9 日充值期间，张某子的年龄为 12 周岁，其法定代理人提交的北京市陈经纶中学出具的初中休学证明显示其已在北京市入读初中。张某子主张的充值金额为每次 3～328 元不等，总额为 810 元，考虑到充值时张某子的年龄、教育经历和其所处地区的消费水平，张某子应能够理解其为游戏角色充值的行为和相应的后果，该充值行为与其年龄和智力相适应。张某子起诉主张其充值行为无效从而要求返还充值金额 810 元的诉讼请求，理由不成立，本院予以驳回。

【争议焦点】

1. 该充值行为是否是张某子所为？

2. 该充值行为是否无效？

四、律师解析

通过认真研析本案及相关判例，笔者发现各地法院大多认定未成年人所实施的民事法律行为有效。总结归纳，该类案件的判决主要有以下两个要点。

要点一：本案中民事法律行为是否是未成年人张某子所为？

涉案充值行为的实际实施人无论是否为未成年人，均合法有效。假定充值行为是张某父本人实施，该行为是与其年龄、智力相适应的民事活动，合法有效。假定该行为是张某子所为，符合要点二的相关因素，也是合法有效的。

要点二：本案中民事法律行为如果是未成年人所为是否有效？

其一，依据《民法典》的相关规定，8 周岁以上的未成年人为限制民事行为能力人，可以独立实施与其年龄、智力相适应的民事法律行为。本案涉案充值金额为 810 元，该充值行为分 2 天、共 7 次完成；充值金额在 3 ~ 328 元不等。在北京这样的经济、文化和娱乐产业极度发达的地区，未成年人拥有数千元现金并可自行支配的情况并不罕见。涉案未成年人每次的消费金额并未显著高于同年龄、同地区的其他未成年人的消费水平，应认定该充值行为是与其年龄、智力相适应的民事活动，合法有效。其二，即使涉案充值行为不属于与张某子年龄、智力相适应的民事活动，但该行为已经得到其法定代理人的同意或追认，合法有效。依据《民法典》的相关规定，限制民事行为能力人进行与其年龄、智力不相适应的民事活动，应由其法定代理人代理或征得其法定代理人的同意。涉案游戏充值账户绑定了支付宝账户，而支付宝账户绑定了银行卡。绑定的过程需要输入支付宝账号密码确认、短信验证确认、指纹确认等，在消费后支付宝以及银行都会发出相应的消费提醒通知。由此可见，张某子的法定代理人对涉案充值行为是知情的，且在多次充值行为发生之后并未采取解绑银行卡、修改支付密码、修改支付指纹或制止其子女再次充值等措施，可视为该行为已经得到其同意，讼争充值行为合法有效。

结语

本案被称为"未成年人充值/打赏"代表案，其典型性、标志性、导向性不言而喻。目前在自媒体、短视频类社交软件"爆炸式"泛滥的时代，屡屡出现类似案件。

　　未成年人偷偷使用父母的游戏账户并进行充值的情况不在少数，但现实中也确实存在"成年人充值后谎称未成年人并虚假投诉"的情况。

　　因此，在未成年人游戏充值/直播打赏案件中，原被告双方的争议焦点主要在于监护人如何证明充值/打赏行为系未成年人单独所为以及如何证明该行为未经监护人的同意或追认。

成年人为什么也会成为限制民事行为能力人？

陈文明[*]

一、《民法典》规定

第22条 不能完全辨认自己行为的成年人为限制民事行为能力人，实施民事法律行为由其法定代理人代理或者经其法定代理人同意、追认；但是，可以独立实施纯获利益的民事法律行为或者与其智力、精神健康状况相适应的民事法律行为。

二、知识要点

本条旨在确立成年人之限制民事行为能力制度，为不能完全辨认自己行为的成年人提供适当保护。它所解决的问题是，不能完全辨认自己行为的成年人在哪些情形下可以独立实施民事法律行为，当不能独立实施民事法律行为时应如何参与民事交易。

本条确立的规则是：不能完全辨认自己行为的成年人，具有限制民事行为能力，实施民事法律行为须由其法定代理人代理，或者经其法定代理人同意、追认；但是，其可以独立实施纯获利益的民事法律行为或者与其智力、精神健康状况相适应的民事法律行为。

限制民事行为能力人只能进行与其年龄、智力、精神健康状况相适应的民事行为，其他比较复杂或重大的民事法律行为，只能由其法定代理人代理，

  * 陈文明，浙江晓德律师事务所创始人、主任。浙江省律师协会网络信息专业委员会委员，杭州市律师协会金融专业委员会委员。担任杭州电视台等30多家企事业单位法律顾问。

或征求其法定代理人同意后进行。

三、典型案例①

【案情简介】2016 年 9 月 5 日被告李某豪通过第三人北京汇某某房地产经纪有限公司购买原告李某林位于北京市房山区×镇×号×层×室房屋一套，建筑面积为 86.66 平方米。合同约定：房屋成交价为 151 万元，相关税费由被告承担。被告支付房款的方式为：自有资金 31 万元通过房山区建委进行资金监管，剩余 120 万元被告通过公积金贷款。合同签订后，原告按照合同的约定，将房屋交付给被告使用，且办理了房屋变更手续。由于原告患有精神疾病多年，且在 2015 年被认定为限制民事行为能力人。在出售上述房屋时也未有其子女的陪同，未得到其监护人的追认。监护人在最近才得知原告将房屋出售，并办理了相关过户手续，但原告至今未能说出房款是否给清等相关事实。原告的监护人认为，原告在其不具备完全民事行为能力的情况下，进行房屋交易，且未得到监护人的追认。

【争议焦点】原告与被告签订的房屋买卖合同是否有效？

四、律师解析

通过认真研析本案及相关判例，笔者发现各地法院大多支持了原告的诉求，确认买卖合同无效。

总结归纳，该类案件的判决主要有以下几个要点：不能完全辨认自己行为的成年人为限制民事行为能力人，实施民事法律行为由其法定代理人代理或者经其法定代理人同意、追认，但是可以独立实施纯获利益的民事法律行为或者与其智力、精神健康状况相适应的民事法律行为。

无民事行为能力或者限制民事行为能力的成年人，由下列有监护能力的人按顺序担任监护人：①配偶；②父母、子女；③其他近亲属；④其他愿意担任监护人的个人或者组织，但是须经被监护人住所地的居民委员会、村民委员会或者民政部门同意。

---

① 案号：（2018）京 0111 民初 8887 号。

限制民事行为能力人实施纯获利益的民事法律行为或者与其年龄、智力、精神健康状况相适应的民事法律行为有效；实施的其他民事法律行为经法定代理人同意或者追认后有效。相对人可以催告法定代理人自收到通知之日起1个月内予以追认。法定代理人未作表示的，视为拒绝追认。民事法律行为被追认前，善意相对人有撤销的权利。撤销应当以通知的方式作出。限制民事行为能力人订立的合同，经法定代理人追认后，该合同有效，但纯获利益的合同或者与其年龄、智力、精神健康状况相适应而订立的合同，不必经法定代理人追认。相对人可以催告法定代理人在1个月内予以追认。法定代理人未作表示的，视为拒绝追认。合同被追认之前，善意相对人有撤销的权利。撤销应当以通知的方式作出。

本案中，第一，李某林于2015年12月10日被北京市朝阳区人民法院判决宣告为限制民事行为能力人，且在房屋交易期间仍属于限制民事行为能力人；同时；处分房屋的行为属于重大事务，已经超出李某林的民事行为能力范围。第二，因李某林无配偶，又因李某林父母已去世，且李某林仅生有一子陈某某，故根据法律规定陈某某系李某林的监护人，即陈某某应为李某林的法定代理人。第三，虽然谭某某陪同李某林就涉案房屋与李某豪签订了"存量房屋买卖合同"，但谭某某并非对李某林依法具有监护资格的人，且谭某某参与了北京市朝阳区人民法院判决宣告李某林为限制民事行为能力人一案全部审理过程，应明知李某林为限制民事行为能力人。第四，李某豪在知晓陪同李某林一起，就涉案房屋签订合同的谭某某并非李某林家人的情况下，根据交易习惯李某豪有义务审查核实李某林其他家庭成员相关情况，但李某豪并未尽审慎的注意义务。

综上，因李某林为限制民事行为能力人，其就涉案房屋与李某豪签订买卖合同须经陈某某同意或者追认后有效，现陈某某对李某林与李某豪签订的"存量房屋买卖合同"拒绝追认，并主张无效，故李某林与李某豪就涉案房屋签订的"存量房屋买卖合同"应属无效。

结语

本案被称为"限制行为能力成年人所实施重大民事处分行为无效"的代表性案例，具有典型性、标志性、导向性。

以上就是笔者对"限制民事行为能力人的行为效力"进行的分析。限制民事行为能力人的行为是否具有效力，依据行为人办理的事项，行为与行为人的智力、年龄是否适应进行确定。

成年人的实际智力存在缺陷，从而不能辨认或者不能完全辨认自己行为的后果的情形，最典型的是精神病人。精神上的障碍，可能使自然人的感知、记忆、思维和情绪等精神活动失去正常状态，从而不能像一般成年人那样去判断事物、表达意思。因疾病原因而致精神丧失之人，如精神病人，大多为无民事行为能力人；但是，除精神病人以外，还有精神衰弱之人，同常人相比意思表达能力明显不足的人，则大多属于限制民事行为能力人。

如何确定"不能完全辨认自己行为"？《关于贯彻执行〈中华人民共和国民法通则〉若干问题的意见（试行）》第5条规定："精神病人（包括痴呆症人）如果没有判断能力和自我保护能力，不知其行为后果的，可以认定为不能辨认自己行为的人；对于比较复杂的事物或者比较重大的行为缺乏判断能力和自我保护能力，并且不能预见其行为后果的，可以认定为不能完全辨认自己行为的人。"其中，"比较复杂的事物"主要是指，交易标的或标的物在构造或内容上不太易于理解或认识；"比较重大的行为"主要是指，民事法律行为对于意思能力薄弱的成年人的财产或人身具有重要价值或意义，如房屋买卖，对具有显著精神价值的动产的处分等。很明显，上述解释无法适用于成年人不能完全辨认自己行为的所有情形。

相比于未成年人的意思能力状况，成年人之意思能力欠缺或薄弱不是成长、发育过程中自然形成的，而大多是因患生理、心理疾病等意外突发状况造成的。即成年人的意思能力欠缺或薄弱与未成年人的意思能力发展表现为一个相反的方向，即从有突然变为全无或仅剩余一部分。因此，成年人之有无意思能力或仅有部分意思能力的情况，在判定上远比未成年人复杂得多。

故此，不同成年人"不能完全辨认自己行为"的表现可能极不相同。有的人可能不能理解、辨识比较复杂的交易物或者比较重大的交易行为，有的人可能只是在某一领域或生活方面存在意思能力薄弱的缺陷，在其他方面则不存在问题；有的人可能只是间断性地存在意思薄弱的情形。这就要求判断成年人是否"不能完全辨认自己行为"时，必须充分考虑成年人自身的特殊意思能力状况，即其智力与精神健康状况如果异于常人，通常可判定其不能完全辨认自己的行为。但也要防止对成年人的民事行为能力带来不应有的限制。

个人信息如何保护？

遇　祥[*]

一、《民法典》规定

第 111 条　自然人的个人信息受法律保护。任何组织或者个人需要获取他人个人信息的，应当依法取得并确保信息安全，不得非法收集、使用、加工、传输他人个人信息，不得非法买卖、提供或者公开他人个人信息。

二、知识要点

纵览民法典关于个人信息的相关规定，民法典对于个人信息的保护包括如下几个重要方面：

1. 个人信息的本质是一项重要的民事利益。学界对于个人信息能否作为一项权利有争议。从立法论上看，《民法典》并未使用"个人信息权"概念。《民法典》总则编第五章"民事权利"规定的各种民事权利，在表述上均冠有"权"字或"权利"的表述，而第 111 条对"个人信息的保护"和第 127 条对数据和网络虚拟财产的保护加以规定时，其后未见"权"字。基于此，按照严格的文义解释和体系解释，不宜将民法典对于个人信息的规定，作为确认个人信息为独立权利的依据。但是，立法者将个人信息保护独立规定于总则编的民事权利之中，排在一般人格权、具体人格权之后，对个人信息的法律保护具有重要的宣示意义。这表明立法者从民事基本法的高度，将个人信息作为民法典一项重要的民事利益对待，并加以特别保护。在不久的将来，立法机关还将通过制定"个人信息保护法"进一步加

---

　* 遇祥，北京市安通律师事务所律师，南京大学法学院法学学士，中国人民大学法学院民商法学硕士，曾就职于国内知名国有证券公司、信托公司。

强个人信息的保护。

2. 民法典将个人信息置于人格权编中，作为一类特殊人格权加以规定。民法典将个人信息保护的具体规则体系置于人格权编中加以规定，表明了立法者对于个人信息的人格权益属性的确认，这样的规定与总则编第111 条被放到人格权后身份权之前加以规定的立法定位保持了一致。从个人信息在人格权编的体系上看，个人信息与隐私权共同组成人格权编第六章，这主要是因为个人信息与隐私在内容上具有一定的相关性。正是因为如此，人格权编第 1034 条第 3 款还就此特别作了立法上的区分，"个人信息中的私密信息，适用有关隐私权的规定；没有规定，适用有关个人信息保护的规定"。

3. 个人信息的权益内容。《民法典》第 1034 ~ 1038 条从具体规则上确立了个人信息保护的范围：

（1）个人信息的类型。《民法典》第 1034 条第 2 款规定："个人信息是以电子或者其他方式记录的能够单独或者与其他信息结合识别特定自然人的各种信息，包括自然人的姓名、出生日期、身份证件号码、生物识别信息、住址、电话号码、电子邮箱、健康信息、行踪信息等。"该定义基本延用了2013 年中华人民共和国工业和信息化部审议通过的《电信和互联网用户个人信息保护规定》和《中华人民共和国网络安全法》[①] 等既有法律法规对个人信息的规定，继续遵循个人信息的可识别性特征对个人信息的决定性作用，并进一步扩大了列举的个人信息的外延范围。

（2）个人信息权益的权能。从民法典规定的内容来看，个人信息权益按照规定的顺序依次包括：同意权（同意信息处理者处理个人信息；未经同意，信息处理者不得向他人非法提供个人信息）、拒绝权（拒绝信息处理者处理自行公开或其他已经合法公开的个人信息）、查阅复制权（向信息处理者查阅复制个人信息）、异议更正权（更正错误信息）、删除权（请求违反法律、行政法规或者约定的信息处理者删除个人信息）。

---

① 本书下文简称《网络安全法》。

（3）个人信息保护的例外。法律、行政法规另有规定的事由，或符合《民法典》第 1036 条规定的免责事由，为个人信息保护的例外情形。

三、典型案例

【案例 1】自然人甲在多年前因未清偿到期债务，导致其名下不动产遭到扣押并进行了拍卖，该事件被媒体乙进行报道，并在网络上留下新闻记录。多年后，甲早已清偿全部债务，要求媒体删除该新闻报道，并要求丙搜索引擎公司采取措施，删除这一报道在其搜索引擎中的链接。

【案例 2】自然人丁在人力资源管理、企事业管理等管理学领域享有较高声望。丁曾在多年前与戊教育公司有短暂的合作。后丁认为戊公司的行业声誉较差，便解除与戊公司的合作。多年后，丁发现在戊搜索引擎公司的网站搜索自己的名字，出现大量戊公司的宣传网页，其中有不少宣传内容与丁相关联，同时，戊网站自行提供的关键词相关搜索功能，出现了丁戊捆绑的其他关键词信息。丁起诉戊公司，要求删除以丁名字作为关键词的与戊相关的搜索结果。

第一个案例是国外著名的"西班牙谷歌案"，第二个案例是我国发生的所谓"被遗忘权"案[①]。这两个类似案例的裁判结果截然不同，欧盟法院在"西班牙谷歌案"中确立了"被遗忘权"的概念，而我国司法实践对"被遗忘权"持否定态度。同时，学界对"被遗忘权"在我国法律中是否以及如何被接纳也曾存在争议。

所谓被遗忘权，事实上是一种以"请求删除"为主要内容，以个人信息为保护对象，以维护人格尊严不被侵犯为目的的权利。因此，被遗忘权在我国法律中即为删除权。法院不能简单地以我国现行法律中并无对"被遗忘权"的法律规定，亦无"被遗忘权"的权利类型作为理由，驳回当事人的诉讼请求，而是应转向论证"被遗忘"的权利内容能否为我国法律中的删除权所包含或支持，并向当事人进行释明。

民法典制定后，我国已经在民事基本法上构建起个人信息保护的完整体

---

① 一审案号：（2015）海民初字第 17417 号，二审案号：（2015）一中民终字第 09558 号。

系。如前文所述，民法典人格权编个人信息相关条文，通过赋予权利人以拒绝权，扩张了《网络安全法》第 43 条和《侵权责任法》第 36 条删除权的相关规定，从而使删除权在所谓"被遗忘权"个案中也能够予以适用。

四、律师解析

在民法典中规定个人信息权（益）是我国立法对世界民法典立法的一个重要贡献。民法典作为民事基本法，构建了个人信息保护的民法基本体系。如何在民法典框架下，对个人信息进行民法上的保护，是我国司法实践中一项刚起步的课题。

在制定民法典之前，我国个人信息的法律保护经历了从以公法保护为主到日益重视私法保护的发展历程。2013 年，第十二届全国人大常委会第五次会议修正《中华人民共和国消费者权益保护法》时，在原第 14 条中新增了消费者享有个人信息依法得到保护的权利的规定，并在第 50 条就侵害该权利的民事责任作出了规定，这是我国法律首次从民事权利的角度对个人信息作出的规定。与此同时，司法实践也逐步摸索构建了经由其他人格权给予个人信息保护的司法路径，以此弥补个人信息保护具体规则的缺失。根据《最高人民法院关于审理利用信息网络侵害人身权益民事纠纷案件适用法律若干问题的规定》[1] 第 1 条的规定，行为人利用信息网络侵害他人的个人信息，只有在侵害他人姓名权、名称权、名誉权、名称权、荣誉权、肖像权、隐私权等人身权益并造成损害时，才需要承担民事责任。[2] 但是，随着大数据时代的来临，技术和商业的进步极大促进了个人信息利用的发展，个人信息的复杂性和重要性已经远远超出了人们原有的认知，在立法上对个人信息作为一项独立的民事权益予以确认，并加以保护的迫切性日益凸显。基于此，2017 年 10 月 1 日起施行的《民法总则》第 111 条的规定首次从民事基本法的高度，确认了个人信息权利是一项民事权益。[3]

民法典构建了民事基本法对于个人信息保护的规范体系。一是沿袭了民

---

① 本书下文简称《网络侵权纠纷司法解释》。

② 王成：《个人信息民法保护的模式选择》，载《中国社会科学》2019 年第 6 期。

③ 个人信息权益进入民事基本法的过程，可参见张新宝：《〈民法总则〉个人信息保护条文研究》，载《中外法学》2019 年第 1 期。

法总则的规定，在总则编第五章"民事权利"一般人格权条款（第109条）、具体人格权（第110条）之后，通过第111条规定了个人信息受法律保护，将个人信息明确作为一项民事利益进行保护。二是在人格权编的最后，用了6个条文（第1034～1039条）规定了个人信息保护的具体规则。三是在侵权责任编中规定了一个具体场景中的个人信息保护，即医疗机构及其医务人员对患者个人信息的保密义务（第1226条）。

对个人信息权益的保护，需要注意以下几个方面：

1. 个人信息的类型化。从《民法典》第1034条对个人信息作出的定义来看，民法保护的个人信息须具有可识别性特征。对个人信息做类型化的研究，首先要遵循个人信息的定义，以是否能够识别特定自然人为标准，区分个人信息与非个人信息。

我国司法实践也采用可识别性特征认定个人信息。在上诉人北京百度网讯科技有限公司与被上诉人朱某隐私权纠纷案[1]中，搜索引擎服务商在"个性化推荐服务中运用网络技术收集、利用的是未能与网络用户个人身份对应识别的数据信息，该数据信息的匿名化特征不符合'个人信息'的可识别性要求"，网络用户通过使用搜索引擎形成的检索关键词记录，虽然反映了网络用户的网络活动轨迹及上网偏好，具有隐私属性，但这种网络活动轨迹及上网偏好一旦与网络用户身份相分离，便无法确定具体的信息归属主体，不再属于个人信息范畴。在淘宝（中国）软件有限公司、安徽某信息科技有限公司不正当竞争纠纷案[2]中，法院认为网络用户浏览、搜索、收藏、加购、交易等行为痕迹信息以及由行为痕迹信息推测所得出的行为人的性别、职业、所在区域、个人偏好等标签信息，并不具备能够单独或者与其他信息结合识别自然人个人身份的可能性，因此不属于网络用户个人信息，而属于网络用户非个人信息。

个人信息的类型化，是基于对可识别性的类型化。《民法典》第1034条将个人信息区分为单独和与其他信息结合识别两种情况，实际上将个人信息

---

[1] 案号：（2014）宁民终字第5028号。
[2] 案号：（2018）浙01民终7312号。

分为了直接识别和间接识别两个类型。从比较法上看，欧盟 2016 年通过的《统一数据保护条例》将个人数据区分为直接识别类别和间接识别类别。关于直接识别类别，姓名是最为常见的个人标识符；而间接识别是指通过既有信息和其他碎片化信息（标识符）相结合，仍然可以使个体从群体中被区分出来。《美国保护个人可识别信息保密性的指南》将个人可识别信息区分为：①由可以被用来区分或追踪个人身份的信息，如姓名、社会保障号码、出生日期和地点、母亲的婚前姓氏或生物统计记录；②联系或可联系到个人的其他信息，如医疗、教育、金融以及就业信息。美国将个人可识别信息区分为直接识别身份信息（直接标识符）和间接可识别信息（准标识符）。直接标识符是直接识别到单个主体身份的数据，如姓名、社会保障号码和不需要附加信息或公共领域中的其他信息交叉关联就可以直接识别个体的数据。准识别符则是本身不能识别特定个人，但可与其他数据集的信息聚合和联系起来识别数据的主体，如某人的病历、生日、邮政编码、性别等标识符是准标识符。① 因此，将个人信息作直接和间接之分，是各国较为通用的做法。

但是，在大数据时代，运用上述识别分类在个案中进行判断可能仍然面临挑战。这是因为在大数据技术条件下，运用技术手段进行间接识别才是大数据技术的具体表现，个人信息在匿名化处理后，仍有被识别的可能。在此背景下，间接识别类型成为个人信息的主要部分，在个案中如何进行判断，是法律与科技互动过程中不得不面对的难题。对此，存在着关于识别的多种类型化标准。本文对个人信息加以类型化梳理以供实践中个案参考。

（1）关于识别由谁来做？其一是客观标准，即只要是信息主体以外的任何一人能够使用其掌握的其他信息进行结合而可以识别出信息主体的身份，就属于个人信息；其二是相对标准，即从信息处理者结合自身所有的其他数据以及合法地从第三人处获得的数据出发，以能否识别出个人身份作为判断

---

① 苏今：《〈民法总则〉中个人信息的"可识别性"特征及其规范路径》，载《大连理工大学学报》（社会科学版）2020 年第 1 期。

标准。① 比较而言，相对标准要比客观标准宽松，也是国外根据经验而采取的标准，宜放在未来的司法实践中予以进一步考量。

（2）关于识别内容为何？在大数据时代，应当把数据处理的识别内容区分为身份识别和行为识别。身份识别即能够识别特定自然人具体身份，即识别"你是谁"；而行为识别则无法识别到特定自然人具体身份，只识别"你做过什么"。个人信息权益应保护的是身份识别，而行为识别则是大数据时代的价值源泉。②

此外，还需要特别注意的是，根据人格权编第 1034 条第 3 款，民法规定的个人信息不包括私密信息，私密信息应通过隐私权进行保护。

2. 个人信息权益的权能。由于个人信息权益是一项新型民事权益，学理上对于其权能内容的认识尚不完全统一，民法典的条文也未明确规定其子权利组成与具体权能的行使，而是采用了行为规制的路径，因此，探讨个人信息权益的权能存在不周延的可能。尽管如此，本文拟结合《民法典》条文和司法实践，着重探讨如下几项权能。

（1）信息保有权。信息保有权就是权利人对于个人信息由自己保有，他人不得非法占有，这是个人信息权益的基础性权能。但是，个人信息的保有权，不同于物权等绝对权那样的一般性排他支配权，也无权要求其他人如同尊重物权等绝对权那样来尊重其对个人信息的利益。③ 例如，如果信息处理者合理处理自然人自行公开的或者其他已经合法公开的信息，则不承担民事责任。尽管如此，信息的保有权，作为个人信息权益的基础权能，决定了其他权能存在的正当性。只有保有自己的个人信息，才能够有权利知悉信息利用情况，同意信息获取与处理，要求查阅、更正、删除等。④

① 周学峰：《个人信息保护立法中的基础问题探讨》，载《北京航空航天大学学报》（社会科学版）2020 年第 3 期。
② 苏今：《〈民法总则〉中个人信息的"可识别性"特征及其规范路径》，载《大连理工大学学报》（社会科学版）2020 年第 1 期。
③ 程啸：《民法典编纂视野下的个人信息保护》，载《中国法学》2019 年第 4 期。
④ 刘海安、张雪娥：《论个人信息的保有权能：从该权能的存废展开》，载《河南社会科学》2019 年第 10 期。

（2）信息自决权。该权能包括两个方面：一是知情权。知情权包括两方面：第一，信息处理者在处理信息尤其是收集信息时，应向权利人公开处理信息的规则，明示处理信息的目的、方式和范围，并征得权利人的同意；第二，信息处理者在依法获得和使用权利人的个人信息时，权利人对信息处理者所占有、使用自己个人身份信息的情况，有权进行查询，并有权要求予以答复。知情权的内容，主要是知道自己的哪些个人信息被收集、处理与使用，以及个人信息是否有错误等。二是同意权。同意权是权利人对于自己的个人信息是否使用，是否可以由他人获取、利用，都属于权利人自己的权利。处理个人信息，原则上应征得权利人同意，信息处理者应在同意的范围内合理实施信息处理行为。但是，由于个人信息的特殊性，合理处理权利人自行公开的或者其他已经合法公开的信息，并不需要权利人同意。在此种情况下，权利人行使同意权的方式发生变化，可选择默示同意或者明确拒绝对其个人信息进行处理。

（3）信息更正权。信息更正权是指权利人发现被他人获取的个人身份信息有不正确之处，有权请求信息处理者对所占有和使用的有关自己不正确、不全面、不适当的个人信息进行更正。信息处理者应按照权利人的要求必须按照正确的信息进行更正。

（4）信息删除权。信息删除权是指权利人发现信息处理者违反法律、行政法规的规定或者双方的约定处理其个人信息的，有权请求信息处理者及时删除其个人信息。信息删除权应当包括所谓的"被遗忘权"，即权利人对于自己已被发布在网络上的，有关自身的不恰当的、过时的、继续保留会导致其社会评价降低的信息，有要求信息处理者予以删除的权利。

所谓"被遗忘权"涉及的信息，往往是信息处理者根据客观事实、合法事实进行处理的个人信息，或者属于权利人主动公布，但时过境迁后依权利人主观认知已经无用的个人信息，这些信息并不存在错误，而只是对个人信息的权利人有负面影响。在民法典制定之前，我国立法上规定删除权的主要是《网络安全法》第43条和《侵权责任法》第36条。《网络安全法》第43条规定："个人发现网络运营者违反法律、行政法规的规定或者双方的约定收集、使用其个人信息的，有权要求网络运营者删除其个人信息；发现网络运营者收集、存储的其个人信息有错误的，有权要求网络运营者予以更正。网络运营者应当采取措施予以删除或者更正。"《侵权责任法》第36条第2款规定："网络用户利用网络服务实施侵权行为的，被侵权人有权通知网络服务提供者采取删除、屏蔽、断开链接等必要措施。网络服务提供者接到通知后未及时采取必要措施的，对损害的扩大部分与该网络用户承担连带责任。"上述立法规定并未明确在信息处理者处理的信息属于网络上公开的信息或者其他已合法公开的真实信息，但是对于权利人有负面影响时，是否构成侵权行为，权利人是否具有删除权。而《网络侵权纠纷司法解释》第5条也有关于删除权的规定，也需以构成侵权行为为前提，而在信息处理者处理的信息属于权利人自行在网络上公开的信息或者其他已合法公开的个人信息的情形下，按照《网络侵权纠纷司法解释》第12条的规定，构成侵权的免责事由。《民法典》出台后，在此种情形下，按照第1036条第2款的规定，赋予权利人以拒绝权（明确拒绝）。在权利人明确拒绝后，如果信息处理者仍然进行信息处理行为，则构成侵权行为。因此，《民法典》通过赋予权利人以拒绝权，在立法上构建了个人信息删除权的完整规则，权利人可以通过信息删除权的行使来保护个人信息权益。

此外，在权利人同意场合，如果信息处理者未违反法律、行政法规的规定或者双方的约定，如何救济权利人的删除权？对此，全国信息安全标准化技术委员会2020年3月6日发布的《信息安全技术　个人信息安全规范》（GB/T 35273—2020）第8.4条要求，个人信息控制者应向个人信息主体提供撤回收集、使用其个人信息的授权同意的方法。撤回授权同意后，个人信息控制者后续不应再处理相应的个人信息。撤回授权同意不影响撤回前基于授权同意的个人信息处理。因此，在权利行使效果上，权利人通过撤回同意而行使删除权时，信息处理者应从服务器上删除包括元数据在内的一切个人数据，但是在有偿许可他人收集信息场合下，删除权人应对相关损失承担赔偿责任。①

3. 个人信息权益的民法保护。在民法典时代，谈及个人信息的保护是一件较为幸运的事情，因为民法典已经构建起了个人信息民法保护的完整体

---

① 叶名怡：《个人信息的侵权法保护》，载《法学研究》2018年第4期。

系。需要指出的是，民法典的个人信息权益的条文里留有了大量的引致性规定，因此，在对个人信息保护的过程中，如何对信息权利（保有）和信息处理（流动）价值进行具体利益衡量，仍需要等待个人信息保护法中具体规则的制定和落实。本文拟就民法典的规定，探讨个人信息权益保护的路径选择。

（1）人格权法上的保护。将个人信息权益作为一项人格权益加以规定的重要意义，即在于可以适用人格权的保护方法对个人信息加以保护。权利人不仅有权保护自己的个人信息不受他人侵害，而且对自己的个人身份信息被他人依法获取、占有后，仍然享有依法保护的权利。权利人对于自己所享有的个人信息权益，除了可以依据人格权编中与个人信息相关的六个条文中的行为规制请求权，还可以运用人格权法上的通用性请求权进行权利保护。对于非法侵害个人信息权的行为，权利人有权提出停止侵害、排除妨碍、消除危险、消除影响、恢复名誉、赔礼道歉的请求。同时，由于人格权请求权是人格权本身包含的原有救济权利，因此，人格权请求权不受诉讼时效的限制。

（2）合同法上的保护。信息处理者处理个人信息，应征得权利人的同意，同时，信息处理者需要明示处理信息的目的、方式和范围。在此基础上，权利人与信息处理者之间构成了合同关系。信息处理者不得超出权利人同意的范围处理个人信息，不可以将为某种目的收集的信息为另一个目的而使用，未经权利人同意，不得向他人非法提供其个人信息。权利人发现信息处理者违反双方约定处理其个人信息的，有权请求信息处理者及时删除。因此，权利人与信息处理者之间的上述所谓同意行为即构成了合同，权利人可以依据合同法请求信息处理者承担违约责任。

鉴于现实生活中信息处理者提供的"点击即同意"协议普遍采用"同意或离开"规则，用户往往不会点开协议进行浏览，只是通过点击同意来适用他们需要的服务，这种协议往往由信息处理者提供，协议内容经过精心设计，许多条款都会被模糊化处理①，大大有利于信息处理者，因此，即使是基于

---

① 李鑫：《大数据时代隐私协议中个人信息的保护进路》，载《苏州大学学报》（哲学社会科学版）2002 年第 3 期。

权利人同意的信息处理，仍应遵循"合法、正当、必要原则"，不得过度处理。而从规制的角度看，应针对该等用户协议，制定强制性国家标准，从而赋予用户足够的权利。

（3）侵权责任上的保护。作为一项民事权益，个人信息当然地可以适用侵权责任法加以保护。由于个人信息侵权行为主要发生在信息网络空间中，在适用侵权责任法对个人信息进行保护上，存在两个路径：一是侵权责任编第1165条的规定；二是侵权责任编第1194条的规定。但是，不管采用哪个路径，个人信息侵权的归责原则均为一般过错。同时，侵权责任编第1194条留有引致规定，为未来个人信息保护法及其他特定场景下法律规范的特别调整留有空间。

在一般过错原则下，权利人需就加害行为、主观过错、损害后果及因果关系四大要件进行举证。就加害行为是否存在、信息处理者是否有过错以及因果关系等待证事实要件而言，由于权利人与信息处理者之间存在明显的信息不对称，权利人面临着举证困难的现实，而信息处理者往往具有较强的证明能力，因此，对于案件事实的证明责任，学理上普遍倾向于通过各种路径采取有利于权利人的立场。有的观点建议采取转换证明责任，由法院根据公平原则和诚实信用原则，综合当事人的举证能力等因素确定证明责任承担的可能性，这一立场在申某与支付宝（中国）网络技术有限公司等侵权责任纠纷[①]中得到体现。有观点建议在因信息控制者为多人，且无法分辨真正加害人的场合，如庞某鹏案[②]中，通过类推适用《民法典》第1170条中的共同危险行为理论，将所有信息处理者所实施的行为视为一个整体，只要证明各个行为人的"整体行为"与权益侵害的因果关系成立，即可推定"个别行为"与权益遭受侵害之间存在因果关系，而共同危险行为人需证明自己没有过错或者不是造成损害的人方可免责。[③] 还有的观点建议降低证明标准，即在权利人已经提出相当的证据，证明其主张的事实具有较大可能性，但是因客观条件限制无法继续举证时，就认为权利人完成证明责任。从加强个人信息保

---

① 案号：（2018）京0105民初36658号。

② 案号：（2017）京01民终509号。

③ 参见阮神裕：《民法典视角下个人信息的侵权法保护》，载《法学家》2020年第4期。

护的角度出发，应根据权利人与信息处理者之间的"不对等"关系，合理分配实体和程序上的权利义务，从而在立法层面统一解决个人信息保护的证明责任问题。

关于损害后果，作为传统侵权责任承担方式的赔偿损失，须以损害的发生为前提。侵害个人信息权益可能会造成财产性损害和精神性损害。

个人信息侵权造成的财产性损害主要包括两个方面：一为直接损害，如银行账号密码被泄露造成账户存款被提取一空，个人身份信息被盗用导致欠下巨额外债等；二为间接损害，包括制止侵权行为所支付的合理开支等。根据《民法典》第1182条的规定，侵害他人人身权益造成财产损失的，按照被侵权人因此受到的损失或者侵权人因此获得的利益赔偿；被侵权人因此受到的损失以及侵权人因此获得的利益难以确定，双方无法达成一致的情况下，由人民法院根据实际情况确定赔偿数额。根据《网络侵权纠纷司法解释》，人民法院可以根据具体案情在50万元以下的范围内确定赔偿数额。

个人信息侵权造成严重精神性损害的，权利人可以请求精神损害赔偿。个人信息作为一种人格权益，对于权利人而言，往往表现为精神利益，而非财产利益。因此，在个人信息侵权中，权利人更关注对精神损害的救济。因侵权致人精神损害，造成严重后果的，权利人可以请求侵权人赔偿相应的精神损害抚慰金。

什么叫不当得利？

闫杰慧* 姚 远**

一、《民法典》规定

第118条 民事主体依法享有债权。

债权是因合同、侵权行为、无因管理、不当得利以及法律的其他规定，权利人请求特定义务人为或者不为一定行为的权利。

第985条 得利人没有法律根据取得不当利益的，受损失的人可以请求得利人返还取得的利益，但是有下列情形之一的除外：

（一）为履行道德义务进行的给付；

（二）债务到期之前的清偿；

（三）明知无给付义务而进行的债务清偿。

第986条 得利人不知道且不应当知道取得的利益没有法律根据，取得的利益已经不存在的，不承担返还该利益的义务。

第987条 得利人知道或者应当知道取得的利益没有法律根据的，受损失的人可以请求得利人返还其取得的利益并依法赔偿损失。

第988条 得利人已经将取得的利益无偿转让给第三人的，受损失的人可以请求第三人在相应范围内承担返还义务。

* 闫杰慧，内蒙古英策律师事务所创始人、主任。工商管理（EMBA）硕士，经济师，拥有证券从业资格，A股上市企业内蒙华电独立董事，包头仲裁委员会仲裁员。有二十多年丰富的律师从业经验，专注于重大复杂的民商事诉讼、仲裁案件和执行案件的代理。擅长公司并购重组、破产重整、项目投融资、房地产合作开发以及不良资产处置。先后为中国信达、中国银行、国家开发银行、中外运内蒙古分公司、内蒙古外经贸集团等企事业单位提供诉讼、法律顾问或投融资项目专项法律服务。

** 姚远，拥有证券从业资格，内蒙古英策律师事务所专职律师，专注于不良资产处置和企业破产重整领域法律服务。

二、知识要点

不当得利是指没有合法依据，有损于他人而取得利益。取得利益的一方被称为得利人，遭受损害的一方称为受害人。

三、典型案例

上诉人（原审原告）江某云、陈某娥、云南东联盟电缆集团有限公司（以下简称东联盟集团）、云南正晓电缆有限公司（以下简称正晓电缆公司）、云南正晓环保投资有限公司（以下简称正晓环保公司）与被上诉人（原审被告）何某根、陈某芬不当得利纠纷一案，因不服云南省高级人民法院（2016）云民初96号民事判决，向最高人民法院提起上诉。

经审理，最高人民法院根据庭审调查认为：本案中何某根多次出借款项，江某云等五原审原告在2012年至2015年陆续归还借款本息，现江某云等五原审原告诉请主张返还超额支付的款项，故本案讼争纠纷虽因民间借贷而起，但并非民间借贷纠纷。依照《民法总则》第122条之规定，"因他人没有法律根据，取得不当利益，受损失的人有权请求其返还不当利益"。江某云等五原审原告为返还超额支付款项而提起的本案诉讼显为不当得利纠纷，一审将案由确定为民间借贷纠纷不当，本院予以纠正。

四、律师解析

是否构成不当得利的认定，相关受案法院的裁判结果不一，其裁判理由也存在较大分歧，未有一致结论。造成这一问题的原因与法律对于不当得利制度规定不完备有关。较之《民法典》对于"不当得利"制度的规定，《民法通则》仅用第92条规定不当得利，《民法总则》以第118条第2款承认不当得利系债的发生原因之一，用第122条规定不当得利的构成要件和法律效果。

民法典用6个条文依次宣示不当得利系债的发生原因之一（第118条）、总括不当得利关系（第122条）、明确不当得利的构成要件和法律效果以及排除的情形（第985条）、设置利益不存在规则（第986条）、宣明不当得利与赔偿责任的聚合规则（第987条）和无偿受让不当得利之人的返还规则（第988条），可谓明显细化完善了之前的规定，规定的可操作性也增强了，值得肯定。

民间借贷与不当得利原是两种不同类型的案由。两者分属不同的基础法律关系，各有其构成要件及适用范围。然而在司法实践中，民间借贷与不当得利的关联程度却相当高。先诉民间借贷再诉不当得利的或民间借贷诉讼中变更诉请为不当得利的，借款方在还款过程中多付利息的，均可能构成不当得利案件。纠纷产生的情况主要有以下两种：一是企业之间因经营需要存在多笔业务往来，当事人往往对于其中一笔款项的给付原因争执不清；二是自然人之间转账，当事人就该笔款项属借款抑或还款以及偿还款项属于本金还是利息存在争议。可见，无论何种情形，双方当事人对其身处的基础法律关系均未达成一致的认识。证据不足的情况下，外界无法由此就给付款项的性质作出准确判断。

古语云："君子爱财，取之有道。"这个"道"在当代社会便是要符合法律，有法律上的依据。对于那些没有法律和合同上的依据所取得的财产利益，民法典对之明确持否定态度，将其确定为不当得利，并规定其无法律效力。不当得利制度体现并维护了社会公平，对降低交易风险和保证交易安全也有着重要意义。

以上就是民法典对"不当得利"制度的完善和细化，相关规定不仅为司法裁判提供了更为明确的指引，开启了"不当得利"制度的新篇章，对倡导行为人遵守社会公序良俗，维护善意得利人合法权益，促使行为人遵纪守法、遵守诚信原则更是具有一定的积极意义。总而言之，不当得利体现了法律中所蕴含的道德要求，要求人们必须诚实守法，取财有道。因此可以说民法典将不当得利归入"准合同"章节，是对公民善良公正之心的守护，对于构建和谐社会有着积极的推动作用。

如何实现对数据及网络虚拟财产的保护?

刘一尘[*]

一、《民法典》规定

第127条 法律对数据、网络虚拟财产的保护有规定的，依照其规定。

二、知识要点

《民法典》首次规定了隐私权和个人信息的保护原则，界定了个人信息的概念，列明了处理个人信息的合法基础，规范了个人信息处理者的义务、自然人对其个人信息的权利以及行政机关的职责等。这些对个人信息保护的新规定受到了社会的广泛关注，同样地，作为各种信息及数据的收集者和生产商们的权利与义务也受到了立法者的关注。

《民法典》新增的第127条规定了关于个人信息处理者对所收集数据享有的权利及网络虚拟财产权利的问题。随着大数据时代的发展和网络游戏产业的逐步壮大，立法者也以将这两项内容加入《民法典》的方式回应了社会的需求。

1. 关于数据：数据的分类及数据生产者对数据的权利。数据可以分为原生数据和衍生数据。原生数据是指不依赖于现有数据而产生的数据，如用户发表的评论数据，是未被加工的数据。衍生数据是指原生数据被记录、存储后，经过算法加工、计算、聚合而成的系统、可读取、有使用价值的数据，

---

　*　刘一尘，曾就读于华东政法大学，获美国埃默里大学法学博士，中国及美国纽约州执业律师，现为方达律师事务所香港办公室律师。

如购物偏好数据、信用记录数据等。按我国现在的主流观点及《民法典》的规定，衍生数据可以成为知识产权的客体。

区分原生数据与衍生数据的最大意义是区分数据的生产者对何种数据享有财产权。衍生数据是对原生数据进行了专业的处理的数据（如经过算法加工、计算、聚合），从性质上说衍生数据已经属于智力成果了，并且完成了对"无用的"原生数据的减少和分筛，将其变成了"有用/有价值"的数据，也因此会有客户来付费获得这些数据。因为衍生数据的生产者对制作衍生数据本身花费了时间和财力，民事上确实应当保护衍生数据的生产者对衍生数据享有的权利，并且应在法律上作出具体规定，赋予生产者以数据权利，即数据专有权。此次民法典规定的衍生数据就是数据专有权的客体。

现在是信息化的时代，亦是大数据的时代，人们手机中的应用程序在不断地收集着使用者的数据，这些数据在不同的商家和服务提供商间被加工成衍生数据，这也就是为什么有的时候我们手机推送的广告内容会如此的精准。这就证明了衍生数据是有价值的，其价值不只在于数据本身，而是在于这些数据是否符合买方的需求，是否可以达到推送广告精准投放的效果。而数据生产者为获得衍生数据所付出的不仅是收集这些数据，更多精力是花在对这些原始数据的专业处理上。其中最典型的例子就是广告推送，大数据公司向广告公司出售已经筛选过的用户数据，进而将广告更精准地投放到目标人群中。

关于衍生数据，我们需要了解其特点。首先，作为个体或样本的每一项数据本身数量很少时是无意义的，较少的数据更像是个人隐私，少有公司会为了推销自己的产品去花大价钱买小部分人的个人隐私，况且私自公开个人隐私亦违反了《民法典》第111条①关于个人隐私的规定。其实，即使收集到大量的个人数据，收集者其实不会对数据享受特殊的权利，因为收集者并没有对数据进行创作或修饰，这只是一个"数据库"，而数据库本身是不具有产品的性质的。但是，一旦当收集者对数据进行了专业的分类和处理，整

---

① 《民法典》第111条规定，自然人的个人信息受法律保护。任何组织或者个人需要获取他人个人信息的，应当依法取得并确保信息安全，不得非法收集、使用、加工、传输他人个人信息，不得非法买卖、提供或者公开他人个人信息。

个过程自然是要花费时间和金钱成本的，经过处理后的数据在正常情况下是不会公开免费给别人使用的，因为此时的成本花费让收集者变成了生产者，而数据本身也已经成了一项产品，这就是衍生数据。而衍生数据与以收集为目的的数据库最大的区分点就在于，数据库建立的目的是储存和管理数据，而衍生数据是在原生数据被记录和储存后，对其经过一系列具有逻辑性的处理后所产生的有使用价值的数据。

因此，衍生数据应当属于一项智力成果，智力成果是指人们通过智力劳动创造的精神财富或精神产品。为推动和促进大数据行业的发展，民法下的衍生数据生产者享有对衍生数据的专有权。数据专有权是一种财产权，性质属于新型的知识产权。数据专有权与传统的知识产权有明显不同，在权利的主体、客体以及保护等方面，都存在着差别。数据专有权具备传统知识产权的一些特点，如无形性、专有性、可复制性等，但不具备传统知识产权的地域性、时间性的特点，因此是一种新型的权利类型。清晰地界定好衍生数据的定义，对促进整个大数据行业的发展意义重大。

2. 关于网络虚拟财产：定义和意义。网络虚拟财产是指存在于网络上的具有财产性的电磁记录，是一种能够用现有的度量标准（如金钱）度量其价值的数字化的新型财产。

网络虚拟财产作为一种新兴的财产，具有不同于现有财产类型的特点，如虚拟性、可再现性和技术限制性等。网络虚拟财产属于特殊物，把网络虚拟财产归入特殊物，顺应了物权法的发展趋势，同时特殊物也准确反映出了网络虚拟财产的特性。

随着网络经济的兴起与飞速发展，网络游戏逐渐成为年轻人生活的重要组成部分。电子游戏及电子竞技产业已经是我国不可忽视的一个新兴产业，确认网络虚拟财产的地位不仅对整个产业的稳定发展有帮助，也是在法律层面修补漏洞。

民法典认定网络虚拟财产是一种广义的特殊物，可以指玩家付出的精力、时间等劳动性投入，或是直接通过货币购买取得的，玩家或购买者对网络虚拟财产享有当然的所有权。对于网络虚拟财产，将其定义为具有财产性的电磁记录并能够用现有度量标准（如金钱）来度量其价值，其实也就是确认了其本身具有物权的属性。游戏供应商只提供游戏的场所并负有保管的义务，这也确实符合玩家的利益。而通常的物权和所有权具有永久性、排他性，是一种绝对完全的权利。这种权利任何人都不能在所有人的意志之外占有、使用、收益和处分，即便是提供特定网络环境的运营商，也不能故意地利用技术和以其他任何方式侵犯玩家对虚拟财产所拥有的所有权。

三、典型案例——数据生产者对数据的义务

作为衍生数据的生产者，在收集的原生数据中包含个人信息时自然是应当遵守相关法条，如《民法典》第 111 条规定的保证个人信息的不公开原则。其实这一点对于大部分数据处理者和生产者来说并不困难。但是，当数据生产者的购买方在获得了衍生数据后，对这些衍生数据进行不正当二次传输甚至是非法使用时，作为数据生产者，是否因未尽其应尽的 KYC（Know Your Client，即了解你的客户）义务而承担责任呢？

2020 年 2 月，腾讯新闻发布的一则"同盾科技涉嫌套路贷非法获利 9 亿元"的信息迅速吸引了舆论的目光，一时间网上议论纷纷。公开信息显示，同盾科技成立于 2012 年，由曾任阿里巴巴集团安全部技术总监的蒋韬创办。成立之初，同盾科技便获得了 IDG 资本和华创资本的 1000 万元 A 轮融资。8 年来，同盾科技已经累积获得 7 轮融资，融资总金额超过 3 亿美元，估值达 20 亿美元。在资本的加持下，同盾科技迅速成为国内领先的第三方大数据智能风控公司，服务的企业超过 1 万家。但是据报道，同盾科技被曝虽然并未直接参与放贷、进行非法"套路贷"业务，但是它为一些互联网金融平台提供客户的个人信息来获取"利益"，此举招致不少非议。同盾科技旗下的全资控股子公司"信川科技"利用爬虫技术产品"数聚魔盒"来获取客户的各种个人信息，为一些涉嫌"套路贷"的互联网金融平台提供每次 0.2 ~ 1.8 元的有偿查询服务，此举帮助了这些平台降低放贷风险以及向用户进行贷款催收。

显然，同盾科技作为一家技术型服务公司为很多大型的互联网公司，银行、保险公司等提供智能风险管理服务，但是其大数据服务部门确实存在出售用户数据给服务对象获取利益的业务，而当同盾科技服务的对象利用这些数据进行不当地违法活动时，同盾科技作为源头数据提供方是否应当承担一

定的责任呢？虽然，通过技术获得的数据是"无罪的"，利用技术的套路贷平台才"有罪"，但同盾科技也有应当尽却未尽到的义务，才会让套路贷平台钻了空子用这些数据进行违法活动，其本身是难辞其咎的。

四、律师解析

（一）对于数据权利及义务的解析

《民法典》除了为数据生产者的产品提供了权利保障，同时也规定数据生产者要对其所生产的数据产品承担一定的义务，尤其是当这些数据生产者作为个人信息处理者时。《民法典》第 1038 条明确信息处理者对个人信息的保护责任要求，包括不得泄露或篡改其收集、存储的个人信息，未经自然人同意不得向他人非法提供未经脱敏处理的个人信息等。但同时，《民法典》为个人信息处理者提供了一个避风港，规定有下列情形时，处理者不承担民事责任：①在该自然人或其监护人同意的范围内合理实施的行为；②合理处理该自然人自行公开的或者其他已经合法公开的信息，但是该自然人明确拒绝或者处理该信息侵害其重大利益的除外；③为保护公共利益或该自然人合法利益而采取的合理行为。

《民法典》的这些规定实际上明确了在中国合法处理个人信息的三项法律基础。此外，《民法典》还规定，如果以不可逆的方式处理了个人信息使之无法识别特定个人且不能复原，则此类信息处理行为也将被允许进行。

对于大数据提供商，尤其是那些收集个人信息处理后向第三方提供衍生数据的生产者或处理者们，类似的法律风险是不可忽视的，最好的解决方案就是在合规中加入《民法典》的避风港政策，如获取提供原生数据本人的同意，对涉及个人信息的内容作出无法识别特定个人的处理或是在出售数据给第三方时进行全面的 KYC 程序，如设计调查问卷。

（二）对于网络虚拟财产的案例分析与展望

在过往的民事案例中，我国对于网络虚拟财产的整体态度还是比较倾向于认定他具有物权性的。此外，我国的一些刑事案件的判决也显示将虚拟财产承认为财产的类似立场。例如，在苏州市姑苏区的盗窃虚拟财产案，姑苏区法院就认定了网络虚拟财产可以作为盗窃罪与侵权罪的客体。被告人董某、李某伙同刘某（另案处理），在福建省长乐市太平洋食品股份有限公司员工宿舍内，通过网上挂载木马程序非法获取苏州某数字科技公司运营的网络游戏"九阴真经"的客户账号数据共计九千多组，并将他人游戏账号内的虚拟财产转移至自己账号出售牟利。苏州市姑苏区法院最终认定这构成财产型的犯罪。这个案件将涉及侵犯虚拟财产的行为作为一般财产犯罪看待，这表明了一种将虚拟财产权视作一般财产权的态度。

由此看来，目前无论是实践中法院的态度还是新颁布的《民法典》对于网络虚拟财产的态度都是认可其财产的属性的。确定了这样的属性，除了说明《民法典》确立了所有权人对网络虚拟财产所享有的权利，同时也应该建立配套的政策和规定来限制出售网络虚拟财产的供应商。虽然网络虚拟财产是由供应商提供的，但是当虚拟的产品被出售给了玩家/使用者时，即使是运营商也不能再妨碍所有人占有、使用、处分和收益的权利。笔者认为，其实这对于运营商来说难度并不大，因为当产品出售给了玩家后，运营商所需要做的就是保持运营状态让玩家自由使用产品即可。即使是运营商后续进行了促销、减价或是免费赠送，基于网络虚拟财产物权的属性都不会影响玩家的财产权。但是，运营商的停运或注销则肯定会使这些网络虚拟财产消失，由此也必然会导致所有权人没办法继续使用。而事实上，运营商的运营或停运通常也是基于商业上的考量，有可能并不是主观上要侵犯玩家/使用者对于财产的使用权，甚至有时候会由于某些被动因素而导致运营无法继续下去，如破产、债务重组等。

所以从绝对程度上来说，我认为网络虚拟财产并不是绝对的完全的权利，因为所有权人对财产的使用是建立在运营商能够持续运营的前提上，因此也并不算是完全排他的所有权。尤其是当运营商被动停止运营而非主观"妨碍"了用户使用这些网络虚拟财产时，所有权人将无法再对财产享有任何的占有、使用、处分和收益权。因此，我认为应该单独为网络虚拟财产作出一个分类，使运营商停止运营后所有权人还可以享受一部分权利。

合同无效是怎么发生的?

梁会青[*]

一、《民法典》规定

第 144 条 无民事行为能力人实施的民事法律行为无效。

第 146 条 行为人与相对人以虚假的意思表示实施的民事法律行为无效。

以虚假的意思表示隐藏的民事法律行为的效力,依照有关法律规定处理。

第 153 条 违反法律、行政法规的强制性规定的民事法律行为无效。但是,该强制性规定不导致该民事法律行为无效的除外。

违背公序良俗的民事法律行为无效。

第 154 条 行为人与相对人恶意串通,损害他人合法权益的民事法律行为无效。

二、知识要点

1. 行为人因不具备相应的民事行为能力导致其签署的合同无效。此处行为人指自然人,签署合同之前应就行为人的年龄、智力及精神状况对其行为能力进行判断。根据《民法典》第 19 条、第 20 条等相关规定,8 周岁以下

---

* 梁会青,曾就读于中南财经政法大学,师从中国诉讼法权威蔡虹教授,获诉讼法学硕士学位。有多年执业律师经验,曾担任多家上市公司(集团)法务负责人,在股权并购及争议解决方面具备丰富的经验。主要著作及论文:《民事裁判执行中的第三人及权利保障》《证券投资者利益保护的诉讼法视角——论证券民事赔偿诉讼制度》《侵权责任编:一种指引规则的继往开来》,创建微信公众号"花开茶山刘",发表多篇专业文章。

的未成年人及完全无法辨认自己行为的成年人属于无民事行为能力人，由其法定监护人代为实施民事法律行为，包括签署合同，如法定监护人代无民事行为能力人因接受赠与签署赠与合同等。

2. 意思表示不真实——虚假行为和隐藏行为。实践中如何认定通谋虚伪行为仍是案件审理难点。认定通谋虚伪行为，应考虑以下 4 个要件：①须有意思表示；②须表示与内心目的不一；③须有虚伪故意，即表意人和相对人对表示与意思不一具有明知性；④须行为人与相对人通谋实施。某一行为是否构成通谋虚伪行为及其效力如何认定需要结合案件具体情况审慎处理。

3. 恶意串通。通常将"恶意串通"定义为牟取不法利益合谋实施的损害他人利益的违法行为。其构成要件有二：一是主观心态是故意而为之，即明知某行为会损害他人权益，仍积极促成该行为发生或实施；二是为了牟取利益，即通过实施该行为可以获取一定收益，包括直接增加自身收益，以及通过减少支出而间接增加自身收益。

三、典型案例

【案例1】虚假的意思表示——以办理银行贷款为目的的房屋买卖合同无效案

原告周先生与被告魏女士在婚姻关系存续期间签订了一份房屋买卖合同，将周先生名下的一套房屋出售给魏女士并过户，后魏女士以该房屋办理了银行抵押贷款。现双方因关系恶化处于离婚诉讼中。周先生将魏女士起诉至法院，要求确认双方房屋买卖合同无效，并将房屋恢复登记至自己名下。

原告周先生诉称，2005 年，其父母为其购买海淀区房屋一套并登记在自己名下。2007 年，其与魏女士登记结婚。其因创业需要资金，且魏女士的身份可以获得银行低息贷款，便与魏女士商议后，以套取银行低息贷款为目的，在 2009 年与魏女士以明显不合理的低价签订了存量房屋买卖合同，将房屋过户至魏女士名下，并以魏女士名义、以该房屋为抵押物，取得了银行低息贷款 80 万元。周先生称，签订房屋买卖合同后，魏女士未偿还贷款也没有支付购房款，办理过户的所有税费及贷款的各种费用均由周先生承担，同时房屋也一直实际由周先生及其父母占有使用。双方签订虚假存量房屋买卖合同真实意图是获取银行低息贷款，该行为属于以合法形式掩盖非法目的，依法应被确认为无效合同。

被告魏女士辩称，该房屋是周先生对其的赠与，并通过房屋买卖的形式向银行贷款。房屋买卖合同是双方真实意思表示，经过房产部门登记、纳税、过户，依法有效。买卖过程中有周先生向其赠与房屋的成分和利用房屋贷款的客观要求，但当时法律不禁止夫妻之间买卖房屋，不禁止利用买卖房屋贷款，不存在以合法形式掩盖非法目的。周先生的诉请无事实及法律依据。房屋贷款 80 万元已经交给周先生使用，因此不同意周先生的诉讼请求。

在本案中，首先，双方均确认存量房屋买卖合同的签署以取得银行低息贷款为目的，故，"房屋买卖是假，银行贷款是真"；其次，结合房屋由原告父母购买、被告未支付房屋价款及承担任何税费、房屋由原告及父母一直居住，并未交付给被告等客观情况已经达到排除原告将房屋赠予给被告的高度盖然性；基于此，法院认定周先生与魏女士没有买卖诉争房屋的真实意思，其二人所签订的存量房屋买卖合同系虚假的意思表示，应属无效，诉争房屋应恢复登记至周先生名下。

事发当时行为人与相对人是否有共同的故意或有意思联络，是否均明知该意思表示是不真实的为此类案件的焦点之一，也是原告方应承担的责任。

【案例 2】隐藏行为——让与担保即为典型的隐藏的民事法律行为

在黑龙江闽成投资集团有限公司（以下简称闽成公司）与西林钢铁集团有限公司（以下简称西钢公司）、第三人刘某平民间借贷纠纷案[（2019）最高法民终 133 号]中，2014 年 6 月 20 日，西钢公司为甲方，刘某平为乙方签订协议书，约定：甲方向乙方借款用于银行短期倒贷，本息合计 723 606 136.82 元（股权比例计算说明见附件一）。现由于西钢公司无力偿还，同意将其持有的翠宏山公司 64% 股权转让给刘某平……

最高人民法院判决认为：双方签订股权转让协议的目的是以股权转让形式保证刘某平债权的实现，担保西钢公司按协议约定偿还借款；翠宏山公司

64%股权转让至闽成公司代持股人刘某平名下是为西钢公司向闽成公司的巨额借款提供担保，而非设立股权转让的民事法律关系。对此，债权人、债务人是明知的。从这一角度看，债权人、债务人的真实意思是以向债权人转让翠宏山公司股权的形式为债权实现提供担保，"显现的"是转让股权，"隐藏的"是为借款提供担保而非股权转让。各方"设定让与担保"的意思表示不存在不真实或不一致的瑕疵，也未违反法律、行政法规的效力性强制性规定。本案最终按照"让与担保"的法律关系处理，闽成公司对翠宏山公司64%股权享有优先受偿权。

其实《最高人民法院关于审理民间借贷案件适用法律若干问题的规定》①亦作出类似规定。如该规定第23条规定："当事人以订立买卖合同作为民间借贷合同的担保，借款到期后借款人不能还款，出借人请求履行买卖合同的，人民法院应当按照民间借贷法律关系审理。当事人根据法庭审理情况变更诉讼请求的，人民法院应当准许。按照民间借贷法律关系审理作出的判决生效后，借款人不履行生效判决确定的金钱债务，出借人可以申请拍卖买卖合同标的物，以偿还债务。就拍卖所得的价款与应偿还借款本息之间的差额，借款人或者出借人有权主张返还或补偿。"

再如《全国法院民商事审判工作会议纪要》第71点指出："债务人或者第三人与债权人订立合同，约定将财产形式上转让至债权人名下，债务人到期清偿债务，债权人将该财产返还给债务人或第三人，债务人到期没有清偿债务，债权人可以对财产拍卖、变卖、折价偿还债权的，人民法院应当认定合同有效。合同如果约定债务人到期没有清偿债务，财产归债权人所有的，人民法院应当认定该部分约定无效，但不影响合同其他部分的效力。当事人根据上述合同约定，已经完成财产权利变动的公示方式转让至债权人名下，债务人到期没有清偿债务，债权人请求确认财产归其所有的，人民法院不予支持，但债权人请求参照法律关于担保物权的规定对财产拍卖、变卖、折价优先偿还其债权的，人民法院依法予以支持。债务人因到期没有清偿债务，请求对该财产拍卖、变卖、折价偿还所欠债权人合同项下债务的，人民法院亦应依法予以支持。"

---

① 本书下文简称《民间借贷司法解释》。

【案例3】违反强制性规范，不当然导致合同无效

在承租人七天快捷酒店管理（北京）有限公司与出租方上海沪松五金建材市场经营管理有限公司房屋租赁合同纠纷案件中，承租人诉称：出租的房屋未通过竣工验收，违反了强制性规定，因此双方签订的房屋租赁合同应为无效。故请求法院判决房屋租赁合同无效。

二审法院经审理认为，系争房屋权属清晰，房屋的所有人可行使出租权，即使租赁房屋因违反法律的强制性规定而影响房屋的交付使用，也不影响租赁合同的效力。如系争房屋确实是有违反法律、行政法规关于房屋使用条件强制性规定情况的（如，建筑工程未经竣工验收或者验收不合格的，不得交付使用，属于管理性规范而非效力性规范），承租人可以请求出租人承担违约责任，而非否认租赁合同的效力。

笔者认为，合同不因违反强制性规定而一律无效，合同仅在违反强制性效力规范之前提下涉嫌无效。如《中华人民共和国建筑法》第61条第2款规定建筑工程未经竣工验收或者验收不合格的，不得交付使用，该约定为强制性管理规定，即便租赁房屋未通过竣工验收，租赁合同并不当然无效，当然如承租人权益因此受损的，承租人可以主张出租人依据租赁合同之约定承担违约责任，而非主张租赁合同无效。

四、律师解析

（一）关于恶意串通

如在明知债务人负有巨额债务的情况下，关联公司仍以明显不合理低价购买其主要资产，足以证明其与债务人在签订资产买卖合同时具有主观恶意，属恶意串通，且该合同的履行足以损害债权人的利益，债权人可以向法院起诉主张无效。

（二）关于违背公序良俗

违背公序良俗的典型民事法律行为主要包括：

1. 因请托形成的债务违背公序良俗的，不受法律保护。如不存在真实合法的借贷事实，而是因权钱交易等违背公序良俗的请托而形成的债务，如找人情调动工作、升学、升职等形成的债务不受法律保护。对于已经给付的部分，资金提供者主张返还的，法院不予支持。

2. 持借条追讨"分手费"，若债权人不能提供证据证明借款交付事实，也不能就借款发生的具体情况作出合理说明的，其请求不予支持。当事人之间因分手等原因，一方承诺向另一方给付分手费，并出具借条，债权人仅凭借条起诉，人民法院应当根据当事人之间的关系、借款金额、出借人的经济能力、交付方式、交易习惯以及当事人的陈述等相关证据，综合判断借款事实是否发生。如果债权人不能提供证据证明借款交付事实，也不能就借款发生的具体情况作出合理说明的，对其请求不予支持。

3. 名为借贷，实为包养的协议，违反了法律规定和公序良俗，应属无效行为。如双方当事人企图用金钱去维系不正当的情人关系而签订的协议，名为借贷协议，实为包养协议，该协议违反了法律规定和公序良俗，损害了社会公德，破坏了公共秩序，应属无效行为。

（三）关于诉讼时效

确认合同无效不受诉讼时效的限制，因合同无效主张返还财产的或赔偿损失的，自合同被法院或仲裁机构确认无效之日起算诉讼时效。

诉讼时效究竟是几年？

汤敏煌[*]

一、《民法典》规定

第188条 向人民法院请求保护民事权利的诉讼时效期间为三年。法律另有规定的，依照其规定。

诉讼时效期间自权利人知道或者应当知道权利受到损害以及义务人之日起计算。法律另有规定的，依照其规定。但是，自权利受到损害之日起超过二十年的，人民法院不予保护，有特殊情况的，人民法院可以根据权利人的申请决定延长。

二、知识要点

1. 法律不保护权利之眠者。这句法谚的意思是：法律只帮助积极主张权利的人，而不帮助怠于主张权利的人。如果你在你的权利上躺着睡觉，对其漠不关心，超过一定的时间后，你的权利就不再受到法律保护。

2. 时效，顾名思义就是时间经过所产生的法律效果。时效来源于法律的规定。诉讼时效是指权利人在法定期间内不行使权利，而导致义务人获得拒绝履行的抗辩权的法律制度。

在法律规定的诉讼时效期间内，权利人提出请求的，人民法院就强制义务人履行其所应承担的义务。而在法定的诉讼时效期间届满之后，权利人行

---

* 汤敏煌，高级律师，北京市安通律师事务所主任。毕业于中国人民大学法学院，师从王利明教授。曾任岳阳市律师协会副会长、岳阳仲裁委员会仲裁员、湖南省律师系列高级职称评委库评委委员。主要学术成果：《股份制是国家财产所有权与经营权分离的最佳形式》《法律名词辨析》（合著）、《为什么当初不请律师》《律师执业风险与防范》《显失公平制度研究》《论合同解除的法律后果》《关于标的物的交付与所有权的转移》《〈老鼠爱大米〉一权数卖是否合法》（合著）。

使请求权的，人民法院就不再予以保护。

3. 与以前的法律规定不同的是，《民法典》将普通诉讼时效期间从 2 年调整为 3 年。通俗地讲，普通诉讼时效为 3 年，即如果权利人知道或应当知道自身权利受到侵犯，3 年内应向义务人主张权利。也就是说，现在的《民法典》让民事权利人可以多"睡" 1 年。

4.《民法典》第 188 条第 2 款规定，自权利受到损害之日起超过 20 年的，人民法院不予保护，有特殊情况的，人民法院可以根据权利人的申请决定延长。这一规定，使得最长诉讼时效成为可变期间，也就没有了最长诉讼时效。"绝对"诉讼时效不再"绝对"，《民法典》赋予法官最长诉讼时效的自由裁量权，法官可以根据权利人的申请决定延长。

三、典型案例

原告和记黄埔地产（成都）温江有限公司（以下简称和记黄埔公司）诉被告中国建筑第五工程局有限公司（以下简称中建五局）建设工程施工合同纠纷案。[①]

和记黄埔公司起诉请求：判令中建五局支付工期延误损失 4364 万元、工程返修费用 2299 万元、财产损失 429 万元。

中建五局答辩认为，和记黄埔公司主张的损失均超过诉讼时效保护期间。并反诉请求：判令和记黄埔公司支付工期延误直接损失 5444 万元、退还履约保证金 1889 万元。

一审法院认为，和记黄埔公司确因中建五局的原因遭受了水损损失、材料及设施被盗损失，损失已经超过法律保护期限。中建五局要求和记黄埔公司承担延误工期赔偿责任未超过诉讼时效。判决：其一，和记黄埔公司向中建五局返还履约保证金余款 54 万元；其二，和记黄埔公司向中建五局支付工期延误赔偿金 1592 万元。双方均不服四川高院的判决，向最高人民法院提起上诉。

最高人民法院认为，和记黄埔公司主张水损及财产被盗损失产生于 2009

---

① 案号：（2017）最高法民终 402 号。

年、2010 年，其于 2012 年 2 月 14 日向中行湖南省分行发出了"关于履约保证书之索款通知"，提出了根据履约保函全额索赔的权利主张，构成诉讼时效中断。最高人民法院认为，该通知仅载明"自 2006 年 11 月 27 日开工后，中建五局持续严重违约，致使合同项下的工程无法按期完工和对外销售，已给我司造成重大经济损失，损失金额远超过该保函项下贵行担保金额"，并未提及水损及财产被盗损失问题。因此，自水损、财产被盗产生时间 2009 年、2010 年，至和记黄埔公司于 2013 年 6 月 21 日提起本案诉讼，其诉讼请求已超过诉讼时效期间。

双方在解除合同协议中约定"由于工期延误以致双方蒙受的直接损失双方另行协商解决"，直到 2011 年 2 月 15 日，中建五局与和记黄埔公司之间有多份工期延误索赔事宜的函件往来。可见，中建五局要求和记黄埔公司承担工期延误赔偿责任的意思表示明确。"诉讼时效因提起诉讼、当事人一方提出要求或者同意履行义务而中断。从中断时起，诉讼时效期间重新计算。"中建五局提起另案诉讼构成诉讼时效中断，从中断时起，诉讼时效重新计算，中建五局于 2013 年 8 月 6 日提起本案反诉，未过诉讼时效。最高人民法院判决：驳回上诉，维持原判。

通过本案的研究学习，笔者认为，值得注意的法律问题是，诉讼时效不但要在法律规定的期间提出，而且还要使用好诉讼时效中断的情形，因诉讼时效中断，会重新计算诉讼时效期间。向对方提出履行请求时还应明确具体，以免该请求达不到中断诉讼时效的效果。

四、律师解析

（一）诉讼时效法律制度

诉讼时效是指权利人在法定期间内不行使权利，而导致义务人获得拒绝履行的抗辩权的法律制度。各国立法各有不同，有的采用诉讼时效概念，有的采用消灭时效概念。我国民法典采纳了诉讼时效概念。我们认为，采用诉讼时效概念更为准确，因为时效届满并不发生请求权消灭，而只是义务人获得了时效的抗辩权。消灭时效概念可能会使人误以为，消灭时效届满将导致实体权利消灭。

诉讼时效是民法典的一项重要制度，适用于各种类型的债权请求权。如合同之债、侵权之债、无因管理之债、不当得利之债等。物权请求权不适用诉讼时效制度。不适用诉讼时效的情形还有：①请求停止侵害、排除妨碍、消除危险；②不动产物权和登记的动产物权的权利人请求返还财产；③请求支付抚养费、赡养费或者扶养费；④依法不适用诉讼时效的其他请求权。

应该强调的是，民法典规定，人民法院不得主动适用诉讼时效的规定。也就是说，对时效消灭的抗辩权，采用当事人主义的规定。因诉讼时效期间完成产生的抗辩权，是义务人的权利，实行当事人主义，而不是法官职权主义。对时效消灭抗辩权行使还是不行使，取决于义务人的态度，任何人都不能干预，法院也不能干预。无论义务人是否主张行使该抗辩权，法院在诉讼的任何阶段，都不主动依据职权审查时效期间是否已经完成。只有在义务人提出了时效的抗辩后，法院才有义务审查诉讼时效期间的完成情况，如果确已过了诉讼时效期间，债务人行使时效消灭抗辩权，就有法律根据，应当支持其主张，驳回权利人的诉讼请求。

（二）诉讼时效制度的功能

诉讼时效制度的功能主要体现在以下三个方面：

1. 督促权利人及时行使权利。如果权利人享有权利但不积极行使权利，将产生权利消灭或效力减损的法律后果。权利人长期使得权利"躺着睡觉"，不利于发挥其使用效益。

2. 维护既定的社会法律秩序。人们在社会生活中，习惯于在一定的事实状态的持续情况下，而形成的一定的社会秩序，承认经久的事实。如果这种既定的社会法律秩序，在没有诉讼时效制度的情况下，在很长时间后，仍可由权利人行使权利而推翻，则不利于社会法律秩序的稳定。

3. 有利于证据的收集和判断，并及时解决纠纷。《德国民法典》关于时效的立法理由在于：乃使人勿去纠缠陈年旧账之请求权。有些事实由于年代久远，时过境迁，证据灭失，双方当事人举证困难，使得民事纠纷难以正确、及时解决。

《民法典》将向人民法院请求保护民事权利的诉讼时效期间，从 2 年调整为 3 年，是诉讼时效制度的重大变化。在民事法律关系领域，适用较长的诉讼时效，是各国民法的通例。我国实行改革开放和市场经济，外国自然人及外资企业来华投资经商等各种民事活动不断增多，民事案件亦随之增多；同时我国对外的投资也相应增多，涉外案件也相应增多，把诉讼时效由 2 年改为 3 年，是与国际接轨的需要，也是改革开放的需要；同时，也体现国家更加注重建设诚信社会，能更好地保护债权人合法权益。

（三）诉讼时效的特点

诉讼时效是关于权利行使期限的规定，具有以下特点：

1. 法定性。诉讼时效，是指由民法典或民法单行法直接规定的期间。

2. 强制性。诉讼时效的强制性包括：诉讼时效的适用范围、期间、计算方法以及中止、中断的事由，均由法律规定，当事人约定无效。当事人对诉讼时效利益的预先放弃无效。

3. 时效利益。所谓的时效利益是指，诉讼时效期间届满后，义务人因此可以不履行义务。义务人所享受的时效利益受法律保护。

（四）诉讼时效的起算规则

一般诉讼时效期间为 3 年，自权利人知道或者应当知道权利受到损害以及义务人之日起计算。期间起始的时间须具备两个要件：一是权利人知道或者应当知道权利受到损害；二是知道或者应当知道义务人。具备了这两个要件，即开始起算诉讼时效期间。

《民法典》第 188 条同时还规定：法律另有规定的，依照其规定。这里的"法律"包括民法典以外的法律的其他规定。在大多数情形下，民法典法律但书指向的都是其他法律。也就是说，根据"特别法优于一般法"的规定，继续适用原有规定。具体例举如下：

《民法典》第 594 条规定，因国际货物买卖合同和技术进出口合同争议提起诉讼或者申请仲裁的时效期间为 4 年。

《中华人民共和国海商法》① 第 257 条第 1 款、第 260 条、第 263 条规定，

---

① 本书下文简称《海商法》。

海上货物运输对承运人的赔偿请求权、有关海上拖船合同的请求权以及有关共同海损分摊的请求权的诉讼时效期间为 1 年。

《中华人民共和国保险法》第 26 条规定，人寿保险以外的其他保险的被保险人或者受益人，向保险人请求赔偿或者给付保险金的诉讼时效期间为 2 年，自其知道或者应当知道保险事故发生之日起计算。人寿保险的被保险人或者受益人向保险人请求给付保险金的诉讼时效期间为 5 年，自其知道或者应当知道保险事故发生之日起计算。

最长诉讼时效为 20 年。如果权利受到侵害的事实发生之后，权利人一直不知道或者不应当知道权利受到损害及其义务人的，则从权利受到损害之日起计算诉讼时效，超过 20 年的，人民法院不予保护。不过，有一个特别规定，即有特殊情况的，人民法院可以根据权利人的申请决定延长诉讼时效，条件规定得比较弹性，并非一律卡死，关键在于对特殊情况的判断，并且须有权利人的申请。其含义是，具有情况特殊和权利人申请的两个要件，可以突破 20 年的最长诉讼时效期间，寻求民法对民事权利的保护。

（五）诉讼时效起算的特殊情形

1. 分期履行债务诉讼时效期间的起算。分期债务，是指在同一债务项下，当事人约定把一个债务分成若干期、若干批分次清偿，且数次履行并不影响该债务的同一性。例如，约定 3 年租金 30 万元，每年支付 10 万元。《民法典》第 189 条规定，当事人约定同一债务分期履行的，诉讼时效期间自最后一期履行期限届满之日起计算。

2. 无民事行为能力人或者限制民事行为能力人对其法定代理人的请求权的诉讼时效期间的起算。《民法典》为了保护无民事行为能力人或者限制民事行为能力人的利益，设定了诉讼时效期间的特殊起算方法。《民法典》第 190 条规定，无民事行为能力人或者限制民事行为能力人对其法定代理人的请求权的诉讼时效期间，自该法定代理终止之日起计算。

3. 未成年人遭受性侵害的损害赔偿请求权的诉讼时效期间的起算。侵权人对未满 14 周岁未成年人实施性侵害，造成原告身体、健康、精神遭受损害，除应受到刑法上的惩处外，还应承担民法上的赔偿责任。这个问题没有争议。司法实践中，有争议的是未成年人的民事请求权诉讼时效期间按多长时间算？起算时间从什么时候开始？原诉讼时效制度没有规定，已严重不利于对遭受性侵害未成年人之法律保护，加之遭受性侵害未成年人的家长受中国传统观念影响，往往不敢、也不愿寻求法律保护，以致这类案件的加害人往往逃脱法律惩罚，社会正义难于伸张。受害人成年之后掌握了法律知识，自己寻求法律救济，却往往已超过诉讼时效期间。即使法院受理案件，依据原诉讼时效规则，也不可能获得胜诉判决，造成终身遗恨。

"我的权利我做主"，儿童期遭遇了性侵害的未成年人，因其年幼当时没有主张、也不可能主张权利，如果适用诉讼时效起算的一般方法，将无法切实保障他们的合法权益。为了更好地保护受性侵害的未成年人的利益，规定遭受性侵害未成年人之诉讼时效起算的特别规则显得很有必要。据此，民法典总则赋予遭遇了性侵害的受害人，在年满18周岁后仍可以"秋后算账"的权利，即可要求侵害方给予民事赔偿。

《民法典》第191条规定：未成年人遭受性侵害的损害赔偿请求权的诉讼时效期间，自受害人年满18周岁之日起计算。这样的规定，更有利于对未成年人的性自主权的保护，这也是民法典立法中的亮点之一。

值得注意的是，未成年人受性侵害案件的民事诉讼时效，调整为自18周岁起算，可能面临取证难题，这对受害人支持自己的诉求非常不利。如何取证，在司法实践中仍需要不断探索。

未成年人遭性侵，
成年后还能起诉吗？

赵涓涓[*]

一、《民法典》规定

第 191 条　未成年人遭受性侵害的损害赔偿请求权的诉讼时效期间，自受害人年满 18 周岁之日起计算。

二、知识要点

1. 什么是性侵害未成年人犯罪？性侵害未成年人犯罪是指加害者以权威、暴力、金钱或甜言蜜语，引诱胁迫未成年人与其发生性关系，并在性方面造成对受害人的伤害的行为。此类性关系的活动包括猥亵、乱伦、强暴、性交易、媒介卖淫等。

2. 什么是损害赔偿请求权？损害赔偿请求权是指因未成年权利人受到性侵害而享有的要求加害人承担损害赔偿责任的权利。

3. 什么是诉讼时效？诉讼时效是指民事权利受到侵害的权利人在法定的时效期间行使权利。《民法典》第 188 条第 1 款规定："向人民法院请求保护民事权利的诉讼时效期间为三年。法律另有规定的，依照其规定。"

法定的诉讼时效期间届满之后，当事人超过诉讼时效后起诉的，人民法院应当受理。受理后，如另一方当事人提出诉讼时效抗辩且查明无中止、中断、延长事由的，判决驳回其诉讼请求。如果另一方当事人未提出诉讼时效

---

　　* 赵涓涓，西南政法大学法律硕士、博士研究生（在读），曾任高校教师，现为云南上首律师事务所律师、婚姻家事部主任。

抗辩，则视为其自动放弃该权利，法院不得依照职权主动适用诉讼时效。

诉讼时效期间自权利人知道或者应当知道权利受到损害以及义务人之日起计算。法律另有规定的，依照其规定。但是，自权利受到损害之日起超过20年的，人民法院不予保护，有特殊情况的，人民法院可以根据权利人的申请决定延长。

《民法典》第191条针对遭受性侵的未成年受害人，规定诉讼时效自受害人年满18周岁之日起计算。具体可参看本书"诉讼时效究竟是几年"一文。

三、典型案例

某省某区人民检察院指控被告人张某鹏犯强奸罪一案。[①]

2014年5月张某和前夫离婚，女儿王某归她抚养。2014年7月，她和张某鹏领证结婚，带着女儿一起在八里庙小区租房居住。2019年2月28日中午11点50分左右，她回家时发现家门被反锁，便把耳朵贴在门上听，听到里面有系腰带扣、摩擦的声音，大约2分钟后，张某鹏把门打开了。王某告诉张某其蹲在地上玩手提电脑的时候，张某鹏脱其裤子了，从后面往其尿尿的地方插。张某要拿铁棍子打张某鹏的时候，张某鹏跑了。王某说这种事发生好几次了，第一次是在年前。张某就想起来，前几天的一个下午，她回到家，门反插着，是张某鹏给她开的门。打开门，张某发现王某的内裤刚洗完挂在阳台上。她问王某那天的内裤是怎么回事。王某说当时其在床边上蹲着玩电脑，张某鹏往其尿尿的地方插了，插了好一会儿，有一些黄黄的东西弄到内裤上，张某鹏让其把内裤脱下来，洗了。平时王某和张某鹏都不洗衣服。后来她一直问张某鹏怎么回事，有一次张某鹏承认说就在孩子那里磨了磨，最后张某报警。还有证人证言说，2001年冬天左右，张某鹏因为强奸一个十几岁的未成年女孩被判了12年。

一审法院查明认为：被告人张某鹏多次奸淫不满14周岁的幼女，其行为构成强奸罪。法院经审理认为，被害人王某能够清楚表达被张某鹏性侵的过程，两次陈述被性侵细节基本一致，符合其正常记忆、表达能力，本案张某

---

① 案号：（2019）鲁1502刑初852号、（2020）鲁15刑终28号。

鹏奸淫王某的事实有相关证据予以佐证，可以认定被告人张某鹏有强奸前科，与被害人王某系继父女关系，多次实施奸淫行为，应当从严惩处。原审依照《中华人民共和国刑法》第236条第2款、第47条、第61条之规定，以强奸罪判决被告人张某鹏有期徒刑10年。

二审审理认为：本案事实、证据与一审相同，且证据已经原审法院当庭举证、质证，查明属实，予以确认。被告人张某鹏明知被害人王某是幼女，在家庭共同生活期间，利用其系被害人继父的身份，多次与被害人发生性关系，其行为已构成强奸罪，应按照强奸罪定罪处罚，最终驳回上诉，维持原判。

本案是一起性侵未成年继子女的案件，根据最高人民检察院2017—2019年相关统计数据分析可知，性侵未成年人犯罪具有熟人作案比例高，有犯罪记录的人有二次作案的概率，再婚家庭中性侵未成年继子女的案件日益成为性侵案件中突出的一类，特别是在偏远、落后山区，再婚后的家长，无防范意识，导致再婚配偶得以甚至长期伤害未成年人，给其造成一生的阴影和伤痕。

假设，该案中张某未能发现其配偶多次性侵王某，女儿也未告诉母亲，那么王某成年后，根据强奸罪的追溯时效，不仅可以报案追究其刑事责任，而且还可以根据《民法典》规定，享有损害赔偿请求权，诉讼时效期间从年满18周岁之日起计算。

四、律师解析

未成年人是国家的希望和民族的未来，保护未成年人免遭性侵更是一个社会的底线，针对性侵未成年人的案件层出不穷，不断挑战道德和法律底线，目前民法典和未成年保护法，都针对性侵害做了相关的修改和调整。

（一）关于《民法典》第191条

对诉讼时效的最新特殊规定，是基于对未成年人的特殊保护而专门设定的，但民法典保护人民的合法权利也是有时间限制的，旨在倡导受害人积极主张权利，对于未成年人遭遇性侵害的，请求权的诉讼时效期间可以从成年也就是18岁开始计算，即使未成年人在遭受侵害的当时未起诉，在成年后3

年内依旧可请求损害赔偿，这是对未成年人的一种特殊保护。

（二）实践中可能出现的难题

1. 取证难。根据民事诉讼法中"谁主张，谁举证"的原则，权利人承担主要的证明责任。实践中，未成年人在遭受性侵时，年龄尚小，报案意识尚不强，且被害未成年人对"性"和"性侵"无准确认知，表达能力有限，保留证据的可能性更小。如果案件已经过去很久，受害人没有及时报案，这对侦查机关采集相关证据同样是不小的挑战，无论是上述哪种情形，都与更好地保障未成年人合法权益的立法初衷已经相悖。

2. 造成二次伤害。被害人向公安机关报案后，公安机关一旦立案，侦查机关需要展开侦查并收集证据。司法实践中，在侦查、批捕、公诉、审判等环节，被害未成年人可能被反复询问，不得不一次次地说出自己被侵害的细节和过程，这对被侵害的孩子而言，无疑是一种二次伤害。

3. 民刑交叉。该类案件主要涉及强奸罪、强制猥亵罪等刑事犯罪，刑诉法当中未成年人性侵案件追诉时效可能是 5～20 年，这就有可能涉及未成年人提起诉讼后诉讼时效是否已过的问题。一旦刑事诉讼时效已过，按照法律规定不再追究犯罪分子的刑事责任，只能民事上起诉，对于权利保护还是有很大的限制。

基于以上的实践困难，首先，预防侵害才是根本，而家庭是预防未成年人遭受侵害的第一道防线，监护人必须注意对孩子的监护，加强与孩子的沟通，及时了解孩子的心理状况。其次，结合新的未成年人保护法的规定，司法机关在取证环节应采取比较秘密的方式，以保护未成年被害人的隐私权和名誉权。在诉讼环节，建议赋予检察机关提起公益诉讼的权力，检察机关拥有丰富的诉讼支援和司法经验，有利于全面收集有关证据，从而提高案件的胜诉率。

物　权　编

物权编：一种财产权利的天经地义*

李晴文**　张前登***

战国《孟子·滕文公上》说："民之为道也，有恒产者有恒心，无恒产者无恒心。苟无恒心，放辟邪侈，无不为已。"字面理解孟子此言，即如果能给普通老百姓长期占有的财产，他们就能够安定，社会也能安宁，否则就会肆意作恶，从而无所不为。

私有财产的保护，其实也是社会安宁的基石。

经统计，民法典物权编共 258 条，分为五个分编——通则、所有权、用益物权、担保物权、占有，约占民法典 1260 个条文的五分之一。

从物权法到物权编

2007 年 10 月 1 日起，《物权法》施行。这部历经 13 年制定，进行了 8 次审议的法律，可以说，创下了法律审议次数之最。在中国立法史上，具有里程碑意义。

同时，《物权法》的颁行，也是中国民主与法制进程迈出的重大一步，为平等保护各个社会主体的产权提供了基础。

＊ 本文首发于《民主与法制》周刊 2020 年第 23 期。

＊＊ 李晴文，北京市安通律师事务所副主任、高级合伙人，中央民族大学法律硕士，北京市律师协会房地产专业委员会委员，主要执业领域为房地产、建设工程、矿产等领域的诉讼、仲裁和公司法律。主要学术成果：《〈老鼠爱大米〉一权数卖是否合法》（合著）发表于《中国审判》（2006 年第 6 期）；《医疗纠纷中应正确评价损害参与度的作用》（合著）等多篇律师评析文章发表于《医师报》；《物权编：一种财产权利的天经地义》（合著）发表于《民主与法制》周刊 2020 年第 23 期。

＊＊＊ 张前登，北京市安通律师事务所律师、不良资产研究中心研究员，南开大学学士、北京大学硕士。曾任职于国内大型央企、国有资产管理公司。主要著作与论文：《2016 中国有限合伙企业诉讼风险报告》《物权编：一种财产权利的天经地义》（合著）、《罗马法与中国古代法律制度的比较》。

2020 年 5 月 28 日，十三届全国人大三次会议表决通过了《民法典》，该法典自 2021 年 1 月 1 日起施行。

物权编作为第一分编，不是另起炉灶、推倒重来，而是对物权法的延续和"升级"，基本采取了能不改就不改的立法策略。

正如王利明教授在中国人民大学第 462 期民商法前沿论坛暨第 5 期安通论坛所言："经过十年的检验，物权法的基本制度、规则被证明是正确的、符合中国国情的，这些规则是可行的，是立法应保留和继承的经验。物权法是民事立法中质量很高的一部法律，因此我们应该珍惜物权法留下的宝贵立法经验。"

而针对十多年来，出现的很多新情况、新问题，此次的民法典进行了完善和修改，主要有：①最大的变化来自"用益物权"增设"居住权"。②"三权分置"思想引入"土地承包经营权"。③担保物权部分致力于动产抵押体系的重构。④抵押物转让规则的重构。⑤对业主大会决议的表决规则作出调整。⑥简化公共维修基金使用条件，增加业主对共有部分收益权的保护规定。⑦建设用地使用权自动续期问题等。

从居住权入法到"物尽其用"

"让全体人民住有所居"，是党的十九大报告中确立的目标。

民法典顺应时代发展需要，在房屋买卖、租赁方式之外，新增居住权制度。其含义是：居住权是为满足生活居住的需要，可以通过合同约定，对他人住宅享有占用、使用的权利；居住权的设立既可以无偿，也可以由双方自行约定；居住权可通过订立居住权合同或遗嘱方式，经向登记机构申请登记设立，没有登记，则不产生居住权，办理注销登记后居住权消灭；居住权不得转让、继承，设立居住权的住宅无特殊约定不得出租。

北京市西城区的李奶奶名下只有一套房屋，无其他贵重财产，也无其他稳定收入来源，因生病和养老问题，拟将房屋对外出售，将出售房款用于看病和支付养老费用，但又担心房屋一旦出售后，将居无定所。此时，李奶奶可将房屋出售给第三方取得房款以获得资金。同时，通过向登记机构申请设立居住权，在该房屋中居住到老，形成稳定的居住关系。这也是近几年被大力推广和宣传的"以房养老"，居住权的设立，让选择"以房养老"方式的老人，晚年获得更好的保障。

同时，笔者注意到，民法典规定的居住权，并没有对设定居住权当事人的身份作出明确限定，意味着只要有闲置房屋，都可以设定居住权，这样就能更大程度实现物尽其用。但民法典同时也规定，居住权不得转让、继承，这对实现物尽其用其实是有一定限制的。

另外，民法典规定设立居住权的住宅不得出租，而另有约定的除外。这说明以不得出租为原则，以可以出租为例外，其实并没有禁止设立居住权的房屋进行出租，这给投资性居住权留下了空间，更能实现物尽其用。

居住权作为一项新设制度，民法典中只有六个条文，立法者的本意应该是为了保障人民住有所居。但笔者担心目前的规定无法涵盖居住权的各个方面。

如已经设立抵押权的房屋，是否可以再设立居住权，如果可以再设立，在借款人无法清偿到期债务，债权人需要实现抵押权时，房屋上设定的居住权，有可能导致法院无法对房屋进行执行腾退，这对执行会带来负面的影响。如部分地方政府要求购房人必须具备一定的资质，而房地产开发商是否可以通过与购房人签订居住权合同而规定购房资质的问题等。这些均需要配套的法律法规进一步规范。

从优化建筑物区分所有权到破解小区"自治难"

近年来，业主大会或业委会成立难、表决门槛高，公共维修资金使用难等问题一直为广大群众所诟病。

作为市民权利的宣言书，民法典倾听老百姓的声音，通过优化建筑物区分所有权，致力于破解小区"自治难"，更好地保护业主的利益。

相较于物权法主要的改进体现在：其一，新增了居民委员会应当对设立业主大会和选举业主委员会给予指导的规定。其二，降低了业主决议的门槛。业主共同决定事项由专有部分面积占比三分之二以上的业主且人数占比三分之二以上的业主参与表决，对筹集维修资金、改建重建、改变共有部分用途或以其从事经营活动这三个事项，由参与表决者双四分之三通过，其他事项（包括使用维修基金等）双半数通过。其三，增加了对业主共有部分收益权保护的规定。明确了建设单位、物业服务企业或者其他管理人等利用业主的共有部分产生的收入，在扣除合理成本之后，属于业主共有。

简化了公共维修资金的使用条件。明确维修资金属业主共有，经业主共同决定，可用于电梯、屋顶、外墙、无障碍设施等共有部分的维修、更新和改造。维修资金的筹集、使用情况应当定期公布。紧急情况下可以依申请使用。

福建省厦门市思明区某小区电梯年久失修，经常出现故障导致无法使用，给小区业主们带来诸多不便。业委会在征求业主意见是"大修"或更换几部电梯时，由于花费金额较大，有些业主自身不住在本小区，或是住在低楼层，导致众口难调、莫衷一是。好不容易统一了意见，要组织足够人数开会表决又大费周章。因为面积和户数双三分之二绝对多数表决规则就是一大"拦路虎"，让立意良好的维修资金束之高阁。

民法典施行后，使用维修资金只需要双三分之二的业主参与表决且半数通过即可。如果出现电梯安全隐患等紧急情况，还可以直接依法申请使用维修资金。此外，小区快递柜进场费流向不明、电梯外墙广告收入归属模糊等让业主颇有微词的现象也将大为改观，因为民法典明确了利用业主的共有部分产生的收入，在扣除合理成本之后，属于业主共有。

当然，民法典在"放松"的同时，也有"收紧"的一面。比如，将"改变共有部分的用途或者利用共有部分从事经营活动"这一事项纳入参与表决双四分之三通过的范畴，殊途同归，其目的都是维护业主切身利益。

民法典对建筑物区分所有权相关规定的优化，一定程度上降低了业主决议门槛，对公共维修资金的使用也做了一定的松绑，立法者的本意是发挥业主大会或业委会的权能，强化业主权益保护。但一项新制度的诞生往往也会带来一些新的问题。

如紧急情况下，业主大会或业主委员会可以依申请使用公共维修资金，那么如何界定紧急情况？依申请的使用如何监督？事后通过什么机制进行追认？这些都需要制定法律法规进一步予以规范。

从重构抵押物转让制度到有效盘活抵押资产

抵押物转让攸关抵押人、抵押权人和抵押物受让人三方的利益，是否允许抵押物自由转让，可谓兹事体大。

物权法对抵押物转让的限制一直饱受批判，而传统大陆法系国家通行的抵押物自由转让结合追及效力的规制模式则得到学术界的一致追捧。

民法典从善如流，一举解除了限制抵押物转让的桎梏，预计将对社会经济生活特别是金融市场带来积极和深远的影响。

民法典对物权法关于抵押物转让规则的调整和改变主要表现在：①删除了抵押物转让须经抵押权人同意的条件。②以抵押人可以自由转让抵押物为一般原则，如果当事人另有约定的，按照其约定。也就是说，如果抵押权合同约定了不得转让或未经抵押权人同意不得转让，也不能自由转让。③明确抵押人转让抵押财产的，对抵押权人负有通知义务。④规定抵押权人能够证明抵押财产转让可能损害抵押权的，可以请求抵押人将转让所得的价款向抵押权人提前清偿债务或者提存。

上海甲公司将其自身持有的一批商铺抵押给乙小贷公司申请抵押贷款，该批商铺经评估价值为 4000 万元，乙小贷公司按照 50% 的抵押率向甲公司发放了 2000 万元贷款。抵押期间，甲公司因应收账款回收不及时，现金流骤然紧张，资金链濒临断裂。情急之下，甲公司想到出售该批商铺以换取现金度过流动性危机，怎奈乙小贷公司坚持要甲公司结清本息后才解押，这对甲公司来说无异于雪上加霜，只能眼睁睁地看着市值 4000 万元的资产因为 2000 万元的负债而无法腾挪。

在民法典时代，假若没有特殊约定，甲公司完全可以通过多种交易方式将这批商铺以市场价转让，从而将抵押物余值变现，帮企业渡过难关。这时候，乙小贷公司也完全不必担心，因为民法典赋予的追及力，让抵押权人可以如影随形地追随抵押物，权利坚如磐石。如果有疑虑，乙小贷公司甚至还可以请求将商铺转让价款向他提前还贷或做一个公证提存。

由此可见，民法典对抵押物转让制度的重构，既保证了抵押人资产的盘活，也充分保证了抵押权人权益，有利于提升全社会整体资产的流动性，符合物权法物尽其用之法旨。

诚然，民法典的抵押物转让规则对物权法是一项重大改进，在全新的法律语境下，合理设计抵押物转让规则对于维护抵押物转让各方当事人利益就显得至关重要。在这方面，民法典也留下了一些严峻的问题。

如抵押物易主后，物上保证人随之发生变化。而抵押物在不同人手上，抵押物变现难度、抵押物的安全难免产生差异。如果债权人的交易对手随意变化，债权人的权益怎样得到保护呢？又如抵押合同限制转让之约定发生何等效力？是否需要登记公示？

以上这些问题，都需要在实践中不断地摸索与适用，我们也期待及早出台细化的法律和行政法规，对该制度予以完善。

法律是治国之重器，良法是善治之前提。笔者认为，民法典物权编，会让恒产者更有恒心，让公民财产更"物尽其用"。

由小见大：征收农村土地的补偿

陈 超[*]

一、《民法典》规定

第243条 为了公共利益的需要，依照法律规定的权限和程序可以征收集体所有的土地和组织、个人的房屋以及其他不动产。

征收集体所有的土地，应当依法及时足额支付土地补偿费、安置补助费以及农村村民住宅、其他地上附着物和青苗等的补偿费用，并安排被征地农民的社会保障费用，保障被征地农民的生活，维护被征地农民的合法权益。

征收组织、个人的房屋以及其他不动产，应当依法给予征收补偿，维护被征收人的合法权益；征收个人住宅的，还应当保障被征收人的居住条件。

任何组织或者个人不得贪污、挪用、私分、截留、拖欠征收补偿费等费用。

二、知识要点

在《民法典》所收录的七大分编中，物权是改动相对较大的一部分，其中建筑物区分所有权、担保物权、宅基地所有权等变化最大，几乎作了一次彻底的革新。

但与此相反的是，物权法中与国家权力最为接近的土地征收却近乎没有发生变化，土地征收的基本规定和原则延续了2007年《中华人民共和国物权

---

* 陈超，北京市安通（东莞）律师事务所创始人、董事局主席。有二十多年律师从业经验，专注于企业法律顾问、知识产权、企业合规审查法律服务。擅长处理刑民交叉案件、重大复杂疑难民商事案件。服务过近千家国有、外资及民营企业，行业横跨消费品与零售、工业及制造业、房地产和建筑、金融、汽车、医疗健康与医药等众多类型。在行业内外备受赞誉，曾多次获得优秀律师荣誉称号。

法》① 确立的规则；除了将"单位"改为"组织"和"拆迁"改为"征收"的用语变化外，土地征收最为显著的变化就在于征收集体所有的土地时，《民法典》第 243 条着重强调了对农村村民住宅的征收补偿。

这样的改动一方面体现了我国土地制度在当前的社会环境中没有发生重大的改变，另一方面也体现了农村土地征收在现代表现出的新问题和发展方向。

三、相关案例

最高人民法院发布征收拆迁十大典型案例之九——叶某胜、叶某长、叶某发诉仁化县人民政府房屋行政强制案。

2009 年年间，广东省仁化县人民政府（以下简称仁化县政府）规划建设仁化县有色金属循环经济产业基地，需要征收仁化县周田镇新庄村民委员会新围村民小组的部分土地。叶某胜、叶某长、叶某发（以下简称叶某胜等三人）的房屋所占土地在被征收土地范围之内，属于未经乡镇规划批准和领取土地使用证的"两违"建筑物。2009 年 8 月至 2013 年 7 月，仁化县政府先后在被征收土地的村民委员会、村民小组张贴《关于禁止抢种抢建的通告》《征地通告》《征地预公告》《致广大村民的一封信》《关于责令停止一切违建行为的告知书》等文书，以调查笔录等形式告知叶某胜等三人房屋所占土地是违法用地。2013 年 7 月 12 日凌晨 5 时许，在未发强行拆除通知、未予公告的情况下，仁化县政府组织人员对叶某胜等三人的房屋实施强制拆除。叶某胜等三人遂向广东省韶关市中级人民法院提起行政诉讼，请求确认仁化县政府强制拆除行为违法。

广东省韶关市中级人民法院认为，虽然叶某胜等三人使用农村集体土地建房未经政府批准属于违法建筑，但仁化县政府在 2013 年 7 月 12 日凌晨对叶某胜等三人所建的房屋进行强制拆除，程序上存在严重瑕疵，即采取强制拆除前未向叶某胜等三人发出强制拆除通知，未向强拆房屋所在地的村民委员会、村民小组张贴公告限期自行拆除，违反了《中华人民共和国行政强制

---

① 本书下文简称《物权法》，《民法典》生效后该法废止。

法》第34条、第44条的规定。而且，仁化县政府在夜间实施行政强制执行，不符合《中华人民共和国行政强制法》第43条第1款有关"行政机关不得在夜间或者法定节假日实行强制执行"的规定。据此，法院判决：确认仁化县政府于2013年7月12日对叶某胜等三人房屋实施行政强制拆除的具体行政行为违法。宣判后，各方当事人均未提出上诉。

最高人民法院发布十起弘扬社会主义核心价值观典型案例之一——某村民委员会诉郑某某等12人返还原物纠纷。

被告郑某某等系北京市房山区某村村民。2009年，北京市房山区某村为推进新农村建设，决定启动整建制搬迁工程。2009年6月22日，经全村户代表大会表决通过《某村整建制搬迁工程实施方案》，并签署了《某村户代表大会决议》。2010年3月，搬迁工程开始动工，被告郑某某系第一期搬迁村民，按照实施方案，被告郑某某家旧宅将被拆除，并可在规划区内分配新房。2011年10月6日，某村村民代表大会通过了《关于新房分配相关事宜的决议》，依据被告郑某某等12人的申请，某村村民委员会为被告郑某某等12人分配了住房。因对村集体后续搬迁分房政策不满，被告郑某某等12人在搬进依据《关于新房分配相关事宜的决议》应分得的房屋后，将某村村内小区中未分配的12套住房换锁，并占为己有。2013年12月27日，原告北京市房山区某村村民委员会诉至人民法院，请求人民法院依法判令郑某某等12名被告返还村集体房屋。

郑某某等12名被告则认为：不同意返还房屋，12名被告确实按《某村整建制搬迁工程实施方案》分配到了第一期新房，但后来村委会没有严格按照方案执行，在第二期、第三期搬迁过程中存在分房不公平的现象。例如，一部分人可以在自己的宅基地上建房，不在搬迁规划区居住，甚至盖平房；一部分人分配到的新房面积超标；有些人不交个人负担部分费用也可入住；一些人户口早已迁出本村，在搬迁过程中将户口迁回也可以分房；部分村干部存在违反实施方案的情况，违规建房，多占面积。

法院生效裁判认为：无权占有不动产或者动产的，权利人可以请求返还原物。本案诉争的位于北京市房山区某村村内小区的房屋属某村整建制搬迁工程中未分配住房，其所有权应归属村集体所有，郑某某等12名被告未经法定程序私自占有，实属不当，某村村民委员会要求返还该房屋的诉讼请求，于法有据，应予以支持。12名被告认为原告北京市房山区某村村民委员会在执行拆迁政策过程中有不公正现象以及部分村干部存在违规多占问题，应通过正当渠道予以反映、解决，本院亦将案件审理过程中村民反映的问题，正式函告北京市房山区霞云岭乡政府，促请乡政府予以调查、核实并争取妥善解决。

四、律师解析

叶某胜、叶某长、叶某发诉仁化县人民政府房屋行政强制案与某村民委员会诉郑某某等12人返还原物纠纷两则由最高人民法院公布的典型案件，表明了现拆迁制度下，农村土地征收的两大特点——一是难度大，二是高敏感。

其中难度大包括两个方面，一是观念上的差异，农民与土地、宅基地的关系跟城市居民与城市商品房的关系不同，在农民的传统观念中没有随改搬迁的做法，随着土地规划迁出自己的土地或住宅的观念在农民群体中并不常见，部分农民难以接受土地的征用；二是习惯上的差异，现实中部分农民仍然存在法治观念缺乏的情况，在拆迁征用的问题上，容易出现闹、吵、拖的不良行为，加之拆迁征用活动的时间长、程序多、关系杂，更容易引起不良后果的发生。

高敏感则体现在社会影响方面，拆迁征地是旧式农村走向现代化、走向新式化的重要途径，工业用地、旅游开发都需要拆迁征地以改造基础设施，为未来的发展打下基础。当农村发展的刚需与拆迁征地的执行难度发生矛盾时，大面积的利益牵扯就会把矛盾展示在全社会面前，一旦在征地过程中出现了利益冲突、人员矛盾，对我国农村改造的事业会造成难以预估的影响。

故而，《民法典》对农村土地征用的用语改动，不仅是语言上的变更，也是国家对此领域工作的强调和看重。我们不难预计在《民法典》时代，在土地征收和拆迁的法律纠纷当中，法律将更重视保障农民群体的合法利益。

小区业主共有部分的收益属于谁？

闫杰慧[*]　迟伟东^{**}

一、《民法典》规定

第 282 条　建设单位、物业服务企业或者其他管理人等利用业主的共有部分产生的收入，在扣除合理成本之后，属于业主共有。

二、知识要点

"业主共有部分"主要指：建筑区划内的道路，但是属于城镇公共道路的除外；建筑区划内的绿地，但是属于城镇公共绿地或者明示属于个人的除外；建筑区划内的其他公共场所、公用设施和物业服务用房。

该条款是《民法典》相对于《物权法》在"业主的建筑物区分所有权"部分的新增条款。本条款内容简明扼要，不难理解，针对小区业主共有部分的收益分配问题给出了明确的法律规定即归业主共有，填补了相应的法律空白，系《民法典》为一部"权利法典"的直接体现。

三、典型案例^①

该案系广东省肇庆市中级人民法院在 2020 年 7 月终审的一起天和豪庭业

＊　闫杰慧，内蒙古英策律师事务所创始人、主任。工商管理（EMBA）硕士，经济师，拥有证券从业资格，A 股上市企业内蒙华电独立董事，包头仲裁委员会仲裁员。有二十多年丰富的律师从业经验，专注于重大复杂的民商事诉讼、仲裁案件和执行案件的代理。擅长公司并购重组、破产重整、项目投融资、房地产合作开发以及不良资产处置。先后为中国信达、中国银行、国家开发银行、中外运内蒙古分公司、内蒙古外经贸集团等企事业单位提供诉讼、法律顾问或投融资项目专项法律服务。

＊＊　迟伟东，拥有证券从业资格，内蒙古英策律师事务所专职律师，专注于民商事案件和公司法律业务。

①　案号：（2020）粤 12 民终 917 号。

委会对其物业服务企业安太益公司提起的业主共有权纠纷诉讼。天和豪庭业委会认为，安太益公司在对天和豪庭小区进行物业管理期间，将天和豪庭小区的公共区域提供给电信广东无线中心、联通肇庆分公司等公司使用，收取的租金、服务管理费收益应均属天和豪庭小区全体业主所有，故要求安太益公司返还历年部分物业公共收益并支付相应的利息。一审法院认为物业公司管理期间利用业主公共区域经营获取的收益均属全体业主所有，安太益公司扣除合理成本之后的收益应返还给天和豪庭小区业主，但考虑到本案所涉及的租赁收入、服务管理费收入等虽然是从小区建筑物共有部分得来，但是基于安太益公司的管理而产生，客观上包含安太益公司因经营、管理支出的成本，安太益公司的经营管理行为也应获得相应的合理回报。根据公平原则，结合物业服务企业经营管理小区公共区域方面的实际情况，一审法院酌情认定本案公共区域收入的 50% 归小区业主共有。二审法院肇庆中院维持了一审判决。

四、律师解析

与案例类似的案件近年来层出不穷，争议焦点也都基本围绕在"小区公共区域带来的收益的权属"。随着经济社会的不断发展，我们的居住环境不断改善，小区物业服务也越来越完善。而与此同时，小区的一些"资源"也不断被一些商家和物业服务企业等发掘和利用。这些资源就是前述的所谓"业主共有部分"，如电梯、绿地、空地、公共车位等。现今，我们经常会发现小区电梯内等位置被投放了很多广告牌，小区内的空地、公共车位地被"圈起来"变成了收费停车场，而收取广告费、停车费的一般是小区物业公司或者其他管理人。起初人们在对电梯广告等司空见惯的同时并没有意识到这笔电梯广告的收入与自己有任何关系。在民法典颁布前，我国法律法规对此也没有十分明确的界定，包括电梯广告等小区公共区域的管理和收入分配在很多地方一直处于灰色地带。但随着此类现象越来越普遍，很多业主也逐渐开始思考：这些被"圈起来"的公共区域所收取的费用去了哪？2019年7月，新华每日电讯曾推出调查报道《你家小区的电梯广告费，进了谁的腰包？》，一时间也是引起了强烈的社会反响。随着人们关注度的增加，类似纠纷也不断增多，通过检索近年来法院就此类案件裁判结果来看，大都秉承着类似的裁判观点，认为小区公共区域收益应由业主共享。但我们要知道法院作出判决需要两个"依据"，即事实依据和法律依据，而就法律依据而言，目前在针对业主共有权纠纷相关法律规定不十分完善的情况下，则需要审判人员综合《物权法》《物业管理条例》《最高人民法院关于审理建筑物区分所有权纠纷案件具体应用法律若干问题的解释》以及一些地方性法规的相关规定，再结合公平原则和经验法则作出裁决，在一定程度上属于"自由裁量"，故在司法实务中类似案件的裁判结果也存在着不同程度的差异。所以，民法典出台后针对类似纠纷不仅给出了明确的裁判依据，也为以后类似案件同案同判奠定了法律基础。

学法懂法更要善用法律，为了在发生此类纠纷时能够更好地运用法律武器维护自己的合法权益，笔者建议：在签订物业服务合同时应当注意合同当中有关小区公共区域收益经营分配的条款，看是否有排除小区业主对共有部分收益权利的内容。此外，建议细化有关小区业主共有部分收益经营分配的条款，明确物业服务企业或其他管理人对业主共有部分管理和收益的标准、范围，明确业主共有部分在其扣除合理成本、合理回报之后剩余部分的处理方式，如约定冲抵物业服务费或限期按时足额以现金形式返还给业主等，以避免出现物业公司推脱付款等情况，保证业主能够及时享受相应的收益。

建筑物区分所有权到底是怎么回事?

吴 哲[*]

建筑物区分所有权制度是我国整个物权体系中最年轻的法律领域。建筑物区分所有权制度，是随着物权领域的基本法律《物权法》一起诞生的，在《物权法》颁布之前，建筑物区分所有权制度几乎没有在任何一份法律文本中出现过。

建筑物区分所有权制度没有传统和历史，它是纯粹的现代化产物，它的出现和发展代表了现代城市居住结构的革新和现代物权法律关系的变化。

一、《民法典》规定

第278条 下列事项由业主共同决定：

（一）制定和修改业主大会议事规则；

（二）制定和修改管理规约；

（三）选举业主委员会或者更换业主委员会成员；

（四）选聘和解聘物业服务企业或者其他管理人；

（五）使用建筑物及其附属设施的维修资金；

（六）筹集建筑物及其附属设施的维修资金；

（七）改建、重建建筑物及其附属设施；

（八）改变共有部分的用途或者利用共有部分从事经营活动；

（九）有关共有和共同管理权利的其他重大事项。

业主共同决定事项，应当由专有部分面积占比三分之二以上的业主且人

吴哲，北京市安通（东莞）律师事务所实习律师，毕业于北京理工大学珠海学院，擅于处理民商事领域的法律纠纷。

数占比三分之二以上的业主参与表决。决定前款第六项至第八项规定的事项，应当经参与表决专有部分面积四分之三以上的业主且参与表决人数四分之三以上的业主同意。决定前款其他事项，应当经参与表决专有部分面积过半数的业主且参与表决人数过半数的业主同意。

第 285 条 物业服务企业或者其他管理人根据业主的委托，依照本法第三编有关物业服务合同的规定管理建筑区划内的建筑物及其附属设施，接受业主的监督，并及时答复业主对物业服务情况提出的询问。

物业服务企业或者其他管理人应当执行政府依法实施的应急处置措施和其他管理措施，积极配合开展相关工作。

第 286 条 业主应当遵守法律、法规以及管理规约，相关行为应当符合节约资源、保护生态环境的要求。对于物业服务企业或者其他管理人执行政府依法实施的应急处置措施和其他管理措施，业主应当依法予以配合。

业主大会或者业主委员会，对任意弃置垃圾、排放污染物或者噪声、违反规定饲养动物、违章搭建、侵占通道、拒付物业费等损害他人合法权益的行为，有权依照法律、法规以及管理规约，请求行为人停止侵害、排除妨碍、消除危险、恢复原状、赔偿损失。

业主或者其他行为人拒不履行相关义务的，有关当事人可以向有关行政主管部门报告或者投诉，有关行政主管部门应当依法处理。

二、知识要点

1979 年 12 月 21 日，广州东湖新村小区打下第一根桩，这是广州市第一个商品房住宅小区，也是中华人民共和国的第一个纯商品房住宅项目。这个最初只有 5 栋楼、140 个单元的小建筑群构成了现代城市建筑集群的基本单位——小区的雏形，也拉开了中国城市建筑现代化的帷幕。在后来的四十多年间，中国的城市建筑，特别是居民住宅都在朝着高层化、密集化和单元化的方向发展。到今天，楼层、单元、小区已经成为现代城市的主要居住形式，但新的社会形态也带来了新的法律困境。

传统的独栋式建筑自成一体，与共有（公有）土地的结合程度低，没有区分所有权的必要。而在楼层式的建筑中，多个拥有专有所有权的房屋位处同一建筑物，在物理层面上同属一个整体，但在法律层面上又可以分为数个独立的部分。各所有人的专有部分之间高度贴合，各专有部分与共有部分之间高度复合，专有部分所有人对建筑物共有部分的利用极为密切。于是，住宅的建设、出售、分配、管理、使用、维修、调换等有关的法律关系就成为一个亟须解决的问题，其中就包含了专有部分和共有部分的界限问题。

然而，传统的法律理论无法适应建筑物区分所有权的问题。民法上的物必须是有一定的经济价值并能够被人所掌握和使用的有形物，物无论是否可分，都必须具备整体性才能被特定化，且根据一般的物权理论，一个物只能设定一个所有权，所有权的设定不能悖于一物一权原则。对于高层住宅来说，其本身即构成一个完整的物，在性质上难以分割，原则上只能存在一个所有权，即便实际上存在多个单元的所有人，也只能用"共有"的法律关系加以解释。

但高层建筑单元的所有人对房屋的权利具有独立性和排他性，属于完整的所有权，完全不同于"共有"的法律关系，传统的物权法律无法解决这一问题的尴尬逐渐暴露出来，这是建筑物区分所有权诞生的契机。

建筑物区分所有权制度的存在时间不长，其主要有两个发展阶段：一个是《物权法》颁布，建筑物区分所有权制度初步建立；另一个是《民法典》对建筑物区分所有权制度进一步完善。

它们的立法目的基本都围绕以下三方面：其一，如何界定专有部分和共有部分的问题；其二，如何规定业主对共有部分的权利义务的问题；其三，制度如何具体实施的问题。

建筑物区分所有权制度单独构成了《物权法》第六章的内容，是一个自成一体的独立体系，足见其特殊地位。第70条和第71条是制度在实体上的核心条款，其首次提出了"专有部分"和"共有部分"并存的理论，从传统的"单独所有"和"共有"的二元论中脱离出来，以解决现代高层住宅特殊所有权的法律困境。确保在建筑物本身不违背一物一权原则的前提下，明确业主对单元房屋的单独所有权和其他部分的共有权。

《物权法》第72条到第74条解决的是部分共有领域的权利义务问题，但不同于专有房屋，共有房屋的共有人非常多，使用和管理共有部分时的责任分配和实施问题往往不能得到自然的解决。

为此，建筑物区分所有权制度附带了业主大会制度，业主大会统一代表所有业主的共同利益处理事务。通过设立业主大会实施小区"自治"是区分所有权制度的另一个创举，也是该制度在程序和操作上的核心。

建筑物区分所有权制度诞生至今已经有13年了，其间最高人民法院还出台过一部《最高人民法院关于审理建筑物区分所有权纠纷案件具体应用法律若干问题的解释》作为补充，解决了很多现代物权方面的难题。但社会日新月异，13年的时间足以让一部法律过时，即使建筑物区分所有权制度仍属年轻，但到了近年仍然出现了很多不适应的问题。

三、典型案例

童某泉诉文家顺等老小区加装电梯纠纷案①就能在一定程度上说明建筑物区分所有权制度在一些具体方面已经落后于时代。

该案的原告诉称，南京市玄武区清溪路 8 号清溪花园小区（以下简称清溪花园小区）原属于军队安置房。原告、被告均为清溪花园×幢 1 单元（以下简称 1 单元）房屋的住户，原告为 1 单元 101 室房屋（以下简称 101 室）所有权人。2016 年 7 月 27 日，中国人民解放军东部战区联合参谋部直属工作局（以下简称东部战区工作局）发出通知，协调清溪花园小区已竣工入住的部分房屋加装电梯的事宜，明确该部分房屋不属于部队营房，全面实施物业管理，并决定 2016 年 8 月 31 日前如业主不能就加装电梯事宜协商一致，则该局不再统一协调，转由业主自行协商处理。2016 年 8 月，四被告在未与 1 单元其他住户协商一致的情况下，私自带人强行拆除了 1 单元的单元门，并试图强行加装电梯。被告的行为严重侵犯了原告对私有房屋的正常使用权，1 单元单元门拆除后其他人可以自由进出，给原告的房屋造成安全隐患，亦对原告的出行造成严重影响。

南京市玄武区人民法院经一审审理认为：加装电梯的相关事宜应当经专有部分占建筑物总面积三分之二以上的业主且占总人数三分之二以上的业主

---

① 案号：（2016）苏 0102 民初 5065 号。

同意。根据审理查明的事实，可以认定清溪花园小区加装电梯的相关事宜符合《物权法》第76条的规定。仅就1单元而言，加装电梯的相关事宜亦经过了该单元专有部分占建筑物总面积三分之二以上的业主且占总人数三分之二以上的业主同意。原告作为业主之一，应当受业主共同决定的约束，且根据现有方案加装电梯后并未影响业主房屋专有部分的采光、通风等，故对原告电梯加装方案合理性持有异议的意见，不予采信。

四、律师解析

通过上述典型案例，可看出业主大会在作出影响业主利益的决定时，过于随意，少数业主的专有权与业主大会的强制决议产生了冲突，立法对少数业主的保护力度低。

结合现实，《物权法》版本的建筑物区分所有权制度在如今开始面临的新困境大致包括：①小区的开放化，小区外的第三人、物业公司、政府等其他个人或组织对区分所有权，特别是共有部分的影响力逐渐显著；②新建住宅的功能和形态更新换代，原本的业主大会决策方式不能保障各业主的合法利益；③住宅商用化越来越普遍，原本的法律约束开始失力。

这些当前面临的主要问题集中反映在现已生效的《民法典》的第六章中，《民法典》对建筑物区分所有权制度的收编，形成新一轮房屋住宅领域物权的改革与完善。

《民法典》的第285条和第286条改编自《物权法》第82条和第83条，规范的是业主、物业公司或业主大会对建筑物或建筑物的附属设施的使用和管理，在此次改动中，《民法典》特别强调了政府的作用，强调了管理者的行为应该受政府监督。

近年以来，有小区建筑的业主和管理人利用小区"自治"的封闭环境，私自占用共有部分的地域，搭建露台、饲养棚、简易房等违法建筑或添附物，或滥用对房屋的使用权，制造噪声、垃圾，污染环境，又或者改变建筑的基础结构，私自拓建、拆除，违背国家法律的强制性要求，也侵犯了社会整体的合法利益。

但单纯依赖物业公司的监管能力和业主或业主大会的自律，难以规范违法行为的出现，必须引入外部力量，强调政府对小区内部的监管作用是时代之使然。

《民法典》第 278 条改编自《物权法》第 76 条，是关于业主大会决定集体事项的核心法律规范。《民法典》对其的改动主要集中在扩大业主大会的权利范围，严格业主大会的决策条件。

《民法典》新增了"改变有关共有部分的用途或者利用共有部分从事经营活动"作为业主大会有权决定的事项之一。

同时，第 278 条还完善了业主大会的决策方式，对于业主大会决定的事项新增了参与人数和代表面积的要求，与会人数和所代表的专有面积不达到总数的三分之二，业主大会不能就事项作出决定。另外，针对筹集维修资金、改建建筑和住宅商用这三个方面，《民法典》提高了业主大会通过的标准，由以往的三分之二提到了四分之三，严格限制房屋使用者对建筑形态、性质的改动。

《民法典》对业主大会制度改革的根本用意是维护建筑规划的安全和规范，提高业主大会决议的门槛，保护业主的共同利益，避免少数业主的利益被忽略，这也间接地保护了住宅居住用途性质的稳定，维护了其他业主的利益和整体的市场环境。

结语

《民法典》的诞生对于建筑物区分所有权制度而言，是一次契合时代的改革。随着建筑物区分所有权制度的更新，我国对于城市建筑，特别是城市高层住宅的管理和监督必然进入一个新的时代。住宅的使用和管理更受监管，业主对小区、小区对社会的接洽度也将进入一个新的维度，这种变化，不仅需要业主和其他利害关系人适应，也需要我们每一位法律行业工作者的深刻理解。

优先购买权是什么权？

张前登*

一、《民法典》规定

第 306 条 按份共有人转让其享有的共有的不动产或者动产份额的，应当将转让条件及时通知其他共有人。其他共有人应当在合理期限内行使优先购买权。

两个以上其他共有人主张行使优先购买权的，协商确定各自的购买比例；协商不成的，按照转让时各自的共有份额比例行使优先购买权。

二、知识要点

《民法典》第 305 条与《物权法》第 101 条的规定完全一致。本次《民法典》新增的第 306 条为优先购买权的行使提供了实践操作指导，不仅明确了转让人的通知义务及其他共有人行使优先购买权的期间为"合理期限"，亦对按份共有人优先购买权的竞合规则进行了规定，即"两个以上其他共有人主张行使优先购买权的，协商确定各自的购买比例；协商不成的，按照转让时各自的共有份额比例行使优先购买权"。

三、典型案例[①]

【案情简介】2003 年 3 月 25 日，代某、关某平、卞某民签订"商品房买卖合同"，按份购买 12B07 号房屋。2004 年，卞某民退出共有投资关系，由

---

* 张前登，北京市安通律师事务所律师、不良资产研究中心研究员，南开大学学士、北京大学硕士。曾任职于国内大型央企、国有资产管理公司。主要著作与论文：《2016 中国有限合伙企业诉讼风险报告》《物权编：一种财产权利的天经地义》（合著）、《罗马法与中国古代法律制度的比较》。

① 案号：（2013）年海民初字第 08744 号、（2018）京 01 民终 4155 号。

谢某大受让并支付部分购房款,同时按份额承继按揭贷款。

后由于双方当事人在合同履行上存在争议,标的房屋未能如约办理产权变更登记。为解决纠纷,谢某大于 2007 年 12 月提起诉讼,2009 年法院经两审判决确认谢某大为 12B07 号房屋共有权人,共占有份额 33%;并判令关某平、代某、卞某民协助谢某大办理相关房屋产权变更手续。

于上述诉讼期间,关某平、代某、卞某民以 12B07 号房屋共有权人名义,与王某签订售房合同将该房屋出售给王某,总成交价格为 422.69 万元。谢某大获悉售房事项后,于 2008 年 4 月 22 日以 12B07 号房屋存在权属争议为由向北京市海淀区建设委员会申请房屋异议登记,阻止该房屋转移登记。

2010 年 4 月 2 日,谢某大通过申请强制执行取得 12B07 号房屋的共有权证,共有份额为 33%;其他共有权人为代某(共有份额 33%)、关某平(共有份额 34%)。取得房屋共有权证后,谢某大找到买受人王某沟通,获悉了售房合同所约定房屋交易的真实价格及具体条款。据此,谢某大于 2010 年 11 月向法院提起物权确认之诉,要求依法确认其在 12B07 号房屋转让过程中在同等条件下享有优先购买权。经两审法院判决支持后,谢某大通过 EMS 向关某平、代某发送律师函,主张行使优先购买权。

2012 年 7 月,因关某平、代某拒不配合谢某大行使其优先购买权,谢某大提起本次诉讼,要求按照售房合同的同等条件行使其优先购买权。

被告关某平、代某辩称:①在签订售房合同时,谢某大尚未取得物权,并非真正的按份共有人,不能适用共有人优先购买权的规定;②即便谢某大享有优先购买权,其主张行使优先购买权也已经超过法律规定的期限;③优先购买权是期待权,是共有关系中基于其他共有人份额而产生的期待购买的权利。但代某、关某平转让的是该房屋整体,而非各自份额,故转让行为合法,不受优先购买权限制。

一审法院认为:首先,尽管诉争房屋出售时谢某大尚未取得共有权证,由于第 2129 号生效判决已确认谢某大对 12B07 号房屋享有优先购买权,其获得物权法意义上共有权人身份从而具备优先购买权人资格的时间点应追溯至

2007 年房屋原始登记之日。

其次，优先购买权人行使权利应以其他共有人通知为前提，其只有在确切知道转让的时间和条件的情况下，才可能决定是否行使优先购买权；结合物权法对优先购买权人行使权利的时间未做明确限定，且本案其余共有人和第三人从未主动告知，反而恶意隐瞒房屋出售，从而导致谢某大客观上不知晓房屋交易，谢某大在上述期间多次及时主张行使优先购买权等事实，应视为其在合理期间内行使了优先购买权。

再次，优先购买权是既得权，当共有这一基础性法律关系存在时，优先购买权即处于"潜在"状态，当买卖这一前提性法律关系成立并生效时，优先购买权才得以从"潜在"状态转变为可以实际行使的权利，并且法律赋予其一定的权能，在其受到侵害时可以单独请求保护；同时，优先购买权也是形成权。本案中，谢某大作出行使优先购买权之表示后，即在其与义务人关某平、代某之间，以与王某提出的同等条件的交易价格，就房屋 34%、33% 份额成立买卖合同关系。但由于关某平、代某对谢某大的形成意思表示拒绝，故谢某大以提起诉讼之方式，要求关某平、代某根据其与王某签订的房屋买卖合同及补充协议之价格，履行接受谢某大付款并向其转让房屋 67% 份额的主张，即行使其形成诉权。

最后，一审法院判定谢某大行使优先购买权这一形成权已经满足了法律规定的相关要件之情形，对其主张予以支持。关某平、代某不服上述一审判决，向北京一中院提起上诉，北京一中院最终驳回上诉，维持原判。

【焦点问题】按份共有人优先购买权的法律性质和行使规则。

我国现行法在规定各类法定优先购买权时，往往只用一个简单条文指明优先购买权的主体、客体及行使条件，对于优先购买权的法律性质、法律效力、行使方式、行使期限及行使效果等重要问题则缺乏规范。以本文所聚焦的按份共有人优先购买权为例，其在法律性质上属于既得权还是期待权？是形成权还是请求权？出卖人是否负有通知义务？何为行权的"合理期限"？这也导致司法实践中难以找到准确的法律依据，严重影响了裁判标准的统一性和裁判结果的可预见性，最终既损害了法律的权威性，也不利于保护优先购买权人。

四、律师解析

（一）《民法典》优先购买权的种类

现实生活中产生按份共有的情形很多，例如，共同投资经营企业、合作开发房地产、共同建造或者购买房屋，即使是因婚姻、家庭和继承等形成的共同共有，在共同关系解除后，也会转化为按份共有。民法典中就规定了多种类型的优先购买权，包括：①按份共有人的优先购买权；②房屋承租人的优先购买权；③职务技术成果完成人对属于单位的职务技术成果的优先购买权；④委托开发合同中的委托人的优先购买权；⑤合作开发合同当事人的优先购买权；等等。因此，按份共有关系的意义重大。

（二）《民法典》颁布之前，我国关于按份共有人优先购买制度的相关法律规定

《物权法》第101条赋予其他按份共有人优先购买权。《物权法》第101条规定："按份共有人可以转让其享有的共有的不动产或者动产份额。其他共有人在同等条件下享有优先购买的权利。"该条款赋予按份共有人对共有份额的优先购买权。但是没有具体规定如何实现该优先权。

（三）《民法典》中按份共有人优先购买权的规则

《民法典》第306条是在原有法律法规基础上，对按份共有人优先购买权制度的新增规定，有力保障了按份共有人优先购买权的实现。

1. 增加了通知义务。由于其他按份共有人行使优先购买权须以知道出卖人与第三人之间存在买卖合同为前提，为此，该条款规定了出让份额的按份共有人的通知义务。

2. 明确"转让条件"。由于只有合格的、具有实质内容的通知才能让其他共有人据以作出合理判断，因此，《民法典》该条明确了通知的内容是"转让条件"。

3. 规定了"合理期间"。由于实践中存在其他共有人长期不行使权利，限制共有人转让其份额的情形，为了平衡转让人与其他共有人之间的权利义务，在转让份额的共有人履行通知义务后，其他共有人应当在"合理期间"

内行使优先购买权。

4. 明确了按份共有人优先购买权的竞合规则。实践中还存在两个以上其他共有人主张行使优先购买权的情况，为了防止产生一人独大影响其他共有人之间权利义务平衡的情形，应当慎重决定。该条尊重当事人的意思自治，在共有人协商确定了各自购买比例的情况下，依据协商确定的比例实现优先权；协商不成时，则按照转让时各共有人的共有份额比例行使优先权。

（四）律师建议

1. 针对转让人的通知义务，通知的主体为拟转让份额的共有人，通知的对象是其他共有人。通知的内容，《民法典》本条明确规定为"转让条件"。至于通知的形式，该条没有限制通知的形式，意味着口头形式或者书面形式都是合法的通知形式，但在实践中要注意取证。

2. 对于通知内容的"转让条件"，一般认为，"转让条件"包括转让价格、价款支付方式和期限，以及其他对转让人的利益可能产生重大影响的内容。如果通知未包含以上转让条件，属于未尽到通知义务。关于此点，可以参照公司法上有限责任公司股权外部转让时对通知内容的要求来理解按份共有人的通知内容，按份共有人应将与第三人达成的交易条件通知其他共有人，以便其他共有人决定是否行使优先购买权。

3. 至于何为行权的合理期限？《民法典》未明确规定，可以《最高人民法院关于适用〈中华人民共和国物权法〉若干问题的解释（一）》①第11条作为参考，即"优先购买权的行使期间，按份共有人之间有约定的，按照约定处理；没有约定或者约定不明的，按照下列情形确定：（一）转让人向其他按份共有人发出的包含同等条件内容的通知中载明行使期间的，以该期间为准；（二）通知中未载明行使期间，或者载明的期间短于通知送达之日起十五日的，为十五日；（三）转让人未通知的，为其他按份共有人知道或者应当知道最终确定的同等条件之日起十五日；（四）转让人未通知，且无法确定其他按份共有人知道或者应当知道最终确定的同等条件的，为共有份额权属转移之日起六个月"。

---

① 本书下文简称《物权法司法解释（一）》。

结语

《民法典》第 306 条为按份共有人优先购买权的实现提供了明确的、具体的保障措施，使其成为真正可实现的优先权，这有利于减少基于共有产生的纷争，增强了共有物的效用，简化了共有关系，为共同投资、共同建设、共同购置等行为提供了预期和指引。

当然，目前对于该优先购买权是具有对抗第三人的物权效力还是仅在共有人之间产生损害赔偿之债的效果，在理论界尚存在不同观点。例如，全国人大常委会法工委在《中华人民共和国物权法释义》一书中认为，此种优先购买权仅具有债的效力，不得对抗善意第三人；刘家安教授则认为，此权利系具有物权效力，即使共有人已经与第三人完成了相关权利的交割，按份共有人仍可以事后行使优先购买权。

此外，值得注意的是，《物权法司法解释（一）》在第 9～14 条对优先购买权作出了较为详细的规定。《民法典》出台后，《物权法》随之废止，相关的司法解释亦会进行新一轮的梳理，司法解释中已被实践广泛适用的条款是否继续存续值得我们持续关注。

添附物应该属于谁?

李晴文[*]

一、《民法典》规定

第322条 因加工、附合、混合而产生的物的归属,有约定的,按照约定;没有约定或者约定不明确的,依照法律规定;法律没有规定的,按照充分发挥物的效用以及保护无过错当事人的原则确定。因一方当事人的过错或者确定物的归属造成另一方当事人损害的,应当给予赔偿或者补偿。

二、知识要点

《民法典》物权编的第九章为"所有权取得的特别规定",其源自《物权法》第九章,但与《物权法》相比,一个重大的变化是确定了添附是所有权取得方法的一种。

添附作为确权的重要手段,在民法体系中具有不可或缺的重要地位。此次在《民法典》物权编中明确确立添附制度,尤其确定添附物的归属规则:有约定从约定,没有约定从法律规定,没有法律规定按充分发挥物的效用以及保护无过错当事人的原则确定,符合时代要求,将"物尽其用"原则发挥得淋漓尽致。

---

* 李晴文,北京市安通律师事务所副主任、高级合伙人,中央民族大学法律硕士,北京市律师协会房地产专业委员会委员,主要执业领域为房地产、建设工程、矿产等领域的诉讼、仲裁和公司法律。主要学术成果:《〈老鼠爱大米〉一权数卖是否合法》(合著)发表于《中国审判》(2006年第6期);《医疗纠纷中应正确评价损害参与度的作用》(合著)等多篇律师评析文章发表于《医师报》;《物权编:一种财产权利的天经地义》(合著)一文发表于《民主与法制》周刊2020年第23期。

三、典型案例①

【案情简介】2006 年，陈某与华风公司签订"商品房预售合同"及"贷款补充协议"，约定陈某以银行按揭方式向华风公司购买甲房屋，如因陈某未能按期归还银行贷款本息，导致贷款银行终止借款合同的履行，并要求华风公司承担连带保证责任的，自华风公司代陈某向贷款银行偿还所有贷款本息之日，"商品房预售合同"及其补充协议同时解除。

2007 年 7 月，华风公司将甲房屋交付给陈某，房屋交付时为毛坯状态，陈某对房屋进行装修后入住。但后因陈某连续 14 期、累计 55 期逾期还贷，贷款银行从华风公司账户上扣划借款本息，并于 2011 年 9 月 3 日向华风公司发出提前还款函，贷款合同终止履行。

2012 年，华风公司向房山区法院提起诉讼，法院判决解除陈某与华风公司签订的"商品房预售合同"及补充协议。

2019 年，陈某向房山法院起诉要求华风公司返还购房款 94 828 元及已还银行贷款 67 670.29 元，并要求华风公司支付其强装修款 100 000 元。诉讼过程中，经陈某申请，法院委托的资产评估有限公司对甲房屋的装修价值进行了资产评估，评估其价值为人民币 99 446 元。法院认为，房屋状态为毛坯房，陈某对涉案房屋做了装修，但因"商品房预售合同"解除，陈某负有将房屋返还华风公司的义务，其所进行装修已成为涉案房屋的添附物无法拆除，此种情形下，考虑到陈某对"商品房预售合同"解除负有的过错程度、房屋实际使用年限、装修折旧等因素，参考资产评估有限公司出具的评估金额，酌定华风公司支付陈某装修补偿费用 20 000 元。陈某不服上述一审判决，向北京市二中院提起上诉，北京市二中院最终驳回陈某上诉，维持原判。

【焦点问题】案涉房屋的装修所有权归属以及确定物权归属后的损失补偿规则。

笔者通过查询大量公开案例，发现与上述案例类似的情况，即：购房人

---

① 案号：（2019）京 0111 民初 23851 号、（2020）京 02 民终 7011 号。

或承租人基于房屋买卖合同解除或房屋租赁合同提前解除，向出卖人或出租人返还房屋后，购房人或承租人对该房屋的装修在无合同约定的情形下，基于该装修物与房屋的不可分割性、拆除后无价值或价值大大降低等因素，很少主张装修物的所有权，即使主张，司法机关也会认定该装修物归出卖人或出租人所有。

由此，双方存在较多争议的问题是，如何对购房人或承租人的装修物价值进行补偿？尤其是在房屋买卖合同解除或房屋租赁合同提前解除是因购房人或承租人的违约行为所致的前提下，出卖人或出租人对购房人或承租人的装修一般是不会同意赔偿或补偿的。

四、律师解析

（一）添附的方式

根据《民法典》第322条的规定，添附包括三种方式：

1. 加工。加工是指一方使用他人财产加工改造为具有更高价值的新的财产。如甲将乙的木板加工成为板凳。

2. 附合。附合是指不同所有人的财产紧密结合在一起而形成的新的财产，虽未达到混合程度但非经拆毁不能达到原来的状态。主要包括：①动产与动产的附和。这是指不同所有人的动产互相结合，非毁损不能分离或者分离费用较大。如甲有一桶油漆，乙有一个木箱，甲将油漆涂到乙的木箱上。②动产附合于不动产。如乙拥有一套房屋，甲有一扇门，甲将门装到乙房子的门框上。③不动产与不动产的附和。如承租人在承租的房屋上兴建一间房屋等。

3. 混合。混合是指不同所有人的不同财产互相掺合，难以分开并形成新财产。如：甲有一袋沙子，乙有一袋水泥，将沙子和水泥混合到一块。混合一般发生在动产之间，它与附合的不同之处在于：附和（指动产的附和）的数个动产在形体上可以识别、分割，只是分离后要损害附合物的价值，出于利益考虑不许分割；而混合则是数个动产混合于一起，在事实上不能也不易区别。

（二）《民法典》颁布前我国关于添附制度的法律规定

添附是物权取得和变动的重要原因，《物权法》对此没有规定，但其在

一些司法解释中有所体现，司法实践中也一直认可添附制度。相关司法解释
如《关于贯彻执行〈中华人民共和国民法通则〉若干问题的意见（试行）》
第 86 条规定："非产权人在使用他人的财产上增添附属物，财产所有人同意
增添，并就财产返还时附属物如何处理有约定的，按约定办理；没有约定又
协商不成，能够拆除的，可以责令拆除；不能拆除的，也可以折价归财产所
有人；造成财产所有人损失的，应当负赔偿责任。"

　　《最高人民法院关于审理城镇房屋租赁合同纠纷案件具体应用法律若干
问题的解释》第 7 条规定："承租人经出租人同意装饰装修，租赁合同无效
时，未形成附合的装饰装修物，出租人同意利用的，可折价归出租人所有；
不同意利用的，可由承租人拆除。因拆除造成房屋毁损的，承租人应当恢复
原状。已形成附合的装饰装修物，出租人同意利用的，可折价归出租人所有；
不同意利用的，由双方各自按照导致合同无效的过错分担现值损失。"第 8 条
规定："承租人经出租人同意装饰装修，租赁期间届满或者合同解除时，除
当事人另有约定外，未形成附合的装饰装修物，可由承租人拆除。因拆除造
成房屋毁损的，承租人应当恢复原状。"第 9 条规定："承租人经出租人同意
装饰装修，合同解除时，双方对已形成附合的装饰装修物的处理没有约定的，
人民法院按照下列情形分别处理：（一）因出租人违约导致合同解除，承租
人请求出租人赔偿剩余租赁期内装饰装修残值损失的，应予支持；（二）因承租
人违约导致合同解除，承租人请求出租人赔偿剩余租赁期内装饰装修残值损
失的，不予支持。但出租人同意利用的，应在利用价值范围内予以适当补偿；
（三）因双方违约导致合同解除，剩余租赁期内的装饰装修残值损失，由双
方根据各自的过错承担相应的责任；（四）因不可归责于双方的事由导致合
同解除的，剩余租赁期内的装饰装修残值损失，由双方按照公平原则分担。
法律另有规定的，适用其规定。"第 10 条规定："承租人经出租人同意装饰
装修，租赁期间届满时，承租人请求出租人补偿附合装饰装修费用的，不予
支持。但当事人另有约定的除外。"第 11 条规定："承租人未经出租人同意
装饰装修或者扩建发生的费用，由承租人负担。出租人请求承租人恢复原状
或者赔偿损失的，人民法院应予支持。"第 12 条规定："承租人经出租人同
意扩建，但双方对扩建费用的处理没有约定的，人民法院按照下列情形分别

处理：（一）办理合法建设手续的，扩建造价费用由出租人负担；（二）未办理合法建设手续的，扩建造价费用由双方按照过错分担。"

对比《民法典》与上述司法解释的规定，《民法典》物权编关于添附制度中确定添附物归属的规则，对于尊重当事人意思自治，还是一脉相承，当事人之间有约定的，按照约定办理。对于没有约定的，《民法典》之前的司法解释，在我国的适用范围相对较窄，主要只体现在附合这一种添附方式上，对于因加工、混合，而需解决的添附物的归属，未进行明确，也未明确要适用"充分发挥物的效用"的原则等，且司法解释并未明确物的归属规则，在司法实务中会存在无法可依的情形。

但值得肯定的是，《最高人民法院关于审理城镇房屋租赁合同纠纷案件具体应用法律若干问题的解释》明确了附合这一种添附方式下，租赁合同无效或提前解除的各种不同情形，对司法实务有很好的参考价值。

（三）《民法典》中添附物的归属规则

本文中的案例以及公开的司法案例关于添附物的归属问题充分考虑了有过错一方的过错责任以及保护无过错一方的原则。这项原则与《民法典》确定的对添附物问题保护无过错方的规则是一致的，同时，《民法典》中确定的添附物归属的规则也有一些新的变化。其规则主要分三个层次。

第一层次，"因加工、附合、混合而产生的物的归属"，有约定的，按照约定。即各方当事人通过书面或口头形式如果约定了因添附而产生之物的归属，则根据当事人的约定确定添附而产生的物的归属。当然，需要注意的是，当事人的约定，是基于不分离"因加工、附合、混合而产生的物"，是由谁来取得"因加工、附合、混合而产生的物"的所有权的约定。"因加工、附合、混合而产生的物"一旦形成，即应维持其状态不变，原来物的所有人不得请求分离该物，这也充分体现了《民法典》中确定添附物归属的"充分发挥物的效用"的规则。

第二层次，"因加工、附合、混合而产生的物的归属"，没有约定或者约定不明确的，依照法律规定，而目前法律还没有这样的规定。《民法典》就"因加工、附合、混合而产生的物的归属"给立法机关在立法中留下了可发挥的空间。

第三层次，"因加工、附合、混合而产生的物的归属"，在既没有约定，也没有法律规定的情形下，按照充分发挥物的效用以及保护无过错当事人的原则确定。

根据实际情况，在确定"因加工、附合、混合而产生的物的归属"方面，我国目前还没有相关的"法律规定"，所以只要当事人没有约定，就要适用此两项规则。第一个规则是"充分发挥物的效用"，即"物尽其用"，这也是《民法典》物权编的基本规则，具体适用到"因加工、附合、混合而产生的物的归属"上，其明确要求该物归属于谁，会发挥或者更好地发挥该物的效用，那么该物就判归谁所有。

"保护无过错当事人"规则，即对添附的发生一方有过错，另一方无过错，则在确定该添附物的归属问题上，应保护无过错一方，如该无过错一方主张添附物所有权，则应将添附物判归无过错方，对于有过错方在添附物上的投入，无过错方适当予以补偿即可；如果该无过错一方不主张添附物所有，则应将添附物判归过错方，对于无过错方在添附物上的投入，由有过错方给予无过错方赔偿。

（四）添附物权确定归属后的损失补偿规则

添附物权确定后，如何弥补一方的损失？《民法典》的规定是："因一方当事人的过错或者确定物的归属造成另一方当事人损害的，应当给予赔偿或者补偿。"从该规定内容来看，如果有过错一方当事人给另一方当事人造成损害，应予赔偿。如承租人未经审批恶意在承租房屋上加盖房屋，租赁合同终止后，该加盖房屋即使归出租人所有，但因是承租人违法加盖，而被政府部门认定为违章建筑需拆除，出租人拆除加盖房屋花费的费用与损失，承租人应赔偿给出租人。

同时，笔者认为该规定较为原则，一般只能由法官根据个案特点，从公平的角度出发，兼顾双方的利益，作出具体的裁量。

【律师建议】

《民法典》确定的添附物权规则之一是"保护无过错当事人"，但此规则在实务过程中亦会带来一定的争议，如双方均没有过错，而是由于第三方或不可抗力导致添附，则添附物归属就无法适用该规则进行确定。

关于物权确定后损失赔偿或补偿规则，《民法典》的规定相对原则，而《最高人民法院关于审理城镇房屋租赁合同纠纷案件具体应用法律若干问题的解释》只规定了附合这一种添附方式下，根据不同情形产生的租赁合同无效或提前解除时的损失赔偿规则，对于因加工、混合方式产生的物权的损失赔偿或补偿原则，尚存在空缺，建议通过司法解释的形式进行明确。

由于《民法典》关于添附物权归属规则是有约定从约定，那么不管是合同当事人在今后的经济活动中，还是律师在为客户提供法律服务的过程中，为了避免争议产生，在订立或修改涉及添附的合同时，应根据实际情况明确约定添附物归属，并约定不同的情形下的损失赔偿或补偿规则。

结语

添附制度作为物权法中的一项确认产权的重要规则，也是物权变动的一种重要规则，在此次的《民法典》物权编中得到确认，对构建我国全方位的民事权利保护体系有着重大的作用。虽然其规定的添附物的归属规则较为原则，也只有短短的一个条文，许多问题需要在实务中进一步的探讨和细化，但笔者相信，《民法典》已为司法机关提供统一的、最为基本的裁判规则，在今后的司法实务中，可以由司法机关通过制定司法解释等不断完善。

土地经营权可以转让吗？

汤德智[*]

一、《民法典》规定

第 330 条 农村集体经济组织实行家庭承包经营为基础、统分结合的双层经营体制。

农民集体所有和国家所有由农民集体使用的耕地、林地、草地以及其他用于农业的土地，依法实行土地承包经营制度。

第 331 条 土地承包经营权人依法对其承包经营的耕地、林地、草地等享有占有、使用和收益的权利，有权从事种植业、林业、畜牧业等农业生产。

第 332 条 耕地的承包期为三十年。草地的承包期为三十年至五十年。林地的承包期为三十年至七十年。

前款规定的承包期限届满，由土地承包经营权人依照农村土地承包的法律规定继续承包。

第 333 条 土地承包经营权自土地承包经营权合同生效时设立。

登记机构应当向土地承包经营权人发放土地承包经营权证、林权证等证书，并登记造册，确认土地承包经营权。

第 334 条 土地承包经营权人依照法律规定，有权将土地承包经营权互换、转让。未经依法批准，不得将承包地用于非农建设。

第 335 条 土地承包经营权互换、转让的，当事人可以向登记机构申请

_____

* 汤德智，湖南大学化学系学士、中央财经大学法律硕士。先后在平安证券有限责任公司、黄河投资有限公司、京威投资有限公司任职。

· 105 ·

登记；未经登记，不得对抗善意第三人。

第339条 土地承包经营权人可以自主决定依法采取出租、入股或者其他方式向他人流转土地经营权。

第341条 流转期限为五年以上的土地经营权，自流转合同生效时设立。当事人可以向登记机构申请土地经营权登记；未经登记，不得对抗善意第三人。

第342条 通过招标、拍卖、公开协商等方式承包农村土地，经依法登记取得权属证书的，可以依法采取出租、入股、抵押或者其他方式流转土地经营权。

第343条 国家所有的农用地实行承包经营的，参照适用本编的有关规定。

二、知识要点

随着工业化和城镇化的推进和农业分工分业的发展，农业劳动力和农业人口的流动日益普遍，各类合作社、农业产业化龙头企业等新型经营主体大量涌现，承包地流转面积不断扩大，呈现"家庭承包，多元经营"的格局。农业生产力发展的变化对完善农村生产关系提出新的要求。在此背景之下，中央提出了农村土地"三权分置"，指形成所有权、承包权、经营权三权分置，经营权流转的格局。"三权分置"下，所有权、承包权和经营权既存在整体效用，又有各自功能。从当前实际出发，实施"三权分置"的重点是放活经营权，核心要义就是明晰、赋予经营权应有的法律地位和权能，是继"家庭联产承包责任制"后农村改革又一重大制度创新。

土地承包经营权是反映我国经济体制改革中农村承包经营关系的新型物权。土地承包经营权就是承包人（个人或单位）因从事种植业、林业、畜牧业、渔业生产或其他生产经营项目而承包使用、收益集体所有或国家所有的土地或森林、山岭、草原、荒地、滩涂、水面的权利。

土地承包经营是我国农村经济体制改革的产物，对于促进我国农村经济的发展起到了重大推动作用。时至今日，农民对于土地承包经营权，已经没有了包产到户时的热情，由于土地承包经营权的设置而激发的农民经营土地的热情已经减弱。这说明，土地承包经营权对于"一大二公"的农村集体所有、集体经营的模式而言，大大地解放了农村生产力，能够激发生产力的发展；但是，土地承包经营权并不是完善的用益物权，也不是能够发挥农民经营土地创造财富积极性的最好模式。我国农村土地法律制度的进一步改革势在必行。在"始终坚持农村土地集体所有权的根本地位""严格保护农户承包权"的前提之下，"加快放活土地经营权""赋予经营主体更有保障的土地经营权"是完善农村基本经营制度的关键。

此次民法典的颁布，单设章节对土地经营权作出详细规定。构建一种具有相当的稳定性、效力更强、相对独立的土地经营权，以使新型农业经营主体取得稳定的经营预期。而且修改后的农村土地承包法，在强化土地经营权流转合同的书面形式，强调承包方非有法定事由不得单方解除流转合同之外，主要通过赋予土地经营权以登记能力来达到经营预期稳定的政策目标。

三、典型案例①

【案情简介】2017 年 5 月 23 日，原告吴某国作为出租方、甲方，被告义红公司作为承租方、乙方签订"土地租赁合同"，双方约定："甲方承租房山区窦店乡（镇）三街村土地。现甲方与乙方依据《中华人民共和国农村土地承包法》②等相关法律、法规和国家有关政策的规定，本着平等、自愿、有偿的原则，就土地出租经营权事宜协商一致，订立本合同。（1）出租标的：①土地的位置，出租的土地位于房山区窦店镇三街村。②地上物为 12 个养殖大棚。③地块名称为三角地。④四至：东至吴某国地、南至袁某地、西至刘某庄地、北至京西阳光。（2）出租期限：出租的土地承包经营权年限为 10 年。即自 2017 年 7 月 1 日起至 2027 年 7 月 1 日止。（3）租金价格：出租土地经营权的年租金为 8 万元人民币。按年给付，每年 7 月 1 日前乙方应向甲方足额交纳下年度租金 8 万元。除此以外，甲方无论何时都不得要求乙方向其支付与出租土地有关的任何其他费用。如果发包方向乙方要求支付转让土地的有关费用，均由甲方负责缴纳。（4）租金支付方式和时间：乙方以现金

---

① 案号：（2019）京 0111 民初 25583 号。
② 本书下文简称《农村土地承包法》。

或打卡的方式在接收土地前一次性付清。（5）出租土地的经营权交付时间和方式：于乙方向甲方付清租金当日，甲方将相关的土地经营权交付乙方。交付方式为实地一次性全部交付。（6）出租土地的经营权和使用权的特别约定：①出租土地的经营权必须经发包方同意，并由甲方办理有关手续。②甲方交付的经营土地必须符合双方约定的标准。③乙方获得土地经营权后，依法享有该土地的使用、收益、自主组织生产经营和产品处置权。④上述土地如遇拆迁，甲方自建的房屋及养殖大棚拆迁所得甲方与乙方各得50%；乙方自建在承租土地上的房屋及养殖大棚拆迁费、土地补偿金、地上物补偿金等利益95%归乙方所有，剩余的5%归甲方所有。"该合同还对双方的其他权利义务进行了约定。合同签订后，吴某国向义红公司交付了出租的土地约20亩。义红公司亦向吴某国交付了租金，租金已经付至2020年6月。在义红公司使用承租大棚及土地的过程中，义红公司拆除了部分大棚、砍伐了场地的部分树木，并转租部分场地用于肉食加工等非农业生产经营。2019年9月25日，吴某国诉至法院，要求解除双方签订的"土地租赁合同"。审理中，义红公司的法定代表人陈某红称签订合同时，原告答应干什么都行并称拆除部分大棚、砍伐树木并进行肉食加工等非农业生产经营均得到了吴某国的同意。对此，吴某国全部予以否认。

另查明，吴某国出租的土地系其从北京市房山区窦店镇三街村经济合作社承包的，土地用途为种植，承包期限自2017年1月1日起至2027年6月30日止，共10年零6个月。

法院认为，当事人订立、履行合同，应当遵守法律、行政法规，尊重社会公德，不得扰乱社会经济秩序，损害社会公共利益。我国农村土地承包法明确规定，土地承包经营权流转不得改变土地所有权的性质和土地的农业用途。本案中，吴某国起诉案由原为土地租赁合同纠纷，但依据吴某国提供的《农村土地承包经营合同书》，案涉出租土地为吴某国从北京市房山区窦店镇三街村经济合作社承包而来，土地用途为种植，故本案案由应为土地承包经营权出租合同纠纷，经释明吴某国同意将案由变更为土地承包经营权出租合同纠纷。合同签订后，义红公司在使用承租的大棚及土地过程中，存在肉食加工等非农业生产经营行为，义红公司改变了大棚及土地的农业用途。因此，吴某国起诉要求解除双方签订的"土地租赁合同",于法有据,法院予以支持。关于合同解除的具体日期,法院根据本案的租金交纳情况等酌情确定为2020 年 7 月 1 日。被告义红公司要求继续承租土地,不同意解除合同的抗辩意见,证据不足,法院不予支持。据此,依据《合同法》第 7 条、第 94 条,《农村土地承包法》第 22 条第 2 项,《中华人民共和国民事诉讼法》① 第 64条之规定,判决如下:

原告吴某国与被告义红公司于 2017 年 5 月 23 日签订的"土地租赁合同"自 2020 年 7 月 1 日起解除。

【焦点问题】 土地承包经营权流转不得改变土地所有权的性质和土地的农业用途。

四、律师解析

《民法典》在新农村土地承包法的基础上进行了规则设计和条文表述。第334 条规定土地承包经营权人依照法律规定,有权将土地承包经营权互换、转让。未经依法批准,不得将承包地用于非农建设。第 339 条规定土地承包经营权人可以自主决定依法采取出租、入股或者其他方式向他人流转土地经营权。

土地经营权,是建立在农村土地承包经营的三权分置制度之上产生的权利,即在农村土地集体所有权的基础上,设立土地承包经营权;再在土地承包经营权之上设立土地经营权,构成三权分置的农村土地权利结构。其中,土地所有权归属于农村集体经济组织所有,土地承包经营权归属于承包该土地的农民家庭享有。由于土地承包经营权流转性不强,因而在土地承包经营权之上,再设立一个土地经营权,即属于土地承包经营权人享有的、可以进行较大范围的流转、能够保持土地承包经营权不变的用益物权。由于这个权利是建立在用益物权基础上的用益物权,因此可以称为"用益用益物权"或者"他他物权"。

建立在土地承包经营权上的土地经营权是土地承包经营权人的权利,权利人可以将其转让,由他人享有和行使土地经营权,而土地承包经营权人保

---

① 本书下文简称《民事诉讼法》。

留土地承包经营权，并因转让土地经营权而使自己获益。这就是设置三权分置制度的初衷。

依照这一规定，土地承包经营权人为了发展农业经济，实现自己的权益，可以将土地经营权以出租、入股或者其他方式，向他人流转土地经营权，将承包土地的占有、使用、收益权转让给他人，自己获得转让的收益。

土地经营权是新农村土地承包法创设的一项民事权利，在我国现有的民事权利体系中已经占有一席之地，不失为一项极具中国特色的有名化民事权利。《农村土地承包法》（2018 年修正）在短短的 70 个条文中，用 12 个条文系统规定了土地经营权问题（第 36～47 条），可见其在农地权利体系中之重要地位。土地经营权制度的创设，旨在法律化表达"三权分置"政策，目的在于通过土地经营权流转实现农地的适度规模化经营。"再流转"是土地经营权的二次流转，是一种重要的流转机制，其不仅具有初次流转的共通属性，而且因原承包方的意志也参与其中，也具有了其自身的某些特殊构造。土地经营权的再流转是一个受让方为负担行为和处分行为的过程，不仅受《农村土地承包法》的调整，同时也为合同法和物权法的调整对象。《民法典》出台后，《民法典》同样呼应"三权分置"政策，于物权编对土地承包经营权和土地经营权作出规定。但物权编不可能对再流转合同作出详细规定，再流转合同还是要留由合同编进行调整。本文所探讨的问题在将来仍具有解释论意义，对民法典时代土地经营权再流转的规范分析仍有所助益。

结语

《民法典》是我国民事立法上的丰碑，既对先前规定进行了系统整理、修订、补充，又敢为人先、不乏创新之举。《民法典》设立独立的物权编，并将土地经营权的相关规定归入第四分编，分别对土地经营权的流转方式、期限、效力等方面进行具体规范。可以看出，一方面《民法典》已经从立法层面对实践中的众多疑点、难点问题进行了回应，另一方面汲取了国际经验，在规范层面进行了创新。从具体业务实践领域来看，《民法典》的出台明确了土地经营权的流转，有助于进一步激发市场经济活力，充分发挥土地经营权流转在我国农村土地市场经济发展中的应有作用。

住宅建设用地使用权期满后怎么办？

荣燕玲[*]

一、《民法典》规定

第 359 条　住宅建设用地使用权期限届满的，自动续期。续期费用的缴纳或者减免，依照法律、行政法规的规定办理。

非住宅建设用地使用权期限届满后的续期，依照法律规定办理。该土地上的房屋以及其他不动产的归属，有约定的，按照约定；没有约定或者约定不明确的，依照法律、行政法规的规定办理。

二、知识要点

《物权法》第 149 条规定住宅建设用地使用权期限届满的，自动续期。《民法典》在《物权法》基础上进一步对该问题进行了明确。也就是说，商品房 70 年的土地使用权到期后，土地的使用期限自动续期，这保障了群众"户有所居"，使其吃下"定心丸"，大家不用担心未来房子会被收回。至于续期费用具体如何缴纳和减免，则由其他相关法律及行政法规进行规定。

三、典型案例

【案例 1】[①] 2019 年 11 月 13 日，刘女士通过某房产公司与邱女士签订了"房地产买卖合同"，购买邱女士所有的坐落于固原市某区的房屋及该房屋占有范围的土地使用权。签订"房地产买卖合同"之前，某房产公司向刘女士介绍该房屋剩余产权期限为 50 年，这也是刘女士愿意购买该房屋的主要原

---

　　[*] 荣燕玲，毕业于云南大学，北京市安通律师事务所原律师，现执业于北京市京师（上海）律师事务所，主要执业领域为民商诉讼、仲裁、公司法律顾问业务等。
　　[①] 案号：（2020）宁 0402 民初 3734 号。

因。但是，当刘女士支付完毕房款并办理房屋过户手续之后才发现该房屋剩余产权期限仅剩 10 年。刘女士认为邱女士及某房产公司在售房过程中故意隐瞒了重要信息，在合同重大项目上欺骗购房者，造成其错误决策才购买了该房屋，邱女士及某房产公司对此互相推诿未给出正面回复。刘女士遂起诉至人民法院，诉求解除其与邱女士签订的"房地产买卖合同"，并要求邱女士退还已付房款及承担相应违约责任。

固原市原州区人民法院经审理后认为，根据《物权法》第 149 条"住宅建设用地使用权期间届满的，自动续期"之规定，涉案房屋的土地使用权到期后自动续期，并不影响双方的交易，更不会影响刘女士对涉案房屋享有所有权。且涉案房屋已过户至刘女士名下，房款支付事宜亦已办理完毕，现要求解除合同会给当事人造成损失，为维护稳定交易秩序，对刘女士的诉讼请求不予支持。

【焦点问题】住宅建设用地使用权的期限是否受 70 年限制？

1990 年国务院开始对城镇国有土地使用权实行有期限限制的有偿出让制度，1990 年 5 月 19 日实施的《中华人民共和国城镇国有土地使用权出让和转让暂行条例》第 12 条规定，居住用地的土地使用权出让最高年限为 70 年。直到 2007 年 10 月 1 日，《物权法》的实施改变了这一局面，其第 149 条确定了住宅建设用地使用权期间届满自动续期规则。2021 年 1 月 1 日生效的《民法典》，再次确认了该规则，同时将续期规则的制定授予单行法律和行政法规完成。因此，随着《物权法》《民法典》的出台实施，住宅建设用地使用权的期限已经不再受 70 年的限制，因该期限问题产生的房屋买卖纠纷也在司法实践中有确定裁判规则。

【案例 2】深圳国际商业大厦由于历史遗留问题，在同一栋楼内，有 20 年、30 年、40 年、50 年四种年限不一的房产证，最早的 20 年产权早已到期。2000 年以来，随着第一批行政划拨土地的陆续到期，2004 年，深圳市颁发《深圳市到期房地产续期若干规定》，该规定第 3 条规定"到期房地产，业主需继续使用该土地的，在不改变用途的情况下，按有偿使用土地的原则延长土地使用年期。延长方式包括补交地价签订土地出让合同或支付土地租金签订土地租赁合同。在国家规定的最长土地使用年期减去已使用年期的剩余年期范围内约定年期的，补交地价数额为相应用途公告基准地价的 35% 并按约定年期修正，补交地价一次性支付；土地租金按年支付，其标准由市国土管理部门定期公布。"第 4 条规定"已建成的合法行政划拨用地性质房地产，在不改变用途的情况下，可按到期房地产续期的地价（土地租金）标准和延长土地使用年期的原则，办理土地有偿使用手续"。按照该规定，深圳国际商业大厦产权到期的房源，都通过补交土地出让金，完成了续期。该案例系国内首个住宅建设用地使用权到期后续期案例。

【案例 3】1990 年年初，浙江省温州市根据国务院颁布的《中华人民共和国城镇国有土地使用权出让和转让暂行条例》将划拨的国有土地使用权转为出让性质的国有土地使用权，并收取土地出让金。当时为了顺利推进国有土地使用权出让工作，在不超过居住用地最高年限 70 年的前提下，按 20 年到 70 年分档，由受让方自行选择办理出让手续，并缴纳相应的土地出让金额。有部分市民出于经济状况的限制选择了购买 20 年年限的房子。因此，2016 年 4 月，开始出现一部分市民房屋土地使用权到期的现象，随之发生了续期的问题。其中，就包括王女士遇到的情况，王女士于 2016 年 3 月买了一套二手房，过户时发现土地使用证已经在 3 月 4 日过期。当地政府人员称：要拿到新土地证，必须补交 30 万元延长土地使用期限，然而房子总价才 65.8 万元。该事宜虽以无明确法律规定而搁置，却引起了热议，引发土地部门及社会各界的广泛关注。

浙江省国土资源厅向国土资源部提出《关于如何处理少数住宅用地使用权到期问题的请示》，国土资源部和住建部协商之后，作出复函，认为可以采用"两不一正常"的过渡性办法处理：其一，不需要提出续期申请。少数住宅建设用地使用权期间届满的，权利人不需要专门提出续期申请。其二，不收取费用。市、县国土资源主管部门不收取相关费用。其三，正常办理交易和登记手续。此类住房发生交易时，正常办理房地产交易和不动产登记手续，涉及"土地使用期限"仍填写该住宅建设用地使用权的原起始日期和到期日期，并注明："根据《国土资源部办公厅关于妥善处理少数住宅建设用地使用权到期问题的复函》（国土资厅函〔2016〕1712 号）办理相关手续。"国土资源部提出"两不一正常"的过渡性办法，一方面是温州这次出现的问题牵扯面小，只涉及少量住房，属于改革初期先行先试造成的个别情况，有其特殊性；另一方面是相关法律安排尚未出台，地方行政管理部门先按此办法操作，待相关法律安排出台后，再与之做好衔接。对带有普遍性的 70 年住宅土地使用权期间届满的续期问题，关系到广大人民群众的切身利益，国土资源部高度重视，将继续加强调查研究，在相关工作中积极建言献策。

【焦点问题】住宅建设用地使用权到期后的续期是有偿还是无偿?

根据上述案例，各地方政府对于住宅建设用地使用权到期后续期的解决方式各有不同。无论何种缴纳形式、费用计算方法，从根本上来讲，存在有偿续期。温州房产续期事宜鉴于其特殊性，采取了过渡性做法，然而针对 70 年的普遍住宅，尚无定音。总之，上述案例中的各类做法具有一定的现实意义，不仅给其他地方政府开了先河和提供了案例，也在某一层面上降低了因法律的滞后性给社会带来的影响。

四、律师解析

（一）关于自动续期是否有偿问题的思考

1.《物权法》没有对自动续期是否收费作出明确规定，可见该问题关系重大，关系到广大人民群众的切实利益。同时，《物权法》第 149 条规定的"自动续期"解决的是私法权利的存续，并不能解决私权存续上所需办理相关行政性程序的问题，包括续期的申请、登记、税费缴纳等，因为这些程序上的规定并不属于民法所及范畴。换言之，《物权法》规定的应该是物权（一种民事权利），是否有权力规定收取或者交纳税费（即义务）的相关内容? 从《物权法》的私法本质出发，答案应该是否定的。进而言之，《物权法》作为私法，其本质不具有对此问题作出规定的权力。因此，自动续期是否收费不单纯是民法问题，更需要与行政法、税法等结合起来，综合我国国情及社会现状，平衡各种社会矛盾及利益，制定一套符合我国现状又可持续适用的法律规定。

2. 根据本文中列举的各地已经发生的自动续期案例，针对住宅建设用地使用权的自动续期是否收费问题，可以总结出"以有偿为原则，适时减免"

的操作方案。从理论上分析，自动有偿续期符合理论。《中华人民共和国城市房地产管理法》规定，我国建设用地使用权为有偿使用，如同时允许自动无偿续期则不符合土地公有制精神，违背土地改革的初衷，同时，无偿使用使居民对土地享有了近乎所有权的权利，这将使建设用地使用权作为用益物权与所有权的关系混淆。从实践中分析，目前深圳、青岛、温州等城市均已经发生一批因历史遗留问题而需要续期的住宅建设用地使用权续期案例，地方政府亦出台了相关续期规定，从其规定来看，均需缴纳相关费用。特殊情况下的减免亦体现了政策的灵活性。

（二）房屋买卖过程中对自动续期问题的预防

住宅是人们的安身立命之所，住房问题也一直是社会热点问题。其中，房屋的土地使用权期限问题往往被大多数人忽略，这应当引起重视，期限问题直接关系到购房人能否永久地安心居住。需提示的是，大家在购房过程中应当审慎严谨，穷尽一切方式了解所购房屋信息，在签署房屋买卖合同时，应当注意将房屋产权情况单独列明，对于房屋土地使用权到期后的续期问题亦可进行约定，在不违反后续出台实施的法律、行政法规的基础上，可考虑对包括续期事宜办理问题、费用缴纳问题、违约责任承担等在内的内容进行提前约定。

结语

上述案例中以住宅建设用地使用权届满自动续期的法律规定审判，不仅维护了交易的稳定性，更保障了房屋产权人的合法权益，给社会民众安心生活带来了福音及切实的保障。随着后续配套法律、行政法规的出台，住宅建设用地使用权届满后的续期问题也将日渐明朗。

居住权制度为什么长期"无法可依"?

郭　健[*]

一、《民法典》规定

第 366 条　居住权人有权按照合同约定，对他人的住宅享有占有、使用的用益物权，以满足生活居住的需要。

第 367 条　设立居住权，当事人应当采用书面形式订立居住权合同。

居住权合同一般包括下列条款：

（一）当事人的姓名或者名称和住所；

（二）住宅的位置；

（三）居住的条件和要求；

（四）居住权期限；

（五）解决争议的方法。

第 368 条　居住权无偿设立，但是当事人另有约定的除外。设立居住权的，应当向登记机构申请居住权登记。居住权自登记时设立。

第 369 条　居住权不得转让、继承。设立居住权的住宅不得出租，但是当事人另有约定的除外。

第 370 条　居住权期限届满或者居住权人死亡的，居住权消灭。居住权消灭的，应当及时办理注销登记。

二、知识要点

居住权来源于罗马法，大陆法系国家如德国、法国的民法典中早有规定，

---

　* 郭健，北京市安通律师事务所高级合伙人，专职律师，理学学士，擅长公司法律顾问、行政案件、知识产权业务。

我国学术界以及司法实践中多有涉及，但却未将其作为一项权利规定在法律当中。《民法典》首次将居住权作为一项用益物权进行了规定，填补了《物权法》立法之时的缺憾。

三、典型案例①

【案情简介】徐某、刘某于××年年初按农村习俗举行结婚仪式，徐某入赘刘某家在江安××号房屋生活。××年××月××日，双方补领结婚证。婚后双方常因家庭生活琐事发生矛盾。2013 年清明节期间，徐某欲回刘某家中，但因房屋被锁，遂砸坏门锁，重新换锁，双方因此发生纠纷，并报警要求处理。此后，刘某又重新换锁，拒绝徐某入住上述房屋。徐某因其无法入住刘某家在江安××号的房屋，遂于 2015 年 8 月 28 日向法院起诉，请求排除刘某对徐某行使江安××号房屋居住权的妨碍，并承担本案的诉讼费用。

审理中，徐某认为，本案系家庭成员之间因权利义务关系产生的居住权纠纷，并非物权意义上的居住权纠纷，应优先适用婚姻家庭法，比照适用《最高人民法院关于适用〈中华人民共和国婚姻法〉若干问题的解释（一）》第 27 条的规定，即"离婚时，一方以个人财产中的住房对生活困难者进行帮助的形式，可以是房屋的居住权或者房屋的所有权"。

一审法院认为，本案的争议焦点是，徐某对诉争房屋是否享有居住权。所谓居住权，法学理论上认为，是指居住权人对他人所有的住房以及其他附着物所享有的占有、使用的权利，是一种用益物权。居住权包括两种类型，即意定居住权和法定居住权。意定居住权是根据房屋所有权人的意愿而设定的，而且必须办理登记手续。法定居住权是依据法律规定直接产生的居住权。《物权法》第 5 条、第 6 条规定，物权的种类和内容，由法律规定，不动产物权的设立、变更、转让和消灭，应当依照法律规定登记。我国《物权法》未将居住权作为一种物权进行规定，更未规定居住权的设立、变更等相关内容。刘某居住的江安××号房屋系其与前夫所建造，徐某并不享有所有权，

---

① 案号：（2015）皋撤民初字第 989 号、（2016）苏 06 民终 178 号。

现徐某要求刘某排除妨碍，由徐某行使对该房屋的居住权，徐某所主张的此种居住权实际上具有用益物权的属性。但因我国法律并未规定居住权的设立、行使等相关内容，故徐某主张对刘某的房屋行使居住权于法无据。徐某认为本案应优先适用婚姻法的有关规定，但因我国婚姻法亦未对婚姻关系存续期间的夫妻双方的居住权进行明确规定，故徐某该主张亦不能成立。

该案宣判后，徐某不服向南通市中级人民法院提起上诉，二审法院认为，所有权人对自己的不动产或者动产，依法享有占有、使用、收益和处分的权利。案涉房屋系刘某与其前夫所建，徐某并不享有所有权，徐某可居住使用该房屋是基于与刘某的夫妻共同生活所需。目前刘某因与徐某感情不和分居并已起诉离婚，两人已不再共同生活，徐某继续居住使用该房屋的基础已不存在，徐某请求继续居住该房屋实是强人所难。如徐某继续居住于该房屋内可能会激化双方的矛盾，故原审法院驳回徐某诉请并无不当。至于离婚时刘某是否应就徐某的居住问题给予一定帮助，非本案所涉，本院对此不予评判。

【焦点问题】徐某对诉争房屋是否享有居住权？享有居住权的条件有哪些？

通过查询案例，关于居住权的案例多见于离婚诉讼中的一方居住权保障、执行过程中被执行人居住权、共同居住人的居住权保护等，但由于我国《物权法》既未将居住权作为一种物权进行规定，更未规定居住权的设立、变更等相关内容，法院一般是根据司法解释，结合案情综合衡量，并没有统一的裁判尺度。关于居住权人是否享有居住权以及怎样享有居住权存在无法可依或依据不确定等问题。

从法院对该案的分析可以看出，此次《民法典》增加的居住权制度，填补了司法实践中处理居住权相关案件依据的空白。

四、律师解析

（一）居住权的前世今生

1. 居住权的源起

居住权来源于罗马法，在罗马法中，人役权有用益权、使用权与居住权三种。而人役权又是罗马法役权制度之一种。役权，或是人役权，如使用权和用益权；或是地役权，如乡村地役权和城市地役权。人役权作为与地役权相对应的概念，指的是为特定人的利益使用他人之物的权利。即为特定人的利益而设定的役权，其最初目的是通过遗嘱授予居住权以解决妇女和奴隶的生存问题。在罗马法之后，法国、意大利、德国等国都先后借鉴了居住权这一制度并逐步进行完善，如《法国民法典》第 625 条规定"使用权及居住权依用益权同一的方法设定与消灭"；第 626 条规定"使用权及居住权，与用益权的情形相同，非事先提供担保，并作成现状书及目录，不得享受其利益"。

2. 居住权在我国入法的历程

"居住权"的表述在司法实践和学术界多有提到，但"居住权"一直处于"无法可依"的状态。全国人大常委会法制工作委员会在 2002 年关于物权法的说明中，第一次提出居住权制度。此后的三次物权法草案审议稿均对居住权制度加以规定。在 2005 年公布的《中华人民共和国物权法（草案)》中，有关居住权制度的条文增至 12 条。与此同时，学术界有关居住权的讨论也不断展开。但 2007 年最终颁布的《物权法》中删除了该项制度的规定。后在《民法典》的立法过程中，居住权制度被重新提起并最终入法。

（二）居住权的定义和特征

1. 居住权的定义

根据《民法典》第 366 条的规定，居住权是用益物权的一种，指对他人的住宅享有的占有、使用的权利。

2. 居住权的特征

根据《民法典》的规定，居住权具有如下特征：

第一，居住权作为一种独立的用益权制度，属于物权，是一种他物权。

第二，居住权的主体范围限定为特定的自然人。

第三，居住权的客体为他人所有的建筑的全部或一部分，还包括其他附着物，故在自己的房屋上不能设立居住权。

第四，居住权是因居住而对房屋进行使用的权利，也就是为特定的自然人的生活用房的需要而设定的权利。居住权人只能把所取得的房屋用于生活需要，对房屋的使用只能限于为居住的目的，而不能挪作他用，比如用作商业经营等。

第五，居住权具有期限性。居住权的期限可由当事人在合同或遗嘱中确定或约定，居住权期限届满或者居住权人死亡的，居住权消灭。

第六，居住权具有无偿性。居住权人无须向房屋的所有人支付对价，但当事人若有例外约定的除外，即以无偿为一般原则，但如果双方约定是有偿的，那么取得居住权便需要支付对价。

第七，居住权具有不可转让性。居住权是为特定的公民基于生活用房而设定的权利，主要是公民为了赡养、扶养等需要而设立的，是公民为了满足生活消费需要而设立的，具有较强的人身属性。

第八，居住权登记设立。设立居住权的双方在签订了书面居住权合同后，还应当向登记机构申请居住权登记。经过登记后，居住权正式设立，居住权人才能取得居住权。

（三）居住权的现实价值

居住权制度旨在解决特定的家庭成员和家庭服务人员之间的居住困难问题，同时还具有以下功能：完善住房保障体系，为"以房养老"提供制度支持，保障拆迁安置中的居住权益，保障家庭成员对公房享有的居住权，充分提升房屋的利用效率等。

第一，完善中国特色保障性住房体系。目前，我国已经建立廉租房、公租房、经济适用房、限价房等多层次保障性住房体系，在一定程度上解决了中低收入群体的住房问题。但是，这些住房的覆盖群体有限，制度实施中也发生了一些社会问题，尚不能完全解决目前的住房问题。相比之下，居住权制度具有更大的制度优势，即由国家享有保障性住房的所有权，权利人则享有住宅的居住权。

第二，满足老年人以房养老的需求。中国已逐步进入老龄化社会，养老问题是社会关注的重点。不可否认的一个现状是，有一部分老人在晚年时正独居生活或无法获得子女足够的赡养。为了在晚年获得更好的生活保障，在

《民法典》生效后，老人可以将住宅以相较于市场价值较低的价格出售给其他个人或机构，同时享有住宅的居住权直至逝世。一方面，老人可以获得用于晚年生活的资金，又可以保证稳定的居住状态；另一方面，有关个人或机构可以以较低的价格获得住宅，甚至可以用住宅进行抵押融资。

第三，居住权制度可以与继承制度有效衔接。根据《民法典》第1127条及第1133条，法定继承中第一顺序继承人为"配偶、子女、父母"，自然人还可以通过遗嘱和遗赠方式处分个人财产。受中国传统观念影响，很多老人更倾向于由子女继承住宅，但同时也希望解决另一方在世配偶（尤其是再婚配偶）甚至是不存在婚姻关系的同居伴侣或长期照顾老人的保姆的居住问题。在居住权制度下，老人可以立遗嘱让子女继承住宅，但同时为配偶、同居伴侣或保姆设立终身的居住权。

第四，保障离婚后生活困难一方的居住需求。在我国目前的社会现状下，离婚财产分割后，有时生活困难一方可能无法分得且也没有个人所有的住房。此前，《中华人民共和国婚姻法》[①] 第42条规定，"离婚时，如一方生活困难，另一方应从其住房等个人财产中给予适当帮助。具体办法由双方协议；协议不成时，由人民法院判决。"《最高人民法院关于适用〈中华人民共和国婚姻法〉若干问题的解释（一）》第27条第3款规定，"离婚时，一方以个人财产中的住房对生活困难者进行帮助的形式，可以是房屋的居住权或者房屋的所有权"。在原有的法律框架下，因上位法的缺失导致无法细化居住权的具体适用，前述规定在实践中并未发挥显著的作用。《民法典》生效后，居住权制度可能会在保护离婚后生活困难一方方面发挥较大的作用。

第五，暂时无能力购房的年轻群体可以通过购买居住权实现稳定的居住需求。在中国目前的住房市场中，受房价等诸多因素的影响，尤其是在大城市，部分年轻群体无能力购买住宅。尽管依据《中华人民共和国合同法》[②] 的规定，最长租赁期限可达20年，但实践中很少有房屋所有权人会将住宅

---

① 本书下文简称《婚姻法》，《民法典》生效后该法废止。
② 本书下文简称《合同法》，《民法典》生效后该法废止。

连续出租给同一承租人达到如此长的期限，更多的是"一年一签"的方式，便于房东随行就市调整房租，但也造成租客极大的不安全感，因此租赁方式实际上无法满足年轻群体（尤其是已婚年轻群体）稳定居住的需求。在居住权制度下，年轻群体可以以相对较低的价格购买住宅的居住权，这既可以满足其居住需求，又无须付出较多的对价，可缓解其经济压力，提高整体生活质量，在一定程度上有利于社会发展。

（四）居住权待完善之处

《民法典》关于居住权的条款只有 6 个条文，无法涵盖居住权相关的全部内容。笔者认为，在现有法律框架范畴内，有以下内容需要完善。

第一，居住权与抵押权并存。在民法理论上，居住权和抵押权可以存在于同一住宅之上，即二者可以并存。从《民法典》的相关规定来看，并未禁止在已设立抵押权的住宅上设立居住权，亦未禁止对已设立居住权的住宅设立抵押权。但从抵押权人的角度来看，居住权与抵押权并存有可能会对抵押权的行使造成实质影响，形成事实上的冲突。如果抵押人提供已设立居住权的住宅作为抵押物，居住权的存在将或多或少导致住宅交换价值的减少。在居住权期限约定为至居住权人死亡的情况下，因居住权期限具有不确定性，住宅的交换价值实际上难以确定，从而对抵押权的行使产生实质影响，出现诸如住宅难以评估、变现、交付等情形。如果抵押人在已设立抵押权的住宅上再设立居住权，居住权的存在同样可能会影响抵押权的顺利行使。上述可能的冲突将会对抵押权人的权利产生重大影响。

第二，居住权遇国家征收。《民法典》第 327 条规定："因不动产或者动产被征收、征用致使用益物权消灭或者影响用益物权行使的，用益物权人有权依据本法第二百四十三条、第二百四十五条的规定获得相应补偿。"但无偿设立的居住权是否应当给予补偿，如若也补偿居住权人，所有权人和居住权人的补偿比例应该如何划分；住宅被征收后居住权人的居住权如何保护，居住权人是否有权选择补偿方式，若采用房屋产权调换的补偿方式，居住权人是否有权要求在调换的房屋上设立居住权等问题都需要进一步完善。

第三，《民法典》规定设立居住权的住宅不得出租，而另有约定的除外，这说明以不得出租为原则，以可以出租为例外，其实并没有禁止设立居住权的房屋出租，这给投资性居住权留下了空间，虽更能实现物尽其用，但同时是否会违背国家设立居住权的初衷有待商榷。

结语

居住权在经过多年的探讨后终于在民法典中得到了实现，该制度不仅能对弱势群体的生活居住提供保护，更能在经济生活方面发挥积极的作用。土地和房屋是稀缺资源，应当充分发挥稀缺资源的利用效率，而财产所有权与使用权的分离是提高财产利用效率的必然选择，居住权这一制度将通过财产所有权和使用权的分离提高财产利用率。同时，居住权作为一项新的法律制度，很多地方需要在实务中不断完善，以实现物尽其用。

担保合同主要包括哪些合同？

陈文茹[*]

为优化营商环境提供法治保障，《民法典》在《物权法》规定的基础上，进一步完善了担保物权制度，明确融资租赁、保理、所有权保留等非典型担保合同的担保功能，增加规定担保合同包括抵押合同、质押合同和其他具有担保功能的合同。

一、《民法典》规定

第388条第1款　设立担保物权，应当依照本法和其他法律的规定订立担保合同。担保合同包括抵押合同、质押合同和其他具有担保功能的合同。担保合同是主债权债务合同的从合同。主债权债务合同无效的，担保合同无效，但是法律另有规定的除外。

二、知识要点

抵押与质押作为典型担保物权，是目前最为常用的担保方式，也是法律规定较为完备的担保方式，但此类典型担保并不能满足中国当下经济的发展，为此民间出现了越来越多具有担保功能的合同。《民间借贷司法解释》第23条对买卖型担保进行了规定。该条解释为此类案件的裁判指明了方向，但对于买卖合同的法律性质和效力未作出明确规定，未能解决学界的争议，也未能发挥统一司法裁判的效果。

《民法典》中规定了担保合同包括抵押合同、质押合同和其他具有担保功能的合同，从而扩大了担保合同的范围。

---

[*]　陈文茹，北京市安通（东莞）律师事务所实习律师。

买卖型担保合同即为其一，它是指民事主体在成立借贷法律关系的同时，通过设立不动产买卖合同的方式来为借贷关系提供担保，承诺债权人在债务人不履行还款义务时可直接取得该不动产的所有权。买卖型担保制度作为一种新兴担保，目前我国未有系统的法律对其进行规制，仅《民间借贷司法解释》涉及此方面，导致各法院裁判不一。学术界也未能达成共识，出现了物权说及债权说。

三、典型案例

对于买卖型担保合同所产生的纠纷，因每个法院对原有司法解释理解的不同，作出的判决也是各式各样，其中最典型的要数载于《中华人民共和国最高人民法院公报》上的"朱某芳案"和载于《民事审判与参考》中的"杨某鹏案"。这两个案件都经由最高人民法院再审，但却出现了两份不同的判决，从中可以看出最高人民法院对于此类纠纷也是难以拿捏。

（一）朱某芳案

2007年1月25日，朱某芳与嘉和泰公司签订14份"商品房买卖合同"，主要约定朱某芳向嘉和泰公司购买当地百桐园小区10号楼14套商铺等。同日嘉和泰公司将该14份合同办理了销售备案登记手续，并于次日向朱某芳出具两张总额10 354 554元的销售不动产发票。2007年1月26日，朱某芳与嘉和泰公司签订了一份借款协议，主要约定：嘉和泰公司向朱某芳借款1100万元，期限至2007年4月26日；嘉和泰公司自愿将其开发的当地百桐园小区10号楼商铺抵押给朱某芳，抵押的方式为和朱某芳签订商品房买卖合同，并办理备案手续，开具发票；如嘉和泰公司偿还借款，朱某芳将抵押手续（合同、发票、收据）退回，如到期不能偿还，嘉和泰公司将以抵押物抵顶借款，双方互不支付对方任何款项等。该合同签订后，朱某芳向嘉和泰公司发放了1100万元借款，嘉和泰公司出具了收据。至2007年4月26日，嘉和泰公司未能偿还该借款。

此案件的争议焦点集中在买卖型担保的法律性质是否为物权担保以及买卖合同是否有效。一审和二审法院认为买卖合同为双方真实意思表示，房屋买卖合同有效。双方当事人为房屋买卖合同附设了按期还款的解除条件，现债务人未能偿还借款，所附条件未成就，应当继续履行买卖合同。再审法院推翻了一审和二审法院的判决，认为本案双方属于民间借贷合同关系而非商品房买卖合同关系，当事人约定用房屋抵顶借款属于法律所禁止的强制性规定。然而戏剧性的是，最高人民法院又否认了再审法院的判决，认为双方之间成立的是商品房买卖和民间借贷两个法律关系，借款合同的履行成为买卖合同的解除条件，双方约定的以抵押物抵顶借款与法律上禁止的流押条款有本质区别，借款合同和买卖合同均依法成立并可按照当事人的意愿产生法律效力。

（二）杨某鹏案

2007 年 6 月 27 日，杨某鹏与嘉美公司签订"商品房买卖合同"，约定：出卖人为嘉美公司，买受人为杨某鹏；按建筑面积计算，商品房总额为 340 万元；买受人于 2007 年 6 月 27 日交纳全部房款，出卖人应当于 2007 年 8 月 30 日前，依照国家和地方人民政府的有关规定，将商品房验收合格交付买受人使用。逾期交房的违约责任：逾期不超过 180 日，出卖人按日向买受人支付已交付房款万分之一的违约金，合同继续履行；逾期超过 180 日后，买受人要求继续履行合同的，合同继续履行，出卖人按日向买受人支付已交付房款万分之一点五的违约金；商品房达到交付使用条件后，出卖人应当书面通知买受人办理交付手续，由于买受人原因未能送达交房通知单的，由此产生的延期交房责任由买受人承担；出卖人应当在商品房交房使用后 360 日内，将办理权属登记需由出卖人提供的资料报产权登记机关备案，因出卖人的责任买受人不能在规定期限内取得房地产权属证书的，买受人不退房，出卖人按已付房款的 2% 向买受人支付违约金；商品房仅作商铺使用，买受人在使用期间不得擅自改变该商品房的建筑主体结构、承重结构和用途等。该合同签订当日，杨某鹏向嘉美公司支付了购房款 340 万元，嘉美公司向杨某鹏开出了销售不动产统一发票，但该发票由嘉美公司持有。第二日双方到来宾市房产管理局对销售的 53 间商品房进行了备案登记，来宾市房产管理局为上述 53 间商品房出具了商品房备案证明。

此案件的争议焦点集中在了买卖合同是否因涉嫌流质契约而无效。一审和二审法院认为双方之间构成买卖合同关系，且该买卖合同因不违反法律、行政法规的禁止性规定而有效。但该判决未得到最高人民法院的认同，最高人民法院认为，双方当事人之间成立的是借贷合同关系，买卖合同属于非典型担保，但因违反了法律上禁止流押的规定而归于无效，当事人不得请求履行。

四、律师解析

在《民间借贷司法解释》出台后，以上两个案件中出现的争议仍未得到有效解决，如 2016 年荣成市人民法院在荣成宏通置业有限公司与荣成鼎杰房地产开发有限公司借贷纠纷一案中认为，买卖合同与流质契约不能画等号，双方当事人应按照合同约定履行各自义务。而在 2017 年，河南省高级人民法院在河南科瑞置业有限公司、胡某伟确认合同无效纠纷再审审查裁定中却以买卖合同违反禁止流质原则否认其效力。由此可见，买卖型担保所引发的纠纷并未因司法解释的出台而得到有效的解决。

买卖型担保法律性质的关键在于其设立之后能否起到债权人意愿中的担保作用。在《民法典》出台之前，无其他担保合同一说，在买卖型担保合同的性质效力上出现了分歧。

对于买卖合同有无效力的问题，实践中出现有效和无效两种对立的观点，认为其无效的主要理由包括以下三种：第一，买卖合同因违反物权法定原则而无效；第二，涉嫌虚伪意思表示而无效；第三，违反禁止流质原则。下文将对这三种理由进行详细分析。

（一）违反物权法定原则

物权法定原则影响深远，它是指物权的种类和内容只能由法律进行规定。该原则的存在有其重要意义和价值：第一，物权法定有利于提高交易效率。如果允许随意创设物权，会增加交易过程中审查的时间成本，影响物的价值发挥。第二，物权法定可以保护交易安全。排他性是物权的一大特征，这一特征容易使得当事人在交易过程中损害第三人的权益，如果允许物权随意创设，物权的公示方式便会产生不确定性，以致交易相对人难以查证，损害其合法利益。

正是由于物权法定原则有其存在的重要意义，有些法院在作出判决时，将该原则作为判决合同无效的理由。不过笔者认为，买卖型担保合同并未违反物权法定原则，因为在该类型担保中，并未成功设立物权，其不适用物权法定原则。由上文有关买卖型担保法律性质的分析中可知，物权具有支配性，若买卖型担保属于担保物权，则债权人可就标的物直接取得具有对抗第三人效力的优先受偿权，这不利于保护第三人的合法权益，会打破原有市场中的交易秩序。而且现实中的买卖型担保因《民间借贷司法解释》仅规定债权人可以申请拍卖买卖合同标的物，对于债权人是否有优先受偿权的问题未予说明，导致实践中存在较大争议，很多法院在判决中并不赞同债权人直接取得标的物。笔者认为，基于物权特征，买卖型担保在此并未成功设立担保物权，债权人对标的物只享有债权请求权，其债权不能对抗第三人。既然买卖型担保不属于物权，又怎会违反物权法定。

（二）涉嫌虚假意思表示

《民法典》第146条第1款规定了当事人之间以虚假的意思表示实施的法律行为无效。虚假意思表示在结构上可概括为两层行为：外部表示行为和内部隐藏行为。买卖型担保中，债权人欲通过与债务人订立买卖合同的方式为借贷关系提供担保，外部表示行为为订立买卖合同，内部隐藏的真实意思表示为设定担保，当事人的真实意思与表示行为不一致，属于《民法典》规定中的虚假意思表示。至此，有学者提出了新的观点，买卖合同因当事人的虚假意思表示而无效。

对于此观点，笔者认同买卖合同构成虚假意思表示，但虚假意思表示并不必然导致合同无效的观点。《民法典》第146条明确规定，虚假意思表示中，外部表示行为无效，但内部被隐藏的法律行为不一定无效，其效力需依照有关法律进行界定。买卖型担保中被隐藏的法律行为是设定担保，其效力需要依据相关法律进行单独判断。

（三）违反禁止流质原则

禁止流质条款规定于《物权法》第186条、第211条和《中华人民共和国担保法》[①]第40条、第66条中。有学者认为，民事主体在买卖型担保中约定，债权人可在债务人逾期履行还款义务时取得标的物的所有权属于法律

---

① 本书下文简称《担保法》，《民法典》生效后该法废止。

所禁止的流质条款，买卖合同因违反禁止流质原则而无效。

笔者认同该约定构成了流质条款，但《最高人民法院关于适用〈中华人民共和国担保法〉若干问题的解释》认为，当事人之间约定的流质条款无效，但该无效条款并不影响合同中其他条款所应有的效力。因此，买卖合同不属于无效合同，且禁止流质原则的适用范围还存在争议，不能简单地将具有高度意思自治的合同，以涉及流质条款而否认其效力。

如前文所述，在买卖合同效力的认定上，涉及流质条款的适用范围。有关禁止流质的规定主要见于《担保法》中，虽有法律明文的规定，但学术界对其存在的意义仍有较大争议。

持合同有效观点者认为，流质条款置于《担保法》抵押和质押部分，说明禁止流质原则只适用于设立抵押和质押情形之下，不能对其适用范围进行目的性扩张解释。而买卖型担保因未移转标的物所有权且无可靠的公示方式，不能产生担保物权的效果，也即不属于抵押和质押的范畴，禁止流质原则无发挥作用的余地。且禁止流质原则的立法目的是保护债务人的利益，遵循民法公平、等价有偿原则。在现有法律体系中已有保护债务人利益的法律规范，如《合同法》第54条规定的债务人可通过行使撤销权来维护自身合法权利。所以，禁止流质原则在买卖型担保中无用武之地。

持合同无效观点者认为，并非仅有《担保法》对禁止流质原则作出了规定，《物权法》第186条和第211条均采用相同的规定方式："××人在债务履行期届满前，不得与××约定债务人不履行到期债务时××财产归债权人所有。"由此可见，该原则的关键不在于其规定在哪个章节中，而在于禁止流质这一受偿方式，即双方当事人在合同中有关债权人可不经清算程序而直接取得标的物所有权的约定。且若将流质原则的适用范围限定在抵押与质押之中，当事人可以通过随意约定以物抵债以规避清算程序，流质原则的规定将形同虚设。

笔者认为买卖合同应为有效合同，但理由并非同上述学者所述。禁止流质原则的存在不仅保护债务人的合法权益，而且还可以通过防止债权人与债务人恶意串通减损责任财产来保护其他债权人。实践中，有些担保合同也存在债务人在清偿期届满不履行债务之时直接以担保财产来抵销债务的约定，此种约定本身并无问题，其与流质条款的区别在于有无清算程序。若合同中约定采用担保物抵偿借款的同时，未约定清算程序，则构成流质契约；反之，此种约定属于对担保物权实现方式的约定。实践中当事人在签订买卖合同时几乎不会约定清算程序，"当××不履行债务时，买卖合同将取代借款合同，借款则用于冲抵买卖价金，××不再支付任何等价物"是其中最为常见的约定，该约定属于流质条款而无效。根据《合同法》第56条的规定，买卖型担保合同中流质条款的无效不会导致合同的整体无效，买卖合同中的其他条款没有合同无效的情形仍然具有法律效力。因此，在认定流质条款无效的同时应当认定买卖合同有效。

在买卖合同被认定为有效的情形下，是否可以根据当事人设定之初的意愿将买卖型担保的法律性质认定为担保？孙鹏教授认为，"担保是为法律规定或当事人约定的保证债务履行的方法和手段"。根据孙鹏教授对担保的理解，只要是能够督促债务人履行债务的都能够成为"担保"。从这一角度看，买卖型担保也属于担保，只是不同于我们通常所说的担保，就如张倩在《论我国担保性买卖合同的法律规制》一文中所述，"担保分为一般担保和特别担保，特别担保是人们口中所说的担保，而买卖型担保属于一般担保，能起到一定的担保作用"。笔者认同孙鹏教授的理解，买卖合同被认定为有效，债权人就标的物对债务人享有请求权。此请求权，可以起到督促债务人及时清偿债务的作用，由此可见，买卖型担保可以发挥一定的担保作用，但它并不等于前文讨论的典型担保和非典型担保。买卖型担保具有从属性，但缺乏补充性和保障债权切实现实性，即不能使得债务人的财产得到扩张或者赋予债权人就合同的标的物优先受偿的权利或者使债权人获得一定数额的金钱。因此，买卖型担保的法律性质并非典型担保或者非典型担保，债权人仅可通过请求债务人履行买卖合同，使买卖合同发挥一定的担保作用。

买卖合同能发挥一定的担保作用，也即符合《民法典》出台后增加规定的"为具有担保功能的合同"，该认定为民事主体设立担保创造了较好的条件，扩宽了商业主体集资的通道，也可优化营商环境。

以房抵债担保保险吗？

李晴文[*]

一、《民法典》规定

第 401 条 抵押权人在债务履行期限届满前，与抵押人约定债务人不履行到期债务时抵押财产归债权人所有的，只能依法就抵押财产优先受偿。

第 428 条 质权人在债务履行期限届满前，与出质人约定债务人不履行到期债务时质押财产归债权人所有的，只能依法就质押财产优先受偿。

二、知识要点

当事人签订商品房买卖合同作为民间借贷合同的担保，双方未办理抵押登记，该担保方式属于非典型担保。各方约定在借款人未按期归还借款时，将出借款转为对房屋所有人的购房款，属于"流质条款"，依法应当无效。出借人不得直接根据商品房买卖合同约定主张房屋物权。

"流质条款"虽然无效，但并不必然导致担保的无效，债权人可以在债务人不能履行债务的情况下，要求房屋所有人承担相应的担保责任。

三、典型案例[①]

【案情简介】 蓝某急需流动资金向周某借款，周某（甲方）与蓝某（乙

---

　　* 李晴文，北京市安通律师事务所副主任、高级合伙人，中央民族大学法律硕士，北京市律师协会房地产专业委员会委员，主要执业领域为房地产、建设工程、矿产等领域的诉讼、仲裁和公司法律。主要学术成果：《〈老鼠爱大米〉一权数卖是否合法》（合著）发表于《中国审判》（2006 年第 6 期）；《医疗纠纷中应正确评价损害参与度的作用》（合著）等多篇律师评析文章发表于《医师报》；《物权编：一种财产权利的天经地义》（合著）一文发表于《民主与法制》周刊 2020 年第 23 期。

　　① 一审案号：（2015）翠屏民初字第 4685 号；二审案号：（2016）川 15 民终 272 号；再审案号：（2016）川民申 2333 号。

方）、四川新 × 房地产开发有限责任公司（以下简称新 × 公司、丙方）签订"借款合同"，约定："乙方向甲方借款人民币 600 万元，借款期限 3 个月。丙方以其所有的盛世临港的商铺为甲方的借款提供担保，甲方与丙方以签订"商品房买卖合同"方式进行备案登记，乙方或丙方按本合同约定向甲方还清借款本息后，甲方按丙方的要求到房管部门办理"商品房买卖合同"注销备案登记。若乙方或丙方未按照合同约定期限还款，本合同项下的借款金额则转为甲方与丙方签订"房屋买卖合同"的购房款。"

同日，新 × 公司与周某签订"商品房买卖合同"，将盛世临港的商铺以总价 600 万元售予周某并办理备案登记。

后罗某转款 492 万到周某账户，周某于同日转款 600 万元到蓝某指定的账户，完成 600 万借款的支付义务。借款到期后，蓝某未归还借款。罗某起诉请求确认"商品房买卖合同"有效。

四川省宜宾市翠屏区人民法院判决：罗某与新 × 公司于 2014 年 9 月 28 日签订的"商品房买卖合同"（合同编号：201410090000265）有效。

四川省宜宾市中级人民法院作出（2016）川 15 民终 272 号民事判决：①撤销四川省宜宾市翠屏区人民法院（2015）翠屏民初字第 4685 号民事判决；②驳回罗某的诉讼请求。

罗某后向四川省高级人民法院申请再审，四川省高级人民法院作出（2016）川民申 2333 民事裁定，驳回罗某的再审申请。

【焦点问题】

1. 在借款人未按期归还借款时，将出借款转为对房屋所有人的购房款，是否属于《物权法》中的"流质条款"？其效力如何？

2. 在认定上述条款是"流质条款"而确认无效时，债权人如何救济？

四、律师解析

（一）关于"流质条款"的法律规定

我国以前关于"流质条款"的法律规定主要有《担保法》第 40 条"订立抵押合同时，抵押权人和抵押人在合同中不得约定在债务履行期届满抵押权人未受清偿时，抵押物的所有权转移为债权人所有"，第 66 条"出质人和质权人在合同中不得约定在债务履行期届满质权人未受清偿时，质物的所有权转移为质权人所有"以及《物权法》第186条"抵押权人在债务履行期届满前，不得与抵押人约定债务人不履行到期债务时抵押财产归债权人所有"，第211条"质权人在债务履行期届满前，不得与出质人约定债务人不履行到期债务时质押财产归债权人所有"的规定。

根据上述法律规定分析，流押条款，又称"流抵押合同""流抵合同""期前抵押物抵偿约款"，指在设定抵押权当时，或债权清偿期届满前，约定债权届清偿期而未受清偿时，抵押物的所有权即归抵押权人所有。流质条款，即绝押条款，是转移质押物所有权的预先约定，即订立质押合同时，质押权人和质押人在合同中约定的在债务人履行期限届满质押权人未受清偿时，质押物所有权转移为债权人所有的条款。

法律之所以规定流押或者流质条款无效，主要是为了防止债权人利用自己的优势地位牟取暴利，我国法律之所以禁止流质条约，主要原因是：

第一，体现民法的公平、等价有偿原则。债务人向债权人借款，并以财产抵押或质押时，一般经济状况窘迫，债权人也处于相对优势地位，必然会导致债务人提供高价值的抵押财产而担保小价值的债务，此时债权人可能迫使债务人订立流质契约，从中牟取暴利，从而损害债务人或者第三人的利益；若抵押权或质押权设定后，抵押或质押财产价值大跌，以致远低于所担保的债权，对债权人也是不公平的。

第二，抵押（质押）权的本质属性要求禁止流质条款。抵押（质押）权是一种变价受偿权，抵押（质押）财产未经折价、变价等，就预先约定抵押（质押）财产转移抵押（质押）权人所有，违背了抵押（质押）权的价值权属性。

（二）"流质条款"的法律后果

上述《担保法》和《物权法》禁止流质的规定，往往直接导致相关合同条款违反法律规定而直接无效。对于一般的、明显的流质条款，适用该规定而认定无效，不会存在争议，但回到上文中的具体案例来说，在借款人未按期归还借款时，将出借款转为房屋所有人的购房款，是否属于《物权法》中的"流质条款"? 其效力如何?

根据搜索公开案例, 笔者发现确实存在截然不同的观点。

一种观点认为此类合同名为买卖合同实为非典型担保合同, 实质上属于非典型流押合同, 应当认定为无效。另一种观点肯定买卖合同的性质, 认为这类合同是附解除条件的买卖合同, 认为当事人之间存在买卖和借贷两个法律关系, 买卖合同和借款协议之间并立又联系, 买卖合同为借款提供担保, 借款合同为买卖合同设解除条件, 两份合同均有效, 债务人对履行哪份协议具有选择权。当事人之间仅约定到期履行买卖合同, 并未约定物权直接变更, 因此不构成流押。

笔者认为, 在借款人未按期归还借款时, 将出借款转为对房屋所有人的购房款, 属于《物权法》中的"流质条款"。这类以房抵债合同中的担保与抵押担保存在明显的区别, 但与买卖合同的性质差异更大, 房屋买卖合同签订于借款合同债务履行期届满前, 可以认定当事人之间实质上为借贷关系, 签订房屋预售合同的目的就是担保债务的履行。故该份房屋预售合同即为债务履行期届满前签订的买卖型以房抵债合同。其名为买卖, 实为非典型担保, 该非典型担保并未约定若债务不能清偿则房屋归债权人所有, 但如果双方履行房屋预售合同, 债权人是可以取得房屋所有权导致物权变更的, 因此属于"流质条款"。

(三) 对于"流质条款"被确认无效时, 债权人如何救济的问题

如果"流质条款"被确认无效, 债权人的利益是很难得到优先保障的, 如果抵押 (质押) 物是债务人的, 而且并没有被第三方采取诉讼保全的前提下, 债权人可以通过提起诉讼, 并通过法院对该抵押 (质押) 物采取保全措施, 以便实现债权。但如果该抵押 (质押) 物本身并不在债务人名下, 且已有第三方对抵押 (质押) 物采取措施, 此时, 债权人的利益保障根本无从谈起, 其救济也将存在很大障碍。

(四)《民法典》对"流质条款"的规则变更

《民法典》第 401 条和第 402 条对"流抵"和"流质"运用了无效法律行为转换理论, 采取法定转换, 法律直接规定了无效法律行为的后果, 即转

换为一般抵押、一般质押后有效。

《民法典》不再禁止流押、流质，即使约定流质条款，虽然不具有物权变动的效力，但仍具有担保的效力，质权人仍可以据此享有优先受偿权。这有利于避免因流押、流质条款效力问题引发的争议，增加交易行为后果的确定性，统一裁判标准和尺度。

（五）律师的建议及思考

《民法典》对"流抵"和"流质"采取的无效法律行为法定转换的做法，对实务将产生一定的影响，笔者提出如下建议。

其一，对债权人而言，若抵押（质押）财产价值低于债权，债权人依法处置完抵押（质押）财产抵偿债务后，债权人有权向债务人继续追偿。若抵押财产、质押财产价值高于债权，债务人据此主张权利时，债权人将无法取得抵押（质押）财产，只能就其债权优先受偿。

其二，对债务人、抵押人、出质人而言，在实现抵押权、质权时，若抵押财产、质押财产价值高于债务，可以依此条款主张以拍卖、变卖等方式处置财产，并就所得价款优先偿还债务，剩余价款依法归债务人、抵押人、出质人所有，这可以有效避免在担保物权成立时债务人一方因不利地位而作出不公平的财产处置；若抵押财产、质押财产价值低于债务，则债权人依法处置完抵押（质押）财产后抵偿债务，不足部分，债务人应继续承担清偿义务。

其三，若债权人想要取得抵押（质押）财产，或双方为了降低交易成本、提高交易效率，可在债务履行期限届满时或届满后，重新协议约定用抵押（质押）财产折抵债务，或由债权人折价受让。

笔者同时认为，对于有登记的"流质""流押"，《民法典》对其作出变更的规定，转为一般担保，债权人可以行使担保权实现债权。但对于债务人或第三人以签订房屋买卖合同作为借款合同的担保，虽然双方在合同中约定在借款人未按期归还借款时，将出借款转为对房屋所有人的购房款，属于"流质条款"，但是依据《民法典》的规定，该房屋买卖合同即使属于流质条款仍具有担保的效力，即债权人对该房屋享有担保权。但如果该房屋买卖合同并未办理预售登记，即使《民法典》规定具有担保的效力，而债务人已经将房屋进行了合理处置，那么，债权人作为担保物权享有人，是否对债务人的处置抵押物行为享有撤销权？如果没有撤销权，债权人的担保物权如何实现？这给我们的司法实务带来了诸多新问题。

结语

《民法典》对于"流质""流押"条款的处理方式作出的变更规定，对《物权法》是一项重大修改，有利于避免因流押、流质条款效力问题引发的争议，增加了交易后果的确定性，统一了裁判标准和尺度。但对于以签订房屋买卖合同作为借款担保的非典型性担保行为的后续处理等问题，还需要在实践中不断地摸索与适用，我们也期待及早出台细化的法律和行政法规，对该制度予以完善。

抵押物转让有限制吗？

李晴文 *

一、《民法典》规定

第406条 抵押期间，抵押人可以转让抵押财产。当事人另有约定的，按照其约定。抵押财产转让的，抵押权不受影响。

抵押人转让抵押财产的，应当及时通知抵押权人。抵押权人能够证明抵押财产转让可能损害抵押权的，可以请求抵押人将转让所得的价款向抵押权人提前清偿债务或者提存。转让的价款超过债权数额的部分归抵押人所有，不足部分由债务人清偿。

二、知识要点

抵押物转让攸关抵押人、抵押权人和抵押物受让人三方的利益，是否允许抵押物自由转让，可谓兹事体大，不仅涉及转让合同的效力，还对抵押人是否可以盘活抵押资产有着深远影响。

《物权法》对抵押物转让的限制较严，规定抵押人转让抵押物需经抵押权人同意，但对于未经抵押权人同意的前提下签订的抵押物转让合同的效力，未进行明确，导致争议频发。

《民法典》从善如流，一举解除了限制抵押物转让的桎梏，删除了抵押物转让须经抵押权人同意的条件，抵押人对抵押权人只负有通知义务；将抵

---

* 李晴文，北京市安通律师事务所副主任、高级合伙人，中央民族大学法律硕士，北京市律师协会房地产专业委员会委员，主要执业领域为房地产、建设工程、矿产等领域的诉讼、仲裁和公司法律。主要学术成果：《〈老鼠爱大米〉一权数卖是否合法》（合著）发表于《中国审判》（2006年第6期）；《医疗纠纷中应正确评价损害参与度的作用》（合著）等多篇律师评析文章发表于《医师报》；《物权编：一种财产权利的天经地义》（合著）一文发表于《民主与法制》周刊2020年第23期。

押人可以自由转让抵押物作为一般原则等。这一变化，对未经抵押权人同意的抵押物转让合同有效性进行了确定，且预计将对社会经济生活，特别是金融市场带来积极和深远的影响。

三、典型案例①

【案情简介】2015年5月，曾某（乙方）与田某洪（甲方）签订"商品房转让协议"，约定甲方将其通过向中国工商银行重庆分行酉阳支行（以下简称工行酉阳支行）按揭贷款购买的丙房屋转让给乙方，甲方已与该银行签订房地产抵押合同，由于无法将抵押合同的抵押人以及按揭还款账户变更至乙方名下，故甲方除向乙方支付首付款外，还需要向乙方现有的还款账户按期支付按揭还款。

2018年7月，曾某以田某洪的名义向工行酉阳支行归还案涉房屋贷款。后由于甲方不予配合办理房屋过户手续，乙方诉到法院，要求甲方配合办理房屋过户手续。甲方答辩认为：因双方签订房屋买卖合同时，房屋有抵押，而并未取得抵押权人的同意，故双方签订的"商品房转让协议"无效。

法院最终认为：本案以新法优于旧法之原则适用《物权法》第191条第2款之规定，本院对此予以明确。《物权法》中该款的规定否定的是物权效力而非债权效力，即未经抵押权人同意的抵押物转让合同有效，只是不能转移其所有权。田某洪与曾某于2015年5月2日签订的"商品房转让协议"，系双方真实意思表示，内容并不违反法律、行政法规的强制性规定，应属有效。

【焦点问题】未经抵押权人同意的抵押物转让合同是否无效？

通过查询公开的涉及未经抵押权人同意的抵押物转让合同效力的案例，笔者发现大多数的司法机关认定了抵押物转让合同的有效性。但由于《民法典》颁布之前，关于此问题的法律依据是《物权法》第191条第2款"抵押人未经抵押权人同意，不得转让抵押财产，但受让人代为清偿债务消灭抵押权的除外"的规定，而该条规定并未明确指出未经抵押权人同意之抵押物转让的合同效力如何，这就给理论界和司法实务界提供了争论的基础，引发了

---

① 案号：（2018）渝0242民初2246号，（2018）渝04民终1382号。

不同的观点。

四、律师解析

（一）《民法典》针对《物权法》关于抵押期间转让抵押财产规定的重大变化

《民法典》对《物权法》关于抵押物转让规则的调整和改变主要表现在：①《物权法》规定抵押人转让抵押物须经抵押权人同意，《民法典》删除了抵押物转让须经抵押权人同意的条件，明确抵押人转让抵押财产的，对抵押权人只负有通知义务，在此前提下，《民法典》对未经抵押权人同意的抵押物转让合同的有效性予以了确认。②《物权法》规定抵押人经抵押权人同意转让抵押物的，应当将转让所得的价款向抵押权人提前清偿债务或者提存，此种情形下，抵押权人无需提供任何证据，抵押人都有将所得转让款为清偿债务提存的义务；而《民法典》规定抵押人通知抵押权人转让抵押物后，抵押权人能够证明抵押财产转让可能损害抵押权的前提下，可以请求抵押人将转让所得的价款向抵押权人提前清偿债务或者提存，这就加重了抵押权人的举证责任，而且根据实务经验来看，抵押权人并不好证明抵押财产转让可能损害抵押权。③抵押财产转让的，抵押权不受影响，由此，抵押权的追及力得到确认，在抵押物发生转让后，抵押权追及新的所有权人，此规定兼顾抵押人和抵押权人双方的利益。

当然，《民法典》虽规定抵押人可以自由转让抵押物为一般原则，但同时也规定，如果当事人另有约定的，按照其约定。也就是说，如果抵押权合同约定了不得转让或未经抵押权人同意不得转让，就也不能自由转让，这也是对抵押权人的一种保护。

《民法典》规定抵押物在抵押期间自由转让对发挥抵押物的效用将起到积极的作用。如抵押物价值较大，但担保的债权相对较小，如在抵押期间绝对禁止其转让将不利于抵押物的流通，违背了物尽其用的原则。而《民法典》对抵押物转让制度的重构，既保证了抵押人资产的盘活，也充分保证了抵押权人权益，有利于提升全社会整体资产的流动性，符合物权法物尽其用之法旨。

同时，在确有可能危及抵押权实现的情况下，《民法典》赋予了抵押权人一项"请求权"。《民法典》该处修改使得规则亦更符合担保法基础理论。

（二）对《民法典》重构的抵押物转让制度的思考

诚然，《民法典》的抵押物转让规则对《物权法》是一项重大改进，在全新的法律语境下，合理设计抵押物转让规则对于维护抵押物转让各方当事人利益就显得至关重要。在这方面，《民法典》也留下了一些严峻的问题，主要表现在如下方面。

其一，《民法典》规定，如果当事人另有约定的，按照其约定。也就是说，如果抵押权合同约定了不得转让或未经抵押权人同意不得转让，也不能自由转让。但抵押合同限制转让之约定发生何等效力？是否需要登记公示？抵押权人是否可以依据该限制转让规定申请撤销转让合同？在没有登记公示的情况下，抵押物的受让人获得抵押物的善意或恶意如何区分？目前的法律没有给出明确答复。

笔者认为，从保护合同相对性、稳定性的角度出发，抵押合同限制转让之约定的效力应该只限于抵押人和抵押权人之间。如抵押人和抵押权人已经在抵押合同中限制转让抵押物，而抵押人仍转让抵押物，抵押权人可依据抵押合同约定要求抵押人承担违约责任，抵押权人不能依据该限制转让规定申请撤销转让合同。从交易成本的角度考虑，将抵押合同限制转让条款予以公示亦不现实。在没有登记公示的情况下，抵押物的受让人获得抵押物是善意或是恶意主要还是要从抵押物的转让价格、转让前提等方面综合考虑。

其二，抵押物易主后，物上保证人随之发生变化。而因抵押物在不同人手上，抵押物变现难度、抵押物安全难免产生差异。如果债权人的交易对手随意变化，债权人的权益如何得到更好的保护？

笔者认为，关于此问题，《民法典》规定抵押人转让抵押物时只需通知抵押权人，而未要求抵押人将转让合同交给抵押权人备案。为了债权人的权益得到更好的保护，在以后的司法实务中，可以通过司法解释的形式明确要求抵押人应该将转让合同（包括再次转让抵押物合同）均交抵押权人备案。

【律师建议】

根据以上分析，笔者从律师实务的角度出发，有如下几点建议：

第一，对于抵押权人而言，为了避免抵押物的转让给实现抵押权带来的风险，应在抵押合同中限制抵押人转让抵押物，同时明确约定抵押人违约时的违约责任。

第二，如未在抵押合同中限制抵押人转让抵押物，抵押权人在收到抵押人的转让通知时，需要求抵押人提供明确的受让人名称、地址、联系电话等信息，以便行使抵押权。

第三，抵押权人需时时关注抵押物的状态，审慎衡量抵押财产转让是否会损害抵押权，做好证据收集和保存，及时主张权利。

第四，对于抵押物受让方，在受让抵押财产前需先核实受让财产上是否设有抵押权，如有抵押权，则需谨慎衡量受让财产的对应价值和未来的风险。

结语

《民法典》重构的抵押物转让制度，对《物权法》是一项重大修改，对盘活抵押资产，促进经济交易有重大的推动作用，但诸如抵押合同限制转让之约定发生何等效力等问题，都需要在实践中不断地摸索与适用，我们也期待及早出台细化的法律和行政法规，对该制度予以完善。

担保物权要实现清偿，谁先谁后？

翟楚和[*]

一、《民法典》规定

第 414 条 同一财产向两个以上债权人抵押的，拍卖、变卖抵押财产所得的价款依照下列规定清偿：

（一）抵押权已经登记的，按照登记的时间先后确定清偿顺序；

（二）抵押权已经登记的先于未登记的受偿；

（三）抵押权未登记的，按照债权比例清偿。

其他可以登记的担保物权，清偿顺序参照适用前款规定。

第 415 条 同一财产既设立抵押权又设立质权的，拍卖、变卖该财产所得的价款按照登记、交付的时间先后确定清偿顺序。

第 416 条 动产抵押担保的主债权是抵押物的价款，标的物交付后十日内办理抵押登记的，该抵押权人优先于抵押物买受人的其他担保物权人受偿，但是留置权人除外。

二、知识要点

担保物权指的是为确保债权的实现而设定的，以直接取得或者支配特定财产的交换价值为内容的权利，分为抵押权、质权和留置权。《民法典》中物权编的第四分编第十七章为抵押权，来源于《物权法》第十六章。《物权法》中并未明确规定同一财产设立多个担保物权时的清偿顺序，《民法典》的规定弥补了这一漏洞，有助于解决出现抵押权和质权竞存时的争议。同一

---

* 翟楚和，北京市安通（东莞）律师事务所律师，毕业于上海政法学院。长期专注于刑事辩护、重大商事诉讼、仲裁争议解决，具有较强的沟通、协调和谈判能力。

财产之上设立多个抵押权时，以登记时间先后为准，先登记的优于后登记的，登记的优于未登记的，均未登记时方按债权比例清偿。

同一财产之上抵押权和质权竞存时，笔者现将清偿顺序整理如下：①抵押权登记在先，质权交付在后，抵押权优先；②质权交付在先，抵押权登记在后，质权优先；③抵押权在先但未登记，质权交付在后，质权优先；④抵押权未登记，质权也未交付的，抵押权优先；⑤抵押权登记和质权交付是同一天的，则按照比例清偿。

另外，《民法典》第416条规定了价款抵押优先权，即买卖双方对一件动产进行交易，卖方与买方就交易动产签订抵押合同，并在动产交付后10日内办理抵押登记，这样除留置权人外，卖方可以优先于其他抵押权人受偿。这一条款的设立，是为了保障出卖人取得转让价款权利的实现，保障市场交易稳定。

《民法典》第456条则延续《物权法》第239条的规定，规定同一动产上已设立抵押权或者质权，该动产又被留置的，留置权优先。

三、典型案例①

【案情简介】2012年11月15日，民生银行深圳分行、天津某策集团、案外人长安信托公司签订"贷款合同"，约定各贷款人同意按照本合同条款向借款人提供总计本金额不超过人民币6亿元整的中长期贷款……

同日，民生银行深圳分行与龚某、张某、天津某策集团、深圳某策公司、天津某策置业、天津某侨公司分别签订"最高额保证合同"。约定，龚某、张某、天津某策集团、深圳某策公司、天津某策置业、天津某侨公司为天津某策集团在"贷款合同"项下债务提供最高额保证，担保的最高债权额为人民币6亿元。

同日，民生银行深圳分行与天津某侨公司签订"最高额抵押合同"共计13份，约定天津某侨公司自愿以其所有的房产为天津某策集团在"贷款合同"项下的债务提供最高额抵押担保。

---

① 案号：（2016）最高法民终542号民事判决书。

上述 13 份"最高额抵押合同"签订后，双方就抵押房产办理了抵押权登记手续并取得 13 份他项权证。

同日，民生银行深圳分行与天津某侨公司签订了"应收账款最高额质押合同"，约定天津某侨公司同意依照本合同的约定为主合同项下的全部债务提供最高额质押担保，最高余额为人民币 6 亿元及利息、复利、罚息、实现债权的费用和其他合理费用；天津某侨公司应以享有的自 2013 年 1 月 22 日至 2018 年 1 月 21 日在质押清单项下房产出租的全部应收账款向民生银行深圳分行提供最高额质押担保。

2013 年 1 月 22 日，中国人民银行征信中心出具"应收账款质押登记证明—初始登记"，证实上述应收账款质押依法办理了质押登记手续。

民生银行深圳分行于 2013 年 1 月 23 日向天津某策集团实际发放了贷款人民币 6 亿元。

后长安信托公司将其在担保合同所对应的合同项下持有的 4.8 亿元银团贷款份额对应的全部债权转让给民生银行深圳分行。

民生银行深圳分行向天津某策集团发放人民币 6 亿元贷款后，天津某策集团未能按照合同约定的还款期限偿还借款本息。

民生银行深圳分行向广东省高级人民法院提起诉讼，广东省高级人民法院经审理后判决：①解除民生银行深圳分行与天津某策集团签订的"贷款合同"……⑥在天津某策集团不履行第二、三判项债务时，民生银行深圳分行对天津某侨公司所有共 13 处抵押财产以折价或者拍卖、变卖所得价款优先受偿；⑦天津某策集团不履行第二、三判项债务时，民生银行深圳分行对天津某侨公司持有的房产自 2013 年 1 月 22 日至 2018 年 1 月 21 日期间出租所产生的租金收益享有优先受偿权。

天津某策集团不服一审判决，向最高人民法院提起上诉，最高人民法院经审理后判决：①维持原审判决第一项至第五项、第七项。②撤销原审判决第八项。③变更原审判决第六项为天津某策集团不履行第二、三判项债务时，中国民生银行深圳分行对天津某侨公司持有的位于××的房产自 2013 年 1 月 22 日至 2018 年 1 月 21 日期间出租所产生的租金收益享有优先受偿权。在民生银行深圳分行实现上述优先受偿权后，天津某侨公司有权向天津某策集团追偿。④驳回其他诉讼请求。

【焦点问题】民生银行深圳分行对案涉九处房产自 2013 年 1 月 22 日至 2018 年 1 月 21 日期间出租所产生的租金收益是否享有优先受偿权？

债务人不履行到期债务致使抵押财产被人民法院依法扣押，抵押权的效力及于抵押财产的孳息。但须具备两个条件：其一，时间节点。抵押财产被扣押后，抵押权人才能收取孳息。其二，通知义务。抵押财产被扣押后，抵押权人已经通知应当给付法定孳息的清偿义务人。

因法定孳息如租金的取得，取决于义务人的给付行为，通常情况下义务人负有向抵押人给付孳息的义务，如果抵押权人未将扣押事实通知义务人，义务人就无法将孳息交付给抵押权人，抵押权的效力也就无法及于该孳息。基于上述分析，当事人的质权虽然有效设立，但如果另案抵押权及于法定孳息的效力优先于质权的效力，质权就不具有优先受偿的权利。

本案属于抵押权登记在前，质权成立在后，抵押权的效力及于该孳息，故抵押权优先。但按照《民法典》的规定，同一财产既设立抵押权又设立质权的，拍卖、变卖该财产所得的价款按照登记、交付的时间先后确定清偿顺序，若质权设立在前，抵押权登记在后，即使抵押权的效力及于该孳息，质权也同样具有优先受偿的权利。

四、律师解析

（一）担保物权的种类

1. 抵押权

（1）一般抵押权。根据《民法典》第 394 条，抵押权是指为担保债务的履行，债务人或者第三人不转移财产的占有，将该财产抵押给债权人的，债务人不履行到期债务或者发生当事人约定的实现抵押权的情形，债权人有权就该财产优先受偿。例如，甲借给乙人民币 100 万元，甲为了有个保障，让乙把自己的一套房子抵押给甲，办理抵押登记，如果到时乙不能还款，甲就能对这房子优先受偿。

（2）最高额抵押权。根据《民法典》第 420 条，为担保债务的履行，债务人或者第三人对一定期间内将要连续发生的债权提供担保财产的，债务人不履行到期债务或者发生当事人约定的实现抵押权的情形，抵押权人有权在最高债权额限度内就该担保财产优先受偿。例如，甲有一套房子价值 100 万元，担保乙在半年内与别人连续发生的 30 万元以内的债务的清偿责任。如果乙的债务超过 30 万元，则甲不再负责。

2. 质权

（1）动产质权。根据《民法典》第 425 条，为担保债务的履行，债务人或者第三人将其动产出质给债权人占有的，债务人不履行到期债务或者发生当事人约定的实现质权的情形，债权人有权就该动产优先受偿。前款规定的债务人或者第三人为出质人，债权人为质权人，交付的动产为质押财产。比如甲借给乙 10 000 元，乙把自己的笔记本电脑出质给甲，让甲占有，如果到期乙不能偿还 10 000 元，那么甲就可以对这个电脑优先受偿。

（2）权利质权。权利质权是指为了担保债权清偿，就债务人或第三人所享有的权利设定的质权，是一种准质权，其标的是权利。如汇票、本票、支票、债券、存款单、仓单、提单，依法可以转让的股份、股票，依法可以转让的商标专用权、专利权、著作权中的财产权等，实可期待的权益。

3. 留置权

根据《民法典》第 447 条，债务人不履行到期债务，债权人可以留置已经合法占有的债务人的动产，并有权就该动产优先受偿。前款规定的债权人为留置权人，占有的动产为留置财产。如甲汽车维修店为乙维修汽车，汽车修理费 2 万元，乙拒绝支付修理费，则甲汽车维修店有权对乙的汽车进行留置，并就该汽车享有优先受偿。

（二）《民法典》颁布之前，担保物权实现顺序的相关法律规定

担保物权的实现顺序的规定是在多项担保物权共存时，对清偿顺序的指引。

第一，《物权法》第 239 条规定"同一动产上已设立抵押权或者质权，该动产又被留置的，留置权人优先受偿"。

第二，《担保法》第 54 条规定"同一财产向两个以上债权人抵押的，拍卖、变卖抵押物所得的价款按照以下规定清偿：（一）抵押合同以登记生效的，按照抵押物登记的先后顺序清偿；顺序相同的，按照债权比例清偿；（二）抵押合同自签订之日起生效的，该抵押物已登记的，按照本条第（一）项规定清偿；未登记的，按照合同生效时间的先后顺序清偿，顺序相同的，按照债权比例清偿。抵押物已登记的先于未登记的受偿。"

第三，《最高人民法院关于适用〈中华人民共和国担保法〉若干问题的解释》第 79 条规定："同一财产法定登记的抵押权与质权并存时，抵押权人优先于质权人受偿。同一财产抵押权与留置权并存时，留置权人优先于抵押权人受偿。"

第四，《最高人民法院关于适用〈中华人民共和国担保法〉若干问题的解释》第 94 条第 1 款规定："质权人在质权存续期间，为担保自己的债务，经出质人同意，以其所占有的质物为第三人设定质权的，应当在原质权所担保的债权范围之内，超过的部分不具有优先受偿的效力。转质权的效力优于原质权。"

（三）《民法典》中的担保物权实现顺序

对比《民法典》与上述的规定，《民法典》物权编对担保物权实现顺序最大的改变是规定在抵押权和质权并存时，不再是抵押权人优先于质权人受偿，而是按照登记、交付的时间先后确定清偿顺序。

另外，该法第 416 条规定价款抵押优先权，为新设规则，其意在保障出卖人的权益。比如，在买卖合同中，出卖人与买受人未约定所有权保留的，动产经交付即发生所有权的转移。买受人虽将动产抵押给出卖人作为价款担保，但在办理抵押登记之前，又将动产抵押/出质给其他债权人且公示，则出卖人作为在后公示的担保物权人，显然处于不利境地。

又如，买受人已就其现有及将有的生产设备、原材料、半成品、产品设定了浮动抵押，又从出卖人处购入新的动产且未约定所有权保留，所有权转移之时，前述动产之上将自动设立浮动抵押。买受人虽将动产抵押给出卖人作为价款担保，但出卖人仍为公示在后的担保物权人，对其而言亦是不利的。

该条款赋予了出卖人相应的优先权，以保障其权益。

【律师建议】

其一，在市场买卖交易过程中，对于卖方而言，如果对买方的付款能力有所怀疑，可以通过在转让货物后办理抵押登记的方式来获得货物第一顺位的抵押权，保障价款回收的债权实现。对于其他抵押权人而言，在设立抵押时，应谨慎审查抵押物的交付时间、价款支付情况以及是否有其他特殊的约定等情况，避免己方抵押权处于不利受偿顺序。

其二，同一动产上抵押权和质权并存，抵押权并不当然优先受偿。现《民法典》第 415 条的规定，体现了抵押权与质权平等的价值取向。抵押权人应当加强办理动产抵押登记的意识，避免因未办理或者未及时办理抵押登记，劣后于质权人而实际上无法获得清偿。质权人应当及时进行交付，特别注意完善并妥善保存持续占有质物的证据，尤其是在第三方监管的情况下，要特别注意是否交付及保存完整的资料。

结语

《民法典》是我国民事立法上的丰碑，既对原有规定进行了系统整理、修订、补充，又敢为人先、不乏创新之举。《民法典》设立独立的物权编，并将担保物权的相关规定归入第四分编，分别对抵押权、质权、留置权等进行具体规范。可以看出，《民法典》一方面已经从立法层面对实践中的众多疑点、难点问题进行了回应，另一方面汲取了国际经验，在规范层面进行了创新。从具体业务实践领域来看，《民法典》的出台明确担保物权的清偿顺序，有助于进一步激发市场经济活力，在满足物权法定主义的前提下，使担保物权呈现出一种开放的态势，充分发挥了担保物权制度在我国市场经济发展中的应有作用。

如何理解动产质押和
权利质押登记制度？

李　霞[*]

一、《民法典》规定

第 427 条第 1 款　设立质权，当事人应当采用书面形式订立质押合同。

第 443 条第 1 款　以基金份额、股权出质的，质权自办理出质登记时设立。

第 444 条第 1 款　以注册商标专用权、专利权、著作权等知识产权中的财产权出质的，质权自办理出质登记时设立。

第 445 条第 1 款　以应收账款出质的，质权自办理出质登记时设立。

二、知识要点

《物权法》中规定的动产质押和权利质押的登记机构较为分散，如《物权法》第 224 条的"有关部门"，第 226 条的"证券登记结算机构""工商行政管理部门"等，限制了质押发挥应有的融资担保功能，不能适应现代市场经济发展的需要。

《民法典》关于物权法质押的最大变动在于删除了物权法中动产质押和权利质押具体登记机构的内容，只模糊地规定了"质权自办理出质登记时设立"，为今后建立统一的动产质押和权利质押登记制度留下空间。

---

* 李霞，北京市安通（东莞）律师事务所实习律师。

三、典型案例①

【案情简介】被告马某华、李某升在原告本溪满族自治县农村信用合作联社的下属单位营销中心借款 509 万元，借款期限自 2016 年 5 月 20 日至 2017 年 5 月 18 日止，年利率为 8.4%，被告胡某、宋某以其所有的桓仁农商行股金证（证书编号：LE00000×××，股金证号：×××）对该笔借款提供质押担保，被告胡某、宋某同时对该笔借款提供连带保证担保，并办理股金止付，双方当事人签订了"借款合同"和"质押合同"。原告本溪满族自治县农村信用合作联社与被告胡某、宋某于 2016 年 6 月 27 日签订的"连带保证责任担保书"中约定：胡某、宋某对马某华在原告处借款 509 万元承担连带保证责任，保证期间自借款之日起至借款到期后 2 年。被告马某华、李某升在 2016 年 6 月 21 日至 2016 年 9 月 29 日先后偿还该贷款利息 59 303.28 元。原告的下属单位营销中心按照合同约定履行了贷款发放义务，但被告马某华、李某升在贷款到期后却没有按时归还贷款本金及利息，原告多次催要未果，故诉至本溪满族自治县人民法院。

2016 年 10 月 29 日，原告本溪满族自治县农村信用合作联社向法院提出诉前保全申请，请求查封股权（证书编号：LE00000×××，股金证号：×××），法院依据原告本溪满族自治县农村信用合作联社的申请，作出 (2016) 辽 0521 民初财保 54 号民事裁定书，裁定查封股权（证书编号：LE00000×××，股金证号：×××），并将该裁定送达当事人、桓仁农商行、本溪市工商行政管理局。

原告本溪满族自治县农村信用合作联社提出诉讼请求：第一，请求判令被告马某华、李某升立即偿还贷款本金 509 万元及还清所欠的全部利息；第二，请求法院判令对被告胡某、宋某提供的质押物桓仁农商行股金证（证书编号：LE00000×××，股金证号：×××）行使优先受偿权；第三，请求法院判令被告胡某、宋某对上述贷款承担连带保证偿还责任；第四，被告承担本案全部诉讼费用及保全费。

---

① 案号：(2017) 辽 0521 民初 484 号。

围绕诉讼请求原告依法提交了：①借款合同复印件借款凭证，以证明原告与被告签订合同的事实，借款的期限、利率、合同生效时间及还款时间以及被告偿还了部分本金。②质押合同复印件、出质人质押意见书复印件、股金登记证，以证明被告享有股金证的情况、质押的情况及担保情况。③质押贷款止付通知书复印件、特殊业务凭证复印件以证明原告系该笔股金的质押权人，依法享有优先受偿权。④连带保证责任担保书复印件以证明保证人的保证责任。⑤贷款展期协议书复印件以证明贷款展期的情况及质押人同意继续承担保证责任及保证人继续承担保证责任的情况。被告马某华、李某升、胡某、宋某未到庭作出答辩。

【焦点问题】原告本溪满族自治县农村信用合作联社的质权是否有效设立，能否对质物桓仁农商行股金证（证书编号：LE00000×××，股金证号：×××）享有优先受偿权？

被告胡某、宋某提供桓仁农商行股金证对被告马某华、李某升在原告处的借款509万元做质押保证，被告胡某、宋某的股金证系股权，股权质押应符合《物权法》第226条规定：以基金份额、股权出质的，当事人应当订立书面合同。以基金份额、证券登记结算机构登记的股权出质的，质权自证券登记结算机构办理出质登记时设立；以其他股权出质的，质权自工商行政管理部门办理出质登记时设立。原告、被告间的质押行为未在工商行政管理部门办理出质登记，依据上述法律规定，原告本溪满族自治县农村信用合作联社对被告胡某、宋某在桓仁农商行的股权不享有质权，也就不享有优先受偿权，故对原告的该项请求，法院不予支持。

四、律师解析

检索案例后笔者发现，大多数权利质权无法实现的原因在于其本身未有效设立。而造成这一现象的重要原因就在于目前质押登记机构较为分散、登记内容复杂、登记成本高。当事人为了避免这些不便和开支，只好放弃登记。登记机构多元化，往往使当事人无法快速地了解登记信息，也为交易安全埋下了隐患。这些情况增加了融资成本和债权实现的不确定性。

《物权法》有关动产质权及部分权利质权设立规定如下：

第 208 条规定，为担保债务的履行，债务人或者第三人将其动产出质给债权人占有的，债务人不履行到期债务或者发生当事人约定的实现质权的情形，债权人有权就该动产优先受偿。前款规定的债务人或者第三人为出质人，债权人为质权人，交付的动产为质押财产。第 210 条第 1 款规定，设立质权，当事人应当采取书面形式订立质权合同。第 224 条规定，以汇票、支票、本票、债券、存款单、仓单、提单出质的，当事人应当订立书面合同。质权自权利凭证交付质权人时设立；没有权利凭证的，质权自有关部门办理出质登记时设立。第 226 条第 1 款规定，以基金份额、股权出质的，当事人应当订立书面合同。以基金份额、证券登记结算机构登记的股权出质的，质权自证券登记结算机构办理出质登记时设立；以其他股权出质的，质权自工商行政管理部门办理出质登记时设立。第 227 条第 1 款规定，以注册商标专用权、专利权、著作权等知识产权中的财产权出质的，当事人应当订立书面合同。质权自有关主管部门办理出质登记时设立。第 228 条第 1 款规定，以应收账款出质的，当事人应当订立书面合同。质权自信贷征信机构办理出质登记时设立。

根据以上条款，动产质押需要订立书面合同，自动产交付给质权人时即完成公示，质权有效设立，不需要办理出质登记。而权利质押，除需要订立书面合同外，还需要根据不同质押物的类别，到不同的登记机构办理出质登记。权利质押的登记机构按照《物权法》的规定，有"有关部门""证券登记结算机构""工商行政管理部门""信贷征信机构"，看得人眼花缭乱。

目前我国担保登记制度较为完善，实施效果比较好的主要是不动产担保登记制度。但拥有大量不动产的群体在社会中毕竟只占少数，并且需要融通资金的大多是企业。而现代企业的主要财产形态为机器设备、原材料等动产。而票据权利、知识产权、应收账款等财产权利在社会资源中占比越来越大，价值也越来越大，并成为企业资产的重要表现形式。随着市场经济的发展，若能合理设计担保制度，有效实现这些财富的担保权能和融资功能，不仅可以有效地保障交易安全，维护经济秩序，而且可以促进交易，推动经济增长。

结语

虽然此次民法典未直接建立统一的动产质押和权利质押登记制度，但其删除了有关动产质押和权利质押具体登记机构的内容是为以后建立统一的动产质押和权利质押登记制度做准备。希望建立统一的动产质押和权利质押登记制度后，能够促进物尽其用的经济原理与有限资源的合理配置的运用，使得各种动产财产权利在使用价值充分发挥的前提下，以其交换价值促进融资和商品交换。

合 同 编

合同编：一纸契约保护的居安思危*

刘　勇**

经统计，在刚刚颁布通过的《民法典》中，合同编共计526个条文，分为三个分编——通则、典型合同、准合同，几乎占《民法典》1260个条文的"半壁江山"。

如何认真学习这三个分编、高效宣传这五百多个条文、有力征服这"半壁江山"，应当是我们律师当下和未来最重要的任务。

从合同法到合同编的五大变化

通过对《民法典》合同编与《合同法》的规定进行比较，笔者发现主要有如下变化。

体例安排有变化。《合同法》采取总则、分则、附则的体例设置，总共23章；《民法典》合同编采取通则、典型合同、准合同的体例设置，总共29章。

一般规定有变化。《合同法》的一般规定主要是立法目的、调整范围、基本原则；《民法典》合同编的一般规定主要是调整范围、合同解释。基本原则适用《民法典》总则编的基本规定。

合同保全有变化。《合同法》规定合同保全即代位权和撤销权共计三个条文，规定在"合同的履行"一章中；《民法典》合同编将合同保全独立成

---

*　本文首发于《民主与法制》周刊2020年第23期。

**　刘勇，北京市安通律师事务所高级合伙人、副主任。北京大学法学学士、中央民族大学法律硕士，北京律师协会合同法专业委员会第九届、第十届委员。北京保险行业协会业外调解员。擅长企业法律顾问业务，在诉讼业务及非诉业务特别是保险、经济合同、民事侵权、刑事辩护、劳动仲裁等领域具有十分丰富的执业经验。主要学术成果：《合同编：一纸契约保护的居安思危》一文发表于《民主与法制》周刊2020年第23期。

章，扩展到 8 个条文。

典型合同有变化。《合同法》规定了 15 种有名合同；《民法典》合同编规定了 19 种有名合同，增加了保证合同、保理合同、物业服务合同、合伙合同。

《民法典》合同编增加了准合同，规定了无因管理和不当得利；《合同法》无此规定。

《民法典》合同编在原来的合同法基础上，进行了全方位的修订，紧跟新时代的步伐，积极回应社会生活的热点问题，可谓亮点纷呈。

明确认可电子合同让网购更放心

2019 年 11 月 11 日，李先生在国内一网购平台参加促销活动，以 99 元下单了一套图书，系统显示订单提交成功，等待卖家发货。第三天，李先生再次登录网购平台查看购买信息时发现，卖家已经发货，但是自己没有收到货。然后，李先生发信息询问店主，店主称发货快递回执显示李先生已经签收，货物丢失应由李先生自行承担损失。这样的网购难题你遇到过吗？

笔者认为，我们在网购平台浏览选择自己满意的商品并成功提交订单，就成立了一份电子合同。合同一旦成立并生效，合同相对方依照法律的规定及合同的规定所产生的义务具有法律的强制性，一方拒绝履行或不适当履行合同义务以及擅自变更和解除合同都是不被允许的，合同相对方违反合同义务应承担相应的违约责任。

当我们享受签收"网购"快递包裹快乐的同时，也完成了电子合同重要的履行程序——合同标的的交付。合同标的物一旦交付，那么标的损毁、灭失的风险也随之由网络卖家转移到"网购"购物者身上。所以，合同的成立和标的的交付一直是合同法律关系的核心问题，司法实践中由此产生的纠纷不计其数。尤其是作为新生事物的电子商务合同，其成立与标的的交付与普通的合同又有所区别。

《民法典》合同编第 491 条规定，当事人采用信件、数据电文等形式订立合同要求签订确认书的，签订确认书时合同成立。当事人一方通过互联网等信息网络发布的商品或者服务信息符合要约条件的，对方选择该商品或者服务并提交订单成功时合同成立，但是当事人另有约定的除外。第 512 条规定，通过互联网等信息网络订立的电子合同的标的为交付商品并采用快递物流方式交付的，收货人的签收时间为交付时间。电子合同的标的为提供服务的，生成的电子凭证或者实物凭证中载明的时间为提供服务时间；前述凭证没有载明时间或者载明时间与实际提供服务时间不一致的，以实际提供服务的时间为准。电子合同的标的物为采用在线传输方式交付的，合同标的物进入对方当事人指定的特定系统且能够检索识别的时间为交付时间。电子合同当事人对交付商品或者提供服务的方式、时间另有约定的，按照其约定。

有了上述规定，意味着我们在"网购"平台提交订单后，商家就不能随意反悔；在我们签收商品之前，快递过程中商品灭失的风险都由商家承担。同时，《民法典》合同编明确了电子商务合同的履行义务，相关条款让消费者网购可以更加安心。

禁止高利贷对恶意借贷下决心

2008 年 5 月至 2009 年 4 月，李某陆续出借 700 万元给陈某某用于发放高利贷，每月从陈某某处获取 4% 或 5% 的利息。自借款时起，陈某某先后向李某、王某支付了利息共计 233 万元。2009 年 6 月后，陈某某未再支付利息，亦未归还 700 万元借款本金。2014 年 7 月 25 日，李某与其妻王某起诉至法院，请求判决陈某某归还借款 700 万元并按中国人民银行同期同类贷款基准利率支付利息。

重庆市第五中级人民法院经审理认为，李某、王某明知陈某某借款系用于对外发放高利贷，但仍然向其提供借款资金，该行为损害了社会公共利益，根据《合同法》的相关规定，该借款行为应认定为无效。

借款被认定无效后，陈某某虽应返还借款本金及按中国人民银行同期同类贷款基准利率计算的利息，但对于陈某某已支付的 233 万元利息中超过中国人民银行同期同类贷款基准利率计算的部分，应冲抵借款本金。对于冲抵后尚欠本息，陈某某应予返还。

除了上述案例，近年来媒体针对学生群体的"校园贷款"、中老年人群

体的"套路贷"以及高利贷和互联网贷款中的暴力催收行为的报道屡见不鲜，对社会造成极为恶劣的影响。

梳理先前的司法解释：①1991 年的《最高人民法院关于人民法院审理借贷案件的若干意见》规定，超过银行同期贷款利率 4 倍的利息，法律不予保护。②《民间借贷司法解释》规定年利率约定超过 36% 的部分属于无效条款。

笔者认为，以上规定仅对超出法定上限的利率进行否定评价和相关的限制，并不涉及放贷行为本身是否合法。

刚通过的《民法典》第 680 条规定："禁止高利放贷，借款的利率不得违反国家有关规定。借款合同对支付利息没有约定的，视为没有利息。借款合同对支付利息约定不明确，当事人不能达成补充协议的，按照当地或者当事人的交易方式、交易习惯、市场利率等因素确定利息；自然人之间借款的，视为没有利息。"

该规定表明，《民法典》从上位法的高度来禁止高利贷放款行为，这是我国第一次在全国人民代表大会立法层面明确禁止高利贷行为，也表明了国家对高利贷行为绝不容忍的态度。

优先续租权让百姓租房更安心

2018 年 9 月 1 日，王某和孙某签署了"房屋租赁合同"，主要约定王某将位于北京市海淀区的房屋出租给孙某使用，约定租赁期限为 1 年，每月租金为 3000 元，未约定合同到期后孙某享有优先续租权。合同到期后，孙某忘记与王某重新签署租赁合同，继续居住在承租房屋内，并按时缴纳房租。2019 年 12 月 15 日，王某突然通知孙某，称房屋租赁合同期限届满，要求孙某在 3 日内搬离房屋。孙某不愿意，称愿意重新签署合同，继续承租该房屋。但是，王某不同意，明确告诉孙某其将房屋出租给了李某，租金为每个月 3300 元，坚持要求孙某搬离，为此双方发生纠纷。

根据《合同法》第 215 条"租赁期限六个月以上的，应当采用书面形式。当事人未采用书面形式的，视为不定期租赁"的规定，当王某与孙某的房屋租赁合同到期后，双方的租赁合同就转为不定期的租赁合同，此时王某有权要求孙某在一定期限内搬离承租房屋，孙某很无奈按时搬离了承租房屋。

相信很多"北漂一族"都有过孙某的经历！为落实党中央提出的建立租购同权住房制度的要求，保护承租人利益，刚通过的《民法典》第734条规定了房屋承租人的优先承租权："租赁期限届满，承租人继续使用租赁物，出租人没有提出异议的，原租赁合同继续有效，但是租赁期限为不定期。租赁期限届满，房屋承租人享有以同等条件优先承租的权利。"

笔者认为，租房到期之后，原来一直租这房子的人可以优先租房，这是一项创新，再加上原来规定的承租人优先购买权，都是对租房人利益的保护，充分体现了"房子是用来住的，而不是用来炒的"。同时，《民法典》这一规定，是为了解决房地产过热的问题，体现了国家保障百姓居有定所的态度和决心。

融资租赁合同新规让出租人更舒心

天田公司富邦租赁公司、亚纳世公司融资租赁合同纠纷二审案①中，因亚纳世公司（承租人/出卖人）欠付租金，富邦租赁公司（出租人/买受人）诉至法院要求解除"售后回租融资租赁合同"、返还租赁物等；天田公司申请作为有独立请求权的第三人参加诉讼，请求确认案涉租赁物归其所有，由其取回。经法院查明，亚纳世公司向天田公司购买案涉租赁物且未付清货款，机器所有权仍属于天田公司，而亚纳世公司在没有取得所有权的情况下，将机器无权处分给富邦租赁公司。

人民法院认为，善意取得标的物需要同时具备善意、支付合理对价及完成交付条件。第一，是否善意应当结合合同缔结与履行中的各种因素综合判断其是否尽到合理注意义务。富邦租赁公司无法证明其在签订"售后回租融资租赁合同"时审查了租赁物的买卖合同及发票等权属证明材料，未尽合理注意义务；第二，应审查是否支付合理对价。其无法提供360万元支付证明，无法证明已对租赁物支付了合理对价。综合判断，富邦租赁公司不应作为善意受让人，依法不能取得租赁物的所有权，案涉"售后回租融资租赁合同"

---

① 案号：（2015）穗中法金民终字第635号。

解除后，亚纳世公司无需返还租赁物。

笔者认为，我国 1999 年通过《合同法》时，将融资租赁作为独立的列名合同进行规范，充分反映了融资租赁的特点，对出租人权益进行了充分的保护，创造了融资租赁发展的良好法律环境。但是 2007 年《物权法》设立的善意取得制度，在侧重保护善意第三人利益的同时，没有考虑到对占有和所有分离情况下物权人的保护，给承租人非法处分租赁物提供了可乘之机。由于制度的疏漏，给融资租赁行业发展带来很大困扰。

《民法典》第 745 条规定，出租人对租赁物享有的所有权，未经登记，不得对抗善意第三人。该条规定赋予租赁登记以真正的法律效力。

出租人的所有权如何对抗善意第三人是个永恒的问题，根据之前的法律法规以及司法解释，出租人需要在实务中履行较多义务，才能对抗善意第三人，甚至在司法解释中出现"出租人授权承租人将租赁物抵押给出租人并在登记机关依法办理抵押权登记的"等权宜之计的规定。而根据全国人大常委会副委员长王晨关于民法典草案的说明，笔者理解本次民法典的立法本意在于将租赁登记归于今后将会统一推出的动产抵押和权利质押登记制度（根据王晨的说明，民法典草案第 388 条中规定的"其他具有担保功能的合同"中包括融资租赁合同在内）。若真如此，那确实是方便交易各方查询动产权利瑕疵状况，节省了社会交易成本，降低了善意取得制度适用门槛。

规制危害运输安全行为让乘客更宽心

2018 年 10 月 28 日，重庆万州一起公交车坠江事故令人心痛！近几年，一方面，类似抢夺方向盘、干扰驾驶员的事件接连上演；飞机、高铁上，不听劝阻一意孤行的"霸座哥""霸座姐"频现……客运合同领域近年来出现不少这样的新问题。另一方面，存在着因承运人履行安全运输义务不到位导致时常发生安全事故的情形。

由于之前《合同法》对客运合同部分的规定过于原则，导致实务中出现的上述问题无法可依，司法实践层面希望从法律层面规制危害运输安全行为的呼声日益高涨。

本次《民法典》第 19 章第 2 节紧跟社会现实，对客运合同中存在的问题进行了规制，如《民法典》第 815 条规定："旅客应当按照有效客票记载的时间、班次和座位号乘坐。旅客无票乘坐、超程乘坐、越级乘坐或者持不符合减价条件的优惠客票乘坐的，应当补交票款，承运人可以按照规定加收票款；旅客不支付票款的，承运人可以拒绝运输。实名制客运合同的旅客丢失客票的，可以请求承运人挂失补办，承运人不得再次收取票款和其他不合理费用。"第 819 条规定："承运人应当严格履行安全运输义务，及时告知旅客安全运输应当注意的事项。旅客对承运人为安全运输所作的合理安排应当积极协助和配合。"

以上规定，有效地解决了客运合同领域近年来出现的新问题，弥补了立法上的不足。

禁止物业变相催交物业费让居民更省心

业主丁某某因楼上住户搭建阳台影响其采光，认为北京某物业服务公司未按合同约定对此予以制止并采取相应措施，由此拒交物业服务费。2016 年 3 月，北京某物业服务公司拒绝为丁某某提供水电充值服务。2017 年 10 月，北京某物业服务公司将丁某某家停水停电，称只要丁某某缴纳物业费后就会恢复供水供电。丁某某遂起诉至法院要求北京某物业服务公司履行出售居民用水、用电的义务，赔偿损失 2000 元。

人民法院经过审理，根据《物业服务合同》以及《物业管理条例》和《最高人民法院关于审理物业服务纠纷案件具体应用法律若干问题的解释》的相关规定，依法判决北京某物业服务公司赔偿丁某某损失 1000 元。

针对物业服务领域存在的断水、断电严重影响业主的正常生活问题，为了更好保护业主的权利，《民法典》第 944 条第 3 款明确规定，物业服务人不得采取停止供电、供水、供热、供燃气等方式催交物业费。

笔者相信，上述规定在日后的实践过程中，将会起到积极的指引作用，物业服务人不敢再采取断水、断电等损害业主基本生存权利的方法索要物业费，其应采取仲裁或诉讼等文明的方法解决收取物业费的问题。

新增保理合同让中小企业融资更有恒心

保理业务是近年来在我国兴起的金融服务，企业可以将自己应收账款等转让给提供保理服务的金融机构，为企业融资拓宽渠道。

中国金融期货交易所研究院首席经济学家赵庆明认为，保理业务是连接实体经济与金融市场的重要资金通道，金融市场是以法律规范为基础的，保理合同写入《民法典》合同编草案能够吸引更多金融机构、市场资金参与保理业务，为拓展中小企业融资渠道，破解企业融资难题提供一个长效的解决途径，有助于改变企业长期依赖银行贷款的融资结构。

为了促进保理业务健康发展，《民法典》在有名合同中增加了保理合同，给中小企业拓宽了融资渠道。

该章9个条文依次规定了保理合同定义、保理合同内容和形式、虚构应收账款的法律后果、保理人表明身份义务、无正当理由变更或者终止基础交易合同行为对保理人的效力、有追索权保理、无追索权保理、多重保理的清偿顺序、适用债权转让规定的问题。

不过，就其本质而言，保理其实无非是一种债权转让，受让人通知、追索权及重复让与的问题，其实依据债权让与的规则均可解决。

总之，《民法典》合同编是合同领域的基本法，而合同是民事、商事活动领域中基本的法律行为形式。

此次《民法典》合同编规定了电子合同的订立和履行；禁止放高利贷；承租人的优先续租权；融资租赁中的租赁登记以解决善意取得问题；保理合同给中小企业拓宽了融资渠道；旅客应当按照有效客票记载的时间、班次和座位号乘坐；禁止物业采用停水停电的方式催交物业费；等等。回应了民生热点，带有鲜明的时代特征，充满人文关怀。

笔者相信，随着《民法典》的实施，合同编一定能够正确调整因合同产生的民事关系，更好地保护民事主体合法权益，维护社会经济秩序，为实现"两个一百年"奋斗目标、实现中华民族伟大复兴中国梦，提供有力法治保障。

电子合同怎么签订？

刘　勇[*]　陈春菊[**]

一、法律规定

（一）《民法典》

第 469 条　当事人订立合同，可以采用书面形式、口头形式或者其他形式。

书面形式是合同书、信件、电报、电传、传真等可以有形地表现所载内容的形式。

以电子数据交换、电子邮件等方式能够有形地表现所载内容，并可以随时调取查用的数据电文，视为书面形式。

第 472 条　要约是希望与他人订立合同的意思表示，该意思表示应当符合下列条件：

（一）内容具体确定；

（二）表明经受要约人承诺，要约人即受该意思表示约束。

第 479 条　承诺是受要约人同意要约的意思表示。

第 483 条　承诺生效时合同成立，但是法律另有规定或者当事人另有约定的除外。

---

[*] 刘勇，北京市安通律师事务所高级合伙人、副主任。北京大学法学学士、中央民族大学法律硕士，北京律师协会合同法专业委员会第九届、第十届委员。北京保险行业协会业外调解员。擅长企业法律顾问业务，在诉讼业务及非诉业务特别是保险、经济合同、民事侵权、刑事辩护、劳动仲裁等领域具有十分丰富的执业经验。主要学术成果：《合同编：一纸契约保护的居安思危》一文发表于《民主与法制》周刊 2020 年第 23 期。

[**] 陈春菊，北方工业大学法律系研究生。

第491条 当事人采用信件、数据电文等形式订立合同要求签订确认书的，签订确认书时合同成立。

当事人一方通过互联网等信息网络发布的商品或者服务信息符合要约条件的，对方选择该商品或者服务并提交订单成功时合同成立，但是当事人另有约定的除外。

第512条 通过互联网等信息网络订立的电子合同的标的为交付商品并采用快递物流方式交付的，收货人的签收时间为交付时间。电子合同的标的为提供服务的，生成的电子凭证或者实物凭证中载明的时间为提供服务时间；前述凭证没有载明时间或者载明时间与实际提供服务时间不一致的，以实际提供服务的时间为准。

电子合同的标的物为采用在线传输方式交付的，合同标的物进入对方当事人指定的特定系统且能够检索识别的时间为交付时间。

电子合同当事人对交付商品或者提供服务的方式、时间另有约定的，按照其约定。

（二）《中华人民共和国电子商务法》①

第38条 电子商务平台经营者知道或者应当知道平台内经营者销售的商品或者提供的服务不符合保障人身、财产安全的要求，或者有其他侵害消费者合法权益行为，未采取必要措施的，依法与该平台内经营者承担连带责任。

对关系消费者生命健康的商品或者服务，电子商务平台经营者对平台内经营者的资质资格未尽到审核义务，或者对消费者未尽到安全保障义务，造成消费者损害的，依法承担相应的责任。

第49条 电子商务经营者发布的商品或者服务信息符合要约条件的，用户选择该商品或者服务并提交订单成功，合同成立。当事人另有约定的，从其约定。

电子商务经营者不得以格式条款等方式约定消费者支付价款后合同不成立；格式条款等含有该内容的，其内容无效。

第51条 合同标的为交付商品并采用快递物流方式交付的，收货人签收

---

① 本书下文简称《电子商务法》。

时间为交付时间。合同标的为提供服务的，生成的电子凭证或者实物凭证中载明的时间为交付时间；前述凭证没有载明时间或者载明时间与实际提供服务时间不一致的，实际提供服务的时间为交付时间。

合同标的为采用在线传输方式交付的，合同标的进入对方当事人指定的特定系统并且能够检索识别的时间为交付时间。

合同当事人对交付方式、交付时间另有约定的，从其约定。

第52条 电子商务当事人可以约定采用快递物流方式交付商品。快递物流服务提供者为电子商务提供快递物流服务，应当遵守法律、行政法规，并应当符合承诺的服务规范和时限。快递物流服务提供者在交付商品时，应当提示收货人当面查验；交由他人代收的，应当经收货人同意。快递物流服务提供者应当按照规定使用环保包装材料，实现包装材料的减量化和再利用。快递物流服务提供者在提供快递物流服务的同时，可以接受电子商务经营者的委托提供代收货款服务。

第83条 电子商务平台经营者违反本法第三十八条规定，对平台内经营者侵害消费者合法权益行为未采取必要措施，或者对平台内经营者未尽到资质资格审核义务，或者对消费者未尽到安全保障义务的，由市场监督管理部门责令限期改正，可以处五万元以上五十万元以下的罚款；情节严重的，责令停业整顿，并处五十万元以上二百万元以下的罚款。

（三）《禁止价格欺诈行为的规定》

第7条 经营者收购、销售商品和提供有偿服务，采取下列价格手段之一的，属于价格欺诈行为：

（一）虚构原价，虚构降价原因，虚假优惠折价，谎称降价或者将要提价，诱骗他人购买的；

……

（四）《国家发展改革委关于〈禁止价格欺诈行为的规定〉有关条款解释的通知》

二、第七条第（一）项所称"虚构原价"，是指经营者在促销活动中，标示的原价属于虚假、捏造，并不存在或者从未有过交易记录。所称"虚假优惠折价"，是指经营者在促销活动中，标示的打折前价格或者通过实际成交价及折扣幅度计算出的打折前价格高于原价。

前款所称"原价"是指经营者在本次促销活动前七日内在本交易场所成交，有交易票据的最低交易价格；如果前七日内没有交易，以本次促销活动前最后一次交易价格作为原价。

......

二、知识要点

1. 关于合同的订立方式。相较于《合同法》第 11 条"书面形式是指合同书、信件和数据电文（包括电报、电传、传真、电子数据交换和电子邮件）等可以有形地表现所载内容的形式"的规定，《民法典》单列一款明确了数据电文形式订立的合同为书面合同，明确了电子合同的书面形式属性，以适应电子商务快速发展的需求。

同时，《民法典》更加重视缔约者之间的意思自治，关于合同的成立时间，在《合同法》第 25 条"承诺生效时合同成立"的基础上，系统整合其他规定，增加但书条款。

2. 电子合同的特征有如下四点：

（1）电子合同是通过互联网订立的合同。与传统的合同订立需要当事人面对面订立或者通过信件、电话等方式进行协商、谈判不同，电子合同的订立过程中，当事人可以以电子数据的方式进行沟通，如在淘宝、京东网购合同订立过程中，当事人的交易信息通过通信信息网络在消费者和网络平台内的经营者的计算机系统之间进行数据交换和自动处理，最终成立数据电文形式的买卖合同。

（2）电子合同关系主体具有广泛性和虚拟性。网络交易平台（如天猫）要求入驻商家和用户进行实名认证，但是只有平台掌握用户与商家的真实身份信息，用户和商家之间的身份仍具有虚拟性。电子商务合同的当事人可以是自然人、法人或者其他组织。经营者与消费者之间存在多对多的关系。

（3）电子合同的缔结成本低。电子合同无须合同相对方面对面签章，缔约过程和手续皆在互联网平台上完成，当事人之间的交易不受时空的限制，提高了交易效率，降低了交易成本。

（4）电子合同载体"无纸化"。区别于以往以实体的纸质文件作为载体的传统合同，电子合同的载体是数据电文，如电报、传真、电子数据和电子邮件等。但是这些"无纸化"的载体也带来了极大的风险，数据电文具有易泄露和篡改的特点，因此，应当注重保障电子合同交易中的信息安全。

3. 电子合同的履行。电子合同区别于传统的纸质合同，因此，其履行方式与纸质合同的也不同；另外，因电子合同的标的种类及标的的交付方式不同，也决定了电子合同的不同履行方式。

首先，当事人对交付标的时间有约定的，按照其约定。

其次，电子合同为标的为交付商品并采用快递物流的方式交付的，收货人的签收时间为交付时间。在货物被签收之前产生的合同风险由出卖人承担，这样保护了弱势一方消费者的权益。但是若有证据证明实际交付时间并非签收时间的，则以实际签收时间为准。实践中经常出现快递公司提前签收而买方未收到商品的情况，若此时有证据证明买方的实际收货时间，则应以实际时间为交付时间。

再次，电子商务的标的为提供服务的（包括提供服务产品的合同和单纯提供服务的合同，如雇佣合同），生成的电子凭证或者实物凭证中载明的时间为提供服务时间。实际上，此种合同不存在实体的标的物交付问题，判断是否完成的标准是看合同是否实际履行，此时提供服务的时间为交付时间。电子凭证和实物凭证只是交付的形式要件，因此，前述凭证没有载明时间或者载明时间与实际提供服务时间不一致的，以实际提供服务的时间为准。

最后，交付的标的物为采用在线传输方式交付的，如网络虚拟财产（如游戏币、充话费等）、数据、知识产权等，合同标的物进入对方当事人指定的特定系统且能够检索识别的时间为交付时间。未指定特定系统的，相对人知道或者应当知道该数据电文进入其系统时生效。

三、典型案例：上海传承堂生物科技有限公司与王某网络购物合同纠纷案

【案情简介】2015 年 3 月 16 日，王某在天猫商城由上海传承堂公司经营的"虹山本草旗舰店"购买"【聚】虹山本草霍山石斛铁皮枫斗石斛颗粒野生特级铁皮石斛枫斗"（以下简称石斛枫斗）11 件，单价 390 元（390 元用删除线划除），促销价 138 元，实际付款 1518 元，订单编号为 × × × × × ×77，运送方式为快递，物流公司为圆通速递，运单号为 10× × ×02。

涉案产品交易页面中的月成交记录显示，石斛枫斗在 2015 年 3 月 15 日、16 日以 138 元成交，2015 年 3 月 14 日以 99 元、138 元成交，2015 年 3 月 13 日以 99 元成交，2015 年 3 月 6 日至 11 日以 128 元成交。

订单编号对应的运单号物流信息载明：2015 年 3 月 16 日订单发送至圆通速递；2015 年 3 月 16 日订单被物流公司接受；2015 年 3 月 16 日上海市宝山区淞南公司已收件；2015 年 3 月 16 日上海市宝山区淞南公司已打包；2015 年 3 月 16 日上海市宝山区淞南公司已发出；2015 年 3 月 17 日上海转运中心公司已收入；2015 年 3 月 18 日北京转运中心公司已收入；2015 年 3 月 18 日北京转运中心公司已发出。

王某与昵称为"虹山本草旗舰店：落 ×"（以下简称落 ×）的旺旺用户自 2015 年 3 月 23 日起进行了多次沟通。2015 年 3 月 23 日，落 × 留言："亲，早上快递联系我们，您的快件遗失了，此款宝贝我店铺已经断货，现已无法帮您补发，由于交易即将成功，您上线后看到留言，可以直接申请退款，谢谢。"2015 年 4 月 9 日，王某多次在旺旺中留言要求发货，落 × 答复称，"有给您发货，但是宝贝遗失"等。

一审诉讼中，王某表示其并未收到涉案石斛枫斗。上海传承堂公司提交书面申请要求法院调取涉案订单相关信息，以证明其已经发货、证明王某涉及石斛的订单很多不属于正常买家购买行为、其是被天猫列入黑名单用户。

同时，王某还表示其于 2015 年 3 月 9 日至 23 日期间曾使用用户名为 cnwanghai 的账号在淘宝网购买过石斛，分别为 2015 年 3 月 15 日在"雁吹雪旗舰店"购买 10 笔，均因商家未发货而关闭交易；2015 年 3 月 16 日在聚真宝堂旗舰店购买 1 笔，亦因商家未发货而关闭交易；2015 年 3 月 16 日在康恩贝高山旗舰店购买 1 笔，因王某不满意商品，已经与商家协商退货退款；2015 年 3 月 16 日王某还在虹山本草旗舰店购买本案涉案商品。

【焦点问题】

1. 该买卖合同是否成立。

2. 本案中交付标的的时间如何认定。

3. 货物丢失，该买卖合同的风险由谁承担。

4. 网络经营平台是否应当承担相应责任。

5. 王某是否有权申请三倍赔偿。

四、律师解析

（一）关于合同的成立问题

首先，《民法典》第 469 条规定："当事人订立合同，可以采用书面形式、口头形式或者其他形式……以电子数据交换、电子邮件等方式能够有形地表现所载内容，并可以随时调取查用的数据电文，视为书面形式。"因此，本案中，王某以书面形式与上海传承公司旗舰店订立了书面形式的买卖合同。

其次，《民法典》第 483 条规定："承诺生效时合同成立，但是法律另有规定或者当事人另有约定的除外。"本案中，当事人对合同成立未作出约定。

进一步地，《民法典》第 491 条第 2 款规定："当事人一方通过互联网等信息网络发布的商品或者服务信息符合要约条件的，对方选择该商品或服务并提交订单成功时合同成立，但是当事人另有约定的除外。"

《民法典》第 472 条规定，"要约是希望与他人订立合同的意思表示，该意思表示应当符合以下条件：（一）内容具体确定；（二）表明经受要约人承诺，要约人即受该意思表示约束"。本案中，上海传承公司发布的商品信息符合要约的条件：①由上海传承公司向不特定的相对人作出；②以缔结石斛枫斗买卖合同为目的；③商品信息中明确了石斛枫斗、数量和价格（包括正常价格和促销价格）等该买卖合同的必要条款；④该公司通过自动信息系统发布了石斛枫斗的商品信息，根据天猫商城的交易规则，该商品信息对该公司具有约束力，只要王某提交订单成功，公司即受该意思表示的约束。

《民法典》第 479 条规定："承诺是受要约人同意要约的意思表示。"王某成功提交订单向上海传承公司表达了他同意以要约的条件与上海传承公司订立买卖合同的意思。因此，该买卖合同于王某选择该商品并提交订单时，已经成立。

（二）交付标的的时间认定

《民法典》第512条规定："通过互联网等信息网络订立的电子合同的标的为交付商品并采用快递物流方式交付的，收货人的签收时间为交付时间。电子合同的标的为提供服务的，生成的电子凭证或者实物凭证中载明的时间为提供服务的时间；前述凭证没有载明时间或者载明时间与实际提供服务时间不一致的，以实际提供服务的时间为准。电子合同的标的物为采用在线传输方式交付的，合同标的物进入对方当事人指定的特定系统且能够检索识别的时间为交付时间。"

本案合同系采用电子合同订立的，标的为交付商品，并双方约定由圆通快递运送，所以交付标的物的时间为王某签收时间。

（三）该买卖合同的风险承担问题

《民法典》第604条规定："标的物毁损、灭失的风险，在标的物交付之前由出卖人承担，交付之后由买受人承担，但是法律另有规定或者当事人另有约定的除外。"《民法典》第512条规定，通过互联网等信息网络订立的电子合同的标的为交付商品并采用快递物流方式交付的，收货人的签收时间为交付时间。

本案中，涉案订单物流信息显示，物流终止在北京转运中心公司已发出状态，并无收件人签收信息，该订单物流信息与客服聊天记录相互印证，可以形成基本证据链，证明涉案货物下落不明，因此，该买卖合同的风险仍由卖方即上海传承公司承担。

（四）网络经营平台天猫应否承担相应责任

《电子商务法》第38条第1款规定："电子商务平台经营者知道或者应当知道平台内经营者销售的商品或者提供的服务不符合保障人身、财产安全的要求，或者有其他侵害消费者合法权益行为，未采取必要措施的，依法与该平台内经营者承担连带责任。"

《电子商务法》第83条规定："电子商务平台经营者违反本法第三十八条规定，对平台内经营者侵害消费者合法权益行为未采取必要措施，或者对平台内经营者未尽到资质资格审核义务，或者对消费者未尽到安全保障义务的，由市场监督管理部门责令限期改正，可以处五万元以上五十万元以下的罚款；情节严重的，责令停业整顿，并处五十万元以上二百万元以下的罚款。"

本案中，没有证据证明平台属于应承担责任的情形。王某没有证据证明天猫商城知道或应当知道上海传承公司侵害消费者的合法权益，且没有证据证明天猫商城未尽到对上海传承公司的审核义务和对王某的安全保障义务，故无权要求天猫商城承担责任。

（五）王某是否有权申请三倍赔偿

上海传承公司天猫旗舰店的行为符合价格欺诈的条件，王某申请三倍赔偿应当得到支持。

《禁止价格欺诈行为的规定》第 7 条规定，"经营者收购、销售商品和提供有偿服务，采取下列价格手段之一的，属于价格欺诈行为：（一）虚构原价，虚构降价原因，虚假优惠折价，谎称降价或者将要提价，诱骗他人购买的；……"《国家发展改革委关于〈禁止价格欺诈行为的规定〉有关条款解释的通知》（发改价监〔2015〕1382）指出，第 7 条第（一）项所称"虚构原价"，是指经营者在促销活动中，标示的原价属于虚假、捏造，并不存在或者从未有过交易记录。所称"虚假优惠折价"，是指经营者在促销活动中，标示的打折前价格或者通过实际成交价及折扣幅度计算出的打折前价格高于原价。前款所称"原价"是指经营者在本次促销活动前 7 日内在本交易场所成交，有交易票据的最低交易价格；如果前 7 日内没有交易，以本次促销活动前最后一次交易价格作为原价。

本案中，上海传承公司发布的商品信息中标明"原价 390 元促销价 138元"，但该公司在此前 7 日内并未以所标原价 390 元进行销售，前 7 日内"虹山本草旗舰店"成交的有交易票据的最低交易价格为 99 元，该行为构成虚构原价、虚假优惠折价，诱骗他人购买，属于价格欺诈行为。无论是否形成交易结果，均构成价格欺诈行为。适用《中华人民共和国消费者权益保护法》①第 55 条第 1 款的规定："经营者提供商品或者服务有欺诈行为的，应当按照

---

① 本书下文简称《消费者权益保护法》。

消费者的要求增加赔偿其受到的损失，增加赔偿的金额为消费者购买商品的价款或者接受服务的费用的三倍；增加赔偿的金额不足五百元的，为五百元。法律另有规定的，依照其规定。"

五、律师观点

（一）数字化助推企业复工复产

在线签署、合规可靠的电子合同对推动新冠肺炎疫情后复工复产和数字经济发展起到了不容忽视的作用。2020 年 7 月 15 日，国家发展改革委等 13 个部委发文鼓励推动完善电子合同、电子印章、电子签名等数字应用的基础设施。

面对今年稳增长、稳就业、稳预期的新挑战，数字政务与主动服务融合，迅速转化为服务动能，成为营商环境的催化剂、润滑剂。深圳市福田区政府通过升级智慧化"掌上政府"体验，创新开设"企业创办服务专区"，通过线上线下相结合的方式，将涵盖商事登记、公安、税务、社保等市、区服务事项整合到专区、专网，为企业提供一条龙服务。外资审批改革深入推动，重点外商投资企业设立备案由 3 个工作日压缩至 1 个工作日，对外贸易经营者备案登记由 4 个工作日压缩至 2 个工作日。之后，福田区政府在劳务派遣领域引入电子劳动合同，目前，福田区新一代产业投资服务有限公司下属全资国有企业"鸿博人力"和电子签名与电子合同云平台"法大大"已经达成战略合作。根据保守估算，合同的签署成本降低了50%，人员效能大幅提升90%，如原来 100 人入职需要 2 人 1 天工作量，现在仅需 1 人 1 天工作量即可。这仅仅是政企共推电子合同大趋势下的一个缩影。

（二）电子合同节约用工缔约成本

人社部副部长李忠在"人民网"两会系列访谈中提到，灵活就业是扩大就业的重要渠道，要进一步加大对劳动者就业平台的扶持力度，取消涉就业的不合理限制和收费，支持多渠道灵活就业。电子合同的优势在灵活用工这一就业方式中得到了极致发挥。可借助电子合同解决灵活用工中人员流动性高、合同签署效率低、风控能力弱等难题，通过手机软件、电脑网端、微信小程序和企业微信等多种渠道，企业与务工人员签署合同协议仅需几分钟时间，可满足企业用工时间紧、频次高等需求。

除灵活用工外，针对各地的网络招聘、网络培训等就业保障措施，电子合同也发挥了一定的积极作用。这些措施的落实，可以帮助企业提升合同管理效率，节省运营成本。

（三）房屋交易无纸化

2020 年 4 月 15 日，首份电子合同正式签订，从而开启了新乡市房屋交易的无纸化时代。房屋交易电子合同，采用了电子印章、电子签名、人证核验、指纹采集等多项现代科技成果。在电子合同签订过程中，通过人证比对终端，实现人证信息核验，确保交易双方人员信息的真实性；通过电子签名服务器，采集交易双方的指纹和电子签名，保证合同当事人签名行为的有效性，杜绝冒签、代签以及合同被泄露、篡改等隐患；通过调用新乡市政务服务和大数据管理局签章服务器加盖电子印章，生成 PDF 格式正式电子合同，并附二维码。房屋交易电子合同彻底解决了在房屋交易登记过程中反复提交合同的问题，实现了房屋交易合同备案、不动产登记、缴纳税费、住房公积金提取及贷款等房屋交易登记办事场景无需再提交纸质合同。指纹、二维码等认证方式保障了电子合同的真实可信，提升了网签备案效率。

《民法典》明确了电子合同的缔约形式、生效时间、风险负担等一系列与传统纸质合同相一致的实践问题，确认了电子合同的实质地位。电子合同的启用和逐渐风靡，切实落实了优化营商环境的需要，营造了高效透明的市场环境、推动便民利民的职能政府建设。

面对"霸王条款",
我们真的无能为力吗?

刘　勇[*]　李梅青[**]

在日常生活中,我们在商场、餐厅、电影院等日常消费场所经常可以看到这样一些规定,如"本店谢绝自带酒水""贵重物品丢失,本店概不负责""旅游行程仅供参考,变更恕不通知""特价商品,概不退换"及"本公司拥有最终解释权"……然而这些司空见惯的规定,真的合理吗?让我们看看《民法典》怎么说。

一、《民法典》规定

2021年1月1日施行的《民法典》对于格式条款,也就是我们常说的"霸王条款"的相关规定进行了修改和更新,主要涉及以下规定。

第496条规定,格式条款是当事人为了重复使用而预先拟定,并在订立合同时未与对方协商的条款。采用格式条款订立合同的,提供格式条款的一方应当遵循公平原则确定当事人之间的权利和义务,并采取合理的方式提示对方注意免除或者减轻其责任等与对方有重大利害关系的条款,按照对方的要求,对该条款予以说明。提供格式条款的一方未履行提示或者说明义务,

─────────────

　　[*] 刘勇,北京市安通律师事务所高级合伙人、副主任。北京大学法学学士、中央民族大学法律硕士,北京律师协会合同法专业委员会第九届、第十届委员。北京保险行业协会业外调解员。擅长企业法律顾问业务,在诉讼业务及非诉业务特别是保险、经济合同、民事侵权、刑事辩护、劳动仲裁等领域具有十分丰富的执业经验。主要学术成果:《合同编:一纸契约保护的居安思危》一文发表于《民主与法制》周刊2020年第23期。

　　[**] 李梅青,北方工业大学法律系研究生。

致使对方没有注意或者理解与其有重大利害关系的条款的，对方可以主张该条款不成为合同的内容。

第 497 条规定，有下列情形之一的，该格式条款无效："（一）具有本法第一编第六章第三节和本法第五百零六条规定的无效情形；（二）提供格式条款一方不合理地免除或者减轻其责任、加重对方责任、限制对方主要权利；（三）提供格式条款一方排除对方主要权利。"

第 498 条规定："对格式条款的理解发生争议的，应当按照通常理解予以解释。对格式条款有两种以上解释的，应当作出不利于提供格式条款一方的解释。格式条款和非格式条款不一致的，应当采用非格式条款。"

在《民法典》颁布出台之前，有关格式条款的裁判依据主要是在《合同法》及司法解释之中，包括《合同法》第 39 条、第 40 条；《最高人民法院关于适用〈中华人民共和国合同法〉若干问题的解释（二)》第 9 条和第 10 条。在上述法律条文中，分别涉及格式条款被认定无效及被撤销两种情形，但各自对应的具体情形，界限却不甚清晰；加之，对撤销和无效情形的表述过于宽泛，在司法实践中，导致对格式条款的认定及处理不一致的情形时有发生。而《民法典》有关格式条款的规定与《合同法》相比，则更加细化，实践操作性也更强。

《民法典》第 496 条之规定，在《合同法》第 39 条的基础上，首先增加了"等与对方有重大利害关系的条款"，作为应该采取合理方式提请对方注意条款的兜底性描述，并规定提供格式条款的一方未履行提示或者说明义务时，对方可以主张该条款不成为合同内容。

《民法典》第 497 条之规定，在《合同法》第 40 条基础之上拓展了格式条款无效的情形，并且在第 2 款中加上了"不合理地"限定语，使得格式条款无效情形相比于《合同法》的规定更加清楚，即并非所有排除或者减轻格式条款提供者责任、加重对方责任、限制对方主要权利的格式条款都归于无效，前提是该条款属于不合理的条款，依据上下文文义，对于是否属于合理条款的主要判断依据是制定该条款时，提供格式条款的一方有无尽到通知的义务。

二、知识要点

格式条款是 19 世纪发展起来的，是某些行业在频繁、重复性的交易中为了简化合同订立的程序而形成的。这些行业的主体一般是较大且具有一定规模的企业，大部分存在于垄断行业。

1. 格式条款，是指当事人为了重复使用而预先拟定，并在订立合同时未与对方协商即签订的条款。其显著特点在于，格式条款对于相对人而言，只能作出全部同意或不同意的表示，签订合同的过程中，经常发生一方（一般是经营者）利用自己的优势地位进行不公平交易的现象，在格式合同中加入免除自己责任或者加重对方责任的"霸王条款"。生活中大到购车买房，小到缴水电费，我们经常会遇到各种合同，如保险合同、银行的金融借款合同、房屋租赁合同，就连网购、软件下载、健身、旅游等活动中，如果仔细阅读涉及的合同，就会发现缔约内容里或多或少都包含格式条款。

格式条款对日常交易具有重要的促进作用，能有效降低当事人的缔约成本，提高效率。但是格式条款使用不当，也会导致一些经营者单方面制定对自己有利的条款来逃避法定义务，损害消费者的合法权益。面对密密麻麻的条款，消费者常常没有细看就签字。于是一旦出现纠纷，经营者便会以消费者自愿签字为由撇清责任，这时候处于弱势的消费者一方便是"哑巴吃黄连，有苦说不出"。

2. 怎样算构成格式条款。实践中存在这样一种误解——"使用过两次或以上"的合同或条款，即构成"格式条款"。从上述《民法典》关于"格式条款"的定义，我们可知，格式条款包括以下三个要素：①为了重复使用；②预先拟定；③未与对方协商。这三个要素是综合的整体，缺一不可。

此外，根据司法实践与日常生活经验，构成格式条款还需满足适用对象为不特定的相对人以及内容与外在形式的固定化。如果根据其合同内容可以很明显地看出是特定相对人之间拟定的，那就不构成格式条款。

3. 合同中的格式条款，谁来履行提示说明义务。《民法典》第 496 条规定，提供格式合同的一方对合同条款必须尽到提示说明的义务。所以提示说明的主体是提供格式合同的一方，一般是经营者。而"提示说明"的方式必须是能让对方注意到的方式，比如不一样的字体，或者增加下划线等引起对方注意的方式。

4. 哪些内容需要经营者尽到提示说明义务。按《合同法》规定，提供格式条款一方提请接受方注意的内容只有"免除或者限制其责任的条款"。而《民法典》扩大了格式条款制定方提示说明义务的范围，提示对方注意的内容在原来的基础上增加了"等"字，概括为"与对方有重大利害关系的条款"，增加了这一兜底性规定。也即只要格式条款是与对方有重大利害关系的条款都要提示对方注意，这就从合同订立时就增加了控制力度。

5. 当经营者没有尽到提示说明义务时应当如何去做。《合同法》第39条对此没有做任何规定，后来《合同法》的司法解释做了补充，认为当事人可以撤销格式条款。但是这种撤销有局限性。第一，撤销要形成诉讼，主张形成诉权，增加了相对人的负担，因为单纯的抗辩是没有用的；第二，撤销会涉及撤销权1年除斥期间的问题，这就限制了当事人主张的时间，也会影响到对相对人的保护。① 现在《民法典》很清楚地规定，如果格式条款一方没履行提示义务，对方可以主张该条款不成为合同的内容，等于合同没写过这条内容，这就不必牵扯除斥期间，体现了对接受格式条款一方的倾向性保护。

三、典型案例——庆余年超前点播案

【案情简介】吴某某系爱奇艺平台用户，于2019年6月19日购买了1年的黄金VIP会员，权益内容中包含"热剧抢先看"。此时爱奇艺提供的会员协议为2018年11月23日更新的版本，此版本中没有"付费超前点播"的约定；2019年12月8日，爱奇艺公司更新了VIP会员服务协议，增加了"付费超前点播"条款；2019年12月11日，吴某某在爱奇艺平台观看热播剧《庆余年》时，发现更新的最新剧集需要付费单独购买，3元/集，即"付费超前点播"。并且剧前仍有"会员专属广告"，需要手动点击跳过。2019年

---

① 李松晓：《论我国格式条款立法的缺陷与完善——以格式条款的效力认定为中心》，载《学习与探索》2014年第8期。

12月18日，会员协议再次更新，但超前点播条款未发生变更。就此，原告吴某某以爱奇艺公司通过单方面变更会员协议，对其享有的"热剧抢先看"权益造成重大调整，爱奇艺公司构成违约且格式条款中存在多处地方违反《合同法》第40条规定为由，将其诉至法院。

【焦点问题】

1. 爱奇艺的 VIP 会员协议是否构成格式条款。

2. 争议条款效力的认定。

3. "付费超前点播"是否构成违约及其效力问题。

四、律师解析

（一）涉案 VIP 会员协议是否属于格式条款

由上文可知，构成格式条款需要满足"为了重复使用""预先拟定""未与对方协商"三大要素，据此，在本案中，法院认为："会员服务协议"是爱奇艺公司基于"一对众"的网络服务平台上特有的产业模式，预先拟定并面向众多 VIP 会员重复使用的条款；吴某某在签订协议时只能"接受或走开"，而不能与爱奇艺"讨价还价"。因"会员服务协议"满足上述三大要素，故其属于格式条款。

（二）争议条款效力的认定

涉案 VIP 会员协议导言第2款约定："爱奇艺已经以下划线或其他合理方式提示您重点阅读协议中与您的权益（可能）存在重大关系的条款（包括相关免除或限制责任条款等）。同时，双方同意前述免责、限制责任条款不属于《合同法》第40条规定的'免除其责任、加重对方责任、排除对方主要权利'的条款，即您和爱奇艺均认可前述条款的合法性及有效性，您不会以爱奇艺未尽到合理提示义务为由而声称协议中条款非法或无效。"

从《合同法》第40条和《民法典》第496条的规定中我们可以得知，法定权利和义务不得以约定形式限制和规避，格式条款提供方必须尽到合理提示义务，不得排除合同相对人以格式条款提供方未尽到合理提示义务为由主张有关条款无效的权利。从内容上讲，加粗导言作为爱奇艺的 VIP 会员协议格式条款的一部分，在未与（也无法与）会员协商的情况下，爱奇艺免除了己方的合理提示的义务，加重了会员的注意责任，限制了会员作为消费者要求经营者提示说明的权利，符合以上法律条文中规定的合同条款无效的情形。此外，在条款性质方面，《民法典》第497条中关于格式条款也保留了《合同法》对于合同条款无效的规定，亦属于法律的强制性规定，不由当事人自由选择是否适用，也不得在格式条款中约定排除适用，否则约定内容无效。该项条款在性质上属于法律的强制性规定，不允许双方当事人排除适用。爱奇艺的该项条款以单方意思表示排除关于《合同法》第40条的适用，违反《合同法》的规定，无论是从条款内容还是条款性质来说，都是无效的。

（三）"付费超前点播"是否构成违约及其效力问题

在判决书中，法院结合爱奇艺的会员协议中的"会员权益内容"与"整体的会员体系"认定原告吴某某VIP会员"热剧抢先看"的权益属于双方合同的内容，不能依据之后更新的会员协议在条款内容里增加"付费超前点播"。VIP会员协议中增加"付费超前点播"条款必然会改变原合同双方的权利义务关系，其增加"付费超前点播"条款的性质属于合同的变更，但是由于此条款实质性地损害了黄金VIP的主要权益，违反了《合同法》的公平原则而不发生合同变更的效力。

根据《民法典》总则编第5条"民事主体从事民事活动，应当遵循自愿原则，按照自己的意思设立、变更、终止民事法律关系"与第6条"民事主体从事民事活动，应当遵循公平原则，合理确定各方的权利和义务"，结合法院观点，提供格式条款一方可以约定享有单方变更权，这属于当事人的合同自由，但该权利应当受到公平原则的约束，不得损害合同相对方权益，否则变更行为对合同相对方不发生法律效力。

综上所述，法院基于公平原则的考量，在承认爱奇艺公司依约享有单方变更权的同时，又认为爱奇艺公司在VIP会员协议中自行增加的"付费超前点播"损害了合同相对方的合法权益，故"付费超前点播"对吴某某不产生合同效力。这也从侧面反映了《民法典》中关于格式条款的订入规则。① 根据《民法典》第 496 条可知，格式条款的订入规则是指"提供格式条款的一方应当采取合理的方式提示对方注意免除或者减轻其责任等与对方有重大利害关系的条款，按照对方要求，对该条款予以说明"，从而使对方明确知悉并理解该条款的内容。本案中因"付费超前点播"格式条款内容系属于对吴某某有重大利害关系的条款，爱奇艺公司未采取合理方式履行提示或说明义务的，吴某某可以主张"付费超前点播"不成为合同内容，不产生合同效力。

简而言之，爱奇艺之所以在本案败诉，主要有以下两点原因：

1. 部分条款违反了法律对于格式条款效力的强制性规定。

由于格式条款是当事人预先拟定的，缺少合同双方协商一致的过程，并不能充分体现双方当事人的意思自治，因此法律对格式条款的无效和可撤销有严格的规定，且上述规定属于强制性规定，不能通过约定被排除。北京市互联网法庭判决 VIP 会员协议导言第 2 款约定无效，便是基于上述法理。

2. 没有对单方变更后的格式条款予以合理通知。

除判决 VIP 会员协议导言第 2 款无效，北京市互联网法庭也支持了原告请求判决"付费超前点播服务条款"对其无效的诉请，其核心依据并非付费超前点播服务条款本身不合理，而是爱奇艺 2019 年 12 月 8 日擅自增加了超前点播条款，没有经过用户的同意，也没有相应的合理的告知流程，加之原合同并未约定此额外付费的服务形式，新条款无疑增加了原告的义务，因此构成无效的格式条款。实际上，对于所有 2019 年 12 月 8 日之前已经开通会员的用户都不发生效力，只不过合同诉讼有相对性，本案诉讼结果只能针对原告个人，不能惠及大多数人。

（四）格式条款的解释

在本案中，除了以上三个焦点问题，讨论较多的还有吴某某和爱奇艺公司对黄金 VIP 的"热剧抢先看"权益内容产生争议而涉及格式条款的解释规

---

① 张良：《我国民法典合同编格式条款立法研究》，载《四川大学学报》（哲学社会科学版）2019 年第 1 期。

则问题。

根据《民法典》第 498 条的规定可知,当对格式条款的理解发生争议时,其解释规则主要分为三个步骤。

第一,首先按照通常理解予以解释。根据《合同法》第 125 条的规定,对合同条款进行通常理解,应当按照合同所使用的词句、合同的有关条款、合同的目的、交易习惯以及诚实信用原则,确定该条款的真实意思。吴某某和爱奇艺公司的主要争议焦点在于"热剧抢先看"权益内容中关于"其他人还在等待更新时,你已看完大结局"的真实意思。对此,按照通常理解,上述语句的含义应当被理解为所有 VIP 会员比非 VIP 会员享有在先观看"已经更新剧集"的会员权益。

第二,当对格式条款有两种以上解释的,应当作出不利于提供格式条款一方的解释。因"热剧抢先看"是爱奇艺公司赋予作为黄金 VIP 会员的吴某某享有优先于其他非黄金 VIP 会员而提前看剧的权益,而提前看剧的范围是否包括全部已经更新的剧集并未明确。因此存在"提前看剧的范围系包括全部已经更新的剧集"和"只承诺提前看更新剧集但并未包括全部已更新剧集"的两种解释时,应当作出不利于提供格式条款一方的解释,即认为"热剧抢先看"权益内容应当理解为,所有 VIP 会员比非 VIP 会员享有在先观看"所有的已经更新剧集"的会员权益。

第三,格式条款和非格式条款不一致的,应当采用非格式条款。非格式条款系由双方协商确定的,故更能体现相对方的真实意愿,因此当格式条款与非格式条款发生冲突时,应采用非格式条款。

【律师建议】

如何规避格式条款的法律风险,笔者提出几点建议。第一,对于免除或者减轻格式条款提供者责任等与对方有重大利害关系的条款,在合同订立时采用加粗、标红、画线等足以引起对方注意的标识。第二,在单方面变更格式条款时,应当再次采取足以引起对方注意的方式,提示格式条款的变更。第三,格式条款约定本身不应当违反法律强制性规定,排除格式条款提供者的法定义务。

因实践中常会发生经营者滥用格式条款损害消费者权益的现象，《民法典》对此进一步修改完善，明确细化格式条款的效力问题及解释问题，以维护合同的实质正义。本文通过对典型案例的解读，提醒交易主体在交易活动中应保留双方协商记录、履行相应的提示及说明义务，以避免格式条款的效力风险，以促进市场经济活动的健康发展。尤其是消费者在签订相关合同时，一定要认真查看合同条款的内容，不要轻易签字，在不能获悉条款的真实意思情况下，可以向合同提供一方提出异议。对经营者不合理地免除或者减轻其责任、加重消费者责任、限制或排除消费者主要权利的"霸王条款"注意收集证据，及时寻求法律救助。

代位追偿

——浅谈债权人与次债务人的合同相对性

陈 超[*]

一、《民法典》规定

第 535 条 因债务人怠于行使其债权或者与该债权有关的从权利，影响债权人的到期债权实现的，债权人可以向人民法院请求以自己的名义代位行使债务人对相对人的权利，但是该权利专属于债务人自身的除外。

代位权的行使范围以债权人的到期债权为限。债权人行使代位权的必要费用，由债务人负担。

相对人对债务人的抗辩，可以向债权人主张。

二、知识要点

相对性是我国合同法的基本性质，一般而言，合同所产生的法律约束仅限于签订合同的相对方，合同所产生的法律效力也仅仅对合同的相对方生效，任何人不得基于合同约定赋予的权利约束合同外的第三人，这是合同这一法律产物的基本特征。但在法律上仍然存在可以突破合同相对性的例外，或是基于本合同的约定权利对不属于本合同范畴内的第三人产生效力，或是基于法律规定对不包括自己在内的其他人的合同关系进行干涉。这两个基本的例

　　* 陈超，北京市安通（东莞）律师事务所创始人、董事局主席。有二十多年律师从业经验，专注于企业法律顾问、知识产权、企业合规审查法律服务。擅长处理刑民交叉案件、重大复杂疑难民商事案件。服务过近千家国有、外资及民营企业，行业横跨消费品与零售、工业及制造业、房地产和建筑、金融机构、汽车、医疗健康与医药等众多类型。在行业内外备受赞誉，曾多次获得优秀律师荣誉称号。

外被称为债权人撤销权和债权人代位权。

前者是指债权人对债务人恶意损害债权人的行为，可请求法院予以撤销的权利（《合同法》第74条规定："因债务人放弃其到期债权或者无偿转让财产，对债权人造成损害的，债权人可以请求人民法院撤销债务人的行为。债务人以明显不合理的低价转让财产，对债权人造成损害，并且受让人知道该情形的，债权人也可以请求人民法院撤销债务人的行为。"）；而后者是指债务人不履行对第三人的债权而损害债权人的行为，债权人有权以自己的名义对第三人行使债务人的权利（《合同法》第73条第1款规定："因债务人怠于行使其到期债权，对债权人造成损害的，债权人可以向人民法院请求以自己的名义代位行使债务人的债权，但该债权专属于债务人自身的除外。"）。

本文所述《民法典》第535条修改的正是债权人代位权这一方面。

除了一些基本的用语优化，《民法典》对于代位权这一有长久历史的法律制度的改动，主要包括：①细化了适用代位权的情形；②强调了第三人（次债务人）与债权人的关系。

三、典型案例

广州中院公布2017年十大商事案例之九：陈某与广州纺某公司、广州陆某物流公司债权人代位权纠纷案。

广州纺某公司与广州陆某公司签订"煤炭采购合同"后，广州陆某公司向广州纺某公司支付品质数量调节金及保险费。而后，广州陆某公司出具"承诺函"称不能履行交货义务，若广州纺某公司愿意解除合同，则广州陆某公司愿意承担造成的损失。广州纺某公司提出应返还的货款与其违约金进行部分抵销。另外，陈某另案诉广州陆某公司及其法定代表人民间借贷纠纷一案已经作出生效判决，判令广州陆某公司向陈某返还款项。陈某遂起诉请求纺织品公司向其返还款项。

法院经审理查明，陈某对广州陆某公司享有合法债权已经生效判决的确认。因"煤炭采购合同"是否已解除未确定，故不足以证实广州陆某公司对广州纺某公司享有到期债权。又因广州陆某公司不能履行时立即发出承诺函，表明其是在积极解决因不能履行该合同而产生的债权债务问题，而并非怠于行使债权，故判令驳回陈某诉讼请求。

西安新竹防灾救生设备有限公司与中国联合网络通信有限公司山西省分公司等债权人代位权纠纷再审案。

申请再审人（一审原告、二审被上诉人、再审申请人）：西安新竹防灾救生设备有限公司（以下简称西安新竹公司）。

被申请人（一审被告、二审上诉人、再审被申请人）：中国联合网络通信有限公司山西省分公司（以下简称联通山西分公司）。

原审第三人：山西海达消防工程有限公司（以下简称海达公司）。

西安新竹公司（债权人）对海达公司（债务人）享有一笔到期债权。该债权已被生效民事判决确认，即海达公司应向西安新竹公司支付货款 972 852 元及违约金。海达公司未履行上述生效民事判决。

海达公司（债务人）对联通山西分公司（次债务人）有到期债权尚未及时主张。联通山西分公司与海达公司签订过两份消防工程施工合同，由海达公司为联通山西分公司进行消防工程施工。现工程已竣工，但联通山西分公司与海达公司未就上述工程进行结算，亦未按照合同约定支付全部工程价款。该工程价款在一审中经西安新竹公司申请司法鉴定后确定。

由于海达公司既未向西安新竹公司履行债务，又怠于行使其对联通山西分公司的到期债权，西安新竹公司作为代位权人提起诉讼，请求：由联通山西分公司向西安新竹公司支付其所欠第三人海达公司的到期欠款 949 235 元及相应利息。一审被告联通山西分公司辩称，西安新竹公司不具备行使代位权的资格；联通山西分公司至今未与海达公司进行工程结算，工程款数额尚不能确定，西安新竹公司以一个不确定的标的向联通山西分公司主张代位权，缺乏法律依据，故请求驳回西安新竹公司的诉讼请求。

本案经过一审、二审后，西安新竹公司申请再审，山西省高级人民法院再审认为，本案的争议焦点有三：

第一，西安新竹公司对海达公司与联通山西分公司之间的债权享有代位权。根据《合同法》第 73 条及相关解释的规定，行使代位权的条件是：债权人对债务人的债权合法；债务人怠于行使其到期债权，对债权人造成损害；

债务人的债权已到期；债务人的债权不是专属于债务人自身的债权。本案中，首先，西安新竹公司对海达公司享有合法到期债权，有生效民事判决以及执行裁定为证。其次，海达公司对联通山西分公司是否享有到期债权及具体数额需在代位权诉讼中确定。债务人与次债务人虽然对他们之间的债权债务存在争议，但这正是代位权诉讼中应予解决的问题。因此，海达公司对联通山西分公司的到期债权数额需在代位权诉讼中确定。最后，对上述债权海达公司在较长时间里未以诉讼或仲裁等方式向联通山西分公司主张权利，可以认定海达公司怠于行使其对联通山西分公司的到期债权。此怠于行使自身债权的行为使西安新竹公司的合法到期债权长期难以实现，损害了其合法权益。综上所述，西安新竹公司有权提起代位权诉讼。

第二，海达公司对联通山西分公司享有到期债权的数额。根据当事方提供的证据及能够认定的事实，结合对涉案工程价款的鉴定结论，可以认定联通山西分公司对海达公司负有到期债务 1 088 170.82 元及相应利息。

第三，联通山西分公司应向西安新竹公司支付的金额。依据西安新竹公司的诉讼请求及海达公司对西安新竹公司所负债务 1 186 956 元，联通山西分公司应向西安新竹公司支付本金 949 235 元及利息。

综上，山西省高级人民法院再审判决：①撤销原一审、二审判决；②改判联通山西省分公司在其对海达公司负有的 1 088 170.82 元及利息的债务范围内给付西安新竹公司 949 235 元及利息。

四、律师解析

在代位权之诉中，债权人主张的依据有两个重点：一是债务人是否存在已到期的债权，这里的债权必须是确定的、已经发生的，而且是合法的，如果次债务人的债权处于不能主张的状态，代位权亦不能主张；二是债务人是否存在怠于主张债权的行为，此行为的存在可以证实也可以推定。

一旦满足这些条件，债权人就可以行使代位权，同时打破自己与债务人的合同桎梏和债务人与次债务人的合同封闭性。这时，债权人和次债务人相当于产生了一种"类合同关系"，合同具有相对性，债权人的权利及于次债务人的同时，次债务人的抗辩也应该能作用于债权人。《合同法》只强调了债权人在代位权之诉中的权利，并未说明次债务人在诉讼中的抗辩规则。该缺漏在 1999 年的《最高人民法院关于适用〈中华人民共和国合同法〉若干问题的解释（一）》的第 18 条"在代位权诉讼中，次债务人对债务人的抗辩，可以向债权人主张。债务人在代位权诉讼中对债权人的债权提出异议，经审查异议成立的，人民法院应当裁定驳回债权人的起诉"中提到。

本次《民法典》对该条的改动，显然是对《合同法》中代位权制度和其司法解释的整合，彰显了合同法在制度下的完整性。

债务免除在什么情况下才会发生？

一、《民法典》规定

第575条　债权人免除债务人部分或全部债务的，债权债务部分或者全部终止，但是债务人在合理期限内拒绝的除外。

二、知识要点

关于债务免除的性质有不同主张：一种学说认为债务免除的性质是契约。债的关系是债权人与债务人之间特定的法律关系，不能仅依一方当事人的意思表示成立。债权人免除债务可能有其他动机和目的，为防止债权人滥用免除权损害债务人利益，免除应经债务人同意。而另一种学说则认为免除是债权人抛弃债权的单方行为。

《合同法》第105条规定的债务免除可以凭借债权人的单方意思表示直接导致债权债务的部分或全部终止，即第二种学说。而《民法典》第575条却赋予债务人在合理期限内拒绝债权人免除其债务的权利，支持了第一种学说，即契约说。从法理上讲，这将意味着债务免除行为不再是一个单纯的单方民事法律行为。据此我们可以得出以下结论：第一，若债务人在合理期限内明确表示拒绝债权人的债务免除行为，则债权债务不终止；第二，若债务人在合理期限内明确表示接受债权人的债务免除行为，则债权债务终止；第三，若债务人在合理期限内对债权人的债务免除行为保持沉默，则债权债务终止。

＊ 刘蕊，北京市安通（东莞）律师事务所实习律师。

三、典型案例①

【案情简介】2016 年 7 月 21 日，食品公司与供应链公司签订"销售合同"，约定食品公司向供应链公司出售德运乳制品 2 217.552 吨，合同总价为 107 024 796.08 元，交货时间为 2016 年 7 月 22 日前，供应链公司应于 2016 年 10 月 29 日前付清全部货款。截至 2016 年 12 月 9 日供应链公司已支付 4500 万元，尚欠款项 62 024 796.08 元。2016 年 12 月 15 日，连隆公司向食品公司出具《担保（函）》一份，约定其愿意为供应链公司未支付货款及利息向食品公司提供连带担保清偿之责，并保证在收到食品公司履行担保责任付款通知书后，不论食品公司是否向供应链公司追索，保证按付款通知书规定的付款日、付款金额，主动、一次性向食品公司付清全部应付款项。

2017 年 4 月 24 日，食品公司与昊悦公司签订"最高额抵押合同"一份，约定昊悦公司自愿以其名下抵押财产清单所列房产与土地使用权为食品公司与债务人形成的一系列债权提供最高额抵押担保。并另有约定："除本合同项下昊悦公司就主债权向食品公司提供的抵押担保以外，其他任何第三方就主债权向食品公司提供的担保（包括人的担保和物的担保）均已撤销。"

2017 年 7 月 3 日，食品公司向连隆公司发出付款通知书，称因截至该通知书发出之日，供应链公司未支付拖欠的款项，故要求该司依据"担保函"于 2017 年 7 月 31 日前一次性支付货款 62 024 796.08 元。后连隆公司向食品公司发出回复函称"贵司已同意撤销我公司担保函，故我公司不再承担担保责任，现贵公司要求我公司付款没有事实依据"。

一审法院认为，食品公司并未向连隆公司作出免除其债务的意思表示，判决连隆公司应对供应链公司所欠案涉债务承担连带清偿责任。连隆公司不服其判决并上诉请求撤销中院一审判决。

二审法院审理后认为，关于撤销连隆公司担保责任的约定是食品公司取得昊悦公司提供的最高额抵押担保后对其他第三方提供的对主债权的担保责任的免除，担保权人食品公司有权处分自身权利，可以免除担保人连隆公司

---

① 案号：（2020）最高法民申 735 号。

的保证担保责任，债务免除行为已生效。连隆公司不再承担连带保证责任，并撤销一审判决。食品公司又向最高人民法院申请再审，最高人民法院审查后认为连隆公司担保责任已被免除，不再承担担保责任，并裁定驳回食品公司的再审申请。

【焦点问题】连隆公司是否应就供应链公司对食品公司的债务承担保证责任，即免除债务的行为是否成立？

本案中，食品公司在其与昊悦公司签订的《最高额抵押合同》中明确约定"除本合同项下昊悦公司就主债权向食品公司提供的抵押担保以外，其他任何第三方就主债权向食品公司提供的担保（包括人的担保和物的担保）均已撤销"，而案涉买卖合同除了连隆公司提供的保证担保和昊悦公司提供的最高额担保外，并不存在其他担保，因此可以明确上述约定中已撤销的担保指连隆公司的保证担保。

昊悦公司为供应链公司的债务提供担保，并明确约定连隆公司的担保已撤销，之后昊悦公司又向连隆公司出示了该合同原件，应当认定食品公司与昊悦公司达成了免除连隆公司的担保责任，由昊悦公司承担最高额担保责任的一致意思表示，且该意思表示通过昊悦公司到达了连隆公司，该债务免除行为已成立生效。根据债务免除的规定，债权人免除债务人债务的，合同的权利义务终止，因此连隆公司不再承担担保责任。食品公司在免除连隆公司担保责任后仍向连隆公司发出《付款通知书》并起诉要求连隆公司对案涉货款承担连带保证责任，有违诚实信用原则，不属于可撤销的民事法律行为。

四、律师解析

笔者通过认真研读本案及其他相关判例，总结归纳出有关债务免除的要点如下。

要点一：关于债务免除的性质。其属于无因行为，即不因前面做出该行为原因的变化而改变后面发生的结果。也就是说债权人免除债务人债务，无论是为了赠与、和解还是其他原因，这些原因是否成立、是否改变，均不影响债务免除的效力。这一性质也可说明债务免除行为属于不可撤销的民事法律行为。本案中，食品公司对连隆公司的债务免除的意思表示一经作出，即发生免除其债务的法律后果，之后不论食品公司因何种原因不想免除其债务，均不可改变债务已免除的结果，其后向连隆公司主张支付货款亦不能得到法院的支持。

债务免除是处分债权的行为，因而需要债权人对该债权享有处分权，作出免除意思表示的债权人必须具有完全民事行为能力，无民事行为能力人和限制民事行为能力人不得为免除行为，除非由其法定代理人同意、追认或代理，否则不发生免除的效力。本案中，食品公司是担保权人，当然地享有其担保权的处分权。

要点二：有关债务免除的方法。免除应由债权人向债务人以意思表示为之，向第三人为免除的意思表示，不发生免除的法律效力。本案中，一审法院的判决便是以此为由不免除连隆公司的担保责任的。一审法院认为食品公司与昊悦公司签订的"最高额抵押合同"中表述，关于任何第三方就主债权向其提供的包括人和物的担保均已撤销，连隆公司据此主张食品公司已撤销其向食品公司提供的担保，但食品公司不予认可，且与连隆公司出具的"担保函"第1条、第7条的约定不符，连隆公司也未提交任何证据证明食品公司曾与其签订协议或通知其撤销连带责任担保。此处的争议点是食品公司是否向连隆公司作出了免除其债务的意思表示？一审法院认为并未向相对人作出意思表示。而二审法院和最高人民法院均认为昊悦公司向连隆公司出示了"最高额抵押合同"原件，因此，应当认定食品公司与昊悦公司达成了免除连隆公司的担保责任，由昊悦公司承担最高额担保责任的一致意思表示，且该意思表示通过昊悦公司到达了连隆公司。债权人食品公司符合向债务人以意思表示为之的条件。

另外，根据《民法典》的规定，债务免除还需要经过债务人的同意才能发生免除的效力。本案中，虽然连隆公司并未明确表示同意食品公司与昊悦公司关于免除第三人的全部债务之约定，但根据连隆公司的相关行为甚至上诉请求免除其担保责任来看，已经属于同意食品公司免除其担保债务的行为。债务人连隆公司符合债权人同意免除其债务之条件。

要点三：有关债务免除的撤销。从知识要点中提到的两种学说可以看出，《合同法》支持债务免除是债权人抛弃债权的单方行为的学说，自向债务人或其代理人表示后，无需经过其同意，即产生债务消灭的效果。因此，一旦债权人作出免除的意思表示，即不得撤销。而《民法典》的该项规定明显支持债务免除行为属于契约这一学说，即需要经过债务人或其代理人明示或默示同意才能发生债权债务消灭的法律后果。笔者认为无论是契约说还是单方行为说，基于对民法的基本原则——诚实信用原则的考量，以及《合同法》第 42 条、第 43 条、第 60 条等的相关规定，合同一旦有效成立后即应当严格遵守，债务免除行为一旦成立，均不应撤销反悔。本案的判决十分具有典型性，即使没有直接明确的法条规定，亦使用诚实信用原则作为裁判的理论依据，食品公司免除债务的意思表示通过昊悦公司到达了连隆公司，连隆公司默示接受，债务免除行为已经生效，债权债务关系已经消灭。况且，食品公司与昊悦公司签订"最高额抵押合同"后，食品公司亦依照"最高额抵押合同"提起诉讼，就本案债权之外的其他债权向昊悦公司主张担保责任，法院也已支持其请求，现食品公司又否认其免除连隆公司担保的意思表示，并要求连隆公司承担担保责任，亦不符合民事主体从事民事活动应当遵循诚信原则的要求。由此可以看出，债务免除行为一旦生效，便不可撤销反悔。

违约方是否可以享有合同解除权？

邝洪波*　刘尚蓝**

一、《民法典》规定

第 533 条　合同成立后，合同的基础条件发生了当事人在订立合同时无法预见的、不属于商业风险的重大变化，继续履行合同对于当事人一方明显不公平的，受不利影响的当事人可以与对方重新协商；在合理期限内协商不成的，当事人可以请求人民法院或者仲裁机构变更或者解除合同。

人民法院或者仲裁机构应当结合案件的实际情况，根据公平原则变更或者解除合同。

第 580 条　当事人一方不履行非金钱债务或者履行非金钱债务不符合约定的，对方可以请求履行，但是有下列情形之一的除外：

（一）法律上或者事实上不能履行；

（二）债务的标的不适于强制履行或者履行费用过高；

（三）债权人在合理期限内未请求履行。

有前款规定的除外情形之一，致使不能实现合同目的的，人民法院或者仲裁机构可以根据当事人的请求终止合同权利义务关系，但是不影响违约责任的承担。

二、知识要点

为解决《合同法》留下的合同僵局问题，《民法典》第 580 条第 2 款规

---

* 邝洪波，北京市安通律师事务所兼职律师，法律硕士，毕业于北方工业大学，现就职于北方工业大学，在《中国教育报》等报纸刊物发表论文十余篇，主要研究合同和侵权责任领域，曾受教育部表彰。

** 刘尚蓝，北方工业大学法律系研究生。

定的合同双方当事人均享有在合同出现履行不能的情况下向人民法院或仲裁机构申请终止合同权利义务的权利，实际上是创新性的举措，推翻了此前包括《全国法院民商事审判工作会议纪要》和民法典合同编草案一审稿和二审稿中的有关规定，是对现实需求的回应以及平息学界对违约方合同解除权否定声音的折中做法，应当值得肯定。

围绕"违约方解除合同"规则产生于早期的司法实践当中，是指出现合同无法继续履行的情形时，商事合同中的守约一方主张继续履行合同，而违约方为避免损失持续扩大，主张解除合同以尽早肃清合同的约束，违约方解除合同规则便旨在解决此类合同僵局问题。不同于美国普通法强调"违约自由"，我国合同法上一贯将合同解除权认为是专属于守约方的权利，违约方合同解除权这一概念与我国合同法的基本法理相违背，违约行为本身被认为是一种不道德的行为，因此违约方合同解除规则自然而然地受到各方的质疑与批判①。

围绕"违约方解除合同"问题的主要争议点有二：一是《民法典》此举是否明确赋予了违约方以合同解除权以及这一制度的设计初衷是否与法律原则和法理道德相悖等；二是该条文关于违约方申请司法解除合同的限制条件的规定过于简单，可能会导致一方滥用该条款任意解除合同，存在细节不完善的问题。反对该规则的代表性学者韩世远教授认为违约方合同解除权是个错误概念，一旦赋予违约方以解除权，势必与此基本立场相冲突，造成合同法体系冲突；并且，这势必会动摇我国合同法的根基，属于重大的立法政策变动②。赞成违约方申请司法解除的有王利明教授，其认为司法解除是解决合同僵局最有效的出路，但应该予以合理限制以避免造成判决不公现象③。在不同声音之下立法者艰难地选择了一种折中做法试图缓解对立双方的矛盾，但《民法典》颁布后诟病之声仍不绝于耳，因此该问题还有待于

---

① 参见石佳友、高郦梅：《违约方申请解除合同权：争议与回应》，载《比较法研究》2019 年第 6 期。

② 参见韩世远：《继续性合同的解除：违约方解除抑或重大事由解除》，载《中外法学》2020 年第 32 期。

③ 参见王利明：《论合同僵局中违约方申请解约》，载《法学评论》（双月刊）2020 年第 1 期。

进一步探讨。

三、典型案例

在"新宇公司诉冯某梅商铺买卖合同纠纷案"中，原告新宇公司是一家房地产开发公司，于 1988 年 10 月 19 日与被告冯某梅签订了一份商铺买卖合同，且已经完成了商事登记。冯某梅所购买的商铺位于时代广场的二层，双方均已履行了给付义务，但一直未办房屋产权过户登记手续（合同约定交付后 3 个月内双方共同办证）。时代广场建筑物系商业用房，地下一层、地上六层，地上第一、第二、第三层约 6 万平方米的部分区域被分割成商铺出售，其他面积归新宇公司自有。新宇公司将其自有房屋租赁给嘉和公司经营了一段时间后停业，之后又有一座购物中心在此开业，2002 年也遭遇停业。两次停业致使该商业广场的小业主经营困难，其中部分业主要求退房退款。新宇公司股东更换后，决定改变经营方式和方向，将原来的市场铺位式经营改为统一经营，拟对时代广场重新布局，为此陆续与大部分小业主协商解除了商铺买卖合同，只剩下冯某梅和一邵姓业主不同意回收。2003 年 3 月 17 日，新宇公司致函冯某梅，通知其解除合同。27 日，新宇公司拆除了冯所购商铺的玻璃幕墙及部分管线设施，6 月 30 日再次致函，冯仍不同意解除合同。由于冯、邵两户坚持不退商铺，新宇公司不能继续施工，6 万平方米建筑面临闲置风险，新宇公司起诉冯某梅，认为上述情形构成情势变更，请求判令解除被告与原告签订的商铺买卖合同，被告将所购商铺返还给原告，以便原告能够完成对时代广场的重新调整。原告除向被告退还购房款外，愿意给予合理的经济补偿。被告答辩称，原告请求解除商铺买卖合同，没有法律依据，应当驳回诉讼请求。

一审法院南京市玄武区人民法院认为，从衡平双方当事人目前利益受损状况和今后长远利益出发，依照公平和诚实信用原则，即使当事人双方之间存在的商铺买卖合同关系合法有效，冯某梅在履行合同过程中没有任何违约行为，本案的商铺买卖合同也应当解除。新宇公司同意在合同解除后，返还购房款、赔偿增值款外，再给补偿款 48 万元，足以使冯的现实既得利益不因合同解除而减少，应予确认。而后冯某梅不服原判提起上诉，二审法院认为，依据《合同法》第 110 条第 2 项规定的履行费用过高等情况，合同不适用继续履行。履行费用过高，可以根据履行成本是否超过各方所获利益来进行判断。当违约方继续履行所需的财力、物力超过合同双方基于合同履行所能获得的利益时，应该允许违约方解除合同，用赔偿损失来代替继续履行。本案中，如果让新宇公司继续履行合同，则新宇公司必须以其 6 万平方米的建筑面积来为冯某梅的 22.50 平方米的建筑面积提供服务，履行费用过高；而在 6 万平方米已失去经商环境和氛围的建筑中经营 22.50 平方米的商铺，事实上也达不到冯某梅要求继续履行合同的目的。一审衡平双方利益，判决解除商铺买卖合同，符合法律规定，是正确的。冯某梅关于继续履行合同的上诉理由不能成立。

四、律师解析

本案是违约方请求解除合同的典型案例，被最高人民法院作为公告案例予以公布。在《民法典》合同编编纂之际，该案引起热烈讨论，围绕该案的争议核心是：违约方是否可以享有合同解除权。

本案新宇公司兼具违约方与债务人身份，冯某梅作为守约方，依照我国合同法传统法理来看，仅作为守约一方的冯某梅具有合同解除权，新宇公司要求解除合同，其违约行为本身被视为破坏了商事领域一向极为看重的诚实信用原则。但根据查明的事实来看，如果让新宇公司继续履行该商铺出租合同，则新宇公司必须以其 6 万平方米的建筑面积来为冯某梅的 22.50 平方米的建筑面积提供服务，要为此支付的履行费用过高不说，且涉案时代广场作为一个商业性广场也因为原告方的经营不善等缘由而失去了经商环境和氛围，因此事实上无法满足冯某梅要求继续履行合同的目的。一审法官衡平双方利益，判决解除商铺买卖合同，符合法律规定。因此，一审法院认为双方订立合同的目的已经无法实现，平衡双方利益受损情况及未来长远利益，根据公平和诚实信用原则，判决解除合同，是正当之举。

二审法院认为，当违约方继续履行合同所需的财力、物力超过合同双方基于履行合同所能获得的利益时，应该允许违约方申请合同解除以脱离合同的约束，及时止损，这无疑是出于维护市场经济效率的目的所做的判决。但是，笔者认为，二审法院援引《合同法》第 110 条作为判决依据则不甚妥当。《合同法》第 110 条规定了非金钱债务的违约责任，虽然从字面上看该条文可以被援引作为违约方对非违约方要求强制履行的抗辩权，但即便违约方得以据此拒绝继续履行，合同并不当然因此解除，所以《合同法》第 110 条并没有为违约方解除合同提供一个合理的依据。

除此之外还有非常重要的一点，原告主张利用情势变更要求解除合同，那么情势变更是否可以解决大部分合同僵局问题呢？笔者认为，情势变更原则的适用情形在一定程度上与合同僵局有类似之处，但归根结底，情势变更解决不了合同僵局问题。这是因为情势变更只适用于合同当事人双方对发生的合同难以继续履行的情形均具有不可归责性，而并非是由于某一方的过错所致。而合同僵局是由于一方当事人的违约行为导致的合同目的不能实现，且有权提出解除合同的非违约方不肯解除合同，导致另一方损失持续扩大。由此提出赋予违约方申请解除合同的权利，其目的是让法官公平地重新分配双方的权利义务并从合同的束缚中解脱出来，故而赋予违约方合同解除权有利于解决强制履行不能的合同僵局[①]。且在我国，情势变更适用情形限制较为严格，合同僵局问题多是由于当事人对商业风险的误判所致，因此两者并不能够画等号。

【律师建议】

随着《民法典》的颁布和实施，违约方解除合同规则也将更为广泛地适用到各类商事合同中。《民法典》第 580 条第 2 款赋予了违约方申请司法解除合同的权利，但由于法条缺乏具体限定条件，在适用上势必将会导致一些实务人士引用该条文时无从下手，在此笔者不揣陋见，以解决实践案例为立足点，给予一些补充建议。

第一，增加"非违约方怠于行使合同解除的权利，不解除合同对对方显失公平的"这一前提条件。上文提到，我国传统合同法法理认为赋予违约方以解除合同资格是违背合同严守以及原则的，有鉴于此，笔者认为违约方在

---

① 参见刘凯湘：《民法典合同解除制度评析与完善建议》，载《清华法学》2020 年第 3 期。

情势所迫不得已以起诉的方式申请司法解除救济之前，我们有必要确认非违约方是否存在消极行使合同解除权的事实，假使在合同双方当事人均预见到因一方违约行为致使合同目的无法实现后的一段时间内，非违约方积极行使合同解除权，违约方以支付违约损害赔偿金的方式填补非违约方的损失，合同僵局迎刃而解，违约方申请解除合同自然无需再谈。但如果经过违约方的催告后，非违约方自恃其处于道德高地，坚持要求违约方继续履行合同义务，并无视违约方日益增加的财产损失，有违诚实信用原则，此时非违约方便具有苛责性，法律赋予违约方以救济权利就再正当不过。因此，增加"非违约方怠于行使解除合同的权利"，并赋予其一定期限的宽限期是非常有必要的。民法典合同编一审稿中关于违约方解除合同规则规定有"解除权人不解除合同对对方明显不公平的"这一要件，出于公平原则考虑是非常有必要的。实践中大多数合同僵局问题，破解之难点就在于一面要维护守约方的合同解除权，一面要考虑合同继续履行下去违约方所遭受的损害。而赋予违约方申请解除合同的权利，法官就要审慎审查是否存在合同内容存续危害违约方利益过甚的问题，这一要件也是有效避免法官在审判时过度自由裁量造成不公正判决的利器，应当在司法解释中予以明确。

第二，违约方须支付足额的违约损害赔偿金。实践中，多数案件中的非违约方由于违约方不能够支付符合其期望的违约赔偿额，即双方没有就违约损害赔偿数额达成共识，不同意解除合同。《民法典》第580条第2款提到了"人民法院或者仲裁机构可以根据当事人的请求终止合同权利义务关系，但是不影响违约责任的承担"，但具体计算方法仍有待明确。鉴于合同僵局破解的关键在于肃清合同权利义务关系，也即对受损害的一方当事人的损失填补到位，如此才是法律规定损害赔偿条款的目的。"我们法律的导向并不是压迫违约者以防止其违约；相反，它的目的是减轻守约者的损失。"① 此前《合同法》等相关法律法规对违约损害赔偿规定有订立合同时预见到或者应当预见到的因违反合同可能造成的损失的限制，笔者认为有所偏颇。例如，在一些大型商铺租赁合同关系中，双方约定任何一方均不得在合同履行期限

---

① See Farnsworth, Legal Remedies for Breach of Contract, 70 Colum. L. Rev., 1145–1147 (1970).

内提出解约。现由于一些原因（规划不当、经营不善等），出租方不得已要提前解除合同，收回商铺。那么，假使合同在一段时间后得以解除，违约方（出租人）只赔付非违约方（承租人）在订立合同时双方所能预见到的因一方违约致使另一方承受的损失，也即合同履行期满前、履行不能后这段时间发生的租金及其他合理费用。而实际上，承租人遭受的损失远不止这些，还包含一些可期待利益等①，因此法官在作出赔偿判决时，要充分考虑合同解除所带来的后果，衡量双方当事人的利益得失，作出公平合理的判决。

---

① 参见路成华、谷昔伟：《交易僵局中违约方司法解除请求权的证立及限度——基于租赁合同典型案例的分析》，载《法律适用》2020 年第 10 期。

为什么要对"高利贷"零容忍？

刘 勇[*]

一、《民法典》规定

第 680 条 禁止高利放贷，借款的利率不得违反国家有关规定。

借款合同对支付利息没有约定的，视为没有利息。

借款合同对支付利息约定不明确，当事人不能达成补充协议的，按照当地或者当事人的交易方式、交易习惯、市场利率等因素确定利息；自然人之间借款的，视为没有利息。

二、知识要点

根据《中国人民银行关于取缔地下钱庄及打击高利贷行为的通知》之规定：民间个人借贷利率由借贷双方协商确定，但双方协商的利率不得超过中国人民银行公布的金融机构同期、同档次贷款利率（不含浮动）的 4 倍。超过上述标准的，应界定为高利借贷行为。

《民法典》从上位法的角度明确规定禁止高利放贷，也就是说今后放贷行为均需符合法律规定，否则将要面临约定利息无效，甚至还要承担非法经营罪的刑事责任的法律风险。

三、典型案例

【案情简介】2013 年 9 月 4 日，沙女士申请了某银行长城环球通白金

---

* 刘勇，北京市安通律师事务所高级合伙人、副主任。北京大学法学学士、中央民族大学法律硕士，北京律师协会合同法专业委员会第九届、第十届委员。北京保险行业协会业外调解员。擅长企业法律顾问业务，在诉讼业务及非诉业务特别是保险、经济合同、民事侵权、刑事辩护、劳动仲裁等领域具有十分丰富的执业经验。主要学术成果：《合同编：一纸契约保护的居安思危》一文发表于《民主与法制》周刊 2020 年第 23 期。

信用卡。截至 2015 年 6 月 8 日，沙女士欠款共计 375 079.3 元（包含本金 339 659.66 元，利息、滞纳金共计 35 419.64 元）。因沙女士未按期归还欠款，银行请求法院判令沙女士归还这笔欠款，同时，还要求她偿还至欠款付清之日止的利息（以 375 079.3 元为本金，信用卡透支按月计收复利，日利率为万分之五）以及滞纳金（按照 375 079.3 元未偿还部分的 5% 每月支付）。

　　周法官通过计算得出，银行将前期本息作为本金，该本金每个月产生 5% 的滞纳金，同时，将产生每日万分之五的利息；进入下一个月后，上个月的滞纳金、利息计入本金，该本金再产生每个月 5% 的滞纳金以及每日万分之五的利息；依此循环往复。以欠款 10 000 元为例，第一个月沙女士应还款项 10 650 元；第二个月应还款项 11 342.25 元；依此计算，不到半年，持卡人应还利息已经达到年利率 90%，而一年下来年利率将达到 122.37%。

　　最后，成都高新区人民法院判决支持了银行与持卡人均没有争议的 37 余万元的欠款诉求，而对于今后的计息方式，法院判决以 339 659.66 元为本金，按照年利率 24% 计算至本息付清之日，同时，未支持银行对滞纳金的主张。

　　【焦点问题】银行利息、滞纳金约定是否符合法律规定？

　　通过查阅各大银行的信用卡领用合约，不难发现，日万分之五利息，按月计收复利，以及每月按最低还款额的 5% 收取滞纳金是银行的惯例。各大银行的步调一致源于央行 1999 年发布的《银行卡业务管理办法》，其中载明了上述收费计息标准。这一明文规定不仅成为各大银行的收费标杆，也是银行诉讼无往不胜的法律保障。

　　其实，这是商业银行对中国人民银行规则的有意误读，该判决指出，不能任由商业银行脱离法律体系进行解读。商业银行错误将相关职能部门的规定作为自身高利、高息的依据，这有违《合同法》及《中华人民共和国商业银行法》的规定。而类似规定的正确解读应当是：规章允许在法律规定的利率限度之内，采取万分之五或者 5% 滞纳金的方式。

　　值得注意的是，判决还引用《宪法》"中华人民共和国公民在法律面前一律平等"的条款进行说理。言下之意，民间借贷利息不能超过 24%，凭什么银行就能突破？一方面，国家以贷款政策限制民间借款形成高利；另一方面，在信用卡借贷领域又形成超越民间借贷限制一倍或者几倍的利息。这显然极可能形成一种"只准州官放火，不许百姓点灯"的外在不良观感。此外，判决还阐述了滞纳金、复利作为合约违约金条款，人民法院有权进行调整，而信用卡业务的特殊性也不足以支持其超越年利率24%的利率。

四、律师解析

通过认真研析本案及相关案例，笔者发现各地法院大多支持了银行的诉求，持卡人鲜有合法性抗辩。

总结归纳，该类案件的判决主要有以下两个要点。

要点一：本案中，成都市高新区人民法院的判决依据在于2015年9月1日实施的《民间借贷司法解释》。其中第26条规定："借贷双方约定的利率未超过年利率24%，出借人请求借款人按照约定的利率支付利息的，人民法院应予支持。借贷双方约定的利率超过年利率36%，超过部分的利息约定无效。借款人请求出借人返还已支付的超过年利率36%部分的利息的，人民法院应予支持。"

第28条规定："借贷双方对前期借款本息结算后将利息计入后期借款本金并重新出具债权凭证，如果前期利率没有超过年利率24%，重新出具的债权凭证载明的金额可认定为后期借款本金；超过部分的利息不能计入后期借款本金。约定的利率超过年利率24%，当事人主张超过部分的利息不能计入后期借款本金的，人民法院应予支持。按前款计算，借款人在借款期间届满后应当支付的本息之和，不能超过最初借款本金与以最初借款本金为基数，以年利率24%计算的整个借款期间的利息之和。出借人请求借款人支付超过部分的，人民法院不予支持。"

根据以上规定，我们可以得出，超过年利率24%的借贷利息部分，法院不予支持。如果银行利息之外还有违约金或者其他费用，总额也不应超过年利率24%。

虽然该司法解释并不适用于金融机构因发放贷款等相关金融业务引发的纠纷，但是，司法解释规定民间借贷年利率不得超过24%，是因为《合同法》规定自然人之间的借款不得违反国家对借款利率的限制。

另外，根据《宪法》"中华人民共和国公民在法律面前一律平等"的条款，民间借贷利息不能超过 24%，银行自然也不能突破。据此逻辑，24% 年利率即应为国家对借款利率的限定，金融机构也需遵守。成都高新区人民法院据此判决本案计息方式以 339 659.66 元为本金，按照年利率 24% 计算至本息付清之日，否决了银行对滞纳金符合现行法律规定的主张。

要点二：值得特别注意的是，新修订的《民间借贷司法解释》于 2021 年 1 月 1 日起实施。其中，第 25 条规定："出借人请求借款人按照合同约定利率支付利息的，人民法院应予支持，但是双方约定的利率超过合同成立时一年期贷款市场报价利率四倍的除外。前款所称'一年期贷款市场报价利率'，是指中国人民银行授权全国银行间同业拆借中心自 2019 年 8 月 20 日起每月发布的一年期贷款市场报价利率。"

以 2020 年 7 月 20 日发布的一年期贷款市场报价利率 3.85% 的 4 倍计算为例，民间借贷利率的司法保护上限为 15.4%，相较于过去的 24% 和 36% 有较大幅度的下降。

在这次司法解释修改的过程中，最高人民法院认真贯彻落实《民法典》关于"禁止高利放贷"的原则精神，并对相关条款作出对应调整，在此笔者提醒当事人注意如下事项。

第一，借款人在借款期间届满后应当支付的本息之和，超过以最初借款本金与以最初借款本金为基数、以合同成立时一年期贷款市场报价利率 4 倍计算的整个借款期间利息之和的，人民法院不予支持。

第二，当事人约定的逾期利率也不得高于民间借贷利率的司法保护上限。即借贷双方对逾期利率有约定的，从其约定，但以不超过合同成立时一年期贷款市场报价利率 4 倍为限。

第三，当事人主张的逾期利率、违约金、其他费用之和也不得高于民间借贷利率的司法保护上限。即出借人与借款人既约定了逾期利率，又约定了违约金或者其他费用，出借人可以选择主张逾期利息、违约金或者其他费用，也可以一并主张，但总计超过合同成立时一年期贷款市场报价利率 4 倍的部分，人民法院不予支持。

结语

本案被称为"法官判决银行惯例违法"第一案，其典型性、标志性、导向性不言而喻。

2019 年 7 月 23 日，《最高人民法院 最高人民检察院 公安部 司法部印发〈关于办理非法放贷刑事案件若干问题的意见〉的通知》，将违反国家规定，未经监管部门批准，或者超越经营范围，以营利为目的，经常性地向社会不特定对象发放贷款，扰乱金融市场秩序，情节严重的行为以非法经营罪定罪处罚。

从以上规定可以看出，非法放贷行为已正式入刑，该规定倒逼《民法典》在更高的法律层面上，对高利放贷行为法律评价逻辑上予以完善。

笔者认为，上述判决十分具有前瞻性，该判决完全符合《民法典》第680 条"禁止高利放贷，借款的利率不得违反国家有关规定"之规定。《民法典》从上位法的高度来禁止高利贷放款行为，表明了国家对高利贷行为零容忍的态度，其中，包括看似"天经地义、习以为常"的银行信用卡计息标准。

这一规定确保了民刑规则的一致性与法律治理结构的完备性，这是我国第一次在全国人民代表大会立法层面明确禁止高利贷行为，也是"法秩序统一原则"在首部《民法典》中的具体体现。相信这一判决、这一规定所释放出的信号，不仅将更好地保护借贷人，而且将对未来银行信用卡业务产生重大而深远的影响，同时，对我国金融市场的发展也会产生极大的促进作用。

保证方式约定不明，怎么解决？

刘　勇* 邝江波**

一、《民法典》规定

第 686 条 保证的方式包括一般保证和连带责任保证。

当事人在保证合同中对保证方式没有约定或者约定不明确的，按照一般保证承担保证责任。

二、知识要点

保证方式是指保证人承担保证责任的具体方式，根据民法典规定有两种保证方式，一是一般保证，二是连带责任保证。保证人使用何种保证方式，应依照保证合同约定，保证合同约定保证人使用何种保证方式，保证人就应当遵照合同约定履行。

一般保证是指保证人仅在债务人不履行债务时负补充的保证责任。一般保证的保证人在主合同纠纷未经审判或者仲裁，并就债务人财产依法强制执行仍不能履行债务前，对债权人可以拒绝承担保证责任。因此，在一般保证中，保证人仅在债务人的财产不足以完全清偿债权的情况下，才负保证责任。

---

　* 刘勇，北京市安通律师事务所高级合伙人、副主任。北京大学法学学士、中央民族大学法律硕士，北京律师协会合同法专业委员会第九届、第十届委员。北京保险行业协会业外调解员。擅长企业法律顾问业务，在诉讼业务及非诉业务特别是保险、经济合同、民事侵权、刑事辩护、劳动仲裁等领域具有十分丰富的执业经验。主要学术成果：《合同编：一纸契约保护的居安思危》一文发表于《民主与法制》周刊 2020 年第 23 期。

　** 邝江波，湖南省永州市新田县司法局党组成员、副局长。近年来，主持和参与调解社会医患、交通意外等矛盾纠纷 150 余起。

连带责任保证是指当事人约定由保证人与债务人对债务承担连带责任的一种保证方式。连带责任保证包括两层含义：其一，保证人与债权人达成合意，约定明确；其二，保证人与债务人对债务履行承担连带责任，债务不履行，保证人与债务人的责任都不得解除。保证人承担连带责任保证的前提是债务人在主合同规定的债务履行期届满没有履行主债务。在连带责任保证的情况下，一旦主债务人届期没有履行主债务，在保证实务中，保证人选择连带责任保证方式，实际上是保证人放弃了可以享有的先诉抗辩权。因此，连带责任保证方式中保证人的责任较重，但其有利于保护债权人利益。故保证人在签订保证合同时要清楚明确自己选择的是哪种保证方式就至关重要，作为律师也有义务提醒保证人注意是否在保证合同中明确约定了自己要选择哪种类型的保证方式。

对于当事人在合同中没有对保证方式作出约定，或者约定不明确的，《民法典》对原来《担保法》的规定作出了调整。《担保法》第19条规定，当事人对保证方式没有约定或者约定不明确的，按照连带责任保证承担保证责任。而《民法典》第686条第2款规定，当事人在保证合同中对保证方式没有约定或者约定不明确的，按照一般保证承担保证责任。

三、典型案例

2019年1月3日，山东省淄博市中级人民法院针对穆某某诉白某、张某某民间借贷纠纷一案作出的（2018）鲁03民终3701号民事判决中，原告穆某某诉讼请求：依法判令被告白某偿还原告借款260 000元，被告张某某对白某260 000元的借款承担连带担保责任。

一审法院查明原告穆某某与被告白某在2011年、2012年间曾发生多笔民间借贷的业务。其中包括案涉的260 000元借款以及与本案具有关联性的另外130 000元借款。原告为证实其主张提交了借条两份，内容为"今借到穆某某现金贰拾陆万元整（260 000元），用于项目投资，定于2016年9月20日归还（期限1年），本人到期如果还不上，不管任何原因，包括死亡等，由担保人全部归还给穆某某。担保人张某某、焦某博，借款人白某，借款日期2015年7月20日"，"今借到穆某某现金贰拾陆万元整（260 000元），用于工厂投资用，定于 2018 年 1 月 19 日归还，本人到期如果还不上，不管任何原因，包括死亡等，由担保人全部归还给穆某某。担保人张某某，借款人白某，借款日期 2017 年 1 月 19 日"。

担保人张某某主张"本人到期如果还不上，不管任何原因，包括死亡等，由担保人全部归还给穆某某"应为一般保证。对此一审法院认为一般保证必须明确约定"一般保证"或者"债务人不能履行债务时，由保证人承担保证责任"，"到期如果还不上"与"不能履行债务"意思不一致，故一审法院认定对该笔借款张某某承担连带责任保证。最后一审法院判决：其一，被告白某于判决生效之日起 10 日内返还原告穆某某借款本金 260 000 元；其二，被告张某某对上述第一项判决确定的义务向原告穆某某承担连带清偿责任；其三，被告张某某承担保证责任后，有权利向被告白某追偿。

担保人张某某对承担连带保证责任不服，提起上诉。二审法院认为，"到期如果归还不上，不管任何原因，包括死亡等，由担保人张某某全款归还给穆某某"，该表述为连带责任保证，即债务人在债务履行期届满没有履行债务的，债权人可以要求债务人履行债务，也可以要求保证人在保证范围内承担保证责任，故张某某在本案中应承担连带保证责任。故二审判决：驳回上诉，维持原判。

四、律师解析

本案中，原告提供的借条约定"本人到期如果还不上，不管任何原因，包括死亡等，由担保人全部归还给穆某某"已经表明如果债务到期未归还，则担保人张某某应全款归还给穆某某。上述内容，并未对保证方式作出明确约定，故一审和二审法院根据《担保法》第 19 条"当事人对保证方式没有约定或者约定不明确的，按照连带责任保证承担保证责任"的规定，判决被告张某某向原告穆某某承担连带清偿责任符合法律规定。

保证人承担保证责任，一般是没有获得特别利益的，因此不能要求过高，当事人在保证中没有约定保证方式或者约定不明确，就推定承担连带责任保证，使保证人的权利义务及利益关系发生不平衡。因此《担保法》的这种规定不妥，《民法典》的规定改变了原来的做法，即规定当事人在保证合同中对保证方式没有约定或者约定不明时，推定为承担一般保证，而不是连带保证。

这应当也和立法背景有关，《担保法》是 1995 年通过并实施的，当时立法者更注重对债权人即银行等金融机构的保护，故此对担保人的要求更严苛一些。随着国民经济的发展，担保这种形式被广泛应用在商业贸易的各个领域，追求对债权人、担保人的公平保护日趋被重视，因此，《民法典》作出了改变，这更能适应市场经济发展到现在的要求，更有利于多样化地建立交易中各种形式的风险防范机制。

在《民法典》的立法过程中，相关部门、法学教研机构和社会公众提出，连带责任保证是一种加重保证人责任的保证方式，原则上宜由当事人明确约定；没有约定或者约定不明的，一概推定为连带责任保证，会加重实践中因互相担保或者连环担保导致资不抵债或者破产的问题，影响正常的生活和经营秩序。宪法和法律委员会经研究也认为，将当事人对保证方式没有约定或者约定不明确的推定为一般保证，有利于防止债务风险的扩散，维护经济社会稳定。基于上述原因，《民法典》第 686 条第 2 款对《担保法》第 19 条进行了重大变更。《民法典》施行后，当担保人以提供保证的形式为他人提供担保时，若担保书或保证合同中没有明确约定连带责任保证，那么担保人将只承担一般保证责任，即只有在债务人不能履行债务时，才由担保人承担保证责任。

结语

笔者在代理案件过程中，发现存在大量保证方式"没有约定或约定不明"的情况，尤其常见于民间借贷纠纷中，比较典型的情形包括：第一，保证人在借条或主合同上仅以保证人的身份签字或盖章，并没有明确约定保证方式；第二，仅约定债务人不偿还或没有按期偿还债务的，由保证人承担责任；第三，同时成立的主合同与担保合同对于保证方式的约定不一致，或者既有承担连带责任保证的意思表示，又有承担一般保证的意思表示；第四，在保证合同中没有约定是一般保证还是连带责任保证，仅有无条件承担偿还责任的相关表述。

《民法典》第 686 条第 2 款对《担保法》第 19 条进行了重大变更，笔者认为原因在于：一是保证人承担保证责任，一般是没有获得特别利益的，因此不能要求过高，当事人在保证中没有约定保证方式或者约定不明确，就推定承担连带保证责任，使保证人的权利义务及利益关系发生不平衡。二是考虑到实务中确实存在个别债权人恶意利用保证人不熟悉保证制度，故意对保证方式不约定或约定不明，以使保证人承担较重连带责任的情况，该种做法违背了保证人的真实意愿，也不符合诚实信用原则。《民法典》的上述新变化，有利于促使当事人事先完善保证合同的内容，同时也有利于增强社会诚信，进一步促进社会公平。

基于上述分析，《民法典》对保证人承担保证责任的方式默认变更为一般保证后，并没有完全否定保证人承担连带责任保证的路径，债权人依然可以通过约定，来维护自身权利。因此，作为债权人，在订立保证合同时，更应关注保证方式的约定。笔者建议：在双方签订合同阶段，债权人为了保证债权得以实现，就应该注意对连带责任作出明确约定，以免后续可能因没有约定或者约定不明，而被按照一般保证处理。

保理合同是什么合同？

顾燕玲[*]

一、《民法典》规定

第 761 条　保理合同是应收账款债权人将现有的或者将有的应收账款转让给保理人，保理人提供资金融通、应收账款管理或者催收、应收账款债务人付款担保等服务的合同。

第 762 条　保理合同的内容一般包括业务类型、服务范围、服务期限、基础交易合同情况、应收账款信息、保理融资款或者服务报酬及其支付方式等条款。

保理合同应当采用书面形式。

第 763 条　应收账款债权人与债务人虚构应收账款作为转让标的，与保理人订立保理合同的，应收账款债务人不得以应收账款不存在为由对抗保理人，但是保理人明知虚构的除外。

第 764 条　保理人向应收账款债务人发出应收账款转让通知的，应当表明保理人身份并附有必要凭证。

第 765 条　应收账款债务人接到应收账款转让通知后，应收账款债权人与债务人无正当理由协商变更或者终止基础交易合同，对保理人产生不利影响的，对保理人不发生效力。

第 766 条　当事人约定有追索权保理的，保理人可以向应收账款债权人主张返还保理融资款本息或者回购应收账款债权，也可以向应收账款债务

---

　*　顾燕玲，北京市东卫律师事务所律师，中央财经大学法律硕士，中国法学会法律文书学研究会会员，北京市律师协会裁判执行业务研究会会员。

人主张应收账款债权。保理人向应收账款债务人主张应收账款债权，在扣除保理融资款本息和相关费用后有剩余的，剩余部分应当返还给应收账款债权人。

第767条 当事人约定无追索权保理的，保理人应当向应收账款债务人主张应收账款债权，保理人取得超过保理融资款本息和相关费用的部分，无需向应收账款债权人返还。

二、知识要点①

对于有追索权的保理，如果保理人受让的应收账款到期未获清偿，保理人依法可向应收账款债权人和应收账款债务人主张权利。向应收账款债权人可以主张返还保理融资款本息或者回购应收账款债权，也可以向应收账款债务人主张应收账款债权。保理人同时起诉应收账款债务人和应收账款债权人的，对于两者如何承担清偿责任的问题：有约定，从约定；无约定，应收账款债务人应当是保理人回款的首要来源，应当承担第一顺位的清偿责任，应收账款债权人承担补充责任。清偿责任范围，以保理合同约定的融资款本息和相关费用为限。

三、典型案例

本文选取珠海华润银行股份有限公司与江西省电力燃料有限公司、广州大优煤炭销售有限公司保理合同纠纷案②作为典型案例。虽然该案已有文章引用和介绍，但因该案太具代表性，所以本文也以该案为例，探讨保理人行使追索权的相关法律问题。

2012年9月6日，买方江西省电力燃料有限公司（以下简称江西燃料公司）与卖方广州大优煤炭销售有限公司（以下简称广州大优公司）签订了禾

---

① 2020年5月28日，十三届全国人大三次会议表决通过《民法典》。保理合同被列入合同编的"典型合同"第十六章专章（第761~769条，计9个条文）。至此，保理合同由无名合同变为有名合同。《民法典》增设保理合同，填补了长久以来"法律"层面的空白，这对于规范保理业务、解决保理纠纷意义十分重大。保理业务按约定分为有追索权的保理和无追索权的保理，无追索权的保理本文不做讨论，本文仅对有追索权的保理中保理人行使追索权的顺序和清偿范围的问题，结合相关案例加以讨论。

② 案号：（2017）最高法民再164号。

购煤炭 5.5 万吨的"煤炭买卖合同"（合同编号：JXDY1306）。

广州大优公司为申请保理融资款，向珠海华润银行股份有限公司（以下简称珠海华润银行）提供的其与江西燃料公司之间的"煤炭买卖合同"（合同编号：JXDY1306），载明的签订时间为 2013 年 9 月 6 日，煤炭 9.5 万吨。

2013 年 10 月 24 日，珠海华润银行和广州大优公司的工作人员共同到江西燃料公司，就案涉保理业务相关应收账款的真实性进行核查。江西燃料公司向珠海华润银行出具了落款时间为 2013 年 10 月 24 日的"应收账款转让确认书"（编号：ZhGZ001）和"应收账款转让通知确认书"（编号：SCF20131022）。"应收账款转让确认书"中确认了 2013 年 9 月 6 日的 JXDY1306 号"煤炭买卖合同"项下应付广州大优公司账款为 46 115 344.70 元，已付款金额 0 元，预付款金额 0 元，佣金及折让金额 3680 万元，应付账款到期日为 2014 年 3 月 22 日等；"应收账款转让通知确认书"确认已收到上述"应收账款转让确认书"，已知晓并同意按照上述内容执行等。

珠海华润银行与广州大优公司，于 2013 年 11 月 6 日签订有追索权的明保理"国内保理业务合同"。

2014 年 4 月 9 日，广州大优公司向江西燃料公司出具说明承认：2013 年 10 月 24 日，其擅自对与江西燃料公司签订的煤炭买卖合同（合同编号：JXDY1306）和付款发票进行更改，将已支付的煤款作为应收账款，对虚假的应收账款转让确认书（编号：ZhGZ001）以江西燃料公司名义盖章。

2014 年，珠海华润银行以广州大优公司和江西燃料公司等为被告，向珠海市香洲区法院提起诉讼，要求被告偿还保理融资款及利息。江西燃料公司提出管辖权异议上诉，珠海中院经审理后作出裁定：撤销珠海市香洲区法院的裁定并驳回珠海华润银行对江西燃料公司的起诉；同时裁定该案由珠海中院审理。2015 年 11 月 20 日，珠海中院就该案作出（2015）珠中法民二初字第 21 号民事判决，判决广州大优公司向珠海华润银行偿还保理融资款本金人民币 3680 万元及利息。

后来广州大优公司破产，珠海华润银行向管理人申报债权，但没能实现债权。于是珠海华润银行又提起了以江西燃料公司为被告、广州大优公司为第三人的本案诉讼。本案历经一审、二审、再审。一审南昌市中院认为江西燃料公司主张的案涉应收账款债权系虚假债权，其不承担清偿义务合法有据，同时还认为珠海华润银行在另案中，已选择将应收账款反转让给广州大优公司，已不再享有应收账款债权，为此一审法院 2016 年 1 月 26 日作出（2015）洪民二初字第 435 号民事判决，驳回了珠海华润银行的诉讼请求。珠海华润银行不服一审判决向江西高院提起上诉，二审法院认为一审判决正确，驳回上诉，维持原判。珠海华润银行不服二审判决申请再审，最高人民法院于 2017 年 3 月 27 日作出裁定提审案件。

再审中最高人民法院归纳案件争议焦点是：①江西燃料公司所称的基础债权瑕疵能否对抗珠海华润银行。②珠海华润银行在另案诉讼中向广州大优公司主张的权利是追索权还是债权反转让，其是否有权继续要求江西燃料公司清偿债务。查明江西燃料公司在明知相关债权已由珠海华润银行受让的情况下，还直接违反"应收账款转让确认书"和"应收账款转让通知确认书"的承诺，未经珠海华润银行同意向广州大优公司支付货款。

最高人民法院在查明案件事实的基础上，围绕案件争议焦点，从基础交易合同、债权转让与保理融资合同之间的关系，追索权与反转让应收账款等方面进行评判和认定，认为珠海华润银行的申请理由及诉讼请求成立。2017 年 6 月 28 日最高人民法院作出（2017）最高法民再 164 号民事判决：撤销一审、二审判决，判令江西燃料公司向珠海华润银行支付 36 800 000 元及相应利息（本息计算结果，以不超过 46 115 344.70 元及该款自 2014 年 3 月 22 日起按照中国人民银行同期贷款利率计算的利息为限）。

四、问题由来

上面案例涉及与追索权有关的三个主要问题：①基础交易合同虚假，是否影响保理人行使追索权？②保理人对应收账款债权人的追索权与对应收账款债务人的求偿权可否并存？并存情况下，清偿责任是否有顺位？清偿责任如何承担？债权人和债务人同时起诉的话管辖权问题如何解决？③保理人的反转让权与求偿权可否并存？

保理业务，涉及三方当事人之间的权利义务关系，即债权人和债务人之间的基础交易合同关系、保理人与债权人之间的保理合同关系。保理合同是以债权人转让应收账款债权为前提，向保理人进行融资借款，是既包含借款又包含债权让与担保法律关系的一种特殊的混合类合同。对于约定有追索权的保理业务，保理人在其受让的应收账款未获清偿情况下，有权向债务人主张求偿权，向债权人主张追索权或者反转让权（回购权）。

求偿权，是指在保理融资款到期日之前，债务人未能足额向保理人支付应收账款的，保理人向应收账款债务人主张应收账款债权的权利。

追索权，是指在保理融资款到期日之前，债务人未能足额向保理人支付应收账款的，保理人向应收账款债权人主张保理融资款本息及相关费用的权利。

反转让权（回购权），是指保理合同中约定在债务人明确表示或以自己的行为表明拒绝支付全部或部分应收账款时，保理人向债权人请求反转让应收账款债权，在债权人向保理人支付保理融资款本息及相关费用后，应收账款债权同时转回到债权人的一种权利。

问题1：保理业务是以转让应收账款债权方式进行融资的综合性金融服务业务，所以基础交易合同项下的真实合法有效的应收账款债权是融资的前提和核心。基础交易合同虚假无效，是否影响保理人的追索权，民法典颁布之前在实务中是有争议的。

肯定观点认为：因为虚假基础交易合同项下的债权是不存在的，债权转让行为是无效的，保理合同没有真实合法有效的债权转让这一前提，所以保理合同也无效，进而影响保理人追索权的行使。

否定观点认为：债权转让是为保理融资提供一种担保，担保合同无效并不必然影响保理主合同的效力，所以不影响追索权行使。

折中观点认为：前面最高人民法院的案例就是这种观点，即基础交易合同无效并不当然导致保理合同无效。根据民法基本原理，当事人之间通谋所为的虚假意思表示，只在通谋的当事人之间发生无效的法律后果。对于第三人而言则视其是否知道或应当知道该虚假意思表示而发生不同的法律后果：当第三人知道该当事人之间的虚假意思表示时，虚假表示的无效可以对抗该第三人；当第三人不知道当事人之间的虚假意思表示时，该虚假意思表示的无效不得对抗善意第三人。因此，基础交易合同因债权人和债务人双方通谋实施的虚假意思表示而无效的情况下，保理合同并不当然无效。

《民法典》第763条也是这样规定的：应收账款债权人与债务人虚构应收账款作为转让标的，与保理人订立保理合同的，应收账款债务人不得以应收账款不存在为由对抗保理人，但是保理人明知虚构的除外。

问题2：有追索权的保理，保理人基于受让债权向债务人主张求偿权和基于保理融资款债权向保理债务人即债权人主张追索权，尽管所对应的合同依据不同，但这两项权利并不冲突，都是为了收回保理人的债权，所以保理人的这两项权利可以并存，实务当中亦无争议。实务中需要注意的是行使这两项权利的顺位问题。在司法实践中主要存在两种做法：一是按照让与担保的法律原理，将应收账款债权人作为第一顺位责任，应收账款债务人承担连带责任；二是基于间接给付的法律原理，将应收账款债务人作为第一顺位责任，应收账款债权人在债务人不能清偿的范围内承担补充责任。

这个问题，《民法典》第766条规定：当事人约定有追索权保理的，保理人可以向应收账款债权人主张返还保理融资款本息或者回购应收账款债权，也可以向应收账款债务人主张应收账款债权。保理人向应收账款债务人主张应收账款债权，在扣除保理融资款本息和相关费用后有剩余的，剩余部分应当返还给应收账款债权人。

保理人同时起诉债权人和债务人主张这两项权利时，因两项权利所依据的合同不同，所以实践中存在管辖的争议。前面最高人民法院的案例中，债务人江西燃料公司在诉讼中就提出过管辖异议。关于管辖权问题，天津市高级人民法院的《关于审理保理合同纠纷案件若干问题的审判委员会纪要（一）》第5条规定：保理商向债权人和债务人或者仅向债务人主张权利时，应当依据民事诉讼法的有关规定，结合基础合同中有关管辖的约定确定管辖。保理商和债权人仅因保理合同的签订、履行等发生纠纷，按照保理合同的约定确定管辖。保理合同中无管辖约定或者约定不明确的，应当由被告住所地或者保理合同履行地法院管辖，保理融资款的发放地为保理合同的履行地。

问题 3：保理人的反转让权是基于债权转让法律关系，在已受让的应收账款债权在未获清偿的情况下，将该债权再转让给债权人。求偿权是保理人基于受让的应收账款债权，向债务人主张应收账款清偿的权利。如果保理人将受让的应收账款债权又转回债权人，则保理人此时已没有了债权，就不能再向债务人主张求偿权了，所以保理人的这两个请求权的内在基础是冲突的，是不能并存的。这一观点在实务中基本没有争议，但如何判断保理人是否行使了反转让权是有争议的。实务当中法院对保理人是否行使了反转让权的认定标准较为宽松，对于保理人向债权人发出的有回购字样的如通知书、信函等，法院会探究其实质的真实意思表示是否是行使反转让权，如果仅有保理人表示了反转让，但债权人并未支付融资款本息及相关费用，法院也认定保理人其实质是在行使追索权，前述案例最高人民法院就认定珠海华润银行没有行使反转让权。由于行使回购权就不能同时向债务人主张清偿，所以实务当中要慎用回购字样的表述。

五、法条解读

保理业务作为从境外引进的贸易金融工具，自 2012 年商务部开展商业保理试点以来，一方面从业机构的数量和业务规模快速增长，另一方面以商业保理企业与商业银行为主体的保理合同纠纷案件也频发，但保理合同在《民法典》颁布之前，在合同法体系中属无名合同，相关法律规定层级较低，在法律适用方面存在诸多争议，比如保理合同效力的认定、债权人与债务人责任承担的法律问题、登记公示和权利冲突问题等。为有效应对司法实践中的这些问题，此次《民法典》合同编特增设了"保理合同"专章，让处理和解决保理纠纷变得真正有法可依。

其中，《民法典》第 766 条明确了有追索权保理的求偿依据及顺序。本条规定在性质上属于任意性规范，适用于当事人无另有约定的情形，如果当事人另有约定，应当按照当事人的约定处理。本法条规定，在有追索权保理中，在当事人无特别约定或者约定不明确时，保理人有权选择向应收账款债权人主张返还保理融资款本息或者回购应收账款债权，或者向应收账款债务人主张应收账款债权。保理人向应收账款债务人主张应收账款债权的，在获得债务人的履行后，首先应当扣除保理融资款本息和相关费用，具体包括：保理融资款本息、保理人未受清偿的应收账款融资额度承诺费、保理手续费、保理首付款使用费，以及其他债权人到期未付款等。在扣除后剩余的保理余款，应当返还给应收账款债权人。

保理人可以向应收账款债权人主张返还保理融资款本息或者回购应收账款债权，也可以向应收账款债务人主张应收账款债权。虽然该法条没有保理人"可同时向债权人和债务人主张权利"的表述，但这并不意味着保理人只能择其一向应收账款债权人或债务人行使请求权。在私法领域，法无禁止即可为。因此，保理人对应收账款债务人的求偿权与对应收账款债权人的追索权可以同时主张。

六、律师解析

本案实质涉及对有追索权保理业务的定性问题。对此，《最高人民法院民事审判第二庭法官会议纪要：追寻裁判背后的法理》[1] 关于"有追索权保理"观点认为：第一，从保理的定义来看，保理均是以债权人转让应收账款为前提，而保理人提供保付代理职能，侧重于金融机构的金融服务，而不是单纯的应收账款债权买卖。如依据中国银行业协会制定的《中国银行业保理业务规范》第 2 条规定，银行融资保理是指在保理业务基础上开展的以卖方转让应收账款为前提的银行融资服务。第二，从交易结构内容来看，债权人的目的在于减少国际贸易中进口商的信用风险，确保货款的及时回收，而保理人的主要目的是通过提供保理服务获得佣金收入或者利息收入，而不是获取应收账款。第三，从法律要件角度分析，在外部关系上保理人受让了应收账款的所有权，在内部关系上保理人只是代为管理应收账款，并将收回的款项优先清偿债权人所欠保理融资款，保理人与债权人之间实为信托关系。保理人收取的应收账款若超过保理融资款的，应当将余款退还给债权人。实践中，有追索权保理合同均有类似规定。故有追索权的融资保理可界定为"金融借贷＋债权让与担保"，而债权让与担保中包含了应收账款债权的转让。

---

① 贺小荣：《最高人民法院民事审判第二庭法官会议纪要：追寻裁判背后的法理》，人民法院出版社 2018 年版。

故此，保理人可以同时向应收账款债权人及债务人主张权利。

大陆法系国家认为，间接给付，学说上又称为新债清偿、新债抵旧，或为清偿之给付。根据民法基本原理，间接给付作为债务清偿的方法之一，是指为清偿债务而以他种给付代替原定给付的清偿，并不具有消灭原有债务的效力，在新债务履行前，原债务并不消灭，只有当新债务履行且债权人的原债权因此得以实现后，原债务才同时消灭。据此原理，对于有追索权的保理，保理人在债权未获清偿的情况下，不仅有权请求基础合同的债务人向其清偿债务，同时有权向基础合同应收账款债权的让与人追索。虽然保理人基于不同的法律关系分别向债务人、债权人同时主张，但均在保理法律关系范围之内，应根据各方法律关系认定各债务人的责任顺序和范围。

具体到上述案例，最高人民法院认为：

首先，关于责任顺序，案涉"国内保理业务合同"第40条约定：如发生买方/债务人明确表示或以自己行为表明将拒绝支付全部或部分的应收账款等情形的，珠海华润银行有权立即向广州大优公司追索尚未收回的应收账款，有权从广州大优公司在珠海华润银行开立的账户上扣收其应付给其银行的款项。根据双方在"国内保理业务合同"中的约定和间接给付的法理，珠海华润银行本应先向江西燃料公司求偿，在未获清偿时，才能够向广州大优公司主张权利，追索权的功能相当于广州大优公司为江西燃料公司的债务清偿能力提供了担保，这一担保的功能与放弃先诉抗辩权的一般保证相当。参照《担保法》关于一般保证的法律规定，江西燃料公司应当就其所负债务承担第一顺位的清偿责任，对其不能清偿的部分，由广州大优公司承担补充赔偿责任。

其次，关于责任范围，在江西燃料公司应当承担的清偿义务范围方面，按照间接给付的基本法理，因珠海华润银行并不承担该应收账款不能收回的商业风险，其受让广州大优公司对江西燃料公司所享有的债权，目的是清偿广州大优公司对其所欠的债务，珠海华润银行实际向广州大优公司发放的借款本金为3680万元，故珠海华润银行在本案中对江西燃料公司所能主张的权利范围，依法应当限缩至3680万元借款本金及其利息的范围之内。同时，珠海华润银行基于该笔贷款受让了对江西燃料公司的4611万余元的应收账款，其对江西燃料公司清偿债务的信赖利益仅为应收账款本金46 115 344.70元及其利息，这一信赖利益范围也应当成为江西燃料公司对其承担责任的最高上限，故江西燃料公司向珠海华润银行清偿该3680万元本金的利息的实际数额，不能超过该46 115 344.70元本金及相应利息。

最后，最高人民法院确认了二审法院关于应收账款债权人或债务人一方对保理银行履行义务，则另一方免除相应的清偿责任的认定。

综上所述，针对有追索权的保理业务，保理人到期未获清偿，其既可以向应收账款债权人主张权利，也可以向应收账款债务人主张权利，但无论向谁主张，其权利上限均以合同约定的融资款本息和相关费用为限。不仅如此，保理人还可以同时向应收账款债权人和债务人主张权利，应收账款债务人系第一顺位责任人，应收账款债权人仅在债务人不能清偿的范围内承担补充责任。当然，如果合同约定应收账款债权人和债务人承担连带责任，则按合同约定处理。

碰到霸座者，有什么办法？

罗雪瑶*

一、《民法典》规定

第815条 旅客应当按照有效客票记载的时间、班次和座位号乘坐。旅客无票乘坐、超程乘坐、越级乘坐或者持不符合减价条件的优惠客票乘坐的，应当补交票款，承运人可以按照规定加收票款；旅客不支付票款的，承运人可以拒绝运输。

实名制客运合同的旅客丢失客票的，可以请求承运人挂失补办，承运人不得再次收取票款和其他不合理费用。

第816条 旅客因自己的原因不能按照客票记载的时间乘坐的，应当在约定的期限内办理退票或者变更手续；逾期办理的，承运人可以不退票款，并不再承担运输义务。

二、知识要点

"霸座"，顾名思义，指未经同意、霸占他人座位，属于带有鲜明贬义色彩的汉语词汇。"霸座"现象也不为少见，"霸座人声称位置上没写名字为何不能乘坐""霸座人谎称站不起来要求提供轮椅""霸座人辱骂乘务人员"等事件，更是一次次地刷新我们的认知。在百度百科上，"霸座"的词条解释为"肢体健全者霸占别人座位"，笔者认为，"霸座"行为并不止出现在肢体健全者身上，让座固然是美德，但不能以道德谴责方式迫使他人恪守美德。关于"霸座"，一般会涉及怎样的法律责任？如何认定该行为？目前，我国

---

* 罗雪瑶，北京市安通（东莞）律师事务所实习律师。

对于"霸座",有什么规定?在本文中,笔者将作出浅析。

1. 早在《民法典》亮相之前,对于"霸座"行为,我国已在《合同法》《中华人民共和国治安管理处罚法》①《广东省铁路安全管理条例》等法律法规中作出规定。

《合同法》第 294 条规定:"旅客应当持有效客票乘运。旅客无票乘运、超程乘运、越级乘运或者持失效客票乘运的,应当补缴票款,承运人可以按照规定加收票款。旅客不交付票款的,承运人可以拒绝运输。"

第 295 条则规定:"旅客因自己的原因不能按照客票记载的时间乘坐的,应当在约定的时间内办理退票或者变更手续。逾期办理的,承运人可以不退票款,并不再承担运输义务。"

《治安管理处罚法》第 23 条规定:"有下列行为之一的,处警告或者二百元以下罚款;情节较重的,处五日以上十日以下拘留,可以并处五百元以下罚款……(三)扰乱公共汽车、电车、火车、船舶、航空器或者其他公共交通工具上的秩序的……"

《广东省铁路安全管理条例》第 34 条规定:"铁路运输企业应当按照国家有关规定实行车票实名购买、查验制度,并公开纸质、电子车票的使用规则。无有效车票、车票所记载身份信息与本人真实身份信息不符的,铁路运输企业有权拒绝其进站乘车。旅客应当按照车票载明的座位乘车,不得强占他人座位。"

但是,前述法律法规,并未能在法律上有力地打击"霸座"行为。据统计,2019 年 1 月,全国铁路公安机关集中整治"霸座""阻挡车门""强行进站"等扰乱站车秩序问题,共查处各类违法扰序行为 2856 起,452 人因"霸座"等行为被行政拘留。

笔者认为,"霸座"行为的形式,可以是与客票约定不一致的"霸座",如购买经济舱的票却"霸占"商务舱的座位、购买无座票或站票却"霸占"座位、到站拒绝下车致使购买当站次车票的乘客无法享受乘坐权利;也可以是"无座"的"霸座",如携带行李"霸占"他人座位,或只购买一张票却

---

① 本书下文简称《治安管理处罚法》。

占用两个座位。

无论是什么形式的"霸座",涉及违背客运合同约定、损害他人合法权益的行为,就是"霸座"。

2.《民法典》第815条,是对于"霸座"行为所作出的主要规定。

"旅客应当按照有效客票记载的时间、班次和座位号乘坐。旅客无票乘坐、超程乘坐、越级乘坐或者持不符合减价条件的优惠客票乘坐的,应当补交票款,承运人可以按照规定加收票款;旅客不支付票款的,承运人可以拒绝运输。"

针对"霸座"行为,民法典给出了重要一击!此前,有关部门主要采取治安罚款、一定期限内限制购票乘坐、使用官方微博公开"霸座"行为、将严重扰乱秩序的"霸座"者列入失信"黑名单"等方式进行处理,但是,面对"霸座"行为,始终没有足够强大的法律依据作为基础,没有足够有力的法律规定予以定性。而《民法典》踏出了重要一步,首次以"民事法律"的形式直面"霸座"行为。承运人可以依据《民法典》第815条的规定,要求"霸座"者补票甚至拒绝运输,而被"霸座"者,亦能够以《民法典》作为法律武器,要求"霸座"者停止侵害其乘坐权利的行为。

3. 针对因错过预订车辆而试图乘坐其他车辆的"霸座"行为,《民法典》在第816条中作出规定:"旅客因自己的原因不能按照客票记载的时间乘坐的,应当在约定的期限内办理退票或者变更手续;逾期办理的,承运人可以不退票款,并不再承担运输义务。"

关于"霸座"行为的发生,原因可谓多种多样。态度暴躁的"霸座"者,通常会受到更多的来自群众的谴责,更容易演变成公众性谴责事件,只需要某个人拍摄视频并传到网上,使其发酵。但是,在没有法律依据的前提下,承运人及被"霸座"者的合法权利,并不一定已经得到适当的保护,道德谴责并不一定能够达到公平正义的目的。态度温和的"霸座"者,则更善于利用他人的善良心理,也就是"道德绑架"。笔者在前言中亦提到,笔者不认可"霸座的意思是肢体健全者霸占别人座位","霸座"行为并不是仅由肢体健全者作出,道德的准则并不能因遵守道德的个体存在差异而存在差异,否则该准则将是不道德的。

《民法典》第 816 条，为承运人与被"霸座"者都提供了强有力的法律支持。因个人原因导致未能依约乘坐的，承运人可以不退还票款，没有逾期改签的义务，更有权不再承担运输义务，承运人有法可依，方能够保证乘客的权益。

三、典型案例

下面，笔者将以原告罗某诉被告武汉长江日报传媒集团有限公司（以下简称长江日报集团）名誉权纠纷一案［（2019）鄂 0102 民初 2328 号］，对"霸座"行为及相关法律后果进行简析。

2018 年 12 月 12 日，被告长江日报集团在《武汉晚报》第 10 版刊登了名为《买的是武昌至鄂州的卧铺，却想霸铺到上海，武铁警方行拘列车"霸铺"男子》的报道，该报道载明：男子购买了一张短途卧铺车票到站后，"霸"在卧铺车厢拒不下车，也拒绝补票，且态度恶劣，严重扰乱了列车上的正常秩序，武汉铁路公安处依法对其进行行政拘留处罚。警方介绍，12 月 8 日 23 时许，武昌至上海南的 Z25 次列车在鄂州站开车后，武汉铁路公安处乘务一大队值乘的乘警长骆汉江接列车长报告称：5 号卧铺车厢有旅客"霸铺"，乘警立即赶往现场。经了解，该男旅客罗某，50 岁，湖北孝感人，准备去上海，购买了一张武昌至鄂州的短途车票，列车到达鄂州站后，待在卧铺车厢拒绝下车，列车工作人员要求其补票遭拒，罗某不仅大声辱骂，而且还称"你们让我上了车，我就要坐"，态度恶劣且抢夺值乘的武汉客运段列车长巡视记录仪。面对罗某的无理行为，乘警将罗某带至餐车进行劝说，罗某到餐车后态度依然嚣张，拒不配合。乘警告知其行为已经扰乱列车秩序，涉嫌违反《治安管理处罚法》，同时将情况通报前方站黄石车站派出所，列车到达黄石站后，铁路民警口头传唤无果，遂将其强制带下车。罗某到黄石车站派出所后，对其"霸铺"行为供认不讳。武汉铁路警方依据《治安管理处罚法》相关规定依法给予其行政拘留处罚。

后原告认为上述报道中"霸铺""拒不买票""拒不下车""态度恶劣""严重扰乱列车的秩序""列车长称有旅客霸铺""要求补票遭拒""抢夺巡视记录仪""态度嚣张""对霸铺行为供认不讳"的表述均为不实、夸张表述，严重地摧残了原告和家人身心健康，给原告和家人名誉造成极大损害，也给原告职业生涯带来极大负面影响，故起诉至一审法院。

另查明，2018年12月9日，武汉铁路公安局武汉公安处对原告罗某作出武铁武公（治）行罚决字（2018）286号行政处罚决定书，查明"2018年12月8日23时许，罗某在Z25（武昌至上海南）次旅客列车上拒绝补票，与车上工作人员及乘警发生争执，进而辱骂工作人员，扰乱列车秩序，后列车在黄石站停靠期间黄石车站派出所依法将违法行为人查获"，根据《治安管理处罚法》第23条第1款第2项之规定，决定给予罗某拘留5日的行政处罚。后原告罗某自认其未在法定期限内申请行政复议或向法院提起行政诉讼。

2019年7月1日，武汉铁路公安局武汉公安处出具《关于"罗某扰序案件"情况说明》一份，说明其以上述案件事实为依据，根据现场执法记录仪视频，制作了"嚣张'霸铺'拒补票扰乱秩序被拘留"的电视新闻素材及文字稿件报送新闻媒体，素材中对嫌疑人面部进行全程马赛克处理，并隐去了其真实姓名，以罗某称呼表述，未标明其身份。

被告提供的武铁武公（治）行罚决字（2018）286号行政处罚决定书能够证明2018年12月8日至9日期间，罗某在乘坐Z25次（武昌至上海南）旅客列车时拒绝补票，与车上工作人员及乘警发生争执，进而辱骂工作人员，扰乱列车秩序的事实，该事实与被告报道内容相符，原告认为报道与事实不符，但未提供相关证据证明，故一审法院对原告主张报道不实的意见不予采信。"霸铺""拒不买票""拒不下车""态度恶劣""严重扰乱列车的秩序""列车长称有旅客霸铺""要求补票遭拒""抢夺巡视记录仪""态度嚣张""对霸铺行为供认不讳"等表述均为对当时现场的描述，不存在侮辱、贬低的意思。在本案中，宣传法制与公民合法权益保护并不矛盾。被告的报道，是弘扬正气、维护秩序和法制宣传的需要。且在媒体报道中，面向广泛的、不特定的受众宣传时，对被报道对象的姓名、年龄等均加以技术处理，亦未进行特别说明，不会导致被报道人的社会评价降低，发生名誉权受损的后果。

综上所述，被告在报道中没有使用侮辱性言辞刻意丑化贬低原告，既没有主观上的过错，在客观上也不存在以侮辱、诽谤或其他方式侵害原告的名誉，被告的报道不构成侵害原告的名誉权。故原告主张被告报道内容侵害其名誉权没有事实和法律依据，对原告要求被告向原告公开赔礼道歉并赔偿名誉损失的请求，一审法院不予支持。

一审法院判决驳回原告的诉讼请求。

四、律师解析

通过本次判决，笔者总结出如下要点：

首先，"霸座""霸铺"行为，是不受法律保护甚至是扰乱秩序的违法行为。原告除做出"霸铺"行为，扰乱列车秩序以外，还有拒绝补票、辱骂乘务人员的行为。从该行政处罚决定书中可以看到，原告已因其行为，受到行政拘留5日的处罚。基于此，不涉及隐私信息地公开"霸铺"行为，并不属于侵犯名誉权的行为，笔者赞同一审法院驳回原告诉讼请求的判决。在法律层面上，一审法院认可被告的行为是合法的、不侵权的，相当于已实际批评了该"霸铺"行为，即这种违法且影响他人的行为是不值得作为隐私来保护的；有判决支持在前，在道德层面上，因群众心中朴素的正义观，被告的行为更容易被大众接受，舆论的力量也能有效促进乘客遵守有关法律法规、规章制度，从而更好地维护公共交通秩序。

其次，做出"霸座""霸铺"行为，需要承担法律责任。在《民法典》于2021年1月1日起施行之后，"霸座"人士除须承担行政责任以外，更可能会承受来自民事主体的维权主张。承运人与乘客，将可以通过"违约""侵权"的方式维护合法权益，使得法律武器能够真正地用到实处；对于违法者而言，违法成本已经进一步量化，想必能够有效阻止"霸座"者减少霸座，使公共交通得到更好的运行。

最后，笔者认为，作为涵盖人民日常生活方方面面的法律典籍，《民法典》的作用无疑是强有力的。本次将"霸座"行为的定义及法律后果写入《民法典》，代表了我国法治水平的进一步提高，以及精神文明建设的进一步发展。维权者能够有法可依，有关部门能够有法必依、执法必严、违法必究。秩序，必须在被普遍接受并真正遵守的前提下，方可称为秩序。

出现物业纠纷，应该如何来维权？

黄丽群[*]

一、《民法典》规定

第943条 物业服务人应当定期将服务的事项、负责人员、质量要求、收费项目、收费标准、履行情况，以及维修资金使用情况、业主共有部分的经营与收益情况等以合理方式向业主公开并向业主大会、业主委员会报告。

二、知识要点

《民法典》针对目前物业服务领域的突出问题，在第三编第二十四章用14条法条正式将物业服务合同列入合同篇，对物业服务合同的定义、形式、内容、效力、续订、解除和终止以及物业服务合同主体的权利和义务等内容进行了详细规定，为民众解决物业纠纷提供法律依据。

第943条的规定明确了物业服务人的合同义务，即对物业服务事项、收费标准、维修资金以及共有部分的经营收益等情况有强制性的公开及报告的义务。其中公开内容应包括以下六个方面。其一，物业服务人对其完成的，包括但不限于维修养护、清洁卫生、秩序维护、安全保障等工作内容进行公开；其二，物业服务人对完成物业服务工作内容的管理人、责任人员进行公开；其三，物业服务人对服务项目的收费标准、收费项目列明公开；其四，物业服务人对其费用收支等履行情况以及服务质量要求进行公开；其五，物业服务人对维修基金的使用情况进行公开；其六，物业服务人对共有部分的

---

* 黄丽群，北京市安通（东莞）律师事务所执业律师，毕业于中国地质大学。熟悉合同、婚姻家事、侵权等相关法律，擅长办理侵权、合同领域的诉讼案件和非诉讼法律顾问业务，参与办理多宗诉讼、非诉讼案件，在民商事领域积累了丰富的执业经验。

经营与收益的情况进行公开。

本文针对公开内容的第六点，也是目前较为普遍的现象，通过以下案例进行分析探讨。

三、典型案例

【案情简介】沈阳市大东区鹏利花园 AB 区业主委员会与沈阳凯莱物业管理有限公司不当得利纠纷再审案，案号为（2014）沈中审民终再字第136号。被告凯莱公司系原告业主委员会所在小区的物业公司，双方约定："管理费收入与实际支出不足部分的缺口由房产开发公司支付。"凯莱公司承认在物业服务期间收到小区广告费 266 100 元，并提供账本证明服务期间物业费不足以弥补其亏损约 180 万元。一审、二审法院认为小区广告收益虽取之于公共区域但也用来补充业主物业费收入严重不足，充分体现了取之于民用之于民的根本原则，判决驳回业主委员会的起诉。辽宁省沈阳市中级人民法院再审本案，认定楼道、电梯内属业主的共有部分，在其内设立广告所得收益依法属于全体业主，凯莱公司在无全体业主授权的情况下私自与广告公司签订合同并收取收益的行为显然不应当得到法律的支持，上述公共区域内设立广告所取得的收益依法属于全体业主共有，公共区域的广告费用并不属于物业管理合同中所约定物业服务资金，凯莱公司在未经业主委员会或者全体业主同意的情况下，无权擅自使用该广告费用用以弥补其经营不足，判决凯莱公司返还业主委员会园区公共区域广告费收入266 100元。

【焦点问题】住宅小区公共区域经营收益的性质是什么？应归属于谁？物业公司是否有权擅自处置或处分利用共有部分产生的收益？

【裁判规则】小区公共区域的经营收益权归全体业主，物业公司对该收益须返还。因为住宅小区公共区域的经营收益权及收益是建筑物共有部分所有权的延伸内容和衍生利益，理应属全体业主共有，物业公司未经住宅小区全体业主或者业主委员会同意，擅自将经营共有部分的收益用于物业服务支出，在物业公司不能证明其支出包括擅自经营共有部分成本的合理支出、又或者是补充专项维修资金的情况下，物业公司应当承担经营所得收益的返还责任。

上述案件出现一审、二审及再审不同裁判结果的原因是，一审、二审法院对小区收益归属权的认定是结合《物权法》第 70 条 "业主对建筑物内的住宅、经营性用房等专有部分享有所有权，对专有部分以外的共有部分享有共有和共同管理的权利" 以及《最高人民法院关于审理建筑物区分所有权纠纷案件具体应用法律若干问题的解释》第 14 条第 1 款 "建设单位或者其他行为人擅自占用、处分业主共有部分、改变其使用功能或者进行经营性活动，权利人请求排除妨害、恢复原状、确认处分行为无效或者赔偿损失的，人民法院应予支持" 的规定，认为广告收益全部用于补充物业管理经营，物业公司提供的经营性补贴明细表能够证明经营性收入（包括广告费）减去成本费再加上开发公司的补贴后其仍处于亏损状态，法院认定物业公司将广告费用于合理性经营支出。再审法院认为公共区域的广告费用并不属于物业管理合同中所约定物业服务资金，未经业主委员会或者全体业主同意的情况下，物业公司无权擅自使用该广告费用以弥补其经营不足，根据《最高人民法院关于审理建筑物区分所有权纠纷案件具体应用法律若干问题的解释》第 14 条第 1 款认定物业公司占用广告费无合法的依据，以不当得利返还。

四、律师解析

在《民法典》编纂之后，当物业服务人具有以下行为时，业主大会、业主委员会要求物业服务人承担责任有法可依。

1. 物业服务人不得拒绝公开物业服务情况。根据《民法典》第 943 条规定，物业服务人应当定期将服务信息、维修资金、共有部分经营收益进行公开和报告。物业服务人信息公开义务也是以《最高人民法院关于审理建筑物区分所有权纠纷案件具体应用法律若干问题的解释》第 13 条以及《民法典》物权编第 285 条规定为基础。目前我国的物业管理制度基本情况为业主对公共区域应属业主的共有部分缺乏共同管理权，公共区域内设立广告等所取得的收益去向、用途、标准及收支处于不公开状态，甚至有物业公司认为物业费的使用属于商业秘密，而业主要求监督及公开，因此产生纠纷。

2. 物业服务人不得擅自处分公共区域经营收益。《民法典》第 282 条规定，建设单位、物业服务企业或其他管理人等利用业主的共有部分产生的收入，在扣除合理成本之后，属于业主共有。物业费及小区住宅、经营性用房等专有部分以外的楼道、大堂、电梯等的经营收益除了支付物业服务人报酬以及合理性支出，剩余资金归业主共有。

3. 物业服务人应当定期以合理的方式向业主公开物业服务。对于物业服务资金收支情况等业主高度关心的事项，每年至少公开一次，同时必须遵守各地方行政主管部门的规定，不排除当事人在物业服务合同中对公开时间作进一步约定。合理的方式包括在服务中心、小区公告栏、电梯间等显著位置，以电子屏幕、展板、书面公告纸的形式进行公开或者在公众号、微信群中以电子形式公开。此外，公开的信息也是物业服务人向业主大会、业主委员会书面报告的基础内容。

4. 物业服务人的公开及报告为法定义务，未履行应承担违约责任。因《民法典》明确规定为强制义务，物业服务人未履行时，业主、业主委员会均可督促其履行，经督促后仍不履行，可向有关行政主管部门要求按地方法规或规章进行处罚。要求物业服务人继续履行的起诉主体仅限于业主大会或者业主委员会，除非业主和物业服务人在服务合同中约定未履行义务的违约责任，业主方可成为诉讼主体。

结语

除上述案例提到的法律要点外，《民法典》物业服务合同篇还具有其他亮点，比如物业合同的主体不再局限于物业服务企业，前期物业服务合同可提前终止，业主符合"依照法定程序共同决定"和"提前六十日书面通知物业服务人（另有约定除外）"两个条件时对物业服务合同享有任意解除权等。

物业服务理念是与民众的生活息息相关的，关系到社会和谐，《民法典》根据司法实践经验，将物业服务领域普遍存在的问题进行全面梳理，整合并凝练成符合民众要求的民事规则。

人格权编

人格权编：一项个人权利的前世今生 *

邵红霞 **

2020 年 5 月 28 日，党的十三届全国人大三次会议表决通过了《民法典》。其中，独立成编的人格权编是这部《民法典》的一大亮点，将人格权保护提升到了前所未有的高度。

人格权编分为一般规定；生命权、身体权和健康权；姓名权和名称权；肖像权；名誉权和荣誉权；隐私权和个人信息保护，共六个章节，条款覆盖第 989 条到 1039 条，共计 51 个法条。

"采菊东篱下，悠然见南山"，每个人都享有不受侵扰、生活安宁的权利。《罗马法》谚云："人民之安宁乃最高之法律。"社会发展至今，人们早已超越对物质的基本需求，对人格尊严、自由美好生活的要求日益强烈；技术与时代的发展，也对人格权的保护提出了诸多新问题，独立成编的人格权编，很好地回应了这些需求。

如何学习人格权编的十三大亮点？

党的十九大报告提出"保护人民的人身权、财产权、人格权"，将人格权作为与人身权、财产权并列的权利，为提升人格权保护力度打好了基础。

尽管在制定过程中，关于人格权编的存废一度争论激烈，但无法阻挡历史和时代发展的脚步。最终，人格权作为与物权、合同、婚姻家庭、继承、侵权责任并列的一编，正式排于合同编之后的第四编。这充分体现了国家对

---

* 本文首发于《民主与法制》周刊 2020 年第 23 期。

** 邵红霞，北京市安通律师事务所高级合伙人、副主任。中国政法大学法学士。擅长企业法律顾问业务，在家庭婚姻、劳动仲裁等领域具有十分丰富的执业经验。主要学术成果：《人格权编：一项个人权利的前世今生》，发表于《民主与法制》周刊 2020 年第 23 期。

人民权利的重视，体现了民法典是充分反映人民的意愿、保护人民权利的法典。

人格权是从民事法律规范的角度规定自然人和其他民事主体人格权的内容、边界和保护方式，不涉及公民政治、社会等方面权利。

人格权编主要有以下几个要点：①以列举的方式明确人格权的各项权利，并明确人格权是一个开放的体系，自然人享有列举之外的基于人身自由、人格尊严产生的其他人格权益。②人格权不得放弃、转让、继承，但人格标识可以许可使用，认可人格权可与财产利益挂钩，不再是财产权的对立面。③规定了对死者人格利益的保护，并实质限定了死者利益的保护时间和保护请求人的范围。④停止侵害、排除妨碍、消除危险、消除影响、恢复名誉、赔礼道歉的请求权，不适用诉讼时效的规定。⑤精神损害赔偿请求权和违约责任可以并行。⑥可以申请人格权行为禁令。⑦列举了认定人格侵权责任应考虑的主要因素，如行为人和受害人的职业，影响范围，过错程度，行为的目的、方式、后果等，为权利保护和裁判指明了方向。⑧明确"性骚扰"认定标准；规定相关单位有防止和制止性骚扰的义务。⑨确立器官捐献的基本规则。明确从事与人体基因、人体胚胎等有关的医学和科研活动的，不得危害人体健康，不得违背伦理道德，不得损害公共利益。⑩禁止利用信息技术手段"深度伪造"侵害他人肖像权、伪造他人声音等。⑪规定了隐私的定义，列明禁止侵害他人隐私权的具体行为，即隐私是自然人的私人生活安宁和不愿为他人知晓的私密空间、私密活动、私密信息。⑫界定了个人信息的定义，其中包括自然人的姓名、出生日期、身份证件号码、生物识别信息、住址、电话号码、电子邮箱、行踪信息等。⑬明确民事主体可以查询自己的信用评价、个人信息，发现信用评价不当、信息有误的，有权提出异议并请求更正、删除。相关信用评价人、信息处理者有核查并采取必要措施的义务。

如何理解隐私权的前世今生？

以笔者目前正在办理的一个人格权纠纷案件为例：原告因为出手帮助自己的闺蜜处理婚姻问题，遭到闺蜜配偶的强烈攻击，手段和性质都很恶劣。

被告（闺蜜配偶）不仅通过短信、电话、微信群辱骂、诽谤原告，多次威胁、恐吓原告及其家人，还运用了跟踪、监控、带多人围堵等手段，甚至非法入侵原告的住宅，拍摄住宅内照片，导致原告不敢居住自己所有的多处房产，租房而居。

原告最初是以名誉权纠纷起诉，笔者认为被告行为确构成名誉权侵权，但是被告行为不仅是侵犯名誉权。名誉权纠纷的法律责任与被告的恶劣行为及给原告造成的巨大困扰与损失完全不相匹配。原告因为被跟踪，全部房产均处于被告的监控、窥视之下，只能租房居住导致的房租支出，恐怕是名誉权纠纷不能解决的。尤其短信、电话辱骂、诽谤，恐吓，跟踪，监控，非法侵入住宅等，其实是侵犯了原告的隐私权、生命权，尤其是生活安宁，损害了当事人人身安全和人格尊严。

但是，之前的法律并没有涉及生活安宁，对隐私权虽有涉及，但没有明确、科学的内涵和外延，没有明确的规则，使得普通民众对隐私权的观念，一般停留在身体秘密、不道德行为等狭窄印象中，遇到如此严重的侵权，能想到的法律权利仅仅是可怜的名誉权。

1986 年《民法通则》（包括 2009 年修订版），未有关于隐私权的规定。1988 年《关于贯彻执行〈中华人民共和国民法通则〉若干问题的意见（试行）》第 140 条规定，以书面、口头等形式宣扬他人的隐私，或者捏造事实公然丑化他人人格，以及用侮辱、诽谤等方式损害他人名誉，造成一定影响的，应当认定为侵害公民名誉权的行为。虽提及隐私，但未将其上升为权利，此处的隐私连权益都算不上，仅作为侵犯名誉权的表现形式和情节，未与名誉权进行分割并独立出来。

法释〔2001〕7 号《最高人民法院关于确定民事侵权精神损害赔偿责任若干问题的解释》第 1 条规定，自然人因下列人格权利遭受非法侵害，向人民法院起诉请求赔偿精神损害的，人民法院应当依法予以受理：生命权、健康权、身体权；姓名权、肖像权、名誉权、荣誉权；人格尊严权、人身自由权。违反社会公共利益、社会公德侵害他人隐私或者其他人格利益，受害人以侵权为由向人民法院起诉请求赔偿精神损害的，人民法院应当依法予以受理。从此隐私作为人格利益从名誉权中独立出来，但仍未上升为权利。

2009 年《侵权责任法》第 2 条明确提及隐私权，但仅在该法第 62 条规定：医疗机构及其医务人员应当对患者的隐私保密。泄露患者隐私或者未经患者同意公开其病历资料，造成患者损害的，应当承担侵权责任。该条未明确隐私权概念的内涵及外延。第 62 条的规定易给人造成隐私就是有关身体秘密、病患的狭隘印象。

2017 年《民法总则》第 110 条规定："自然人享有生命权、身体权、健康权、姓名权、肖像权、名誉权、荣誉权、隐私权、婚姻自主权等权利。"

自此，隐私权为正式的国家法律所确认，但隐私权的定义仍未明确。

《民法典》人格权编第 6 章专门规定隐私权和个人信息保护，明确隐私是自然人的私人生活安宁和不愿为他人知晓的私密空间、私密活动、私密信息；明确不得以电话、短信、即时通讯工具、电子邮件、传单等方式侵扰他人的私人生活安宁；不得进入、拍摄、窥视他人的住宅、宾馆房间等私密空间；不得拍摄、窥视、窃听、公开他人的私密活动等。这些明确的规定，让受侵害者可以明了自己的权利，也给了法官明确的裁判、衡量尺度和依据。

人格权编第一次提出私人生活安宁，将个人生活安宁作为隐私权的一项内容予以正面规定，这是维护美好生活的基本需要。民法典中生活安宁被当作一项人格利益，属于隐私权的重要组成部分。

人格权编目前明确了各项基本人格权，规定比较原则性，落实各项人格权保护的配套措施尚需完善。如上述案例中的原告被跟踪、监控、威胁，明知被告非法获取、收集、使用了他的个人信息，涉嫌严重违法甚至犯罪，但原告无法知晓被告非法获取信息的过程并举证。因此，人格权编应进一步明确，侵害人应对其所获取、收集、使用的被侵害人信息的合法性承担举证责任，实行一定程度的举证责任倒置，否则，认定其构成严重侵权。

如何运用《民法典》保护私权？

与隐私权密切相关的是个人信息保护，在这个互联网时代和信息时代，信用评价是一个人在岁月流淌中的点滴积累，是一个人得以在社会立足的根本，负面信用评价会给日常生活带来极大的不便，大大增加生活成本、经营成本。因此，信用评价的准确性和真实性对个人而言极为重要。

人格权编第 1029 条规定："民事主体可以依法查询自己的信用评价；发现信用评价不当的，有权提出异议并请求采取更正、删除等必要措施。信用评价人应当及时核查，经核查属实的，应当及时采取必要措施。"第 1037 条规定："自然人可以依法向信息处理者查阅或者复制其个人信息；发现信息有错误的，有权提出异议并请求及时采取更正等必要措施。自然人发现信息处理者违反法律、行政法规的规定或者双方的约定处理其个人信息的，有权请求信息处理者及时删除。"

这一规定非常及时，我国银行的管理不尽规范，却往往将风险转嫁给个人，甚至为转嫁风险，不惜滥用信用评价。例如，李甲一直在北京做生意，忽然接到湖南老家一家农村商业银行通知，说他名下有两万多元的贷款本金及利息未还。经过了解，原来是该农村商业银行的职员王乙，不知怎么得到了李甲的驾驶证复印件，利用自己工作便利，用该驾驶证复印件办卡，贷款一万余元给自己使用，目前本金加利息已达两万余元，李甲根本不知情。而王乙已经因为多起类似事件败露，被判决承担刑事责任，失去人身自由。银行在明知系自己管理漏洞的情况下，几次三番打电话让李甲承担还款责任，还叫嚣让他上黑名单。李甲经向银行询问，因为信用评价出现问题，他已经不能贷款。像这种情况，银行利用职权，滥用负面信用评价转嫁风险，以前个人欲查询没有依据，欲起诉但缺乏证据和法律依据。《民法典》实施后，个人可以有权查询并要求改正，相关机构不法行为会得到有效抑制和纠正。

人格权编在保障私权的同时亦规范公权，法典会促进法律的体系化发展，为行政机关行使公权力确定一定的标准，不以损害公民的私权为代价。

时代是发展的，相信我们的法律会日益完善，生活会更加美好。

什么情况下可以主张精神损害赔偿？

邵红霞[*]

一、《民法典》规定

第 996 条　因当事人一方的违约行为，损害对方人格权并造成严重精神损害，受损害方选择请求其承担违约责任的，不影响受损害方请求精神损害赔偿。

二、知识要点

2001 年发布的《最高人民法院关于确定民事侵权精神损害赔偿责任若干问题的解释》（法释〔2001〕7 号）第 4 条规定：具有人格象征意义的特定纪念物品，因侵权行为而永久性灭失或者毁损，物品所有人以侵权为由，向人民法院起诉请求赔偿精神损害的，人民法院应当依法予以受理。

2010 年发布的《最高人民法院关于审理旅游纠纷案件适用法律若干问题的规定》（法释〔2010〕13 号）第 21 条规定："旅游者提起违约之诉，主张精神损害赔偿的，人民法院应告知其变更为侵权之诉；旅游者仍坚持提起违约之诉的，对于其精神损害赔偿的主张，人民法院不予支持。"

侵害人格权的情形中，经常会产生违约责任和侵权责任的竞合，受害人也会因违约行为而遭受到严重的精神损害。根据上述规定，很容易得出精神损害赔偿只能在侵权之诉中主张，违约之诉不支持精神损害赔偿的结论，故在目前的实践中，一般认为违约赔偿损失的责任不包括精神损害赔偿。而侵

---

　　* 邵红霞，北京市安通律师事务所高级合伙人、副主任。中国政法大学法学学士。擅长企业法律顾问业务，在家庭婚姻、劳动仲裁等领域具有十分丰富的执业经验。主要学术成果：《人格权编：一项个人权利的前世今生》，发表于《民主与法制》周刊 2020 年第 23 期。

权责任与违约责任在构成要件、举证责任、法律后果等方面存在差别，受损害者只能在违约或侵权之中选择其一进行主张的情形下，着实难以取舍，选择的同时意味着放弃，选择违约之诉即意味着放弃侵权赔偿中诸如精神损害赔偿的相关权益，这使得受损害方难以获得周全的救济，不利于受损害方的人格权保护。国外对于这种情况，多采取允许在合同之诉中主张精神损害赔偿。

《民法典》第 996 条是关于损害人格权责任竞合情形下精神损害赔偿的规定，此一规定，允许受损害方请求行为人承担违约责任时，同时请求精神损害赔偿，符合加强人格权保护的比较法发展趋势，是一个重要的进步。

但是，本条适用是有诸多前提的：

第一，损害人格权的违约责任和侵权责任的竞合。当事人一方的违约行为同时构成了损害对方人格权的侵权行为。如果当事人一方的违约行为造成了精神损害，但违约行为本身并不符合侵权行为的相关要件，无须承担侵权责任，此类情形就不涉及违约责任与侵权责任的竞合，不适用本条规定。

第二，因当事人一方的违约行为损害对方自然人的人格权并造成严重精神损害。本条的适用要符合本法第 1183 条第 1 款的规定，即侵害自然人人身权益造成严重精神损害的，被侵权人有权请求精神损害赔偿。这意味着违约行为损害对方人格权，并造成严重精神损害，精神损害与违约行为之间存在因果关系，才能够获得精神损害赔偿，偶尔的痛苦和不高兴不能认为是严重精神损害。

第三，只有在受损害方选择请求违约方承担违约责任时，才适用本条的规定。如果受损害方选择请求违约方承担侵权责任，则可以直接依据本法第 1183 条第 1 款的规定，请求精神损害赔偿，无须适用本条。

三、典型案例①

【案情简介】2015 年 6 月 26 日，许某代表潘某明与亲和力旅行社订立旅游合同一份，约定以每人 2500 元的费用参加该旅游社组织的三亚 4 日游的旅

---

① 案号：（2019）湘民再 76 号。

游活动，特别明确约定，旅游期间不参加购物活动。合同还约定，亲和力旅行社可根据具体情况调整旅游期间的前后行程。

同年7月1日，潘某明、许某等21人开始旅游。7月2日，亲和力旅行社将潘某明、许某等21人带至亚龙湾热带天堂森林公园旅游。在当天旅游结束之时，导游将潘某明、许某等人带至景区内的购物点购物。购物结束后，潘某明手提所购物品跟随导游前往另一景点，在下山途中经过一户外木质楼梯时摔倒，致使右脚受伤。2016年9月7日，湘雅二医院司法鉴定中心作出（2016）临鉴字第1237号鉴定意见：潘某明本次损伤评定为10级伤残。

潘某明向一审法院起诉请求：判令亲和力旅行社赔偿各项损失共计284 163.08元，其中包含精神损害赔偿抚慰金。一审法院认为，团队境内旅游合同约定，旅游期间不参加购物活动，但亲和力旅行社却将旅游者带至景区内的购物点购物。其虽主张该购物点是出景区时的必经道路，但也未能提供证据证明，故应认定该购物点并非必去场所，其将旅游者带至该场所的行为已构成违约。潘某明手提所购物品继续进行旅游，必然会加重其身体负担，而亲和力旅行社未能提供证据证明已尽到了安全保障义务，致使潘某明在下山途中经过一个户外木质楼梯时受伤。据此，应认定亲和力旅行社的违约行为与潘某明的受伤之间具有因果关系，应由该旅行社承担赔偿责任。潘某明的损失除包括各方认可的医药费117 440.4元、住院期间的护理费6900元、住院伙食补助费2070元、营养费2000元、交通费1000元、残疾辅助器具费1500元外，还应包括残疾赔偿金、精神抚慰金、后续治疗费、鉴定费、出院后和二次手术期间的护理费。精神抚慰金，根据其伤残等级，该院酌定为5000元。上述共计218 786.4元，应由亲和力旅行社赔偿，但因属于太平洋保险长沙中心支公司的承保范围，故由该公司直接赔付。

法院判决如下："（一）太平洋保险长沙中心支公司于判决发生法律效力后十日内在旅行社责任险责任限额内向潘某明赔偿各项损失218 786.4元；（二）亲和力旅行社于判决发生法律效力后十日内向潘某明退还其与许某的旅游费用5000元；（三）驳回潘某明的其他诉讼请求。"

太平洋保险长沙中心支公司不服上述判决，向长沙市中级人民法院提起上诉，请求撤销一审判决第一项并依法改判，认为亲和力旅行社不存在违约行为；一审法院判决太平洋保险长沙中心支公司承担精神损失的赔偿是错误的。

二审法院认为亲和力旅行社将旅游者带至景区内的购物点购物的行为，已经违反了旅游合同约定关于旅游期间不参加购物活动的约定。且因亲和力旅行社亦未能提供证据证明已尽到了安全保障义务，故一审法院认定亲和力旅行社的违约行为，与潘某明手提所购物品负重继续旅游后受伤具有因果关系，认定无误，亲和力旅行社应当承担违约责任。一审法院据鉴定意见及伤残等级，酌定精神抚慰金为5000元，并无不妥，判决驳回上诉，维持原判。

最后，湖南省高级人民法院认为，本案潘某明在一审中以合同纠纷起诉亲和力旅行社承担违约责任并提出了精神损害赔偿的诉求，一审、二审均支持了潘某明的精神损害赔偿诉请，但根据《最高人民法院关于审理旅游纠纷案件适用法律若干问题的规定》第21条的规定："旅游者提起违约之诉，主张精神损害赔偿的，人民法院应告知其变更为侵权之诉；旅游者仍坚持提起违约之诉的，对于其精神损害赔偿的主张，人民法院不予支持。"潘某明在原审中均是以违约责任主张亲和力旅行社承担违约责任，因此，原审支持潘某明的精神损害赔偿诉求违反了上述司法解释的规定，应当予以纠正。判决撤销长沙市芙蓉区人民法院（2016）湘0102民初2290号民事判决第（二）项；由中国太平洋财产保险股份有限公司长沙中心支公司于判决发生法律效力后10日内在旅行社责任险责任限额内向潘某明赔偿各项损失212 586.4元（减掉了精神损害赔偿5000元）。

四、律师解析

这个案件的赔偿，主要是医疗费、残疾赔偿金等，精神损害抚慰金只是其中的一小部分，并不起眼，故一审、二审法院均以违约归责，按照侵权责任的法律后果来判，看似水到渠成，但的确忽视了小案件、小数额中存在的大问题——违约之诉中可否主张精神损害赔偿？本案经一审、二审、再审，湖南省高级人民法院最终将案件焦点明确、归结为受损害者可否在违约之诉中，主张精神损害赔偿。一审、二审均以构成违约，判决支持了5000元精神损害赔偿，但是并未意识到这里面包含违约责任和侵权责任竞合、选择的问题，未意识到潘某明选择了违约之诉，或者说法院选择了以构成违约为由判令被告承担责任，支持精神损害赔偿问题。从情理上讲，一审、二审法院判决支持，结果是好的，较好地维护了受损害者的权利。而湖南高院将模糊的问题拎出来分析清楚后，判决驳回了精神损害赔偿的请求，驳得分明，符合法律规定，但是不利于受损害方权利保护。

《民法典》颁布后，就不会再出现这类问题，民法本应是建立在情理基础之上的法。

器官捐献有哪些法律规定？

邵红霞[*]

一、《民法典》规定

第1006条 完全民事行为能力人有权依法自主决定无偿捐献其人体细胞、人体组织、人体器官、遗体。任何组织或者个人不得强迫、欺骗、利诱其捐献。

完全民事行为能力人依据前款规定同意捐献的，应当采用书面形式，也可以订立遗嘱。

自然人生前未表示不同意捐献的，该自然人死亡后，其配偶、成年子女、父母可以共同决定捐献，决定捐献应当采用书面形式。

二、知识要点

我国传统讲究"身体发肤，受之父母，不敢毁伤"，人们对于器官移植、遗体捐献均内心排斥，这与现代医学发展需要相悖。受此旧观念影响，我国医学研究、器官移植方面供体尤为匮乏。遗体捐献、器官移植不同于其他事项，关系到伦理、道德、文化等方面的问题，而缺乏配套的法律规定及管理机构，导致有心捐献的人"捐献无门、捐献无法"，是供体缺乏的另一原因。我们迫切需要相应的立法，对器官移植、遗体捐献等问题作出规范，从而引导医学研究的发展。

2007年国务院颁布的《人体器官移植条例》，仅规范具有特定功能的心

---

* 邵红霞，北京市安通律师事务所高级合伙人、副主任。中国政法大学法学学士。擅长企业法律顾问业务，在家庭婚姻、劳动仲裁等领域具有十分丰富的执业经验。主要学术成果：《人格权编：一项个人权利的前世今生》，发表于《民主与法制》周刊2020年第23期。

脏、肺脏、肝脏、肾脏或者胰腺等器官的移植，将人体细胞、角膜、骨髓等人体组织移植排除在外，且该条例仅是行政法规。

《民法典》本条规定则包含了人体细胞、人体组织、人体器官、遗体的捐献，且把遗体、器官捐献事项提升到了民法典法律规范的高度。

《民法典》第1006条规定主要包括以下含义：

第一，捐献或者不捐献人体细胞、人体组织、人体器官和遗体由个人自主决定，任何组织或者个人不得强迫、欺骗或者利诱他人捐献。人体捐献与自然人的人格尊严密切相关，获得人体捐献者的同意是人体捐献最为重要的前提。人体捐献者的自主决定权也包括有权随时撤销其同意捐献的意愿，捐献者有权在人体器官移植前拒绝捐献器官。

第二，人体捐献的意愿必须真实合法。人体捐献的意愿必须是捐献人的真实意愿，捐献意愿不是因为强迫、欺骗、利诱而作出的。同时，人体捐献的意愿也必须是合法的，不得违反法律规定和违背公序良俗。例如，基于医学伦理原则，捐献不得危及捐献人自身的生命或者严重损害捐献人自身的健康，以防止出现职业捐献者群体和变相的买卖，这是从维护捐献者的人格尊严和身体健康出发，对其捐献行为的限制。

死体捐献和活体捐献在很多问题上都是不同的。活体捐献要受到严格的限制，死体捐献受到的限制相较而言要少一些。活体捐献人一般应与接受人在基因、法律或情感上有关系。《人体器官移植条例》第10条规定，活体器官的接受人限于活体器官捐献人的配偶、直系血亲或者三代以内旁系血亲，或者有证据证明与活体器官捐献人存在因帮扶等形成亲情关系的人员。

应当注意的是，摘取尸体器官，应当在依法判定尸体器官捐献人死亡后进行。从事人体器官移植的医务人员不得参与捐献人的死亡判定。从事人体器官移植的医疗机构及其医务人员应当尊重死者的尊严；对摘取器官完毕的尸体，应当进行符合伦理原则的医学处理，除用于移植的器官以外，应当恢复尸体原貌。

第三，完全民事行为能力人才有权依法自主决定。人体捐献者必须对捐献行为具有充分的判断和辨认能力，这要求捐献者必须具备完全的民事行为能力。未成年人以及不能辨认或者完全辨认自己行为的成年人等限制民事行为能力人和无民事行为能力人，不能作出人体捐献的有效同意。

第四，同意捐献应当采用书面形式，也可以订立遗嘱。捐献可能对人体造成损害，涉及生命权、身体权、健康权等最基本的人格权利，同时要确定捐献的意愿是真实的，因此应当对同意捐献的形式作严格限制。

第五，自然人生前未表示不同意捐献的，该自然人死亡后，其配偶、成年子女、父母可以共同决定捐献，决定捐献应当采用书面形式。鉴于我国供体严重匮乏的现状，死体捐献不会对捐献者的生命或者健康造成严重损害，且能够发扬人道主义精神，引导民众移风易俗，有利于移植临床救治和医学的发展，民法典采取了推测同意捐献的方式。即如果自然人生前表示了不同意捐献的意愿，应当尊重自然人的自主决定权。但是，如果自然人生前未表示不同意捐献，该自然人死亡后，其配偶、成年子女、父母可以共同决定捐献。

第六，捐献必须是无偿的，即禁止器官交易。无偿之目的就在于防止器官交易。随着对器官移植需求的不断增长，供体器官短缺已经成为世界性的问题。人体器官的供需矛盾导致国际器官黑市交易的增长。有鉴于此，为了遏制器官交易的犯罪行为，世界上绝大多数国家和地区在法律上明文禁止任何形式的人体器官和组织的交易。

三、典型案例①

【案情简介】2014 年 10 月 19 日，曾某华被送入被告一佛山市第一人民医院（以下简称佛山医院）抢救治疗，入院诊断为：创伤性脑出血、头颅外伤、颅底骨折。原告谢某是曾某华的配偶，原告曾某是曾某华和谢某婚生女（未成年人）。第三人曾某茂、谢某珍系曾某华的父母，曾某财系曾某华之弟。2014 年 10 月 23 日，佛山医院在曾某华的门诊病历中向患者家属发出知情告知，载明："患者病情危重，家属拒绝住院进一步治疗，并拒绝复查头颅 CT、气管切开等治疗，予签字。"其配偶谢某在上述知情告知上签名。同日，原告谢某向第三人曾某财出具委托书一份，内容如下："曾某华，身份

---

① 案号：（2016）粤 0604 民初 5410 号。

证号码（略），谢某，身份证号码（略），是夫妻关系，现委托曾某财，身份证号码（略），处理相关一切事宜。"

2014 年 10 月 24 日 12 时 20 分许，曾某华病情进一步加重，生命体征极不稳定，神志呈昏迷状态。同日 13 时 40 分许，佛山医院在门诊病历中向家属发出知情告知"再次将病情告示之，家属表示理解，要求放弃治疗，签字为证"，第三人曾某财在上述门诊病历上签名。同日 14 时 38 分，曾某华经诊断心死亡。

2014 年 10 月 24 日，第三人曾某茂、谢某珍、曾某财在"中国人体器官捐献登记表"上签名确认同意无偿捐献死者曾某华的肝脏、肾脏用于临床医疗、教学和科学研究。上述登记表亲属签名一栏有其配偶"谢某"的手写签名。经查，谢某的签名是曾某茂找人签署的，指模也不是谢某的。当时原告谢某要求拿回去签字，故其签名是拿回去才签的。当日 14 时 40 分，被告一佛山医院开始实施器官切取手术，手术结束时间为 15 时 50 分许。

2016 年 4 月，谢某和曾某起诉被告一佛山医院和被告二广东省红十字会，认为二被告在二原告毫不知情的情况下，偷偷摘除曾某华的器官属于违法行为，致使二原告在饱受丧夫、丧父之痛的同时还遭受其夫、其父器官被非法摘除的精神痛苦，严重侵害了二原告的一般人格权。要求判令二被告赔偿二原告违法摘除曾某华肝脏、肾脏赔偿金合计 15 万元、精神损害赔偿金 25 万元；曾某茂、谢某珍、曾某财对上述请求承担连带赔偿责任；诉讼中，法院依职权追加曾某茂、谢某珍、曾某财作为本案的第三人参加诉讼。

【焦点问题】

1. 两被告在摘取器官时是否存在过错、是否尽到了审查义务。

2. 三名第三人是否侵害了两原告的人格权。

关于两被告在摘取器官时是否存在过错、是否尽到了审查义务的问题，法院认为：本案属于尸体器官捐献，作为接受人体器官捐献的佛山医院、红十字会只需要审查两个内容，一是公民死亡前有否不同意捐献的意思表示，二是死者家属或相关人员有否提交上列人员共同意思表示的书面意见。本案中，并没有证据证实死者生前有作出不同意捐献人体器官的意思表示，那么被告方只需要审查死者家属或相关人员有否提交共同签署的书面意见书。从形式上看，佛山医院收到的"中国人体器官捐献登记表"有曾某华父母及配偶的签名，佛山医院及红十字会形式审查的义务应该已完成。其次，向被告提交"中国人体器官捐献登记表"的是死者的父母及弟弟，被告有理由相信"中国人体器官捐献登记表"上原告的签名的真实性，且原告亦无证据证实被告存在明知原告不知情仍然接受人体器官捐献的情形，即被告不存在侵权的故意。再者，法律也没有规定有捐献决定权的死者家属必须到场签署登记表方为有效。综上，本院认为两被告已尽到了必要的审查义务，不存在过错，并不构成对两原告人格权的侵害，故对原告提出要求两被告承担赔偿责任的请求，本院不予支持。

关于三名第三人是否侵害了两原告的人格权的问题。原告认为，第三人未征得其同意，代为在登记表上签名同意捐献死者器官，亦侵害了原告的权益，故应承担赔偿责任。第三人则认为原告有向其签署授权委托书，代为处理死者的一切事宜，故其有权代为作出人体器官捐献的决定。本院认为，首先，原告在其丈夫因交通事故入院治疗后，确有向第三人曾某财签署授权委托书，同意第三人曾某财代为处理一切事宜。虽然该授权委托书没有特别注明可以代为决定捐献死者人体器官，但至少也没有否定或注明不同意捐献。且该捐献死者器官决定的作出并未损害原告的经济利益和人格权益，相反，因为死者器官的捐献使得死者生前人格利益得到了升华，体现出更大的社会价值，是一种值得尊重和鼓励的公益善举，作为死者的家属应该为之骄傲和光荣。原告认为其人格受损缺乏事实和理由支撑。其次，三名第三人作为死者的父母和弟弟，其对于死者逝去的悲痛之情绝不会亚于原告，他们作出捐献死者器官的决定也不会出于贬损死者名誉的目的，简言之第三人也不存在侵害原告人格权的主观过错。再次，三名第三人在有原告授权委托书的前提下，代原告捐献曾某华的部分器官用于拯救他人生命和健康，不违背法律规定和社会善良风俗，且该捐献决定对于社会、家庭、个人来说均是一种积极的处分行为，不应受到谴责或批评。最后，人体器官捐献具有很强的时效性，三名第三人出于此目的，在原告缺席而第三人又持有原告授权委托书的情况下，代为签署登记表也是情有可原。

综上，法院判决驳回原告谢某、曾某的诉讼请求。

四、律师解析

1. 未书面签字同意尸体器官捐献，不等于未同意、遭侵权。从查明的案件事实看，遗体器官捐献人曾某华的配偶谢某的确对尸体器官捐献不知情，"中国人体器官捐献登记表"上谢某的签名和指模系他人代签；但她在曾某华车祸致伤后抢救、死亡事宜的系列表现，很难说她真正在意曾某华的死活，进而其主张因尸体器官捐献遭受精神痛苦亦无事实依据。首先，曾某华遇车祸致颅底骨折、脑出血，伤情严重，但在 19 日至 23 日几天时间里，在医生的要求和病危告知下，谢某持有曾某华存折却一直拒绝让曾某华住院接受进一步治疗、检查。其次，她在 2014 年 10 月 23 日到医院签字时知其病危并放弃治疗，给曾某财签署一份全权处理的委托书后便一走了之，曾某华的后事处理她一概未参与，作为配偶，有违常理。最后，她明知器官捐献始于曾某华父母、弟弟的签字同意，明知曾某财持有她的委托书，却只起诉佛山医院和广东红十字会。

2. 遗体捐献需要父母、子女、配偶这些直系亲属全部、共同签字同意，缺一不可。

3. 相关机构，如医疗机构要尽到合理审查注意义务，不苛求鉴定签名真伪。

4. 原告的真实意愿指向和切入点应是捐献补偿金分配。

结语

即便是遗体器官捐献，医学方面亦有很强的时效性要求，国家法律鼓励遗体捐献，鼓励弘扬大爱博爱精神，不过分加重医疗等接受捐献机构负担。民众需要改变观念，实事求是，同等情况下无须再行试探司法对此的反应。医院、红十字会等接受捐献机构履行审查义务及实施移植程序要注意严谨、规范，尊重死者的贡献和家人的感受。

预防性骚扰，机关、
企业、学校有哪些责任？

赵涓涓[*]

一、《民法典》规定

第1010条 违背他人意愿，以言语、文字、图像、肢体行为等方式对他人实施性骚扰的，受害人有权依法请求行为人承担民事责任。

机关、企业、学校等单位应当采取合理的预防、受理投诉、调查处置等措施，防止和制止利用职权、从属关系等实施性骚扰。

二、知识要点

1. 什么是性骚扰？《民法典》首次明确就"性骚扰"进行了规定：违背他人意愿，以言语、文字、图像、肢体行为等方式对他人实施性骚扰的。

2. 性骚扰的侵害对象是谁？《民法典》使用"他人"来界定性骚扰对象的范围，意味着这不再是仅针对"妇女"的狭义性骚扰，而是针对男女老少和同性异性的所有人群的广义性骚扰，也就是女性骚扰男性，女性骚扰女性，男性骚扰男性的行为均可被认定为性骚扰。

3. 性骚扰侵害他人的什么权利？他人的身体权。该条款位于《民法典》人格权编的身体权、健康权章节，可见性骚扰侵害的是他人对其身体自由支配的权利，性骚扰对他人的身心健康会造成损害。

---

* 赵涓涓，西南政法大学法律硕士、博士研究生（在读），曾任高校教师，现为云南上首律师事务所律师、婚姻家事部主任。

4. 性骚扰的方式有哪些？《民法典》颁布后，明确性骚扰的方式不限于言语、肢体行为，将文字图片等纳入性骚扰的行为内容是本次新修改的内容，随着科技的发展，网络社交已经成为人们日常交流的常见方式，无接触式的性骚扰时有发生，以文字图片等方式实施的性骚扰屡见不鲜。

5. 用人单位对于性骚扰有什么义务？《民法典》第 1010 条第 2 款明确规定了用人单位在其中的责任："机关、企业、学校等单位应当采取合理的预防、受理投诉、调查处置等措施，防止和制止利用职权、从属关系等实施性骚扰。"

三、典型案例

原告郑某诉被告某市国土资源档案馆，详见（2016）桂 0103 民初 382 号判决书。

原告诉称：2015 年 7 月 17 日，原告收到单位口头传话说"根据馆的未来发展和综合考虑决定解除你的劳动合同"，并要求原告主动写辞职报告，原告认为自己的合同未到期，多次与领导协商继续上班均被拒绝。2015 年 8 月 4 日，原告收到解除劳动合同通知书，用人单位捏造了"原告多次以电话等形式骚扰了本单位女职工，其间经馆领导批评、教育，现仍未改正。你的行为不仅干扰了他人正常的工作和生活，还对档案馆造成了不良影响"的理由违法解除了劳动合同。为维护原告的合法权益，请求法院判令：①被告支付违法解除劳动合同赔偿金 48 000 元；②被告支付未提前 30 日通知解除劳动合同代通知金 3000 元；③本案诉讼费由被告承担。

被告辩称：原告在被告处工作期间多次对女同事进行性骚扰，屡教不改，严重违反单位规章制度，被告解除与原告劳动合同合法有据。原告既要求支付违法解除劳动合同赔偿金又要求支付解除合同代通知金，两个请求互相冲突……。请求法院驳回原告的诉讼请求。

法院查明，2015 年 8 月 6 日，原告向某市劳动人事争议仲裁委员会申诉，请求裁令被申请人即本案被告：①支付违法解除劳动合同赔偿金 48 000 元；②支付未提前 30 日通知解除劳动合同代通知金 3000 元。2015 年 12 月 21 日，该委作出南劳人仲裁字（2015）第 2286 号《仲裁裁决书》，裁决如下：对申请人郑某的所有仲裁请求，不予支持。原告不服，遂诉至本院，提出前述请求，被告答辩如前。

法院认为：其一，关于原告是否存在骚扰女同事的行为。被告提交的证人李某、白某2的报告及五个证人的陈述，均证实了原告以追求恋爱为名与女性同事接触，在遭到拒绝后，违背他人的意愿，长期通过短信、微信、电话、肢体语言等方式向女性同事表达、传递含有性暗示及其他有损他人人格尊严的内容。原告的骚扰行为发生在同事之间，具有一定的隐蔽性，五位证人系被告女性员工，均曾与原告共事，证人的身份与所处的环境使其证言有较高的证明价值。证人李某、白某2是受害者也是亲历者，所作证言与其向被告提交的报告可相互印证，证人李某的报告，还附了部分微信信息内容，也可印证报告的内容。证人白某1、卢某、廖某是旁观者、见证者，五人的证言均能相互印证，上述证据已经形成证据链，具有较高的证明力。对上述证据的证明内容本院予以采信，认定原告在工作中存在骚扰女同事的行为。

其二，关于被告解除与原告的劳动关系是否合法。原告的上述行为，致使受害者处于不安、恼怒、屈辱之情绪中，身心遭受伤害，严重影响了受害者及其他女职工的正常工作和生活，侵害了他人的人身自由和人格尊严，这种行为显然与提倡明礼守信、和谐文明的道德要求背道而驰，被告将原告的上述行为认定为属于"违反社会主义道德，在群众中造成不良影响"的情形，并无不妥。被告依据《某市国土资源系统（市本级）聘用人员管理实施办法（试行）》第10条的规定，解除与原告的劳动关系，有事实和法律依据，属于合法解除。原告请求被告支付违法解除劳动合同赔偿金，本院不予支持。被告依据《中华人民共和国劳动合同法》第39条的规定解除与原告的劳动关系，亦无需向原告支付待通知金，原告请求被告支付待通知金，本院不予支持。

通过本案的研究学习，笔者认为，值得注意的法律问题是：其一，用人单位在规章制度中对单位所禁止的职场性骚扰行为如何界定？最好根据民法典的规定进行进一步界定，比如可以列举式地规定，同时还需要根据罚责相当原则以及性骚扰程度不同设定处分措施，对于存在性骚扰行为且情节严重或者多次实施性骚扰行为的员工确认构成严重违纪且单位有权单方解除劳动合同，以作为用人单位处理性骚扰行为的依据。其二，如何收集和留存相关证据材料？性骚扰行为普遍发生在隐蔽地点，且事发突然，往往难以留存相关证据，如果用人单位不能及时收集证据而解除劳动合同，极易被仲裁法院认定为违法解除劳动合同。因此，用人单位需要注意留存相关证据，如监控录像、照片，事发后与双方当事人的沟通记录，公安或其他部门参与处理事件的相关记录以及与行为人有工作接触的其他员工的证人证言等。

四、律师解析

单位之所以成为性骚扰的高发地，原因之一是单位是熟人社会，受害者往往对骚扰者缺乏警惕，再加之两者多是上下级关系或者师生关系，造成某些受害者不敢对骚扰者采取维权行动。加之此前的法律法规尚不健全，对涉及性骚扰问题规定得过于原则和模糊，实施效果有限。在民法典中，把性骚扰这一真实存在、但又讳莫如深的问题上升到了一个新的法律保护高度，同时明确规定了单位责任。

（一）确认了性骚扰的标准

1. 必须是实施了与性有关的骚扰行为。性骚扰具体表现形式主要有以下几种：第一，口头方式，如以下流语言挑逗对方，向其讲述个人的性经历、黄色笑话或色情文艺内容；第二，行动方式，故意触摸、碰撞、亲吻对方脸部、乳房、腿部、臀部、阴部等性敏感部位；第三，设置环境方式，即在工作场所周围布置淫秽图片、广告等，使对方感到难堪。以上行为方式多样，但通常都是犯罪行为以外的违法行为。

2. 实施的对象必须明确。既可以是男性，也可以是女性，民法典用的是"他人"，但必须是针对特定对象。

3. 违背受害人的意愿。既不符合其利益，也不是其所积极追求的结果，对该行为感到厌恶甚至是恐惧。

性骚扰的标准如果认定过宽，可能会妨碍人们的行为自由，但是如果认定过窄，不利于保护受害人。因此，有具体而规范的标准，有利于保护人们的行为自由，以及准确地追究行为人的责任。

（二）确认性骚扰是一种侵害人格权的行为

性骚扰行为基于具体的行为内容不同，可以分别构成不同类型（不同类型的具体人格尊严）的侵权，主要包括：侵害身体权，如猥亵他人身体；侵害隐私权，如以文字、图像、视频实施性骚扰，妨害受害人的私生活安宁；侵害名誉权，如当众实施性骚扰。甚至可能侵害的是受害人的性自主权甚至对受害人工作环境或学习环境的安全造成损害。因此，在请求性骚扰行为人承担侵权责任时，需要根据实际行为内容确定不同的侵权法律关系（具体的人格尊严），并基于该法律关系提出相应的请求。

（三）受害人可以基于人格权产生人格权请求权

人格权请求权的基本权利，是指民事主体的人格权有受到不法妨害之虞时，得向加害人或者人民法院请求加害人为或者不为一定行为以防止妨害的权利。人格权请求权是一种绝对的请求权，更侧重的是对损害的事先预防，并不完全侧重对损害的事后救济，人格权请求权不要求实际损害的发生，只要有人格权益存在受损的风险，权利人即可要求行为人消除危险或者停止侵害。对于受害人来说，这是其行使人格权请求权的法律依据，将为其维护自身权益提供更有利的法律保障。

（四）单位有义务防范性骚扰，但并非出现性骚扰的单位必须承担赔偿责任

民法典规定用人单位有义务采取合理的预防、受理投诉、调查处置等措施，防止和制止利用职权、从属关系等实施性骚扰，用人单位已经在主动干预与介入，履行其社会责任与防治性骚扰义务。但是并非出现责任，就需要单位来承担，如果产生赔偿责任，首先应当由行为人根据《侵权责任法》相关规定来承担赔偿责任，之后才根据案件的具体情况来确定单位是否存在过错，如单位与损害的发生有无因果关系，对损害结果是否存在不作为行为而导致其扩大等。

结语

对于单位应当如何采取合理的预防、受理投诉、调查处置措施，民法典并没有进一步的规定，但是基于民法典就反性骚扰的强制性要求，在民法典生效后，应当尽快完善单位相关规章制度，明确单位内部性骚扰的认定标准、对性骚扰的惩罚措施以及性骚扰的救济调查制度。

你听说过更正删除权与被遗忘权吗？

邵红霞[*]

2020 年 5 月 28 日表决通过的《民法典》，既有对我国民事法律立法成果的巩固，也有反映时代特点和人民意愿的创新。其中个人信息保护，就是民法典回应时代需求进行创新的重要内容。

一、《民法典》规定

第 111 条 自然人的个人信息受法律保护。任何组织或者个人需要获取他人个人信息的，应当依法取得并确保信息安全，不得非法收集、使用、加工、传输他人个人信息，不得非法买卖、提供或者公开他人个人信息。

第 1034 条 自然人的个人信息受法律保护。

个人信息是以电子或者其他方式记录的能够单独或者与其他信息结合识别特定自然人的各种信息，包括自然人的姓名、出生日期、身份证件号码、生物识别信息、住址、电话号码、电子邮箱、健康信息、行踪信息等。

个人信息中的私密信息，适用有关隐私权的规定；没有规定的，适用有关个人信息保护的规定。

第 1037 条 自然人可以依法向信息处理者查阅或者复制其个人信息；发现信息有错误的，有权提出异议并请求及时采取更正等必要措施。

自然人发现信息处理者违反法律、行政法规的规定或者双方的约定处理

---

* 邵红霞，北京市安通律师事务所高级合伙人、副主任。中国政法大学法学学士。擅长企业法律顾问业务，在家庭婚姻、劳动仲裁等领域具有十分丰富的执业经验。主要学术成果：《人格权编：一项个人权利的前世今生》，发表于《民主与法制》周刊 2020 年第 23 期。

其个人信息的,有权请求信息处理者及时删除。

二、知识要点

个人信息是信息化、大数据时代的产物。互联网出现以前,个人信息的类型、集中、传播、保存的方式都非常简单,保存时间和传播范围也十分有限,所以,对个人影响不大。那个时候,对于信息,遗忘是常态,记忆是例外。信息时代的到来,使上述情况发生了根本性变化,一个人的生活可以被全面地记录下来,并可能被广泛传播。如果不进行相应的控制和管理,则信息的永恒记忆会成为常态,遗忘反而成为意外。再加上技术使个人信息的传播范围可以大到无法控制,一系列新问题就此产生。

《民法典》第1037条是关于个人信息保护中个人信息更正删除权的规定。个人信息更正删除针对的是错误信息、不法信息以及违约信息,此类信息如不及时更正删除,会被无限复制、传播、再加工处理,对个人和社会都有害。更遑论基于这些错误、违法数据而产生的新产品,其根本性的瑕疵和缺陷,会影响全社会的判断和决策,因此必须及时对其加以核查、更正、删除。

被遗忘权是指要求与自己有关的内容被遗忘的权利,这个概念最早出现在欧盟法院的判例中。被遗忘权涉及的信息,往往是反映真实客观情况的犯罪信息或负面信息,公众尤其是相关公众,对该类信息应该享有知情权。相比更正删除权,被遗忘权的设置存在一个与公众知情权相选择、相平衡的问题,情况更复杂,体现更高级别的人文关怀。

我国关于个人信息保护的机制刚刚建立,目前只设立了一个底线,对于更高层次的要求,尚需在实践和时代发展中逐步完善,民法典并没有对个人信息的被遗忘权作出规定。

三、典型案例

【案例1】黄某诉腾讯"微信读书"案

2019年北京互联网法院受理原告黄某诉被告腾讯科技(深圳)有限公司(以下简称腾讯深圳公司)、腾讯科技(北京)有限公司(以下简称腾讯北京公司)、深圳市腾讯计算机系统有限公司(以下简称腾讯计算机公司),隐私权、个人信息权益网络侵权责任纠纷案。

黄某诉称，其在使用"微信读书"软件时发现：①微信将原告微信好友关系数据交予"微信读书"；②"微信读书"为原告自动关注微信好友，且这些好友可以看到被默认公开的原告的读书信息；③在原告与其微信好友并无任何"微信读书"关注关系的前提下，原告的微信好友可以在"微信读书"软件查看原告的读书信息。原告认为微信好友关系数据和"微信读书"的阅读信息均应归于公民的隐私和个人信息范畴，在原告并未自愿授权的情况下，以上三项行为侵害了原告的个人信息权益和隐私权。

原告遂请求：其一，判令腾讯计算机公司立即停止使用"微信读书"软件获取、使用原告微信好友数据的行为，并删除其留存的上述数据；停止向"微信读书"提供原告微信好友数据的行为；停止在"微信读书"软件中，将原告使用"微信读书"软件生成的使用信息（包括读书时长、书架、正在阅读的读物）向原告微信好友展示的行为；其二，判令腾讯计算机公司解除原告与其微信好友之间相互的"微信读书"关注关系；其三，判令腾讯深圳公司和腾讯计算机公司公开赔礼道歉；其四，判令腾讯深圳公司、腾讯北京公司、腾讯计算机公司连带赔偿因本案支出的公证费人民币 6660 元。

被告辩称："微信读书"获取、使用微信好友已经向用户进行充分告知并获得同意，不属于侵害个人信息权益的行为。此外，被告在"微信读书"中使用微信好友关系的行为属于"使用"行为，而非收集行为。原告证据无法证明"微信读书"存在自动关注微信好友的情况。关于向微信好友展示原告使用"微信读书"软件生成的使用信息，"微信读书"已经通过用户协议获得用户同意，且在具体应用场景中予以充分提示，并不属于侵权行为。

北京互联网法院经审理认为：微信好友关系、读书信息具有可识别性，属于用户的个人信息；但微信好友列表和读书信息不能笼统地纳入符合社会一般合理认知的私密信息范畴，而更符合兼具防御性期待及积极利用期待的个人信息的特征。对这类信息保护的重点在于赋予信息主体自主决定其消极防御或积极利用的权益。结合本案具体场景，"微信读书"收集原告微信好友这一单一行为，并未构成对原告隐私权的侵害。"微信读书"向原告微信好友公开读书信息，未获得有效的用户知情同意，默认公开读书信息不符合一般用户的合理预期。

"微信读书"收集原告微信好友列表，向原告并未主动添加关注的微信好友自动公开读书信息，并未以合理的"透明度"告知原告并获得原告的同意。因此，被告违反了相关法律中关于处理个人信息的规定，具有过错，侵害了原告的个人信息权益。具体到本案，原告被公开的阅读信息包括图书《好妈妈胜过好老师》《所谓情商高，就是会说话》，这两本图书本身的内容以及原告阅读了这两本书的事实，未达到私密性标准。原告亦未在本案中主张因读书信息公开导致其生活安宁受到侵扰，故而，法院对原告的读书信息隐私侵权主张，未予支持。

关于自动关注，用户不在"微信读书"中添加关注即能看到微信好友读书信息，软件应向用户显著提示并获得用户同意，"微信读书"自动为用户添加关注，显然更需要显著提示用户并获得明确同意。现无任何证据证明"微信读书"就此获得了原告的知情同意，且软件内显著位置展示了原告的读书信息，过错程度更高，亦侵犯原告的个人信息权益。但从隐私角度来看，因原告主张的信息本身不构成私密信息，不满足侵害隐私权的责任构成要件，故本院认定该行为不构成对原告隐私权的侵害。

本案中被告的侵权行为，即"微信读书"收集微信好友列表并进一步向其展示原告读书信息的行为，系统自动关注好友并向一百多名微信好友推送原告读书信息的行为，确会给原告造成精神上的负担，可以认定对原告造成一定损害，被告应承担相应的侵权责任。被告侵害原告个人信息权益，虽然发生在手机应用软件中，但具体损害后果的发生范围仅在原告与其微信好友之间，且仅造成原告的精神负担，损害结果较为轻微，如果公开致歉，则超出损害后果发生的范围，本院不予支持。综合考虑侵权方式、范围、情节等，本院认为以书面形式道歉较为适宜。

北京互联网法院判决：第一，被告深圳市腾讯计算机系统有限公司于本判决生效之日停止"微信读书"收集、使用原告黄某微信好友列表信息的行为，并删除"微信读书"中留存的原告黄某的微信好友列表信息；第二，被告深圳市腾讯计算机系统有限公司于本判决生效之日解除原告黄某在"微信读书"中对其微信好友的关注；第三，被告深圳市腾讯计算机系统有限公司于本判决生效之日解除原告黄某的微信好友在"微信读书"中对原告黄某的关注；第四，被告深圳市腾讯计算机系统有限公司于本判决生效之日停止将原告黄某使用"微信读书"软件生成的信息（包括读书时长、书架、正在阅读的读物）向原告黄某共同使用"微信读书"的微信好友展示的行为；第五，被告腾讯科技（深圳）有限公司于本判决生效之日起 7 日内以书面形式向原告黄某赔礼道歉；第六，被告深圳市腾讯计算机系统有限公司于本判决生效之日起 7 日内以书面形式向原告黄某赔礼道歉；第七，被告腾讯科技（深圳）有限公司、腾讯科技（北京）有限公司、深圳市腾讯计算机系统有限公司于本判决生效之日起 7 日内连带赔偿原告黄某公证费6660 元。

【案例2】任某玉诉百度被遗忘权案

2015 年 3 月，任某玉诉被告北京百度网讯科技有限公司（以下简称百度公司）侵犯名誉权、姓名权、一般人格权纠纷一案由北京市海淀区人民法院受理。

任某玉于 2014 年 7 月 1 日起在无锡陶氏生物科技有限公司从事过相关的教育工作，2014 年 11 月 26 日与该公司解除劳动关系。但从 2015 年 2 月初开始，任某玉陆续在百度公司的网站上发现"陶氏教育任某玉""无锡陶氏教育任某玉"等字样的侵权内容及链接。任某玉认为，其已经结束了陶氏相关企业的教育工作，不再与该企业有任何关系，此段经历不应当仍在网络上广为传播，应当被网络用户所"遗忘"，而且该企业名声不佳，在百度相关搜索上存留其与该企业的相关信息会形成误导，并造成其在就业、招生等方面的困难，进而产生经济损失。任某玉认为存在"被遗忘权"问题，这样的搜索信息应当被"遗忘"，但是百度公司拒绝删除。遂起诉要求停止侵害、赔礼道歉、删除与其名字相关的关键词，赔偿损失。

海淀法院认为，我国现行法中并无"被遗忘权"这一权利类型，"被遗忘权"只是在国外有关法律及判例中有所涉及，其不能成为我国此类权利保护的法律渊源。民事权益的侵权责任保护应当以任某玉对诉讼标的享有合法的民事权利或权益为前提，否则其不存在主张民事权利保护的基础。任某玉目前与陶氏教育相关企业之间仍具有同业或相近行业的潜在竞争关系。涉诉工作经历信息是任某玉最近发生的情况，其目前仍在企业管理教育行业工作，该信息正是其行业经历的组成部分，与其目前的个人行业资信具有直接的相关性及时效性；任某玉希望通过自己良好的业界声誉在今后吸引客户或招收学生，但是包括任某玉工作经历在内的个人资历信息正是客户或学生借以判断的重要信息依据，也是其作为教师诚实信用的体现，这些信息的保留对于包括任某玉所谓潜在客户或学生在内的公众知悉任某玉的相关情况具有客观的必要性。任某玉在与陶氏相关企业从事教育业务合作时并非未成年人或限制行为能力人、无行为能力人，其并不存在法律上对特殊人群予以特殊保护的法理基础。一审、二审法院均以我国现行法律中并无对"被遗忘权"的法律规定，亦无"被遗忘权"的权利类型，任某玉并不能证明其所主张的该项权益保护的正当性和必要性的理由，予以驳回。

四、律师解析

黄某诉腾讯"微信读书"案的主要诉求是停止侵害、删除不合法数据、赔礼道歉等，涉及的费用仅为实际花费的公证费六千余元。这个案件非常专业，从案由的选择、诉讼请求的表述、举证质证都非常细致专业，非专业律师无法精准操作，法官亦非常小心，既维护了个人正当权益，又不伤害企业和经济的积极运行，相关事实认定的论述层层递进，逻辑关系复杂，非专业律师难以与法官和对手进行这样的交锋和交流。故案件专业性要求高，律师费不会低，但这个案件核算下来是一个从一开始就清楚的亏本诉讼，一般人不会花费高额律师费，并经过漫长司法程序去追求这样一个诉讼结果，除非"为做而做"。从判决结果看，个人起诉个案维权，法院仅对该个案涉及的场景进行评判，判决结果亦仅适用于黄某个人，被告方完全可以调整、删除关于黄某的信息。

笔者认为，个人信息保护不能以个人维权为主，因为双方地位相差悬殊，个人在举证能力、时间、精力和专业性方面一般都无法适应庭审需要，但是，如果花费高额律师费和这么多的时间、精力，只换来被告针对起诉的原告本人的调整，是对司法资源的巨大浪费。笔者建议：一是规定这类案件的律师费由败诉方承担；二是将来成立专门的信息管理局这类监督、管理、规范企业数据处理的机关，在法院作出个案判决后，信息管理局跟进促使企业作出全方位的改进，而不是仅针对原告一个人的调整。

任某玉诉百度公司遗忘权案，一审、二审法院均未支持原告关于遗忘权的请求。事实上，任某玉的主张的确于证据不足、于时机不合，他没有明确的证据证明陶氏教育商誉不佳，甚至他都没能切实证明他客观存在社会评价降低的情况，而且他与陶氏解除劳动合同尚未满一年，这让他的遗忘权这一诉讼请求缺乏正当性，在与公众知情权相冲突的情况下更缺乏优先保护的必要性。我国法律确实还没有规定遗忘权这类权益。故法院以他不能证明在该案件中个人权利的正当性和保护的必要性为由驳回其诉请，但法院的判决书表述明显并未对"遗忘权"予以全盘否认，给该权利（益）的理论研讨预留了空间。

综上，笔者认为信息删除是被遗忘权得以实现的手段之一，但信息删除更正权并不等同于被遗忘权，让某些负面信息淡出公众视线，是为了让曾经公开的信息重新回归隐私领域，给负面信息主体一个重新开始的机会，因此被遗忘权的保护在我国其实更为突出和重要。

当今社会因为安全保障、交通管理等方面的需要，公共场所的摄像头无处不在，我国因此一向被称为"最安全的国家""治安最好的国家"。此次新冠肺炎疫情的防控，在大数据立了奇功的同时，相关大数据企业更因此获取了海量的个人信息，极大充实、丰富了他们的数据库、数据资源，使他们充分享有了利用公共管理收集、获取、控制、处理数据的便利。

对于疫情结束后，防疫健康码的去留问题，腾讯公司已有相关负责人明确表示：疫情结束后，防疫健康码不会消失，而是转而成为城市码继续长期存在。这一点应该是非常值得商榷的。相关部门及企业掌握了每个人每一时间点的具体行踪、个人生物信息后，该如何控制相关部门和企业只用于疫情防控之类的正当使用，而不会侵犯个人权利，妨害个人尊严和自由是当下面临的一个重要课题。

在笔者曾经代理的一个案件中，笔者的当事人在全国各地拥有多处房产，而相对方作为一个普通公民，总是能快速掌握了笔者当事人在全国的多处房产信息，无论我方当事人到哪里，他都能快速找上门来，这有些让人不寒而栗。相对方只是一个自然人，正常情况下是不可能获取这些信息的，更没能力对其他个人精准定位、快速跟踪监控，他的信息从何而来？或许只能从掌控这些数据的相关部门或企业获取，那就意味着相关部门及数据企业都不能合法规范管理和有效控制这些海量数据，其严重后果不可设想。

目前类似任某玉案的因个人信息泄露导致的人身、财产安全事件时有发生。我国现在尊重个人权利意识急需提高，管理有待规范。例如，有人在驾车行驶过程中的亲密动作被拍下来，被公路管理局在交通电子公告牌公布车号和照片；也有协警在协助执法时，拍摄婚外情车震画面后予以网上传播，致使女方当事人走投无路，喝下农药身亡！

据笔者做刑辩案件的经验，犯罪嫌疑人、罪犯并不都是罪大恶极、罪无可赦，很多轻罪被告人其实就是普通人，他们或者因为赶路受阻，一时冲动跟警察有肢体接触触犯妨害公务罪；或者因为不好意思拒绝而帮亲戚出车险，仅一次就成为保险诈骗的共犯；还有因为网络赌博、借贷成瘾自己难以控制，故意盗窃入狱以便管控自己避免走向更大的罪恶的实例。他们是基于各种原因偶有失足，并已接受了相应的刑罚处罚，这样的信息经过一段时间应该被清除、被遗忘，回归隐私领域，以便给当事人改过自新，开始新生活的机会。但是一些强奸、猥亵幼女的惯犯、重犯的相关信息，应该予以公开，让社会公众享有知情权，加强防范，避免新的悲剧发生。故对于涉及被遗忘权的案件也要甄别情况，分类处理对待，在个人权利和尊严与社会安宁之间掌握好平衡。

结语

随着信息化社会的到来，个人信息的重要性日益凸显，数据处理者根据业务发展需要，有意无意侵犯公民个人信息获取经济利益的现象逐渐增多，我们既要保护个人权益，又不能因噎废食，妨碍数字经济的发展。信息时代，海量数据的收集、处理亟需国家对其进行管理和规范，被遗忘权是管理和规范信息处理的重要内容。即使是国家，即使是为了公众安全的目的，获取、核对、筛查罪犯信息，也要做到用完即擦掉，而不是永久留存。人非圣贤，孰能无过，任何人都是在不断克服自身问题的过程中不断自我超越、自我成长，没有遗忘就没有发展、没有自新，就会剥夺了改变、重新开始的信心、勇气和可能性，这是信息时代数据这把"双刃剑"带来的新情况，控制使用好这把"双刃剑"，才能驾驭它正向发展，将人类社会带向美好将来！

为什么要对姓名权、名称权实行扩张保护？

刘健榆[*]

一、法律规定

(一)《民法典》

第1017条 具有一定社会知名度，被他人使用足以造成公众混淆的笔名、艺名、网名、译名、字号、姓名和名称的简称等，参照适用姓名权和名称权保护的有关规定。

(二)《中华人民共和国反不正当竞争法》[①] 第6条

经营者不得实施下列混淆行为，引人误认为是他人商品或者与他人存在特定联系：

(一)擅自使用与他人有一定影响的商品名称、包装、装潢等相同或者近似的标识；

(二)擅自使用他人有一定影响的企业名称（包括简称、字号等）、社会组织名称（包括简称等）、姓名（包括笔名、艺名、译名等）；

(三)擅自使用他人有一定影响的域名主体部分、网站名称、网页等；

(四)其他足以引人误认为是他人商品或者与他人存在特定联系的混淆行为。

---

[*] 刘健榆，北京市安通（东莞）律师事务所实习律师。

① 本书下文简称《反不正当竞争法》。

（三）《最高人民法院关于审理商标授权确权行政案件若干问题的规定》（2020 年修正）第 20 条

当事人主张诉争商标损害其姓名权，如果相关公众认为该商标标志指代了该自然人，容易认为标记有该商标的商品系经过该自然人许可或者与该自然人存在特定联系的，人民法院应当认定该商标损害了该自然人的姓名权。

当事人以其笔名、艺名、译名等特定名称主张姓名权，该特定名称具有一定的知名度，与该自然人建立了稳定的对应关系，相关公众以其指代该自然人的，人民法院予以支持。

二、知识要点

对于具有一定社会知名度的笔名、艺名、网名等特定名称的保护，在《民法典》出台之前，法律是将上述特定名称商品化后再予以保护，注重保护其财产利益。而特定名称的精神利益则处于非常尴尬的地位，常常被忽视，得不到保护。

笔者认为《民法典》出台的关于姓名权的规定，是对各法中关于姓名权、名称权以及特定名称权利的规定作了一次规范化、系统化的整合，将姓名权、名称权作了扩张保护，此次扩张除了从立法上赋予了特定名称权利人格权属性，按照姓名权的规定进行保护，还有重要的一点就是将特定名称权利的财产利益也列入了人格权范畴，使对特定名称的精神利益与财产利益的保护得以结合，权利人的合法权益也将得到更全面的保护。

三、典型案例

【案情简介】本案例为罗某诉广东飞乐影视制品有限公司等侵犯著作权及姓名权纠纷案①。罗某，艺名"刀郎"，其以"刀郎"身份演唱了《吐鲁番的葡萄熟了》《怀念战友》《哪里来的骆驼队》《沙枣花儿香》《虹彩妹妹》等歌曲。通过长期、持续地使用及推广，"刀郎"对于罗某来说，已不仅仅起到作为艺名的作用，同时还具有了识别商品及服务来源的作用。被告广东飞乐影视制品有限公司为潘某峰起艺名为"西域刀郎"，以"西域刀郎"

---

① 案号：（2005）海民初字第 9856 号。

名称发行个人专辑，其专辑包装上标示演唱者潘某峰"西域刀郎"艺名时，弱化使用"西域"，突出放大"刀郎"，并将其中部分歌曲作者署名为"刀郎"。罗某认为广东飞乐影视制品有限公司、潘某峰等侵害了其著作权及姓名权，诉至北京市海淀区人民法院。

虽然最终罗某的诉求大部分得到支持，但对于其中侵犯姓名权部分的诉求法院认为，我国《民法通则》规定了权利人有权制止假冒其姓名的行为，《著作权法》规定了署名权和他人假冒作品署名的法律责任，《反不正当竞争法》规定了经营者不得实施混淆行为，引人误认为是他人商品或者与他人存在特定联系。上述法律均是针对冒名行为的法律规范，其中姓名权侧重于保护权利人的精神利益，制止假冒署名既保护精神利益也保护财产利益，制止不正当竞争则保护的主要是财产利益。对作者署名或者表演者署名的假冒，当冒用者的目的不在于损害作者基于姓名的人格权益，而是在于利用作者署名的影响推销自己的作品时，其损害的是作者与作品的联系以及由此联系所产生的财产权益，姓名权已不能给予有效的保护，罗某主张已超出一般姓名权的保护范围。

【焦点问题】姓名权的保护范围。

本案中法院认为原告罗某的艺名"刀郎"被冒用，其被侵害的主要是权利人的财产利益，冒用者的目的不在于损害作者基于特定名称的精神利益，将特定名称的精神利益与财产利益割裂开来。换言之，法院当时认为《民法通则》中的姓名权规定只保护特定名称的精神利益，财产利益不受该法调整，这也使特定名称的财产利益从姓名权中被剥离出来。

四、律师解析

该案中法院将姓名权的精神利益与财产利益割裂开的观点是不妥的，此加重了权利人诉累，为权利人的救济加设了障碍。笔者认为，这种情况出现是受当时《民法通则》（1986 年通过）规定的影响，当时关于姓名权、名称权与特定名称的规定并未凸显出其财产性利益，对特定名称并未作出详细规定。《民法通则》（2009 年修正）的出台，也未改变此现象。若想适用《民法通则》（2009 年修正）的规定保护特定名称权利的财产利益，则需将《民法通则》（2009 年修正）的第 99 条作扩大解释。其后出台的《反不正当竞争法》《最高人民法院关于审理商标授权确权行政案件若干问题的规定》（2020 年修正）才对姓名权、名称权作出扩张保护，明确保护笔名、艺名、网名、译名、字号、姓名和名称的简称等特定名称。

但是现今法律对姓名权、名称权的扩张权保护是不全面的，如关于不正当竞争的案件适用《反不正当竞争法》，但《反不正当竞争法》是一部比较特殊的法律，该法律主要保护的是特定名称权利在市场竞争中的商业价值，并且其含有"国家公权干预"的性质，而特定名称权利应属于私法，接受私法的调整。

《反不正当竞争法》主要用于制止不正当竞争行为、调整市场秩序、保护消费者权益，若侵犯特定名称姓名权不在市场竞争范畴，那么《反不正当竞争法》将不再适用。

《民法典》的出台则很好地解决了上述问题。《民法典》第 1017 条规定，"具有一定社会知名度，被他人使用足以造成公众混淆的笔名、艺名、网名、译名、字号、姓名和名称的简称等，参照适用姓名权和名称权保护的有关规定。"再看关于姓名权的规定，《民法典》第 1023 条规定，"对姓名等的许可使用，参照适用肖像许可使用的有关规定。对自然人声音的保护，参照适用肖像权保护的有关规定。"从上述规定可看出，《民法典》不但从立法上赋予了特定名称人格权利，还将姓名、特定名称的许可使用参照适用肖像许可使用的有关规定，此举除了规范特定名称合法使用，保护精神利益不受侵犯以外，使得特定名称的财产利益的使用规范化，同时也激发特定名称发挥自身的商业价值。

此次《民法典》中关于特定名称的规定，是对特定名称的精神利益与财产利益的一次整合，对姓名权作出更为全面的保护，并且民法作为普通法，将姓名权、名称权扩张保护，使特定名称的权利普遍化，在对侵犯特定名称权利实施救济时，不再因为其属于某个特定的领域而导致无法律可适用。

结语

通过上述的案例与新旧立法的分析对比，可以看出，在《民法典》出台前，对于姓名权扩张保护的法律规定并不少，民法在人格权、不正当竞争、商标、侵权责任等方面均有相关法条进行规范，但是这些规范的保护力度却有不同程度的不足，于是就产生了有多部法律对其予以调整，但却没有一部法律好用的现象。《民法典》的出台解决了这一问题，予特定名称以"名分"，将精神利益与财产利益的保护进行结合，使权利人的合法权益获得更全面的保护，减轻了权利人的救济压力，符合立法为民的宗旨，也适应了中国特色社会主义发展要求，弘扬了社会主义核心价值观。

为什么"标题党"也会侵权？

夏怀深[*]

一、《民法典》规定

第 1025 条 行为人为公共利益实施新闻报道、舆论监督等行为，影响他人名誉的，不承担民事责任，但是有下列情形之一的除外：

（一）捏造、歪曲事实；

（二）对他人提供的严重失实内容未尽到合理核实义务；

（三）使用侮辱性言辞等贬损他人名誉。

第 1026 条 认定行为人是否尽到前条第二项规定的合理核实义务，应当考虑下列因素：

（一）内容来源的可信度；

（二）对明显可能引发争议的内容是否进行了必要的调查；

（三）内容的时限性；

（四）内容与公序良俗的关联性；

（五）受害人名誉受贬损的可能性；

（六）核实能力和核实成本。

第 1028 条 民事主体有证据证明报刊、网络等媒体报道的内容失实，侵害其名誉权的，有权请求该媒体及时采取更正或者删除等必要措施。

---

* 夏怀深，北京市安通（东莞）律师事务所律师，华中科技大学法学硕士，曾就职于中华人民共和国长江海事局、华南专利商标事务所等，先后担任过百家企业的常年法律顾问，服务过的企业包括步步高电子工业有限公司、金蝶软件（中国）有限公司、深圳市乙辰科技股份有限公司、东莞农村商业银行股份有限公司、东莞市慕思寝具用品有限公司等，擅长知识产权、公司有关纠纷等疑难复杂案件的处理。

二、知识要点

《民法典》中关于新闻报道媒体合理审查义务的相关规定，基本涵盖了媒体合理审核责任的类型。《民法典》颁布之前的法律对这类问题的规定并不明确，只在《民法总则》《民法通则》笼统地规定了名誉权受保护。名誉权是指公民或法人享有的就其自身特性所表现出来的社会价值而获得的社会公正评价的权利。之所以将名誉权列为法律保护的对象，是因为在社会活动中，社会评价也可作为公民或法人利益的来源，名誉是社会生活重要的组成部分。虽然名誉不能直接带来利益，但是却影响着公民或法人的经济生活。我国《宪法》第 22 条规定，国家发展新闻广播电视事业；第 35 条规定了公民享有言论和出版的自由；第 47 条规定了公民有文化活动的自由。这是一种广义上的言论自由权或表现自由权。所以自由的新闻报道是法律所赋予的权利，而按照自己的意愿依法行使民事权利也是法律所赋予的权利。但是法律对于名誉侵权与言论自由的边界并未作出任何规定。在法律没有作出明确规定的情况下，只能依据法理确定权利位阶的原则来作出个案判断，在不同案件中进行综合考量。

《民法典》在结合媒体报道实践与传播伦理基础上，在人格权编关于名誉权的规定中，将新闻报道媒体合理审查义务具体化，并将其大致分为三大块。一是明确了媒体为新闻报道和舆论监督影响到他人名誉的，不承担责任，进一步明确保护新闻媒体的"言论自由"；二是明确了媒体在报道中的合理审核义务考虑因素，新闻媒体报道自由受到限制；三是明确了民事主体在遭受失实报道后享有的权利和媒体应尽的后续义务。以上新规，以《民法典》第 1026 条关于媒体合理审查义务的规定为核心，该条文 1 条 6 款，基本涵盖了媒体合理审核责任的类型，在一定程度上弥补了我国有关法律空白。

三、典型案例[①]

【案情简介】2007 年 11 月 7 日、8 日晚 18 点 30 分，中央电视台 12 频道《道德观察》栏目公开播出了名为《无处逃亡》的节目（以下简称涉案节

---

① 案号：（2016）京 0108 民初 27071 号。

目），同年 11 月 17 日，中央电视台综合频道又播出了更名为《逃亡》的节目，该节目由中央电视台记者田某创作编制。本案原告认为，记者田某采用不正当手段偷拍薄某获取新闻，对薄某所陈述的事实掐头去尾、断章取义，节目中所称薄某停了父亲的药，并干涉其父婚姻自由的说法，均与事实不符，中央电视台不经审查便将该节目公开播放，已严重侵害了薄某的名誉权、姓名权、肖像权和隐私权，给薄某带来生意萧条、被迫停业等巨大经济损失。薄某诉至法院，请求法院判决如下：①请求法院判令中央电视台在中央电视台 12 频道及综合频道公开向薄某赔礼道歉、澄清事实、恢复名誉；②请求法院判令中央电视台向薄某赔偿因其侵权给薄某造成的政治、名誉、精神、身体等经济损失 1000 万元。

法院经审理查明如下事实：2007 年 11 月 7 日、8 日，中央电视台 12 频道《道德观察》栏目播出涉案节目，该节目播报了薄某父亲、吴某、薄某爷爷三位受访者对薄某父亲与吴某二人是否系自由恋爱、薄某是否干涉了二人婚姻自由等问题表达的观点和看法，亦播报了相关法律工作人员对于薄某父亲系在清醒、自愿的情况下与吴某登记结婚，留给其遗产的事实的从旁佐证，反映了记者在采访中的所见所闻。结合双方认可的涉案节目内容及双方当庭陈述可知，吴某系薄某爷爷保姆，薄某父亲想娶吴某为妻，遭到了薄某的反对，薄某认为二人没有感情基础，吴某只是想欺骗其父以求分得财产。后薄某父亲、吴某二人离家出走，于 2007 年 4 月 11 日登记结婚，薄某父亲通过公证将自己的财产留给了吴某。薄某为追回财产，采取了提起民事、刑事诉讼等方式，均未果。涉案节目播出前，中央电视台记者和山东省栖霞市电视台记者对薄某就上述节目内容进行了采访活动，薄某对中央电视台记者的采访提问进行了回答。涉案节目播出中使用了"薄某"的姓名，并对其头部影像做了技术处理，从节目中仅能看到一个黑色人影。同时，涉案节目播出中还使用了"薄某父亲""吴某"的姓名及二人的真人影像。

【焦点问题】中央电视台是否存在侵害薄某名誉权、肖像权、隐私权的行为。

名誉权是指公民或法人享有的就其自身特性和所表现出来的社会价值所获得的社会公正评价的权利，法律禁止他人用侮辱、诽谤等方式损害公民的名誉。肖像权是指公民所享有的，未经本人同意，他人不得擅自使用、贬损的权利。隐私权是指公民享有的对自己的个人秘密和个人私生活进行支配并排除他人干涉的人格权。依据我国《民法总则》《民法通则》及《侵权责任法》之规定，在判断中央电视台是否侵犯薄某肖像权、名誉权和隐私权时，法院考虑以下要素：其一，中央电视台是否针对薄某实施了侵权行为；其二，中央电视台是否有主观过错，是否以侵害薄某姓名、肖像、名誉、隐私为目的；其三，中央电视台的行为是否给薄某造成了实际损害后果；其四，中央电视台的行为与薄某主张的损害后果之间是否存在因果关系。本案中，薄某主张中央电视台侵害了其肖像权、名誉权及隐私权，并因此要求中央电视台承担赔礼道歉、澄清事实、恢复名誉、赔偿损失的责任，薄某应当就上述各要素提交充分证据加以证明。据此，针对薄某的上述各项权利诉求，法院认定如下：

1. 对于薄某主张的肖像权侵权认定。薄某主张中央电视台所播报涉案节目中的黑影足以使公众辨认出其本人，侵害了其肖像权。根据法院查明的事实，涉案节目对薄某的影像已经做了技术处理，从涉案节目播报的人形黑影中无法识别薄某的面部信息，故该黑影已不具有肖像权保护客体所必备的外在标表性和区分性，不属于肖像权之保护范畴。且从涉案节目对薄某之影像进行技术处理的行为可以看出，中央电视台不具有以侵害薄某肖像权为目的的主观过错，故法院认为中央电视台在涉案节目中播报人形黑影的行为，不构成对薄某肖像权之侵犯。

2. 对于薄某主张的名誉权侵权的认定。薄某主张中央电视台以诽谤的方式侵害其名誉权，具体表现为捏造并散布虚假事实，但未提交充分证据加以证明，中央电视台亦当庭予以否认。根据本院查明的事实，首先，涉案节目仅播出了薄某本人自述的停药内容，未作出薄某诉称的"我停了父亲的药"的相关表述；且涉案节目中播报的薄某"干涉"薄某父亲婚姻自由的内容也系出自薄某本人的亲口自述，薄某也确有通过坚决反对，提起民事、刑事诉讼等方式反对薄某父亲、吴某二人婚恋的行为，故结合上述事实，法院认为，中央电视台播报的涉案节目内容并不存在与客观事实严重不符的情况，且与其制作《道德观察》栏目以期实现弘扬道德、鞭挞不道德的社会价值相吻合，故中央电视台不存在捏造虚假事实并加以散播的诽谤行为，其播报涉案节目不构成对薄某名誉权的侵犯。其次，薄某对法律规定侵犯名誉权的各构成要素均未充分举证证明。中央电视台基于《道德观察》栏目宗旨制作并播报涉案节目，通过对社会道德行为与不道德行为进行客观播报，以期达到使社会公众自判、自省的目的，故结合现有证据，不能认定中央电视台系具有以侵害薄某名誉为目的的主观故意，且薄某既未充分举证证明其因涉案节目播出而受有社会评价降低的实际损害后果，又未举证证明损害后果与涉案节目播出之间存在因果关系，其仅举证其遭受了财产损失，却未证明该财产损失应归因于中央电视台，故薄某要求中央电视台承担名誉权侵权责任的主张不能成立。

3. 对于薄某主张的隐私权侵权的认定。薄某主张中央电视台采取偷拍方式非法获取了其受访内容，未取得其同意，但未提交充分证据加以证明。结合本院查明的事实：一方面，涉案节目制作播出前，中央电视台的记者对薄某进行了采访，在该记者向薄某告知其记者身份后，薄某对记者的采访活动予以配合并对其提问作出了相应回答，与薄某自称不愿谈此事、不同意接受采访报道的情况相反；另一方面，中央电视台作为具有较大社会影响力的新闻媒体，其记者依法享有调查社会事实、如实作出报道、客观传播事实、公开进行监督等权利义务，薄某在知晓对方是公众媒体记者的情况下，回答记者的提问，故其向记者披露的相应信息已一次性进入公开披露的范围，不再属于隐私权保护的范畴。综上，法院认为薄某反对父亲薄某父亲婚恋等行为，已由其自主公开披露，不受隐私权保护，故涉案节目客观播报薄某公开披露之自述内容的行为，不构成对薄某隐私权的侵犯。

综上，法院最后驳回了薄某的全部诉讼请求。

四、律师解析

《民法典》中关于新闻报道媒体合理审查义务的相关规定，主要体现在《民法典》第 1026 条。合理审查义务包括以下六个方面：

1. 信息源的可信度。报道信息内容来源是法院考虑媒体是否尽到内容审核责任的核心要素，主要有三个方面组成。第一，信息源是否为权威信息源，这里讲的权威信息源广义上包括当事人、权威媒体、政府机关以及相关人员，媒体报道中非特殊情况不得出现"网曝""内部人士"等信息源。第二，是否为直接信息源，即媒体直接获得的一手信息，转引、评论等需要特别标注信息来源。第三，信息源是否合法，是否为非法渠道或违规渠道获得的信息。

2. 争议内容是否进行了必要调查。必要调查衡量，应结合报道时限性、社会影响度、对涉事当事人影响力、调查难度、权威信息源情况等多方面考量。从理论上讲，调查的必要性应为报道的前提条件，调查记录媒体应予以保存归档。

3. 内容时效性。新闻要讲究时效性，但也应区分新闻报道关于事实部分与评论部分。真实性是新闻的生命。事实部分若受到时限性约束，也应以"连续报道""未经证实"等形态予以明确。时效性并非能成为所有新闻侵权的抗辩事由，对时政类新闻应依法依规，按照程序报审发布。

4. 公序良俗。公序良俗又称善良风俗，《民法典》将其规定在名誉权之中，作为媒体报道审核责任的必要界限。这种规定，主要是针对民族习惯、文化传统、乡规民约等从新闻伦理角度作出的。公序良俗原则在《民法典》中与报道内容之间的关联性，成为内容审核的必要要件，即报道内容是否与公序良俗相冲突。

5. 被侵权可能性。《民法典》对报道可能造成被报道人人格权受损，要求媒体需要事先作出评估。这种评估前置的规定，符合现代传播伦理要求，也是确保被报道对象人格权利的重要保障。预先评估标准，应以直接关联为主，按照侵权责任构成四要件（行为、损害结果、过错、因果关系）综合考量。具体来说，主要考虑报道可能造成的人格权损害，以及行为和损害结果之间的直接因果关系。

6. 核实能力和核实成本。按照法经济学理论中的"汉德公式"，报道核实需要至少考虑三个方面：一是核实成本；二是可能造成的损害大小；三是损害发生的可能性。只有当核实成本显著高于后两者时，法院才可能判定侵权行为不成立。《民法典》除核实成本外，还增加了核实能力，需要结合具体报道内容时效性、争议点、侵权可能性综合考虑。

《民法典》施行后，舆论监督报道面临着新的机遇和挑战。一方面，舆论监督将会受到法律保护，广大新闻工作者能够排除顾虑，充分用好手中的监督报道权；另一方面，舆论监督也要在法定范围内进行，确保舆论监督的权威性和公信力。与此同时，为了防止舆论监督权被滥用，及时制止侵害行为，减少对受害人权益的损害，避免减损舆论监督报道的公信力、影响力，对因媒体报道的内容失实而侵害他人名誉权的，《民法典》赋予受害人要求媒体及时更正、删除不实报道的权利。从《民法典》的这些规定可以看出，舆论监督一方面受法律保护，另一方面也要在法律框架之下进行。只有依法开展的舆论监督才能具有权威性和公信力，才能起到应有的作用，才能保护新闻工作者自身的合法权益。

因此，媒体在进行舆论监督的时候，要在法定范围内进行，要尊重民事主体的权利，要注意保护监督对象的肖像权、名誉权、隐私权等。尤其是在互联网时代，新闻工作者不能仅仅为了追求时效性就牺牲新闻报道的真实性和客观性，一定要进行必要的核实以保证内容来源的可信度，对明显可能引发争议的内容要进行必要的调查，避免发生受害人名誉受贬损的可能。

【律师建议】

《民法典》的颁布将对媒体从业人员的职业行为产生重大影响，对新闻媒体的发展也会起到积极的促进作用。公民人格利益的保护范围变大了，对新闻媒体的要求更高了。这意味着互联网上存在大量的"标题党""跟风党"，如果违反《民法典》第 1025 条、第 1026 条的规定，未尽到合理审查义务，可能构成侵权。

1. 新闻报道中需合理使用他人人格权。《民法典》第 1025 条首次明确媒体为公共利益实施新闻报道、舆论监督等行为，影响他人名誉的，不承担民事责任，不构成侵权。但是如果出现捏造、歪曲事实，对他人提供的严重失实内容未尽到合理核实义务，使用侮辱性言辞等贬损他人名誉等情况则不在合理使用范围之内。该条规定界定了媒体新闻报道自由的边界，为新闻报道工作如何开展进行了指引。这就要求新闻媒体在发布新闻报道时求真求实，据实报道，在报道或评论中要做到公平、公正地反映各方意见，评论也要平等地对两方都进行全面评论，特别是对处于舆论弱势的一方的意见，要高度重视，给予必要的反映。媒体履行合理核实义务，一方面要尽到职业新闻人应有的谨慎，另一方面要注意消息来源的平衡性，反复核实信息，越是重要、敏感的新闻，就越需要核实更多的消息来源，尽可能保证信息的准确性。

2. 媒体对失实报道内容更正、删除的义务。《民法典》第 1028 条明确了民事主体有请求媒体对失实报道内容予以更正、删除等必要措施的权利，该法条与上述第 1025 条第 2 项"对他人提供的严重失实内容未尽到合理核实义务"规定相互衔接，要认真核实报道的基本事实，确保报道的新闻要素准确无误，不得编发未经核实的信息，不得刊载未经核实的来稿。如果出现失实报道内容，需要履行及时更正、删除的义务。这就对媒体从业人员在新闻采访报道中的底线思维、法治思维，提出了更高要求。

综合来看，《民法典》第 1025 条、第 1026 条明确了新闻媒体报道的自由，但对新闻媒体的"言论自由"或者"舆论监督"的边界进行了规定，对新闻媒体的要求更高了，同时也扩大了对公民人格利益的保护。

如何实现对隐私权的保护？

刘桂桃[*]

一、《民法典》规定

第 1032 条 自然人享有隐私权。任何组织或者个人不得以刺探、侵扰、泄露、公开等方式侵害他人的隐私权。

隐私是自然人的私人生活安宁和不愿为他人知晓的私密空间、私密活动、私密信息。

第 1033 条 除法律另有规定或者权利人明确同意外，任何组织或者个人不得实施下列行为：

（一）以电话、短信、即时通讯工具、电子邮件、传单等方式侵扰他人的私人生活安宁；

（二）进入、拍摄、窥视他人的住宅、宾馆房间等私密空间；

（三）拍摄、窥视、窃听、公开他人的私密活动；

（四）拍摄、窥视他人身体的私密部位；

（五）处理他人的私密信息；

（六）以其他方式侵害他人的隐私权。

二、知识要点

《民法典》第 1032 条的规定是个人隐私权在民事基本法律中第一次被单

---

* 刘桂桃，北京市安通律师事务所律师。曾就读于武汉大学法学专业，师从刑法学教授喻伟、婚姻家庭法学教授陶毅等法学专家。1996 年成为湖南辉煌律师事务所合伙人，2001 年发起创办湖南岳州律师事务所，曾任该所主任，2005 年调入北京继续从事专职律师工作。具有丰富的法律实务经验，擅长民事、行政、刑事诉讼，多次成功办理具有重大影响的案件，广受当事人赞誉。

独、明确的定义和保障。1986 年的《民法通则》中并没有明确规定自然人的隐私权，根据后续的司法解释，侵犯隐私权的行为满足一定要件后，司法实践中以名誉权侵权处理。2009 年的《侵权责任法》第一次正式将隐私权作为独立的民事权利予以保护，但是仅仅是在一般规定中确认了侵犯隐私权和侵犯其他一般民事权益一样承担侵权责任，而并没有将隐私权的概念、侵犯隐私权的判定以及保护隐私权的手段等内容具体化。2017 年的《民法总则》对隐私权的设计基本同 2009 年的《侵权责任法》相一致，仅仅是确认了隐私权作为一般民事权益中的地位。除此之外，2017 年的《民法总则》第 111 条规定，"自然人的个人信息受法律保护。任何组织和个人需要获取他人个人信息的，应当依法取得并确保信息安全，不得非法收集、使用、加工、传输他人个人信息，不得非法买卖、提供或者公开他人个人信息。"此法条是《全国人民代表大会常务委员会关于加强网络信息保护的决定》《消费者权益保护法》《网络安全法》等一系列法律法规及部门规章中有关网络安全、个人信息保护等规定的延续和升华。个人信息与隐私权的范畴交叉，但是并不等同。从《民法典》第 1034 条第 3 款的规定，"个人信息中的私密信息，适用有关隐私权的规定；没有规定的，适用有关个人信息保护的规定"就可见这一点。

《民法典》的第 1033 条是在确定了隐私的定义的基础上，第一次对侵犯隐私权的种种行为和方式的列明和禁止。在个人隐私更加容易受到窥探、侵犯的信息化时代，此法条大大提高了保障个人隐私权利、打击侵犯隐私行为的可预见性和可操作性。

三、典型案例

【案情简介】广东某公司被法院依法裁定准许破产重整，同时，某律师事务所被法院指定为债务人（该某公司）重整管理人。通过债权申报后，最终确认破产重整债务人（该某公司）的债权人为 43 人，李某是其中债权人之一。

该某律师事务所以债务人（该某公司）重整管理人的身份在一次债权人会议作出履职报告后，债权人李某对管理人的履职报告提出异议，该某律师事务所以债务人（该某公司）重整管理人的身份对债权人李某的异议以《告知函》的形式向 43 位债权人予以书面回复。《告知函》不仅详细披露了债权人李某的个人信息，如姓名、性别、身份证号、户籍地址、联系地址、联系电话号码等，而且还在多处使用"侵吞""聚众扰乱""违法前科""违法犯罪手段""侮辱、诽谤、陷害、恐吓威胁他人"等对李某名誉造成损害的不当词语。李某认为该某律师事务所侵犯其隐私权和名誉权，遂起诉该某律师事务所。

法院依法确认该某律师事务所名誉侵权成立，并判决该某律师事务所为李某恢复名誉、消除影响。但对李某就侵犯其隐私提出的诉讼请求，法院以"涉案《告知函》系该某律师事务所在任职债务人（该某公司）重整管理人期间，向全体债权申报人发出，属于履行职务的行为""该某律师事务所在特定人群披露李某部分隐私信息，系正当履行职责""没有造成实际损害结果"为理由认为隐私侵权不成立，判决驳回了李某的诉讼请求。李某申请再审，但法院裁定驳回其再审申请。

【焦点问题】将个人信息载于书面披露给其他债权人是否为侵犯隐私的行为？

笔者认为，从证明的角度看，主观上该某律师事务所隐私侵权具有明显的恶意，名誉侵权成立就是确凿充分的证据；在客观上该某律师事务所详细披露李某的个人信息，并超出异议人的范围发送《告知函》，使得其为他人所知。当然符合侵犯隐私的构成。

法院认为，"涉案《告知函》系该某律师事务所在任职债务人（该某公司）重整管理人期间，向全体债权申报人发出，属于履行职务的行为""该某律师事务所在特定人群披露李某部分隐私信息，系正当履行职责""没有造成实际损害结果"，遂判决驳回李某的诉讼请求，则是不恰当的。首先，隐私即不欲为人所知的个人私密信息，那么该某律师事务所向超过异议人的范围披露，当然会使得其不欲为人所知的信息变得为人所知，"他人得知"即已是损害结果。其次，隐私侵权的行为性质及隐私侵权的范围不因履行职务而改变，且披露个人信息本身并非是履行该项职务的必要条件，不足以阻却其侵犯隐私的违法性。

尽管法院的判决显然不恰当，李某的再审申请仍然被裁定驳回。从这个案例可以看到，在《民法典》对隐私侵权的界定规则作出明确的规定以前，实际上就侵犯隐私行为的诉讼，其可行性是受到很大限制的。当事人往往没有明确的证明隐私权受到侵害的证明路径，而反过来对当事人的证明努力进行否定可以使用的理由范围，似乎又过于宽泛。

四、律师解析

本案例中侵犯隐私的形式并非同类侵权案件中的常见样态。事实上，近些年来，侵犯隐私成为网络暴力的最主要的实施手段之一。由于社交媒体的发达，社会热点问题常常引起广泛的讨论和争议，而负面事件的当事人常常会被"人肉"搜寻到个人信息，包括身份证号、住址、电话号码等，这些信息被公布、传播于网络。有些好事者会寻到当事人单位、住所，进行面对面的恐吓，更多的是通过"电话轰炸""短信轰炸"的方式不断骚扰当事人，干扰其正常生活。例如，近期短信侮辱外卖小哥的大学生，已经被"人肉"出姓名、学校、专业、宿舍、电话号码，甚至还有其父母的电话号码。该当事人受到了大量的骚扰，其受到正常学习、工作和生活严重影响了。此外，因在现实生活中以及网络交往中遇到的争端和口角不能解决，或者不满意结果，就最终诉诸"电话轰炸"报复手段的也是不少的。而就法律责任而言，"电话轰炸"被用于敲诈勒索、催收强收等行为的案件，许多已经被刑事法律严厉制裁了，其罪名并不限于寻衅滋事、敲诈勒索、侵犯计算机系统等，但是迄今为止，还从未有过因为网络暴力中的"电话轰炸"而开庭审理的刑事案件，更没有相关的民事判决。而在《民法典》公布以后，这一现象将会有很大的改观。"电话轰炸"这一行为很明显与《民法典》第1033条中列举的第1项中以电话方式侵扰他人的私人生活安宁的要件相对应。尽管在实际的诉讼中可能存在被起诉人过多、证据收集困难等方面的问题，但是在法律设计上，已经对这一行为及其所侵犯的民事权益进行了清晰的确认，大大提高了可诉性，使得对个人隐私的保护真正地变得具体实在。

结语

《民法典》对于隐私权规定的进步，对于所有人来说，都是具有启发和警示意义的。首先是启发了人们对于自己生活安宁权利的认识和重视，使人们对隐私的理解从"不为人所知"深入到"不为人所扰"，丰富和完善了其内涵。其次也是警示人们要更加注意自己行为的限度以及与他人社交的边界范围，更加严肃对待自己以及他人行为可能产生的影响，从而更加友善，更加为他人着想，促进和谐的社会交往。

声音权也是权利吗?

夏怀深[*]

一、《民法典》规定

第 1023 条　对姓名等的许可使用，参照适用肖像许可使用的有关规定。对自然人声音的保护，参照适用肖像权保护的有关规定。

二、知识要点

在《民法典》颁布以前，我国对于声音的保护并非空白，已经存在先例。根据我国现有的法律体系，依据声音的不同内容和表现形式，对其的保护存在三种途径，即《中华人民共和国商标法》[①] 中的声音商标，《中华人民共和国著作权法》[②] 中的表演者权，《民法通则》中的名誉权。

《商标法》第 8 条规定，任何能够将自然人、法人或者其他组织的商品与他人的商品区别开的标志，包括文字、图形、字母、数字、三维标志、颜色组合和声音等，以及上述要素的组合，均可以作为商标申请注册。声音商标的保护与传统商标的保护相同，《商标法》第 57 条的规定，声音商标的侵权也同样要求与商品和服务相关联，单纯的叙述或者哼唱特定声音商标的内容而不与商品或服务产生关联，不符合前述 57 条的规定，不构成侵权。但是

---

　* 夏怀深，北京市安通（东莞）律师事务所律师，华中科技大学法学硕士，曾就职于中华人民共和国长江海事局、华南专利商标事务所等，先后担任过百家企业的常年法律顾问，服务过的企业包括步步高电子工业有限公司、金蝶软件（中国）有限公司、深圳市乙辰科技股份有限公司、东莞农村商业银行股份有限公司、东莞市慕思寝具用品有限公司等，擅长知识产权、公司有关纠纷等疑难复杂案件的处理。

　①　本书下文简称《商标法》。
　②　本书下文简称《著作权法》。

应当明确的是，声音商标与本文所称的声音权有着显著的区别，声音商标包括自然界的及人工合成的等具有显著性的声音，且能够与产品或者服务相关联，而声音权仅指自然人的声音。例如，国际著名的声音商标包括苹果开机声音、微软开机声音、英特尔芯片声音、米高梅的狮子吼、诺基亚之歌等都与声音权无关，该部分声音商标均是商标权人在长期使用中形成的标志。而在国内，"中国国际广播电台广播节目开始曲"是我国经核准注册的首个声音商标。由此可知，《商标法》事实上并不保护声音权，只保护能够与他人商品区别开来的声音标志。声音商标与人格权保护关联不大。

表演者权属于《著作权法》中的邻接权。在《著作权法》中，表演者权是指表演者依法对其表演享有的权利包括现场直播权、首次固定权、复制权、发行权、信息网络传播权、表明表演者身份权和保护表演形象不受歪曲权，即表演者对其表演享有许可他人从现场直播和公开传送其现场表演，并获得报酬的权利；享有许可他人录音录像，并获得报酬的权利；享有许可他人复制、发行录有其表演的录音录像制品，并获得报酬的权利；以及许可他人通过信息网络向公众传播其表演，并获得报酬的权利。在四川长虹电器股份有限公司与孙楠侵犯表演者权纠纷案〔（2009）鲁民三终字第37号〕中，长虹公司未经许可，将孙楠演唱的《拯救》歌曲复制在其生产的手机内存卡内，未表明演唱者身份，也未支付相关报酬，法院认定长虹公司侵犯了孙楠的表演者权。但是《著作权法》主要是保护"版权"，即作品，声音只是构成作品一部分，并不是作为一种独立人格权利来保障。因此"声音权"作为人格权来保障的依据是缺失的。

《民法通则》第101条规定："公民、法人享有名誉权，公民的人格尊严受法律保护，禁止用侮辱、诽谤等方式损害公民、法人的名誉。"声音跟肖像一样，具有人身属性，声音可以成为识别个人身份的重要依据，如果混淆、滥用、冒用、不正当使用，损害声音主体的名誉权，可以通过名誉权来实现保护。在实际商业范例中，声音权通过合同方式授权使用已经屡见不鲜。如郭德纲、林志玲等明星的声音被应用到导航、文章朗读等软件中作为商业性使用，再比如赵忠祥给《动物世界》、李立宏给《舌尖上的中国》的解说声音在部分电视节目中被使用，这些声音已经形成独特价值。这些人的声音都具有了相应的经济价值，一旦其声音单词、片段被剪辑重组，应用于其他软件或场景中，就可能给声音主体的人身权益、财产权益造成损害。名誉权的保护存在局限性，并不能完全涵盖声音权保护。实践中由于互联网飞速发展，声音权的商业性使用已经走在立法之前，在声音权被侵害的情况下，无法保护声音主体人的权益。

如今，《民法典》将声音权纳入了法律保护。《民法典》第1023条第2款规定"对自然人声音的保护，参照适用肖像权保护的有关规定"，民法典实际上已将声音确认为一种独立的新型人格权，只是在权利保护模式上参照肖像权的保护模式。

1. 声音权具有人格属性。《民法典》对于"声音权益"的主体作出了非常明确的界定，即自然人，因而具有人格属性。一个人的可识别性，不仅在于其外形，也在于其声音。声音的响度、音调、音色都具有主体差异性。理论上认为，声音和肖像标识个人的原理基本相同。声音的标识性与肖像相似，都是主要通过人所特有的感知、记忆、联想等思想活动来实现的，区别在于前者是通过视觉器官感知，而后者是通过听觉器官感知。声音权的主体是自然人，那声音权保护的客体是否必须是自然人直接发出的声音，自然人借助设备如变声器等发出的声音是否受到保护呢？笔者认为：声音权保护可参照肖像权保护，肖像权保护的是自然人区别于他人的形象，当然包括艺术形象（如影视剧照、艺术照）等，同理自然人的声音通过技术手段处理，只要该声音能够与特定的自然人建立起特定的联系，那么其就具备了人格属性，应当属于声音权保护范围。

2. 声音权具有商业价值。类似于肖像可以被复制并用于一些商业活动，声音也可以通过录制等方式投入商业领域，产生与肖像相类似的使用价值。在本案中，一些著名演员的声音都为公众熟悉，甚至随着网络的发展，一些声优、视频博主的声音也逐渐为公众知悉，成为一种独特的标识。如在部分游戏、直播、导航等软件上使用影视明星等的声音，那么这些声音就体现了其商业价值。

3. 对声音权的保护参照肖像权保护。可参照《民法典》第1019条关于肖像权侵权行为的规定，"任何组织或者个人不得以丑化、污损，或者利用信息技术手段伪造等方式侵害他人的肖像权。未经肖像权人同意，不得制作、使用、公开肖像权人的肖像，但是法律另有规定的除外。"因此，任何组织或者个人不得以丑化、污损，或者利用信息技术手段伪造等方式侵害他人的声音。未经同意，不得录制、制作、使用、公开他人的声音，否则声音权人除了有权依照相关法律的规定请求精神损害赔偿之外，还可以请求行为人停止侵害、排除妨碍、消除危险、消除影响、恢复名誉、赔礼道歉等，以保障声音权人的利益。

三、典型案例①

【案情简介】2015 年 5 月 12 日，大承网络公司（甲方）与天浩盛世公司（乙方）签订合作协议，约定：由甲方制作、发行手机游戏应用，推广游戏及游戏中的角色等；乙方按照协议约定对手机游戏进行营销传播，乙方负责取得艺人×××肖像及声音授权（艺人向甲方出具授权书，并由甲方留存原件一份备案），并负责安排本合同约定的艺人配合手机游戏营销活动。2015 年 8 月 28 日，大承网络公司向天浩盛世公司支付 200 万元游戏开发费用。12 月 23 日，大承网络公司向天浩盛世公司支付 150 万元游戏开发费用。

北京空中信使信息技术有限公司于 2016 年 5 月 14 日收到中伦律师事务所的"关于×××为贵公司'超××'游戏代言事宜"的函，主要内容为：2010 年 12 月 18 日，×××与××公司签订了专属协议，成为××公司专属艺人，贵公司未经××公司许可即不得就包括"超××"游戏代言活动等在内的任何商业演出活动与×××开展合作，敬请贵公司立即停止此等行为，否则××公司将不排除采取诉讼等法律措施以追究贵公司等相关主体的法律责任。

2016 年 6 月 8 日，×国××公司以侵权责任纠纷为由向该院起诉×××、北京空中信使信息技术有限公司以及大承网络公司，要求该三被告停止"超××"手游代言活动，并赔偿原告经济损失 150 万元。

2016 年 7 月 22 日，大承网络公司（甲方）与北京市通商律师事务所

---

① 案号：（2017）京 01 民终 5532 号。

（乙方）签订了委托代理协议，约定：鉴于××公司认为大承网络公司与北京空中信使信息技术有限公司侵犯了其与×××之间签订的专属协议，向北京市海淀区人民法院起诉，就上述诉讼事宜，甲方委托乙方提供法律服务，乙方接受甲方的委托。……第 6.1 条：本协议项下律师费为 10 万元人民币（仅包括一审程序），甲方应于本协议签署后 15 日内向乙方支付律师费×万元。第 6.2 条：本条所约定的法律服务费已包括复印费、资料费、市内交通费和国内通信费，未包括北京市外的差旅费、公证费、认证费、档案查询费、翻译费等其他费用。……第 7.2 条：乙方不提供本协议项下第 1、2 条规定的法律服务或者违反第 4 条项下规定的义务时，甲方有权要求乙方部分或者全部退还已支付的律师费。乙方不得无故终止受托事项，否则，应退还甲方代理费。因乙方的过错给甲方造成损失的，甲方可以要求赔偿损失。

2016 年 7 月 26 日，北京市通商律师事务所向大承网络公司开具金额为×万元的北京增值税专用发票，服务名称为法律服务费。2016 年 8 月 17 日，大承网络公司向北京市通商律师事务所转账支付×万元，支付业务回单附言为"聘请律师解决×××案件"。大承网络公司认可其按照合作协议在手机游戏中使用×××肖像及声音授权系为自 2015 年 6 月第一款游戏上线起至 2016 年 2 月 29 日止。

【焦点问题】关于本案中合作协议的效力问题。

大承网络公司主张合作协议属于效力待定的合同，原因为×××及天浩盛世公司对于合作协议中约定的天浩盛世公司应当提供的×××的人身权利、作品的知识产品及劳务没有处分权。就此法院认为，无权处分并不导致合同效力待定，合作协议系大承网络公司与天浩盛世公司的真实意思表示，未违反法律法规的强制性规定，合同本身有效且自成立之时已然生效，天浩盛世公司如不能履行合同约定义务，涉及违约问题，而不产生合同效力待定的法律后果。此外，合作协议中约定的天浩盛世公司"按照本协议约定对手机游戏进行营销传播，负责取得艺人×××肖像及声音授权，负责安排本合同约定的艺人配合手机游戏营销活动"的相关义务，天浩盛世公司均已履行完毕，并不存在因无处分权而导致合同无法履行的事实，故认定合作协议属于有效合同。该案件虽然不属于声音权纠纷但是明确了影视明星通过合作协议可以把肖像权、声音权授权给游戏公司在游戏中专属使用是合法有效，且可以据此获得报酬，因此声音权是通过合同法得到保护。

四、律师解析

在日常生活中，社会上对于知名人物声音的商业化使用已经非常普遍。如百度地图拥有孟非、赵薇、柳岩等二十多位演艺明星的官方语音包用于导航，高德地图则有郭德纲、林志玲等三十多位演艺明星的官方语音包用于导航。喜马拉雅等软件上也有多位演艺明星的声音被应用到文章朗读。赵忠祥《动物世界》的配音，韩乔生的体育节目的解说，李立宏《舌尖上的中国》系列解说声音被用在电视节目中。这部分明星、主持人的声音或因其名人的身份效应，或因其音色的独特性，具有明显辨识度，存在极高的商业价值。相对于普通人的声音而言，那些知名人物的声音更具有商业价值，因此也更容易被他人滥用，更容易产生各类侵权纠纷，具体表现如下：

1. 擅自使用知名人物声音进行广告宣传。周星驰配音演员石班瑜的声音具有独特性，加之周星驰电影国语版广受欢迎，有极高知名度，其声音经常用于广告之中。如果是未经声音权人同意，擅自剪辑或者合成该声音则构成侵权。

2. 擅自在电视节目中将"知名人物声音"当作素材使用。有的电视节目在制作中为了达到节目效果，经常会用到赵忠祥解说《动物世界》、韩乔生解说体育节目、黄健翔解说世界杯、李立宏解说《舌尖上的中国》等的声音片段。在电视节目中，未经声音权人同意擅自商业化使用其声音片段也构成侵权。

3. 擅自模仿知名人物声音表演不表明身份。模仿秀在十年前大行其道，如百变大咖秀等节目，甚至很多明星都是从模仿知名歌手声音起家。他们在电视节目中模仿刘德华、张学友等歌手声音进行表演，但如果表演者在表演中未表明自己身份，打擦边球或者恶意打着明星旗号表演，则构成侵权。

4. 擅自剪辑、制作知名人物声音导致丑化、污损。B站、快手、抖音等视频网站上有部分用户将一些影片、演唱会的片段进行剪辑以达到"恶搞"的效果，并将音频发布到用户社交账号上。如将某些知名演员在小品中的经典语录或在电影作品中的某些台词运用高度同步、快速重复方式进行剪辑，配合洗脑的背景音乐，达到搞笑的效果。这种音频资料传播广、阅读量大，也给上传者带来较大的经济利益，但是如果其构成对他人声音权的丑化、污损便会构成侵权。

在司法实践中，遇到的模仿知名人物声音是否认定侵权，争议很大，海淀法院某法官认为：只要没有追求冒充、误导、混淆等非法目的及行为效果，通常不应轻易认定为侵权。在声音权侵权认定中，使用者可以进行合理使用的抗辩，合理实施下列行为的，可以不经权利人同意：为个人学习、艺术欣赏、课堂教学或者科学研究，在必要范围内使用声音权人已经公开的声音；为实施新闻报道，不可避免地制作、使用、公开声音权人的声音；为依法履行职责，国家机关在必要范围内制作、使用、公开声音权人的声音；为展示于特定公共环境，不可避免地制作、使用、公开声音权人的声音；为维护公共利益或者声音权人合法权益，制作、使用、公开声音权人的声音的其他行为。因此，并不是所有未经声音权人许可使用其声音的行为都构成侵权。

结语

《民法典》将自然人声音纳入法律保护范围，实际是将声音权确认为一项独立的人格权。声音权将参照肖像权加以保护，这是很多音频创作者和平台的福音，他们不仅能够用知识产权维权，而且还可以选择更高效的人格权作为请求权基础，这无疑会极大促进互联网视频行业的健康有序发展。

婚姻家庭编

婚姻家庭编：一个基础条款的天长地久[*]

郭安慧[**]

作为中华人民共和国的首部"法典"，民法典凸显了民法作为人法对老百姓的人文关怀。如婚姻家庭编则更关注家庭成员之间的情感，强调优先考虑家庭成员的意愿；为弱势群众提供基本居住权等。

本文将结合婚姻家庭纠纷的司法实践讨论离婚时的居住权运用问题。在《婚姻法》废止、《民法典》生效后，离婚时生活困难的一方可获得居住权帮助吗？

婚姻法司法解释（一）与民法典中的居住权是否相同？

其实居住权这个概念并不是在民法典中首次出现的，早在 2001 年 12 月 25 日的最高人民法院《关于适用〈中华人民共和国婚姻法〉若干问题的解释（一）》[①] 法释〔2001〕30 号第 27 条中就出现了。

最高人民法院《婚姻法司法解释（一）》第 27 条规定，婚姻法第 42 条所称"一方生活困难"，是指依靠个人财产和离婚时分得的财产无法维持当地基本生活水平，一方离婚后没有住处的，属于生活困难。离婚时，一方以个人财产中的住房对生活困难者进行帮助的形式，可以是房屋的居住权或者房屋的所有权。

---

[*] 本文首发于《民主与法制》周刊 2020 年第 23 期。

[**] 郭安慧，北京市安通（东莞）律师事务所高级合伙人。曾长期担任东莞市房产管理局、东莞市财政局、东莞市图书馆、东莞市广播电视台等政府部门事业单位及东莞市东财投资控股有限公司、广东悠派智能展示科技股份有限公司、东莞市 TR 轴承有限公司、广东慧讯计算机网络工程有限公司等多家知名企业的法律顾问。主要学术成果：《婚姻家庭编：一个基础条款的天长地久》，发表于《民主与法制》周刊 2020 年第 23 期。

① 本书下文简称《婚姻法司法解释（一）》。

该规定的目的是解决离婚时没有住房的一方（通常是女方）的实际困难。这种居住帮助体现了居住权属于用益物权中的人役权这一特点。所谓人役权，是指为特定人的利益而利用他人之物的权利。根据大陆法系国家民法，居住权是在他人的住房之上设定的权利，而且此种权利仅仅是为特定个人设立的，该权利不得转让也不得继承，只能由权利人享有该权利。

同样，《中华人民共和国老年人权益保障法》第 16 条的规定也体现了这种法律性质，第 16 条规定：赡养人应当妥善安排老年人的住房，不得强迫老年人居住或者迁居条件低劣的房屋。这种居住权的规定在司法实践中发挥着抚养、救助的功能。

但是，我们认为《婚姻法司法解释（一）》第 27 条的规定，在当时具有一定的时代背景。根据梁慧星老师的观点，在那时，对于城市居民来说，我国曾经长期实行公房制度，对于双职工家庭，通常是由男方单位分配住房或提供单位政策性住房或福利房。双职工夫妻离婚时，因为政策原因，法院无法将该住房判归女方所有，女方就面临没有地方居住的问题。

其实，根据婚姻家事判例的研究发现，在广大农村，也同样面临这样的问题。在老百姓的物质生活水平不高的情况下，一般宅基地和地上建筑物大部分都是登记在户主名下，这个户主就是男方的父亲。

对于经济困难的家庭，若夫妻双方离婚，女方就面临没有地方居住的问题，而且很多女方还可能带着孩子。这种情况下，法院的解决办法就是判决女方暂时在原来双方共同居住的房屋中居住一段时间。这种居住，当然不是永久的居住，只是暂时的居住。因为夫妻双方在离婚后并无相互扶养的义务，而是给离婚后生活困难一方提供适当帮助的义务，这种帮助一般认为是以维持困难方当地最低生活保障为限。

因此，司法实践中这种暂时的居住大部分是由法院判决，并不是双方协议，也不需要到房屋登记部门进行登记。该规定在当时对依法保护弱势一方特别是妇女儿童的权益，具有积极意义。

但是，随着我国市场经济的飞速发展和我国商品房制度的改革，很多家庭都有了商品房。对于家庭仅有一套商品房的，可以由获得商品房的一方向另一方支付金钱补偿的方式，或通过法院拍卖商品房，由夫妻双方分割拍卖款的方式，在离婚时获得资金支持，因离婚导致生活困难的案例极少出现。

对于商品房发展不成熟的农村地区，我们通过判例研究发现，大部分法院是通过支付经济补偿的方式来帮助困难一方。

而且，随着社会经济生活的发展，因为居住权作为实现"居者有其屋"的法律措施与手段，能够在以房养老、住房制度改革等多方面发挥作用。原来我国的物权法四次审议稿中，也曾有过"居住权"的条文，在该草案中，此一权利被界定为：因各种原因为家庭成员以外的人设立的长期居住的权利，并不适用婚姻家庭、租赁所产生的居住关系。

虽然物权法最终没有采纳该条款，但是，最终，民法典物权编对居住权进行了规定。根据民法典对居住权的规定，我们可以发现，居住权只能通过书面合同或遗嘱设定，以登记为权利设立的要件，是属于意定居住权，而不是法定居住权。我认为，我国民法典关于居住权的规定，已经突破了传统的人役权的限制。

民法典时代，离婚时法院能否直接判决设立居住权？

现在我们假设有这样一个案例：

甲起诉与乙离婚，法院判决双方离婚。因离婚后，乙生活困难且无住房，法院能否依据《民法典》第1090条的规定，在作出的离婚判决中判令甲在其所有的房屋上为乙设立居住权？

虽然有很多学者认为，法院是可以通过判决的方式设立居住权，但是，我认为是不可以的。首先，民法典已经明确规定了居住权的设立方式是书面合同或遗嘱，没有规定法定设立居住权的情形。其次，《民法典》第1090条规定，对困难一方的帮助办法由双方协议，协议不成的，才由法院判决。也就是说，关于居住权的问题，甲和乙是可以通过协商设立居住权的，若甲和乙在离婚诉讼中不能达成居住权的协议，说明享有房产的一方不同意在该不动产上设立居住权这一权利限制，或双方在离婚后根本没有共同居住的意愿。若直接判决设立居住权，可能严重违背双方的意愿，本来夫妻关系发展到离婚阶段，大部分情形双方已无法再继续共同居住在一起，若法院强行判决，反而使男女双方的矛盾更加恶化。最后，法院可以通过我们前述提及的多种方式要求一方向困难方提供经济帮助，帮助经济困难的一方解决居住问题，而不是强制通过判决设立居住权的方式向困难一方提供帮助。

所以，我们认为，在司法实践中，法院应根据案件具体情况确定对离婚时困难方的"帮助"的形式，而不宜直接判决设立居住权。

居住权在婚约财产协议和离婚协议中如何应用？

虽然我们认为人民法院不宜通过判决方式设居住权，但民法典关于居住权的设立，为居住权的应用提供了多种应用场景。如夫妻双方可以在夫妻财产协议中约定居住权，也可以在离婚协议中约定居住权。以下是我们常见的应用场景。

第一种情形：男女结婚，房产作为婚前财产为个人所有，要不要加名，往往带来诸多家庭矛盾。如今居住权的存在，提供了新的解决方案，也即给另一方居住权，而不用让出所有权。

第二种情形：男女双方结婚后，仅有一套住房，离婚时，双方均无资金再另行购买一套房，双方均希望获得房屋的所有权，或者一方也无资金向另一方支付房产分割的补偿款。若双方能够协商一致，可通过一方获得房屋所有权，另一方获得居住权的方式来解决双方的矛盾。

第三种情形：男女双方离婚，虽然各自有居所，但是因为孩子处于特殊时期（如即将升高三），父母双方为了孩子的身心健康，都希望共同陪伴孩子一段时间。若男女双方能够协商一致，则可通过一方获得一段时间的居住权的方式，达到双方在一段时间内共同陪伴孩子的愿望。

当然，由于我国司法实践中居住权制度并不成熟，民法典的规定也并不详细，需要广大法律工作者在实践中进行摸索。

但是，居住权条款将会被大量运用到夫妻财产约定当中，影响夫妻双方对房屋的支配。它的出现，势必会对家事法律产生重大影响。

对于如何应对可能出现的问题，将是立法者和每一位家事法律探索者需要思考的话题。

配偶知情权为什么也要保护？

温恩诗[*]

一、《民法典》规定

第 1053 条 一方患有重大疾病的，应当在结婚登记前如实告知另一方；不如实告知的，另一方可以向人民法院请求撤销婚姻。请求撤销婚姻的，应当自知道或者应当知道撤销事由之日起一年内提出。

第 1054 条 无效的或者被撤销的婚姻自始没有法律约束力，当事人不具有夫妻的权利和义务。同居期间所得的财产，由当事人协议处理；协议不成的，由人民法院根据照顾无过错方的原则判决。对重婚导致的无效婚姻的财产处理，不得侵害合法婚姻当事人的财产权益。当事人所生的子女，适用本法关于父母子女的规定。婚姻无效或者被撤销的，无过错方有权请求损害赔偿。

二、知识要点

《民法典》第 1053 条和第 1054 条建立了一种新的制度，据此，未来的配偶有义务告知自己患有重大疾病；如果未来的配偶未能及时履行这一告知义务，导致另一配偶在他或她不知情的情况下结婚，无辜的配偶有权要求宣布婚姻无效，并向有罪的一方索赔损失。自撤销标的已知道或者应当知道之日起 1 年内行使。《婚姻法》第 10 条规定"医学上认为不宜结婚的疾病患者"禁止结婚，与此相反，将禁止结婚改为告知重大疾病的义务，通过保障对方在知情后自由选择和决定的权利，减少对一方自主权的禁止，大大扩展了婚姻自由。但什么是"重大疾病"需要进一步的解释。对"重大疾病"的认

---

[*] 温恩诗，北京市安通（东莞）律师事务所实习律师。

识，应从婚姻的目的出发，结合以往的相关立法实践。1950 年《婚姻法》第 5 条第一次规定了禁止结婚的疾病，如"有生理缺陷不能发生性行为者""患花柳病或精神失常未经治愈，患麻风或其他在医学上认为不应结婚之疾病"，禁止结婚。该条规定中的内容在 1980 年《婚姻法》中也大体被保留下来。该法第 6 条禁止"麻风病未经治愈或患其他在医学上认为不应当结婚的疾病"的人结婚。禁止结婚的疾病范围已经缩小了。1986 年 7 月 21 日，中华人民共和国卫生部颁布了《异常情况分类（试行）准则》，明确了不准结婚、不结婚、可以结婚但不准生育、可以结婚但需要限制生育子女的四类条件，并附有《几种疾病诊断点对结婚、生育的影响》。对于法律没有明确规定的"重大疾病"范围，从法律逻辑上看，作为婚姻无效原因的"重大疾病"范围应该等同于禁止结婚的疾病范围，并且应该比禁止结婚的疾病范围更广。被列入禁止和中止婚姻的疾病应是主要疾病。《中华人民共和国母婴保健法》[①] 第 8 条明确规定："婚前医学检查包括：（一）严重遗传性疾病；（二）特定传染病；（三）与精神疾病有关的检查。医疗保健机构应当出具婚前医学检查证明。"为了保护母亲和孩子的健康，规定的医学检查中包括的疾病，无疑应该是重大疾病。

三、典型案例[②]

【案情简介】张某、李某经媒人介绍相识，经过短暂了解后双方登记结婚，婚后不久李某怀孕，怀孕后就出现精神不正常的状态，张某带李某到医院就诊，发现李某患有精神分裂症。李某的母亲才告知张某及家人，李某在 2008 年就诊断患有精神分裂症，需终身服药，一旦停药就会复发。2016 年李某就因擅自停药，病情复发，到淮南市第四人民医院住院治疗，好转后出院。这次李某因为怀孕，擅自停药，再次导致精神分裂症复发。李某及其家人隐瞒李某患病的真实情况，骗取了张某与之结婚，给张某造成了巨大的经济损失和精神打击。李某辩称，张某、李某登记结婚时，李某病情稳定，不处于发病期，登记结婚是双方的真实意思表示，不应认定婚姻无效。张某为证明

---

① 本书下文简称《母婴保健法》。
② 案号：（2020）皖 0404 民初 41 之 2 号。

其诉讼主张，向法院提交了相关证据材料：①结婚证，证明张某、李某于×年×月×日登记结婚；②李某在 2008 年、2016 年、2019 年 3 年的住院病案复印件，证明李某在 2008 年就患有精神分裂症，每次住院均为好转后出院，在双方结婚后，李某再次发病；③录音资料及光盘，证明李某发病后，张某找到李某母亲，在交流中得知李某的具体情况，以及李某及家人隐瞒张某及家人真实情况，骗取与张某结婚。

法院经审理查明如下事实：张某、李某经媒人介绍相识，经过短暂了解，×年×月×日双方登记结婚，婚后不久李某怀孕，因害怕服药影响腹中胎儿健康，李某擅自停药，后出现精神不正常的状态。2019 年 10 月 12 日，李某入住淮南市第四人民医院住院治疗，经诊断为精神分裂症。事后李某母亲将李某患有精神分裂症的情况告知张某及其家人。现李某一直在医院住院治疗。李某曾经于 2008 年 10 月 15 日因偏执型分裂症、2016 年 4 月 19 日因精神分裂症入淮南市第四人民医院住院治疗。根据法院查明的事实，法院依据《婚姻法》相关规定判定李某患有精神分裂症属于重型精神病，属于不应该结婚的疾病，且婚后尚未治愈，其与张某的婚姻登记应属无效。

【焦点问题】

1. 当事人婚前是否患有禁止结婚疾病。

2. 诉讼期间当事人所患疾病是否仍未治愈。

根据《母婴保健法》第 9 条规定：经婚前医学检查，对患指定传染病在传染期内或者有关精神病在发病期内的，医师应当提出医学意见；准备结婚的男女双方应当暂缓结婚；以及第 37 条第 3 款规定，有关精神病，是指精神分裂症、躁狂抑郁型精神病以及其他重型精神病。由此可见，精神分裂症虽非禁止结婚疾病，但属于"应当"暂缓结婚类型。

虽说暂缓结婚不等于禁止结婚，但是如果不是合适的时间里结婚的，也可以认为是"医学上认为不宜结婚的疾病患者"。况且依据张某提供的相关证据：李某从 2008 年开始被查实患有精神病，需要长期依靠药物治疗，不能停止服药，一旦停止服用药物病情就会复发，该病情应偏属于重型精神病；此外李某每次住院后都是好转后出院，并非痊愈后出院。综上所述，该法院认定李某患有精神分裂症属于医学上认为不应该结婚的疾病，判决婚姻无效不无道理。

四、律师解析

在《民法典》还没有出台之前，夫妻一方想依据配偶患有医学上认为不宜结婚的疾病为由向受案法院请求婚姻无效，成功的案例是非常少的。通过在裁判文书网或其他网站上搜索"患有医学上认为不应该结婚的疾病"便可知道。例如，张某不服河北省怀来县人民法院作出的（2018）冀0730民初628号民事判决向河北省张家口市中级人民法院申请再审，以被申请人患有禁止结婚的疾病为由，请求宣布婚姻无效，并出具医疗机构证明以证实被申请人处于"抑郁状态，于2017年11月19日就诊于我院门诊，目前仍在服药治疗中"。申请人认为，"如果患者用药物控制病情，不长期深度交往，他人很难发现患者症状。申请人与被申请人处对象期间，被申请人到点就回家，双方并未共同生活，因此根本无法发现被申请人的行为异常。"但是，河北省张家口市中级人民法院以"抑郁状态属于精神类疾病，但并不等同于精神分裂症。王某是否患有精神分裂症，是否属于限制民事行为能力人，需要到有资质的医院进行医学鉴定""对一方或双方为患者的婚姻是否属无效婚姻，应以双方在结婚登记时是否处于患病期为衡量标准，如果在结婚登记时当事人没有处于精神疾病的发病期间，行为能力没有受到限制，其结婚的意思表示真实，该婚姻缔结行为不宜认定为无效。本案中，张某没有提交证据证明王某婚前患有医学上认为不应当结婚的疾病，婚后尚未治愈；也没有提交证据证明王某在登记结婚时处于精神类疾病的发病期，不属于《婚姻法》规定的无效婚姻的情形"为由驳回张某的再审申请。

通过上述案例可知，配偶一方以配偶"患有医学上认为不应该结婚的疾病"为由申请婚姻无效的，需要证明以下几点：一是当事人患禁止结婚疾病的事实；二是当事人患禁止结婚疾病发生于婚前；三是结婚登记时该方当事人所患禁婚疾病处于发病期间；四是诉讼期间当事人所患疾病仍未治愈的。该举证责任对申请人可谓是难以完成的挑战。

《民法典》将疾病作为婚姻无效的事由删除，却增加了隐瞒重大疾病结婚属于可撤销婚姻的规定，在很大程度上减轻了配偶的举证责任，同时保护了准配偶的知情权、结婚自由权，不仅如此一定程度上还保护了健康权。在患者隐私权与未来配偶的知情权之间的冲突中，立法选择优先考虑未来配偶的知情权。隐私权和健康权都受到法律的保护，但健康权优先于隐私权。在准配偶的相互关系中，保护健康权乃至生命权的前提和基础是一方了解对方的健康状况，特别是重大疾病的事实。

立法赋予无辜配偶撤销其婚姻、索赔的权利，是考虑到未来配偶了解另一方严重疾病的权利没有得到充分尊重，这可能导致其结婚决定出错。一方患有严重疾病，但对另一方隐瞒，因此，有权知道未来配偶患有严重疾病的另一方可能由于不知道实际情况而决定是否结婚，甚至作出错误的决定。为了保护婚姻自由权和健康权，立法赋予当事人请求解除婚姻关系的权利。为了对受害方进行补救，法律规定其可以选择向不知道真相的当事方解决问题，并有权再次选择是否与之继续保持婚姻关系，与此同时，该制度为权利受损的当事人"改变主意"留有余地，不仅尊重当事人在结婚时的意愿，而且在其知道真相时尊重其对婚姻命运的决定。

但是《民法典》第 1053 条仅规定了准配偶婚前负有重大疾病的告知义务，未被如实告知的无过错方可以行使撤销权，并未规定婚后重大疾病痊愈后请求权是否归于消灭。

夫妻共同债务认定中，
如何避免"被负债"？

刘　勇[*]

一、《民法典》规定

第 1064 条　夫妻双方共同签名或者夫妻一方事后追认等共同意思表示所负的债务，以及夫妻一方在婚姻关系存续期间以个人名义为家庭日常生活需要所负的债务，属于夫妻共同债务。夫妻一方在婚姻关系存续期间以个人名义超出家庭日常生活需要所负的债务，不属于夫妻共同债务；但是，债权人能够证明该债务用于夫妻共同生活、共同生产经营或者基于夫妻双方共同意思表示的除外。

二、知识要点

夫妻共同债务，是指在婚姻关系存续期间夫妻双方或者其中一方为夫妻共同生活对第三人所负的债务。包括夫妻在婚姻关系存续期间为解决共同生活所需的衣、食、住、行、医，履行法定扶养义务，必要的交往应酬，因共同生产经营活动等所负之债，以及为抚育子女、赡养老人，夫妻双方同意而资助亲朋所负债务。夫妻共同债务与夫妻个人债务相对应。

2018 年 1 月 18 日起施行的《最高人民法院关于审理涉及夫妻债务纠纷

　　* 刘勇，北京市安通律师事务所高级合伙人、副主任。北京大学法学学士、中央民族大学法律硕士，北京律师协会合同法专业委员会第九届、第十届委员。北京保险行业协会业外调解员。擅长企业法律顾问业务，在诉讼业务及非诉业务特别是保险、经济合同、民事侵权、刑事辩护、劳动仲裁等领域具有十分丰富的执业经验。主要学术成果：《合同编：一纸契约保护的居安思危》一文发表于《民主与法制》周刊 2020 年第 23 期。

案件适用法律有关问题的解释》是人民法院之前审理夫妻共同债务的重要依据之一。《民法典》在立法过程中，总结、完善、承继了上述司法解释，直接将上述司法解释的内容上升至法律的层面。也就是说，《民法典》以上位法的形式固定了夫妻共同债务"共债共签"的基本原则，在债权人和未举债配偶的利益权衡中，法律的天平向未举债的配偶倾斜。

三、典型案例

陈某某因与王某某合伙经营铁矿发生纠纷，提起诉讼，并将董某某列为共同被告。

董某某与王某某之间存在过两段婚姻关系，涉案合伙经营发生于第二段婚姻期内，之后两人又离婚。两人在婚内经常争吵，复婚后关系未有好转，仍是争吵不断。

王某某做生意常年在外，小孩及家里生活主要由董某某负担。安徽省金寨县人民法院一审认为，董某某作为公务人员，未参与经营，也未分享因此带来的利益，陈某某未尽到举证责任，涉案债务不构成夫妻共同债务，遂判决王某某支付陈某某变卖设备款、承包费等共计 643 600 元以及违约金 54 000 元，驳回其他诉讼请求。

陈某某不服判决提起上诉。安徽省六安市中级人民法院二审认为，涉案债务发生在董某某与王某某婚姻存续期间，依据《最高人民法院关于适用〈中华人民共和国婚姻法〉若干问题的解释（二）》[①] 第 24 条，应当按夫妻共同债务处理。

董某某未能举证证明该债务系个人债务，对此债务应承担连带还款责任。二审判决后，董某某申请再审，案件由六安市中级人民法院再审审理。

安徽省六安市中级人民法院经再审审理认为，《婚姻法司法解释（二）》第 24 条是以婚姻关系存续对夫妻共同债务作出推定。《婚姻法》第 41 条规定，夫妻共同债务应为夫妻共同生活所负。

对司法解释的理解应当符合、遵循法律规定的本身意旨。夫妻共同生活

---

① 本书下文简称《婚姻法司法解释（二）》。

是夫妻共同债务的本质属性，婚姻关系存续期只是一个简单的外在判断形式，不能被唯一化。

本案双方分分合合多次，有异于正常的夫妻状态。在孩子中考后第二天即办理离婚手续，可见矛盾由来已久，长期存在较严重问题，也可以说明双方的婚姻对当事人而言确实难以继续。

二人在经济及生活上各自负担，就二者各自的经济能力以及双方关系的矛盾状况而言，具有一定的成因与基础。双方缺乏正常夫妻之间应有的相互扶持与依靠，对家庭生活缺乏共同经营的意向与努力。

故涉案债务不具有为夫妻共同生活这一特性，不能认定为系夫妻共同债务。原二审的认定存在错误，原一审以董某某为公务员未参与经营为由予以否定，也存在不当。综上，撤销二审判决，维持一审判决。

四、律师解析

（一）民法典生效前认定夫妻共同债务的法律规定

1. 《婚姻法》（2001 修正）

《婚姻法》第 41 条规定，离婚时，原为夫妻共同生活所负的债务，应当共同偿还。共同财产不足清偿的，或财产归各自所有的，由双方协议清偿；协议不成时，由人民法院判决。该条表明，夫妻共同生活所负的债务，为夫妻共同债务，重点突出了夫妻共同债务的实质要件——夫妻共同生活。

2. 《婚姻法司法解释（二）》（2017 修正）

《婚姻法司法解释（二）》第 24 条规定，债权人就婚姻关系存续期间夫妻一方以个人名义所负债务主张权利的，应当按夫妻共同债务处理。但夫妻一方能够证明债权人与债务人明确约定为个人债务，或者能够证明属于《婚姻法》第 19 条第 3 款规定情形的除外。夫妻一方与第三人串通，虚构债务，第三人主张权利的，人民法院不予支持。夫妻一方在从事赌博、吸毒等违法犯罪活动中所负债务，第三人主张权利的，人民法院不予支持。

该条突出了夫妻共同债务的法律要件——合法性，排除了非法债务、不合法、不正当债务的情况，即非法债务、不合法、不正当的债务，不得被认定为是夫妻共同债务。

3. 《最高人民法院民一庭关于婚姻关系存续期间夫妻一方以个人名义所负债务性质如何认定的答复》

"在不涉及他人的离婚案件中，由以个人名义举债的配偶一方负责举证证明所借债务用于夫妻共同生活，如证据不足，则其配偶一方不承担偿还责任。在债权人以夫妻一方为被告起诉的债务纠纷中，对于案涉债务是否属于夫妻共同债务，应当按照《最高人民法院关于适用〈中华人民共和国婚姻法〉若干问题的解释（二）》第24条规定认定。如果举债人的配偶举证证明所借债务并非用于夫妻共同生活，则其不承担偿还责任。"

该答复在2004年《婚姻法司法解释（二）》的基础上，增加了一种除外情形，即债务人的配偶举证证明所借债务并非用于夫妻共同生活的，该债务为个人债务。实质上，其突出了夫妻共同债务的实质要件——夫妻共同生活。

4. 《最高人民法院关于审理涉及夫妻债务纠纷案件适用法律有关问题的解释》

第1条规定，夫妻双方共同签字或者夫妻一方事后追认等共同意思表示所负的债务，应当认定为夫妻共同债务。

第2条规定，夫妻一方在婚姻关系存续期间以个人名义为家庭日常生活需要所负的债务，债权人以属于夫妻共同债务为由主张权利的，人民法院应予支持。

第3条规定，夫妻一方在婚姻关系存续期间以个人名义超出家庭日常生活需要所负的债务，债权人以属于夫妻共同债务为由主张权利的，人民法院不予支持，但债权人能够证明该债务用于夫妻共同生活、共同生产经营或者基于夫妻双方共同意思表示的除外。

该司法解释于2018年1月18日起施行，是认定夫妻共同债务的新标准，具体规定为：①夫妻双方共同意思表示所负的债务为夫妻共同债务；②夫妻一方因家庭日常生活需要所负的债务为夫妻共同债务；③夫妻一方超出了家庭日常生活需要所负的债务，债权人能够证明该债务用于夫妻共同生活、共同生产经营或者基于夫妻双方共同意思表示的，为夫妻共同债务。在这里，着重突出了夫妻共同债务认定的实质要素——家庭日常生活（家庭共同生活）。

实质上，本司法解释与以往规定最大的一个区别就是举证责任的不同，即：在所借款项是否用于夫妻共同生活的举证证明责任上，以往规定由举债人的配偶对所借款项并非用于夫妻共同生活承担举证证明责任，如果不能证明的，该借款认定为是夫妻共同债务，举债人的配偶对所借款项承担连带清偿责任；而本司法解释的规定则由债权人对所借款项用于夫妻共同生活承担举证证明责任，如果不能证明的，不得认定为是夫妻共同债务，举债人的配偶对所借款项不承担连带清偿责任。

5.《最高人民法院关于人民法院审理离婚案件处理财产分割问题的若干具体意见》

第17点规定，夫妻为共同生活或为履行抚养、赡养义务等所负债务，应认定为夫妻共同债务，离婚时应当以夫妻共同财产清偿。

下列债务不能认定为夫妻共同债务，应由一方以个人财产清偿：（1）夫妻双方约定由个人负担的债务，但以逃避债务为目的的除外。（2）一方未经对方同意，擅自资助与其没有抚养义务的亲朋所负的债务。（3）一方未经对方同意，独自筹资从事经营活动，其收入确未用于共同生活所负的债务。（4）其他应由个人承担的债务。

该条突出了夫妻共同债务的实质要件——夫妻共同生活。其从正反两方面作出了规定，即哪些债务属于夫妻共同债务，哪些债务属于个人债务（不属于夫妻共同债务）。同时，明确规定了因履行抚养、赡养义务所负的债务为夫妻共同债务。

（二）本案夫妻共同债务认定标准的分析

与本案直接相关的规定是《婚姻法司法解释（二）》第24条，该条一直是审判中的难点与重点。本着对司法解释的理解应当遵循法律规定的本意，根据《婚姻法》第41条的规定，人民法院分析并认定夫妻共同生活应是夫妻共同债务的本质属性，是实质性要素。同时，结合《婚姻法司法解释（二）》第23条的规定，"如果个人婚前所负债务用于婚后家庭生活的，配偶应承担连带责任"，更进一步强调了夫妻共同生活的本质性。基于此，安徽省六安市中级人民法院经再审审理认为，认定夫妻共同生活应是夫妻共同债务认定的实质要素，而婚姻存续期只是简便的外在判断形式，不能被简单化为唯一标准符合立法本意。

结语

中国人民大学法学院教授、中国法学会婚姻法学研究会常务副会长龙翼飞老师指出，《民法典》婚姻家庭编在涉及夫妻共同债务的认定方面主要强调以下四条原则：

第一，共债共签，夫妻双方通过共同签署债权债务文书的方法，认定某一个债务的形成，这体现了民事活动要遵循的自愿原则。

第二，虽然某些债务的发生是夫妻一方签字，但是夫妻另一方事后予以追认，那么债务就是夫妻双方共同的民事法律行为所生之债。

第三，在家庭日常生活中，一方所实施的法律行为，明显是为了家庭共同生活所进行的民事活动，由此产生的债务也应当由夫妻双方共同承担。

第四，如果债权人主张债务人的借贷行为是为了家庭共同生活或共同经营，他应负有举证责任。

笔者认为，《民法典》实施后，在审判实务中严格遵循上述四个原则，对于正确划定夫妻共同债务和夫妻个人债务的边界，具有清晰的法律意义，同时可以避免出现"被负债"的情况。

离婚负债是怎么发生的?

张晓菊[*]

一、《民法典》规定

第 1064 条第 1 款 夫妻双方共同签名或者夫妻一方事后追认等共同意思表示所负的债务,以及夫妻一方在婚姻关系存续期间以个人名义为家庭日常生活需要所负的债务,属于夫妻共同债务。

二、知识要点

该条的设立是为了协调婚姻保护、意思自治与交易安全三者的关系,婚姻保护应为主导思想,意思自治与交易安全是补充考量。

三、典型案例

上诉人金某诉被上诉人建银文化产业股权投资基金(天津)有限公司(以下简称建银文化基金)合同纠纷一案。详见北京市高级人民法院(2018)京民终 18 号民事判决书。

金某诉讼请求:要求撤销原一审民事判决〔原一审判决内容为:判令金某对中国国际经济贸易仲裁委员会(以下简称贸易仲裁委员会)(2016)中国贸仲京裁字第 0164 号裁决书(以下简称 0164 号裁决书)第 1 项、第 3 项及第 4 项裁决所确定的,李某 1 和李某 2 向建银文化基金连带支付股权回购款、律师费及仲裁费的义务在 2 亿元的范围内承担连带清偿责任〕。

建银文化基金辩称,①一审判决认定事实正确,金某的陈述与事实不符。

* 张晓菊,北京市中闻律师事务所合伙人。北京市公益法律服务与研究中心入库专家,北京老龄法律研究会会员,北京多元调解发展促进会调解员,北京商事犯罪预防与辩护专业委员会会员。代理案件实践经验丰富,曾多次接受媒体采访。

李某3与金某共同经营公司。小马奔腾及其关联公司是李某3和金某共同创立的。李某3和金某1993年结婚后共同创业，于1994年成立了北京雷明顿广告发展中心（之后更名为北京腾骏科贸有限公司，以下简称腾骏贸易），从事广告业务；1998年二人共同创立北京小马奔腾影视文化发展有限公司（之后更名为北京至美兴达信息咨询有限公司），从事影视行业；2005年成立北京小马欢腾广告有限公司（之后更名为北京致远博润管理咨询有限公司）等。在此期间，李某3和金某二人是各公司的实际控制人，李某3担任法定代表人、董事长等要职，金某担任董事、监事等职务，这些公司都是小马奔腾的前身。2007年，李某3与金某成立新雷明顿公司，金某担任法定代表人，整合了前几个公司的广告及影视业务，并更名改制为小马奔腾，开始谋求上市。2008年至2011年建银文化基金投资期间，李某3和金某依然是小马奔腾的实际控制人。2011年3月22日，新雷明顿公司、李某3、李某1、李某2、小马欢腾公司，以及包括建银文化基金在内的多名投资人（新股东）及当时新雷明顿公司的其他多名原股东共同签订了"关于北京新雷明顿广告有限公司的增资及转股协议"。同日，李某1、李某2、李某3作为甲方，新雷明顿公司作为乙方，建银文化基金作为丙方（投资方），签订了"投资补充协议"，约定：乙方拟通过增加注册资本和股东股权转让的方式引进丙方作为战略投资人，李某1、李某2和李某3为兄妹关系，共同作为乙方的实际控制人。第三条投资方案：投资方本次拟投资总额为45 000万元，共分为两部分，第一部分为增资款，即投资方出资22 730.491 0万元用于认购公司新增注册资本，其中，129.417 4万元作为注册资本金投入，以取得新雷明顿公司股权重组后7.576 8%的股权，剩余22 601.073 6万元作为资本公积金投入公司；第二部分为股权转让款，即投资方收购李某2持有的部分公司股权，该部分股权相当于股权重组后的公司7.423 2%的股权，股权转让价款为22 269.509 0万元。本次投资完成后，丙方持有股权重组完成后公司15%的股权。第五条陈述和保证：公司及甲方承诺，将尽一切努力完成新雷明顿公司首次公开发行股票并上市事宜。第七条股权强制收购及投资补偿规定：7.1甲方和新雷明顿公司同意，若新雷明顿公司未能在2013年12月31日之前实现合格上市，则投资方均有权在2013年12月31日后的任何时间，在符合当时法律要求的情况下，要求新雷明顿公司、甲方或甲方任一方一次性收购其所持有的公司股权。7.8 甲方和/或新雷明顿公司履行股权强制收购、投资补偿、投资价差补偿等义务的担保。7.8.1 公司实际控制人之一李某3为甲方和新雷明顿公司履行本协议以及本协议约定的股权强制收购、投资补偿、投资价差补偿等义务承担连带责任保证。而后，李某3于2014年1月2日去世，公司也没有实现上市，建银文化基金将李某3的遗孀金某告上法庭，要求其对"投资补充协议"中约定的李某3的股权收购义务而形成的李某3对建银文化基金的债务承担连带责任。

焦点问题是：案涉债务是否属于李某3、金某夫妻共同经营所负债务。

二审法院认为，金某是新雷明顿公司设立时登记的法定代表人和股东，公司运营期间，新雷明顿公司（小马奔腾）及其附属公司与小马奔腾集团公司间接控制的湖南优化公司之间签署了一系列控制协议，金某既是小马奔腾集团公司的董事又是湖南优化公司的董事，并签署了相关决议。金某作为小马奔腾集团公司、湖南优化公司董事，参与了公司经营；其签署相关公司的解除VIE架构的各种决议，应当知悉李某3与建银文化基金关于股份回购的协议安排。李某3去世后金某的一系列行为也能证实李某3、金某夫妻共同经营公司。

综上所述，金某的上诉请求不能成立，应予驳回；一审判决认定事实基本清楚，适用法律正确，应予维持。依照《民事诉讼法》第170条第1款第1项规定，判决如下：驳回上诉，维持原判。

四、律师解析

《婚姻法》一直秉承夫妻共同债务共同承担的基本原则，防止夫妻一方以自己对另一方负债不知情为由，规避向债权人履行偿还债务的义务，甚至有些人还通过离婚恶意转移财产给另一方，即采取"假离婚真逃债"的方式，借此达到逃避夫妻债务的目的。所以，婚后所负债务共担是常态。但实践中通常也会出现非举债一方在离婚后莫名被告上法庭，要求其承担夫妻存续期间配偶一方向第三人所负债务。该债务是否为配偶一方与第三人串通合谋而为，从而损害配偶一方的合法权益呢，还是确实真实存在？即便确实存在，作为配偶一方是否知情，该笔借款是否为夫妻日常生活所花费，是否应由夫妻双方来偿还？这涉及婚姻保护与交易安全即法律所保护的价值取向问题。如何做到二者的平衡，本次《民法典》对夫妻存续期间债务的认定进行了修改，即明确了夫妻存续期间认定为夫妻共同债务的三个层次的认定标准：一是基于夫妻共同意思表示所负的债务。夫妻双方共同签字确认的债务应当属于夫妻共同债务，即"共债共签"；如果负债时由夫妻一方签字，但事后另一方以追认等共同意思表示认可该债务的，也属于夫妻共同债务，即"事后追认"。二是为家庭日常生活所需负的债务。日常家事代理是认定夫妻因日常家庭生活所生债务性质的根据。夫妻共同生活过程中产生的，以婚姻关系为基础，一般包括正常的吃穿用度、子女抚养教育经费、老人赡养费、家庭成员的医疗费等，是最典型的夫妻共同债务，夫妻双方应当共同承担连带责任。三是如果夫妻一方在婚姻关系存续期间以个人名义超出家庭日常生活需要所负的债务，将先推定为不属于夫妻共同债务。只有在债权人有证据证明该债务被用于他们夫妻共同生活、共同生产经营或夫妻双方同意的情况下，才能被认定为夫妻共同债务。

《民法典》出台后，夫妻共同债务认定的难点应集中在何为"超出家庭日常生活需要所负的债务"，又如何判断该债务被用于"夫妻共同生活""共同生产经营""夫妻双方同意"，三者并非并列关系，只要满足其一即可。"超出家庭日常生活需要所负的债务"，也有可能以具体借款金额来作为衡量标准，这有待司法解释出台对此进一步细化。举个比较好辨别的例子来说，如配偶一方未经对方同意，擅自对他人债务作出担保，在债权人要求担保人对债务承担连带责任时，个人认为该债务应属于超出家庭日常生活需要所负债务，按理应不属于夫妻共同债务，但是如果债权人有证据证明担保人的配偶对此是知情和同意的话（举证方式不限于与非举债配偶一方的电话、短信、微信、邮件、行为等能够证明对此是知情的），那么该债务也应属于夫妻共同债务。

前述案例中，债权人要求小马奔腾创始人李某3遗孀金某对李某3在公司经营活动中因签署对赌协议，从而产生的债务也要承担连带清偿责任的事实，更是说明了虽然债务超出家庭日常生活所需，但因债权人提供了相应证据能够证明金某对案涉协议约定的股权回购义务是明知的，其参与了公司的共同经营，应属于夫妻共同经营所负债务，故金某应对丈夫李某 3 生前因签署对赌协议而形成的人民币两亿元的债务承担连带清偿责任。

所以，作为债权人来讲，为保证交易安全，最好采取"共债共签"的方式以保证债权能够顺利实现。作为未举债配偶一方来讲，该条的出台，也尽最大可能保证了该方合法权益不被侵犯，保证了其依婚姻所享有的权利。

离婚道路有多少条?

党 京[*]

一、《民法典》规定

第 1079 条　夫妻一方要求离婚的，可以由有关组织进行调解或者直接向人民法院提起离婚诉讼。人民法院审理离婚案件，应当进行调解；如果感情确已破裂，调解无效的，应当准予离婚。有下列情形之一，调解无效的，应当准予离婚：（一）重婚或者与他人同居；（二）实施家庭暴力或者虐待、遗弃家庭成员；（三）有赌博、吸毒等恶习屡教不改；（四）因感情不和分居满二年；（五）其他导致夫妻感情破裂的情形。一方被宣告失踪，另一方提起离婚诉讼的，应当准予离婚。经人民法院判决不准离婚后，双方又分居满一年，一方再次提起离婚诉讼的，应当准予离婚。

二、知识要点

最高人民法院 1989 年发布的《关于人民法院审理离婚案件如何认定夫妻感情确已破裂的若干具体意见》①（以下简称《意见》）规定：经人民法院判决不准离婚后又分居满一年，互不履行夫妻义务的，视为夫妻感情确已破裂。一方坚决离婚，经调解无效的，可依法准予判决离婚。

《民法典》以法律的形式从上位法的角度明确规定经人民法院判决不准离婚后，双方又分居满一年，一方再次提起离婚诉讼的，应当准予离婚。也

＊ 党京，北京市安通律师事务所资深律师，曾就职于国家安全局。出身法律世家，父亲党春源大法官审理的遇罗锦离婚案，被誉为中国从道德婚姻转向感情婚姻里程碑式案例。擅长婚姻家庭业务，企业法律顾问业务，商业犯罪预防，贪污、受贿等渎职犯罪及涉税案件的刑事辩护业务。对企业商业领域的风险防控具有丰富经验。热爱长跑并完成三十余场马拉松比赛。

① 该意见已废止。

就意味着《民法典》实施以后，只要满足法条规定的条件，法院就应当准予当事人离婚。这在一定程度上保障了感情确已破裂的当事人离婚自由的权利，同时也为法院对类似案件的审理和裁决明确了方向。

三、典型案例

【案情简介】 史某与朱某1于2009年12月份经人介绍后认识并登记结婚，婚姻期间生育一子朱某2。2013年6月史某和朱某因琐事而分居。史某分别于2014年、2015年、2016年、2017年四次向乐平市人民法院提起离婚诉讼，且四次一审均认为夫妻双方感情尚未破裂而驳回了史某的离婚诉请。2018年5月史某再次向乐平市人民法院起诉与朱某1离婚，但再次被法院驳回。史某上诉至景德镇市中级人民法院，中院依法裁定撤销一审法院的民事判决，发回重审。后一审法院判决双方离婚，并对孩子抚养等问题依法进行了判决。史某和朱某1均对一审判决结果不满，向二审法院提起上诉，二审法院最终驳回上诉，维持原判。

【焦点问题】 双方夫妻的感情是否确已破裂？

根据《婚姻法》以及《意见》的相关规定我们可以看出，人民法院在审理离婚案件时，判决原被告是否离婚的唯一标准即夫妻感情是否破裂。但司法实践中对于该标准的举证却十分困难，即便法律及司法解释给出了一些具体情形作为参考，但在诉讼中当事人对于相关情形的举证却很难被法官认定。中国有句俗话："宁拆一座庙，不破一桩婚。"加之绝大多数的离婚诉讼都涉及子女抚养及财产问题，而且双方无法就相关问题达成一致。因此，法官也是本着劝和不劝分的观念，尽可能地维护家庭关系的稳定，以避免因家庭破裂可能带来的一系列社会问题。自古法理和情理就像硬币的两面，相互独立又相互融合，法官在这种两难的情况下，往往都会倾向于不贸然判决离婚。但久调不判的现象确实对很多感情早已破裂并想离婚的人造成一定的困扰。

虽然最高人民法院的《意见》第7条将经人民法院判决不准离婚后又分居满一年，互不履行夫妻义务的情形视为夫妻感情确已破裂，但具备了以上两个条件以后，一方坚决离婚，经调解无效的，法院也是可依法准予判决离婚，而非一定会判离婚。在本案例的判决中，二审法院认定双方感情确已破裂的理由是：双方于2013年6月开始分居，史某也多次提出离婚，在一审法院五次判决不准离婚的情况下，其夫妻感情并未改善，因此支持了一审法院认定其夫妻感情确已破裂并判决准予离婚的判决，并没有直接引用最高人民法院《意见》第7条的规定。

而一审法院在四次驳回史某离婚诉求，且被上级人民法院依据最高人民法院《意见》第7条的规定驳回第五次判决时，才依据《意见》第7条的规定判决准予史某和朱某1离婚。由此可见《意见》第7条的规定在司法实践中并没有受到法官的"垂青"。

四、律师解析

通过对离婚案件的研究分析不难发现，在现行有效的法律制度下离婚并不是一件容易的事情，如果一方不同意离婚，第一次起诉至法院很可能法院会判决不准予离婚，而根据《民事诉讼法》的相关规定，起诉一方要等到六个月之后才可以第二次提起离婚诉讼，但即使第二次起诉要求离婚，对方仍然坚持不同意离婚的，法官也不一定会判决准予离婚。而对于婚姻感情确已破裂举证又十分困难，虽然有最高人民法院《意见》第7条的规定，但司法实践中被引用的并不多。

总结归纳，该类案件的判决主要有两个要点：

要点一：根据《婚姻法》第32条第2款之规定"人民法院审理离婚案件，应当进行调解；如感情确已破裂，调解无效，应准予离婚"，法院在审理离婚纠纷案件时，准予或不准当事人离婚应以夫妻感情是否破裂作为区分的界限，而且必须先进行调解。由此可见婚姻家庭立法的价值追求既包括尊重婚姻主体的离婚自由，但更侧重于维护家庭和谐稳定。因此导致司法实践中对于感情确已破裂的认定标准较高，法院一般不会轻易认定夫妻双方感情确已破裂，进而导致出现如同本案中"明明一趟婚姻的列车已驶至终点，却迟迟不让当事人下车"的现象。

认定夫妻感情确已破裂"高门槛"的基石不只是"劝和不劝分"的婚姻价值导向，还有司法实践中的"举证难、认定难"。《婚姻法》第32条第3

款规定，如存在重婚、家暴、虐待等婚姻过错的情形，可以认定夫妻感情确已破裂，但在司法实践中自述存在以上过错的情况而被认定有效的概率很低。特别是对于第3款第4项规定的"因感情不和分居满二年的"情形，很多人不会刻意保留因感情不和而分居的证据（如与对方签订分居协议），从而导致在诉讼中难以被法官认定为双方感情确已破裂。

要点二：从上述案例的判决书可以看出，原告曾四次向一审法院提起离婚诉讼，且第一次提起离婚诉讼前就已经与被告分居。但一审法院直到第五次诉讼判决被上级法院发回重审后才依法判决准予离婚。由此可见最高院《意见》第7条虽然将经人民法院判决不准离婚后又分居满1年作为认定夫妻感情确已破裂的法定情形，但司法实践中却很少被法官引用。即便是符合了该条款规定的情形，也不必然导致准予离婚的结果，而是在一方坚决要求离婚，经调解无效，可依法判决准予离婚。因此法官很多时候出于慎重考虑，不会贸然判决准予离婚。

如今《民法典》的出台，为想要离婚的一方提供了新的路径，也为法官审理离婚诉讼的案件带来新的思路。因为《民法典》首次以法律的形式规定，"经人民法院判决不准离婚后，双方又分居满一年，一方再次提起离婚诉讼的，应当准予离婚"。相较于之前《意见》规定的"可依法准予判决离婚"，《民法典》使用了"应当"二字，而不再是"可"，这表明一旦满足条件，法院则必须准予双方当事人离婚。

离婚自由与结婚自由实乃婚姻自由的两面，若离婚自由受到明确而严格的保护，结婚自由则不可能不受到影响。此次《民法典》将《婚姻法》和《意见》的内容进行了吸收合并，给予法院判决离婚提供了依据，有利于夫妻感情确已破裂案件的审判，减少了司法资源的浪费，提高了司法效率。由此可见，《民法典》新增的内容是经过实践检验的，符合目前司法审判的状况，具有较强的可操作性。

结语

《民法典》第1079条的规定对饱受离婚诉讼程序煎熬的当事人来说无疑是打破漫长黑夜的一道曙光。但笔者在此提请大家注意，想要成功通过该条款实现离婚自由，必须是在第一次起诉离婚被法院判决不准离婚后，双方分居满一年，再次提请离婚诉讼才会被判离婚。

这里面有两个关键点：一是时间上要注意是判决不准离婚后满一年，起算时间要从判决生效后开始计算，且必须满一年后再次提起诉讼。二是这一年内夫妻双方必须是分居状态。分居是指夫妻未共同生活，互不履行夫妻之间的权利与义务，夫妻关系已名存实亡。同时分居的原因必须是夫妻感情不和，而不是工作、学习等其他原因客观上造成夫妻分居，所以诉请离婚的一方必须注意保存好分居的证据，以免再次提请诉讼时证据不足。只有同时满足以上两个条件，才可以适用该条款的内容，否则依旧无法"成功离婚"。

代孕情形下，亲子关系如何认定？

郭安慧*

一、《民法典》规定

第 1073 条　对亲子关系有异议且有正当理由的，父或者母可以向人民法院提起诉讼，请求确认或者否认亲子关系。对亲子关系有异议且有正当理由的，成年子女可以向人民法院提起诉讼，请求确认亲子关系。

二、关于亲子关系的知识要点

亲子关系，又称父母子女关系，是家庭关系的重要组成部分，根据《婚姻法》的规定，父母子女关系分为两种：一是自然血亲关系，即因子女出生的法律事实所产生的血亲关系；二是法律拟制血亲关系，即因收养、再婚等法律行为所产生的血亲关系，也就是我们平时说的养父母子女关系、继父母子女关系。

亲子关系的认定分为两方面：一方面是亲子关系的确认，即确认夫或妻在法律上与孩子存在亲子关系；另一方面是亲子关系的否认，即在法律上否认夫或妻与孩子存在亲子关系。

法律拟制的亲子关系是否成立取决于其是否符合法律规定的成立要件，如收养关系是否成立的程序要件则为是否进行了收养登记。对于自然血亲的亲子关系，成立与否主要取决于父母与子女关系是否存在血缘关系。实践中，

* 郭安慧，北京市安通（东莞）律师事务所高级合伙人。曾长期担任东莞市房产管理局、东莞市财政局、东莞市图书馆、东莞市广播电视台等政府部门事业单位及东莞市东财投资控股有限公司、广东悠派智能展示科技股份有限公司、东莞市 TR 轴承有限公司、广东慧讯计算机网络工程有限公司等多家知名企业的法律顾问。主要学术成果：《婚姻家庭编：一个基础条款的天长地久》，发表于《民主与法制》周刊 2020 年第 23 期。

因母亲可由子女出生的事实加以确定，所以，对于是否存在血缘关系，主要是确定子女的生父。特别随着社会经济的发展和人们婚姻观念的变化，非婚同居、婚外性行为的现象越来越多，请求确认孩子生父的案件越来越多。虽然《婚姻法》第25条规定了非婚生子女和婚生子女的法律地位平等，但其他的亲子关系的法律规定特别是亲子关系确认的实体法规定基本是空白，我国法律也不认可未经登记的婚姻。在这种背景下，《最高人民法院关于适用〈中华人民共和国婚姻法〉若干问题的解释（三）》①第一次规定了可以提起亲子关系异议之诉。

《婚姻法司法解释（三）》从程序法层面建立了亲子关系异议之诉，夫妻一方只要提供必要证据证明，另一方没有相反证据且拒绝做亲子鉴定的，即可推定亲子关系存在或不存在。法院判断亲子关系是否存在的决定性因素为是否存在生物学上的联系。这也是传统民法中以"分娩者为母"和"血统真实主义"为主要原则来认定亲子关系。但是随着科学技术的发展，人类辅助生殖技术在生殖、受精、分娩等生育主要阶段出现了时间和空间上的分裂。亲子关系的认定不再以血缘关系作为唯一的认定标准，这给传统的亲子关系认定标准带来了极大的冲击。

对比《婚姻法司法解释（三）》，《民法典》第1073条规定的亲子关系确认和否认之诉有了一定的进步。一方面，将亲子关系确认和否认之诉的请求权主体由夫或妻扩大到父、母、成年子女，赋予成年子女确认权和否认权，这体现了对子女人格尊重的原则。另一方面，也是《民法典》第1073条的一个明显特点，就是不再强调亲子鉴定在亲子关系认定中的特殊意义，这是一个重要的进步，符合当今人工辅助生育被大量运用的环境。目前，在人工辅助生育的时候，生殖细胞可以由他方捐献，而捐献者不被视为孩子法律上的父母已成为各国通例。在这种情况下，自然不能以亲子鉴定的结果来判断亲子关系的唯一标准。《民法典》第1073条的规定，有利于将来通过不同的、更加灵活多样的标准确定亲子关系，为将来科技的发展和亲子关系实体法的立法留下更大的空间。

---

① 本书下文简称《婚姻法司法解释（三）》。

我们认为，在将来，关于亲子关系的认定不能仅以父母子女生物上的联系来确定亲子关系，还应该考虑亲子关系的社会学因素和国际社会公认的儿童利益最大化这一儿童权利保护原则。我们通过以下两个典型的案例来分析目前我国司法实践中关于亲子关系认定存在的问题，并探讨《民法典》第1073 条规定存在的问题和不足。

三、典型案例

【案例 1】陆某与欧某 1 抚养纠纷案

原告陆某离婚后与被告欧某 1 于 2009 年 9 月相识相恋，因被告无生育能力，二人共同商定，找他人代孕生育了欧某 2。欧某 2 出生后，户口登记在被告欧某 1 名下，由原、被告共同抚养，其中原告大部分时间是在美国。2017 年 11 月 1 日，经湖北明鉴法医司法鉴定所鉴定，依据现有资料和 DNA 分析结果，确定陆某是欧某 2（孩子）的生物学父亲；排除欧某 1 是欧某 2（孩子）的生物学母亲。2017 年原告以被告欧某 1 与孩子欧某 2 不具有血缘关系为由，诉至武汉市武昌区人民法院，请求否认孩子欧某 2 与母亲欧某 1 不具有亲子关系。

武汉市武昌区人民法院以代孕违法，且二人并未缔结婚姻关系，被告与欧某 2 间既无自然血亲关系，又无合法收养关系，亦不存在拟制血亲关系为由支持了原告的诉求，否认了孩子欧某 2 与母亲欧某 1 的亲子关系。

【案例 2】上海法院审理的全国首例代孕引发的监护权纠纷案

李某（女）与林某（男）均系再婚。李某患有不孕不育症，两人商定通过体外授精及代孕方式生育子女。其后，两人非法购买卵子，并"借腹"代孕生育了一对龙凤胎。而一双儿女刚满 3 岁时，孩子的父亲却突然罹患疾病离世。

林某去世后，一场"抢娃大战"旋即上演。2015 年 12 月 29 日，林某的父母也就是两个孩子的爷爷奶奶诉至法院，要求成为两个孩子的监护人，抚养两个孩子。他们的理由是，林某是两个孩子的生父，但李某与他们无亲生血缘关系，且未形成法律规定的拟制血亲关系。

审理中，法院委托权威机构进行鉴定，依据现有资料和 DNA 分析结果，不排除林某父母与两个孩子之间存在祖孙亲缘关系，同时可以排除李某为两个孩子的生物学母亲。一审法院判决龙凤胎由爷爷奶奶监护。

李某不服，提起上诉，2016 年 6 月 17 日，上海市第一中级人民法院终审判决，对爷爷奶奶要求担任孩子监护人并进行抚养的诉讼请求予以驳回，"改判"给了毫无血缘关系的"妈妈"。

四、两个案件的焦点问题

两个案件的焦点问题的法律性质是一样的，案例一是典型的亲子关系否认之诉，通过否认亲子关系的诉讼来获得孩子的监护权。案例二表面上是监护权纠纷，实质也是孩子的爷爷奶奶通过否认孩子与母亲的亲子关系来获得孩子的监护权。两个案件唯一的区别是，孩子的父和母是否存在合法登记的婚姻。

两个案例均是因母亲不具有生育能力，由孩子的父"母"共同商量后决定委托代孕者生育孩子，精子是父亲的，但卵子不是母亲的，且母亲也不是孩子的分娩者，都是典型的"非法代孕"，但是，母亲将代孕的孩子视为自己的子女，并履行了作为一名母亲对孩子的抚养、保护、教育、照顾等诸项义务。只是按传统民法的"分娩者为母"和"血统真实主义"的亲子关系的认定原则，母亲与孩子是无法认定为亲子关系的。

但是，两个案件在不同的法院判决结果却完全不同，我们也看到案例二的一审和二审判决结果完全不同。而且我们经研究大量案例发现，大部分法院对于类似的亲子关系争议案件，都以代孕违法，且父或母与孩子没有生物上的联系为由否认了亲子关系，也就是说案例一和案例二的一审判决结果在司法实践中较为常见。案例二之所以成为当时轰动全国的案件，且在十二届全国人大五次会议第三次全体会议上，最高人民法院院长周强所做关于最高人民法院工作的报告中也提到该案件，是因为该案虽然也存在非法代孕的问题，但二审法院在判决时，大胆适用了国际社会公认的以"儿童利益最大化"的监护权归属原则。

五、律师解析

上述两个案件会出现不同的判决结果，一方面反映了我国家庭关系法律体系中因为亲子关系确认制度实体法的缺乏，导致司法实践中关于亲子关系争议案件的判决无法可依的情况，此次出台的《民法典》依然没有解决这个问题，这不能不说是一个遗憾。另一方面也反映了当代社会在人工生育技术被大量应用的情况下，亲子关系认定的复杂性，既要考虑社会因素，即公众基于传统的伦理观念、文化背景等的接受程度及生育政策的行政管理问题，又要考虑家庭关系的稳定，即本案孩子的父和母的关系和利益，更要考虑人工生育技术所生子女的权益保护等。

案例一的审理法院认为，根据《人类辅助生殖技术管理办法》第 3 条"人类辅助生殖技术的应用应当在医疗机构中进行，以医疗为目的，并符合国家计划生育政策、伦理原则和有关法律规定。禁止以任何形式买卖配子、合子、胚胎。医疗机构和医务人员不得实施任何形式的代孕技术"的规定，雇人代孕产子违反伦理道德，乃法律所禁止。同时，陆某（父）与欧某 1（母）并未缔结婚姻关系，因此，欧某 1（母）与孩子既无自然血亲关系，又无合法收养关系，亦不存在法律拟制血亲关系。这种观点在司法实践中具有一定的代表性。

显然，案例一的判决更多地考虑了亲子关系认定的社会因素，在没有自然血亲关系的情况下，非法代孕、未登记婚姻关系是否认亲子关系的主要原因。

但是本案的问题在于：①父和母共同协商后决定委托代孕的真实意愿并没有被提及，即父母有共同养育孩子的真实意愿这一重要因素法院是没有考虑的。②孩子长期随母亲在国内生活，孩子的父亲大部分时间是在美国生活，孩子对母亲的依恋性更强，从孩子的身心健康和成长环境来说，孩子的监护权归母亲更有利于孩子的健康成长。

我们再看一下案例二，该案已查明夫妻双方是非法购买卵子，"借腹"生子，属于明显的"非法代孕"。所以，一审法院的法官认为李某与孩子没有法律拟制的血亲关系是比较常见的判法。但是二审法院直接回避了代孕是否合法的问题。上海第一中级人民法院审理后认为，孩子是李某与林某结婚后，由林某与其他女性以代孕方式生育的子女，属于缔结婚姻关系后夫妻一方的非婚生子女。两名孩子出生后，一直随林某、李某夫妇共同生活近三年之久，林某去世后又随李某共同生活达两年，李某与两个孩子已形成有抚养关系的继父母子女关系，其权利义务适用《婚姻法》关于父母子女关系的规定。同时，从儿童最大利益原则考虑，由李某取得监护权亦更有利于孩子的健康成长。也就是说案例二的二审法院是结合本案的实际情况，更多地考虑儿童利益最大化原则的适用。

对比案例一，笔者还发现有一个重要的法律问题，上海市第一中级人民法院与武汉市武昌区法院的观点是不同的，即代孕的孩子与养育孩子的母亲是否构成法律拟制的继父母子女关系。笔者是认同案例二上海市第一中级人民法院的观点的，该案对我国《婚姻法》继父母子女关系的认定作出了扩大解释，即代孕的孩子与养育孩子的母亲构成法律拟制的继父母子女关系。

因为《婚姻法》在区分直系姻亲和拟制血亲的继父母子女关系时，是以是否存在抚养教育的事实作为衡量标准的，至于子女的出生时间在缔结婚姻之前还是之后，并非认定有抚养关系的继父母子女关系的实质要件。也就是说继父母子女关系的子女范围不应仅限于婚生子女，亦应包括非婚生子女。

从上述两个典型的案例，我们可以发现代孕引发的亲子关系确定问题在我国实践中已经出现，需要法律作出回应，但是我国无论实践中还是理论上都没有达成统一的意见。一方面，我们要避免和坚决反对人工生育技术的滥用，反对"借腹生子""种族优生配种"等现象。另一方面，法律需要对成为事实的代孕生育亲子关系问题作出回应，从身份利益、儿童利益和家庭稳定等价值保护的角度完善亲子关系认定制度。笔者认为，禁止代孕适用于行政管理和合同法的评价范畴，并不影响代孕亲子关系认定规则的构建。无论对非法代孕行为如何否定与谴责，代孕所生子女当属无辜，其合法权益理应得到法律保护。

因此，不管是婚生子女还是非婚生子女，是自然生育子女抑或是以人工生殖方式包括代孕方式所生子女，均应给予一体同等保护。对于人工生殖技术出生的子女，需要以利益平衡的综合视角，认定该类子女的法律父母。儿童最大利益化原则作为一项抽象原则不能孤立地适用，必须要结合案件的具体情况，且需要相关必要的证据和理由支撑。

虽然目前《民法典》对于亲子关系确定的规则太过简略，但是《民法典》第1073条的出台，为将来另行立法具体解决人工生殖技术（包括代孕）相关问题留下了空间，改变了以基因为依据的唯"血亲论"，能够适应亲子关系确定的发展趋势。我们期待《民法典》将来更能适应科学技术的变化，细化亲子关系认定制度，从由基因为依据的唯"血亲论"，走向生物、伦理、社会三维结合的综合论的立法价值取向，更好地回应人们对于美好婚姻家庭生活的诉求。

离婚是否需要冷静期？

党 京*

2020 年 5 月 28 日，十三届全国人大三次会议表决通过了《民法典》，《民法典》自 2021 年 1 月 1 日起实施。而此前备受关注的离婚冷静期制度在正式颁布的法典中并未进行删改。离婚是否需要冷静，也再次成为热门话题。

一、《民法典》规定

第 1077 条　自婚姻登记机关收到离婚登记申请之日起三十日内，任何一方不愿意离婚的，可以向婚姻登记机关撤回离婚登记申请。前款规定期限届满后三十日内，双方应当亲自到婚姻登记机关申请发给离婚证；未申请的，视为撤回离婚登记申请。

二、知识要点

前述法条规定的即为离婚冷静期，是指在离婚自由原则下，婚姻双方当事人自愿申请离婚的，婚姻登记机关收到该申请之日起，给予任何一方一定期间的撤回离婚申请、终结登记离婚程序的冷静思考的时间。

民法典对于离婚冷静期的程序规定是：①双方协商一致后同意离婚的，到婚姻登记机关提交离婚申请及相关材料，对于符合离婚条件的，登记机关暂时不发给离婚证，同时进入离婚冷静期；②离婚冷静期的期限是 30 日，自婚姻登记机关收到离婚登记申请之日起 30 日内，任何一方不愿意离婚的，都

---

　* 党京，北京市安通律师事务所资深律师，曾就职于国家安全局。出身法律世家，父亲党春源大法官审理的遇罗锦离婚案，被誉为中国从道德婚姻转向感情婚姻里程碑式案例。擅长婚姻家庭业务，企业法律顾问业务，商业犯罪预防，贪污、受贿等渎职犯罪及涉税案件的刑事辩护业务。对企业商业领域的风险防控具有丰富经验。热爱长跑并完成三十余场马拉松比赛。

可以向婚姻登记机关撤回离婚登记申请；③在30日的冷静期届满后的30日内，双方应当亲自到婚姻登记机关申请发给离婚证，婚姻登记机关应当发给离婚证，正式解除婚姻关系；④在后一个30日内，当事人未到婚姻登记机构申请离婚证的，视为撤回离婚登记申请，不发生离婚的后果。

三、典型案例

2016年，最高人民法院开展了家事审判方式和工作机制改革的试点工作，并在对于试点的意见中提到，要在诊断婚姻状况的基础上，注意区分婚姻危机和婚姻死亡，积极化解婚姻危机，正确处理保护婚姻自由与维护家庭稳定的关系。2018年7月18日发布的《最高人民法院关于进一步深化家事审判方式和工作机制改革的意见（试行）》（法发〔2018〕12号）第40条规定"人民法院审理离婚案件，经双方当事人同意，可以设置不超过3个月的冷静期。在冷静期内，人民法院可以根据案件情况开展调解、家事调查、心理疏导等工作。冷静期结束，人民法院应通知双方当事人。"自此，部分法院开始了离婚案件"离婚冷静期"的尝试。

【案例1】四川省高级人民法院发布的2018年度全省法院十大典型案例中有这样一个案件，堪称离婚冷静期的经典案例：甯某与钟某于1986年登记结婚，育有一女。婚后由于钟某养成酗酒与打牌的不良嗜好，双方缺乏交流和沟通，常为生活琐事发生争吵，导致夫妻感情产生裂痕。2011年到2012年，甯某曾两次向四川省彭州市人民法院提起离婚诉讼，经法院调解，两案均由甯某撤诉结案。2018年7月31日，甯某因不满钟某谩骂，再次向彭州市人民法院提起离婚之诉。此时，甯某已53岁，钟某已55岁，二人女儿也将为人母。

人民法院经庭前"问诊"认为：夫妻二人之间仍有感情，不属于死亡婚姻。综合全案情况，根据《最高人民法院关于进一步深化家事审判方式和工作机制改革的意见（试行）》第40条规定，向双方当事人发出个性化订制的离婚冷静期通知书，给予双方当事人两个月冷静期。通知书以委婉的方式告知了双方离婚可能对子女带来的伤害，并要求双方"在冷静期内均应保持冷静和理智，并积极与对方沟通，男方要积极改正缺点错误，女方应对男方的转变有所回应。双方要包容和理解对方，避免争吵和猜疑。"冷静期内，法官联合家事调查员多次走访、调解并动员当事人女儿居中调和，最终当事双方重归于好。

【案例2】男子赵某因怀疑妻子张某出轨，决定离婚。在办理了离婚登记后没多久，赵某查清事实，发现张某实际上并没有出轨，赵某对离婚一事感到后悔，并打算与张某"破镜重圆"。可由于离婚协议已经生效，赵某只能与张某再次进行结婚登记。

前述案例中，第一个案例即为诉讼离婚程序中适用离婚冷静期从而使得夫妻关系重修于好，避免因家庭琐事等因素导致的冲动离婚；而第二个案例则是现实中经常出现的反面案例，即夫妻之间因误会或其他原因而发生的冲动离婚，但由于没有离婚冷静期的存在，导致双方最终只能重新进行婚姻登记，但离婚的事实确已发生，无法变更。

四、律师解析

自民法典草案公布以来，关于离婚冷静期的讨论就一直在持续当中，而群众对于离婚冷静期的态度也是褒贬不一，在对离婚冷静期的反对意见中，常见的是认为离婚冷静期是对婚姻自由的干涉、会导致更多的家庭矛盾甚至是家庭暴力的产生抑或是导致转移财产等行为发生。笔者就上述问题进行简单分析，以期抛砖引玉。

其一，我国《宪法》及《婚姻法》中对于"婚姻自由"一直有着明确规定，而婚姻自由不仅包含了结婚自由，也包含了离婚自由。但婚姻自由并不意味着婚姻关系可以随意缔结或解除，相反，一旦双方选择行使建立婚姻关系的权利，那么随之而来的就应当承担相应的义务，如相互忠诚、承担家庭责任等。离婚冷静期的设立也并非对个人婚姻自由的干涉，其仅仅是在登记离婚的过程中，引导当事人双方对于过往的婚姻生活进行反思，思考双方是否已彻底无法继续共同生活，以及财产分割、子女抚养等问题是否得到妥善的安排。如果上述问题均已考虑清楚并安排妥当，那么双方当事人仍然可以申请离婚；也就是说，经过冷静期后，当事人的离婚仍旧是自由的，并不会受到任何限制。

我国的离婚制度分为协议离婚与诉讼离婚两种，而两种制度的存在也在一定程度上使我国成为世界上离婚最容易的国家。但随着社会的发展，近年来，我国离婚率逐年攀升，且根据司法实践，现实中很多离婚是夫妻之间因为琐事或误会等原因导致的冲动离婚，基于此，结合现实经验，民法典规定了离婚冷静期的制度，意图通过冷静期间的自我反思和多方调解，减少当事人的非理性冲动离婚，稳定家庭和社会关系，同时也可以避免出现更多的财产分割、子女抚养、老人赡养等现实问题。

其二，根据《民法典》的相关规定，离婚冷静期仅适用于登记离婚即协议离婚的程序中，而对于夫妻双方存在家庭暴力等情况时，家暴者一般是不会同意协议离婚的，夫妻之间亦难以就此达成离婚合意，因此也就无法采取登记离婚的方式来解除婚姻关系，也就不存在离婚冷静期的适用问题。

与此同时，《民法典》亦有相关规定"人民法院审理离婚案件，应当进行调解；如果感情确已破裂，调解无效的，应当准予离婚。有下列情形之一，调解无效的，应当准予离婚：（一）重婚或者与他人同居；（二）实施家庭暴力或者虐待、遗弃家庭成员……"

对于存在家庭暴力、虐待等行为的，建议长期遭受家庭暴力的当事人有意识地收集相关证据，通过诉讼程序以法定事由来进行离婚，必要时可以申请法院签发人身保护令，避免人身安全受到损害。

其三，《民法典》第 1092 条规定，夫妻一方隐藏、转移、变卖、毁损、挥霍夫妻共同财产，或者伪造夫妻共同债务企图侵占另一方财产的，在离婚分割夫妻共同财产时，对该方可以少分或者不分。离婚后，另一方发现有上述行为的，可以向人民法院提起诉讼，请求再次分割夫妻共同财产。

该条款与《婚姻法》中相关规定相比，其对于夫妻共同财产的保护从离婚期间延续到了夫妻关系存续期间，结合该条款可以看出，民法典对于夫妻共同财产的保护力度是上升的。同时民法典还增加了挥霍夫妻共同财产的选项，也解决了过去司法实践中存在的许多问题。

对于每个人而言，离婚自由是法律赋予的权利，司法上应予以尊重。但是离婚太多太随意，某种程度上也会给家庭和社会带来一定的不利影响和后果。离婚冷静期设立的出发点，是让当事人慎重地、考虑成熟后再行使自己的离婚权利。

结语

婚姻关系的缔结不仅仅是双方当事人之间身份关系的变更，更涉及当事人之间的财产关系以及双方家庭和父母子女之间的关系，无论是对于个人、家庭还是社会都有着深远的影响。因此，婚姻自由作为法律赋予当事人的权利，应当予以尊重，但同时也应当意识到，过度的自由会带来权利的滥用。冲动离婚案件的日益增多不仅不利于家庭关系的稳定及子女权益的保障，同时也会给社会稳定带来较大程度的不利影响，而离婚冷静期设立之后，将离婚案件在冷静期内进行化解，或将相关问题予以妥善处理，对于减少财产纠纷，维护子女的权益有着十分积极的作用，对于解决冲动离婚所导致的不良社会影响也将大有裨益。

意定监护制度是收养制度吗？

李箫箫[*]

一、《民法典》规定

第33条 具有完全民事行为能力的成年人，可以与其近亲属、其他愿意担任监护人的个人或者组织事先协商，以书面形式确定自己的监护人，在自己丧失或者部分丧失民事行为能力时，由该监护人履行监护职责。

第1093条 下列未成年人，可以被收养：（一）丧失父母的孤儿；（二）查找不到生父母的未成年人；（三）生父母有特殊困难无力抚养的子女。

第1098条 收养人应当同时具备下列条件：（一）无子女或者只有一名子女；（二）有抚养、教育和保护被收养人的能力；（三）未患有在医学上认为不应当收养子女的疾病；（四）无不利于被收养人健康成长的违法犯罪记录；（五）年满三十周岁。

第1100条第1款 无子女的收养人可以收养两名子女；有子女的收养人只能收养一名子女。

第1102条 无配偶者收养异性子女的，收养人与被收养人的年龄应当相差四十周岁以上。

---

* 李箫箫，北京安通（东莞）律师事务所律师，毕业于广东财经大学国家卓越法律人才教育培养基地法学实验班。从业以来办理了大量劳动纠纷案件、离婚纠纷案件等，同时也和团队为多家企业提供法律顾问服务，积累了较为丰富的实务操作经验。

第 1104 条 收养人收养与送养人送养,应当双方自愿。收养八周岁以上未成年人的,应当征得被收养人的同意。

第 1105 条 收养应当向县级以上人民政府民政部门登记。收养关系自登记之日起成立。收养查找不到生父母的未成年人的,办理登记的民政部门应当在登记前予以公告。收养关系当事人愿意签订收养协议的,可以签订收养协议。收养关系当事人各方或者一方要求办理收养公证的,应当办理收养公证。县级以上人民政府民政部门应当依法进行收养评估。

二、知识要点

2015 年 4 月修正的《中华人民共和国老年人权益保障法》首次提出意定监护制度,但仅适用于老年人。2017 年 10 月 1 日生效的《民法总则》将意定监护的适用人群扩大至所有具有完全民事行为能力的成年人,《民法典》继续延续了《民法总则》关于意定监护的规定。意定监护协议制度设立目的是解决成年人民事行为能力丧失或者部分丧失时,如何处理自己需要应对的各项事务,既包括处理事务性工作,也涉及财产的处理问题。

根据《民法典》第 33 条的规定,意定监护主要包括以下三个核心要点:第一,意定监护的主体与监护人签订意定监护协议时必须是具有完全民事行为能力的成年人,已经丧失或部分丧失民事行为能力的主体无法与他人签订意定监护协议,而意定监护人则由意定监护主体选择,可以是个人或组织;第二,意定监护协议的内容由协议主体自行协商,法律未作强制性要求,尊重民事主体的自由意志;第三,意定监护协议必须采用书面形式,口头约定无效;但必须通过书面形式也即意定监护协议确定。

《民法典》婚姻家庭编第五章对收养关系进行了专章规定,该章规定将取代《中华人民共和国收养法》①。与《收养法》相比,《民法典》对于收养关系的规定有以下较大的变化。

1. 扩大了被收养人的范围。《收养法》第 4 条规定被收养人的年龄上限为 14 周岁,年满 14 周岁的未成年人不在《收养法》规定的被收养人范围内。

---

① 本书下文简称《收养法》,《民法典》生效后该法废止。

而《民法典》第 1093 条将这一年龄限制删除，《民法典》生效后满足条件的未成年人均可作为被收养人被收养，扩大了被收养人的范围，保障更多未成年人有机会得到良好的成长环境。

2. 收养人的条件及可收养子女的数量放宽。《收养法》第 6 条规定收养人必须无子女，第 8 条规定收养人只能收养一名子女。而《民法典》第 1098 条、第 1100 规定只有一名子女也可以成为收养人，但只能收养一名子女，而无子女的收养人可以收养两名子女。《民法典》对收养人条件及收养子女数量的放宽是对我国放开计划生育政策变化的回应。

3. 更尊重被收养人的意志。《收养法》第 4 条规定收养年满 10 周岁以上的未成年人需要征得被收养人的同意，而《民法典》第 1104 条将 10 周岁降为 8 周岁。这一变动是《民法典》基于当下社会未成年人成长较快，成熟较早，能独立进行部分民事活动而将限制民事行为能力的起点设置为 8 周岁。结合该修改，对于收养关系征求被收养人意见的年龄也修改为了 8 周岁。

4. 对异性收养进行了规定。《收养法》仅规定无配偶的男性收养女性，收养人与被收养人的年龄应当相差 40 周岁。而《民法典》第 1102 条将无配偶的男性收养人扩大至无配偶的异性收养人，无配偶的异性收养人与被收养人的年龄应当相差 40 周岁以上。该规定更全面地保障了全体被收养人，能避免异性收养人在收养后或借收养之名对被收养人进行性侵等情形。

5. 强调对被收养人的保护。《民法典》第 1098 条特别增加强调收养人应无不利于被收养人健康成长的违法犯罪记录。增加该规定有利于加强对收养人的审查，将不适宜收养子女的人群排除在外，确保被收养人能得到更好的抚养条件及成长环境。

6. 增加收养评估的规定。对于收养关系成立及审查，《民法典》相较于《收养法》增加了民政部门进行收养评估的责任。收养评估能在收养关系成立前对收养人进行审查，提前发现收养人的不当行为，避免被收养人在收养过程中受到伤害，保障被收养人的身心健康。

三、典型案例

【案例1】近日热播剧《以家人之名》引起了网友的热议，该剧中三个没有血缘关系的孩子一起成长，与两个爸爸组成了一个友爱的家庭。"大哥"凌霄是面馆老板李海潮——"李爸"的邻居，从小父母离异。"小哥"贺子秋是李爸相亲对象非婚所生的被遗弃的儿子，而"小妹"则是李爸的亲生女儿，但母亲已病逝。剧中兄妹三人都管李海潮叫"爸爸"，但从法律上看，大哥和小哥他们是否都能与李爸建立收养关系呢？

在剧中"大哥"的亲生父亲一直与"大哥"一起生活并尽到了抚养义务，并不符合《民法典》被收养人的条件。而"小哥"贺子秋则是被亲生母亲遗弃，但其亲生母亲出走后仍有与家人联系，"小哥"并非是查找不到生父母的未成年人，不符合可被收养条件的第一、二款。但又有网友疑惑"小哥"亲生母亲后来因过失杀人被判刑4年，无法抚养"小哥"，"小哥"是否属于"生父母有特殊困难无力抚养的子女"呢？"小哥"的生母因刑事犯罪被监禁，客观上无法尽到抚养义务，可以归为有特殊困难无力抚养的情形。但"小哥"的生父尚在世且有抚养能力，虽"小哥"是非婚所生的孩子，但其与婚生子女一样享有权利，其生父应对其尽抚养义务。因此，综合该剧所披露的信息，"小哥"并不符合被收养人的条件，无法与一直抚养他的"李爸"成立收养关系。但剧终时，"小哥"生母与李爸结婚，"小哥"与李爸便成了真正的一家人，构成了法律上继父与继子的关系，故事也算是圆满落幕。

【案例2】罗某在2006年年底患有精神疾病，间歇性发病。经墨江县残疾人联合会评定为二级精神残疾，2014年12月24日，在罗某精神状态正常的情况下，罗某与其侄子张某某签订了"赡养协议书"，约定由张某某赡养罗某，在罗某丧失劳动力后，罗某的承包土地、山林、茶地由张某某管理使用。该赡养协议在墨江县埔佐村委会进行了备案，埔佐村委会同意张某某作为罗某的监护人。2015年10月23日，罗某在墨江县残疾人联合会办理了残疾人证，在该证上，罗某被评定为精神二级残疾，监护人为张某某。

2012年后，李某未经罗某的同意，开始在罗某承包的土地上进行耕种使用。2017年后，罗某的监护人张某某要求李某将上述三块土地交回给罗某，经与李某交涉未果，故诉至法院。李某以罗某的法定代理人张某某主体不适格抗辩。

二审法院认为罗某在其未完全丧失意思能力时与张某某签订协议确定张某某为其意定监护人，符合《民法总则》第 33 条规定，支持了要求李某返还土地的诉讼请求。

本案的争议焦点为意定监护是否成立，张某某是否能作为罗某的意定监护人提起本案诉讼，要求李某返还土地。罗某属于间歇性精神病人，在签订协议时能表达自己的意愿，在其未完全丧失意思能力时与张某某意定监护符合《民法总则》第 33 条规定。李某未经罗某许可，擅自耕种其承包土地侵犯了罗某的土地承包经营权，李某对监护提出异议，主张罗某与张某某签订赡养协议无效，应就罗某意定监护协议时不能辨认自己行为承担举证责任，李某不能举证必然要承担举证不能的责任。

结语

从《民法典》关于收养的规定看，《民法典》在《收养法》的基础上进行了修改和完善，回应了时代需求，与我国计划生育相关政策保持了一致性，同时也进一步加强了对被收养人权益的保护，保障被收养人拥有一个温暖的家。

一方面，我国已进入老龄社会，老龄化速度不断加快；另一方面，当前随着社会结构的变化和个人主义权利意识的高涨，家族的纽带作用和家族观念逐渐弱化，以东亚为代表的传统家庭观念不再占据主流，"养儿防老"已逐渐满足不了当下社会的需求，因此意定监护制度成为另一种"养老"方式。但意定监护实践的真正落地与被接受也主要是在近两三年，虽有立法支撑，却缺乏细化保障，以意定监护为关键词搜索公开案例，结果也仅有不足20 个案件，我国意定监护制度尚有待进一步细化完善，作为法律工作者的我们仍需努力。

继 承 编

继承编：一种社会理念的承前启后*

王中梅**

一个人无论活得精彩或者平凡，都必有一死，而死亡就要涉及继承。因此，继承制度，与每个人的生活都息息相关。

新颁布的《民法典》第六编为继承编，《民法典》自第 1119 条到第 1163 条用 45 个条文分 4 章对自然人遗产继承中涉及的一般规定、法定继承、遗嘱继承和遗赠、遗产的处理作了规定，虽然继承编在《民法典》中篇幅最少，但却是每个人都较为关注的一编。

中国古代继承制度建立在封建礼教和宗法上，身份继承叫"承祧"，遵循嫡长子继承制度；物质继承叫"析产"，遵循诸子均分制度。随着封建礼教宗法制度的消逝、身份平等的推行，子女不论排行、无论男女都享有平等继承权的理念逐渐成为人们的共识。

从继承法到民法典继承编的八大变化

中华人民共和国成立以后到改革开放初期，由于历史的原因，人们基本上没有多少私有财产。属于个人的生活用品、生产资料非常有限，遗产的继承一般通过继承人间自行协商，或在家族长辈、居委会、村委会的主持下即可解决。

---

* 本文首发于《民主与法制》周刊 2020 年第 23 期。

** 王中梅，北京市安通律师事务所高级合伙人，资深律师。浙江大学工学学士、中国人民大学知识产权双学士、民商法学硕士、北京市房地产专业调解委员会调解员。曾在中国经济出版社担任编辑近十年。擅长企业法律顾问、金融不良资产处置、公司合同纠纷、知识产权纠纷等业务领域，有丰富的诉讼和非诉业务经验。为商业银行、保险公司、大型国企和民营影视公司常年提供服务，代理过数起最高人民法院再审案件并取得令当事人满意的结果。

在时代大背景下，民法典以及继承法的制定和颁布可谓一波三折。1954年第一版民法典中尚有关于继承的规定。1962年第二版的民法典则直接砍掉了继承，给出的理由颇具时代特色：如果一个年轻人的父母去世时给他留下5万元遗产，那他年纪轻轻什么都没干就有了5万元，这样的不劳而获不利于年轻人的发展，不利于将年轻人培养成为共产主义接班人。

我国在1979年开始第三次民法典的立法，但由于改革开放初期，百废待兴，方向还未明朗，于是在1985年，民法典项目再次被叫停。

但随着改革开放的进行和市场经济的发展，私有财产出现，社会实践对调整继承关系的法律有着迫切需要，已经等不及民法典的制定颁布了，于是继承法以单行法的形式出台。

改革开放以后尤其是我国继承法通过的1985年以来，随着国家经济的迅猛发展，人们生活水平有了极大的提高，个人财富逐渐积累，财产的种类和价值都有了大幅度提升。比如，住房商品化和房价暴涨导致普通家庭财富往往是上百万、上千万，企业家投资、经营公司成为股东拥有股权，股民投资股市拥有股票，收藏爱好者投资文物、古玩、书画等艺术品，作家、学者等通过出版作品等著作权行为而获得报酬；加上人均寿命的延长、家庭人口结构的变化、观念习俗的变迁，等等，因继承而引发的纠纷越来越多，情形也越来越复杂。原来的继承法已远不能适应现代家庭的财产继承需求。

2020年5月28日《民法典》颁布，继承编在原来继承法的基础上根据社会发展和司法实务的需要做了完善和修改，其中最大的亮点是，在兼顾社会利益基础上，最大限度地尊重和保障被继承人按照自己的意志支配、处置其合法遗产的权利。增加遗嘱形式、删除公证遗嘱效力优先、设立遗产管理人，等等，都体现了这种精神。自书遗嘱、代书遗嘱、打印遗嘱、公证遗嘱等，不管什么形式的遗嘱，只要被继承人的遗嘱内容是真实的，是其真实意思的表示，遗嘱又在外观形式上符合法律要求，就可以按照遗嘱去处分其遗产，不同形式遗嘱间的效力没有高低之分。

对照1985年的继承法，《民法典》继承编的修订主要体现在以下几个方面：

一是对遗产范围的界定由过去的列举式改为概括式。这是适应遗产种类繁多并且将来新的遗产类型会层出不穷而作出的开放式规定。

二是完善继承人丧失继承权的事由。把欺诈、胁迫被继承人设立、变更或者撤回遗嘱，情节严重的，也作为丧失继承权的事由。与杀害被继承人或者其他继承人而绝对丧失继承权不同，这种继承权的丧失是一种相对丧失，如果继承人悔改并获得被继承人的原谅，继承人可以恢复继承权。

三是扩大法定继承人的范围。规定兄弟姐妹的子女，可以代位继承被代位继承人应当继承的遗产。缩小了无人继承遗产收归国家所有的范围，让遗产留在被继承人的近亲属内，是比较人性化的处理。

四是在遗嘱形式方面，认为打印遗嘱、录像遗嘱也是有效的遗嘱形式。这是顺应科学技术的发展而作出的调整。

五是删除了公证遗嘱效力优先，切实尊重继承人的真实意思。否则，按照原来的继承法会出现这样的情形：一个人原来立了公证遗嘱，在他死亡前想要修改遗嘱但来不及或受到阻挠而无法做新的公证遗嘱，他就没办法按照自己的意愿去处分遗产。

六是规定了遗产管理人制度。规定了遗产管理人的产生方式、职责范围以及遗产管理人没有尽职尽责造成损害的赔偿责任。

七是完善了遗赠扶养协议制度。适当扩大了扶养人的范围，以满足养老形式多样化需求，促进老龄产业发展。

八是规定了转继承。过去现实生活中虽有转继承，继承法司法解释中也提及转继承，但继承法中没有明确的转继承条款，转继承法律依据的位阶比较低，这次在《民法典》继承编中直接规定了转继承，提升了转继承在继承法里的地位。

笔者认为，本次《民法典》继承编的制定和通过，是在 1985 年继承法及相关司法解释三十多年司法实践的基础上，顺应时代发展、解决继承法滞后性、填补法律漏洞的一次重大修订，既保持了法律的稳定性，又顺应了现实对继承法提出的新要求。尤其是删除公证遗嘱效力优先、设立遗产管理人、增加遗嘱形式如打印或录像遗嘱这三项修改对继承实践的意义重大。

删除公证遗嘱效力优先，尊重立遗嘱人的遗嘱自由

1985 年的继承法第 20 条规定：遗嘱人可以撤销、变更自己所立的遗嘱。

立有数份遗嘱，内容相抵触的，以最后的遗嘱为准。自书、代书、录音、口头遗嘱，不得撤销、变更公证遗嘱。即公证遗嘱效力优先。这在实践中会产生一些弊端，比如，当自然人有数份遗嘱包括公证遗嘱存在的情况下，不是最能体现立遗嘱人真实意思的时间顺序在最后的遗嘱有效，而是公证遗嘱有效，像前面所举的例子，一个人原来立了公证遗嘱，在他死亡前突然要修改遗嘱且公证遗嘱又来不及做，他就没办法按照自己的意愿去处分遗产，这阻碍了遗嘱人按自己的意志处分自己的财产；另外，要撤销和变更公证遗嘱，只能通过新的公证遗嘱来撤销、来改变，这往往会增加遗嘱人的负担。公证遗嘱效力优先原则违背了遗嘱立法的目的，违背了遗嘱自由原则，限制了立遗嘱人的遗嘱撤销权。

继承法公证遗嘱效力优先的规定有其时代背景。现代公证制度在我国的发展时间虽然不长，但因为公证机关为国家主办机构，被赋予国家公信力，普通民众认为公证书的真实性、合法性不容置疑，具有最强证据效力，以为经公证的遗嘱、赠与等文书不会被任何个人和组织推翻，但其实现实中存在大量公证遗嘱最终被法院认定无效的情形。

军队退休干部冯某生前留下遗嘱，写明自己死后单位所发放的死亡抚恤金归再婚妻子享有，并在公证处对该遗嘱进行了公证。法院审理后判决公证遗嘱无效，理由是：死亡抚恤金系由死者生前单位给予死者近亲属的慰问金和生活补助费，死亡抚恤金不属于死者的遗产，而属于死者近亲属的共有财产，应由死者生前供养的配偶、子女等近亲属合理分割。冯某生前以遗嘱的方式对抚恤金所作的处理是无权处分行为，虽然经过公证部门公证，但遗嘱不符合法律规定，所以无效。

河南安阳一对夫妻通过公证处办理遗嘱公证一份，载明自家两套房产由儿子、女儿各继承一套。后来的若干年父母大部分时间由儿子赡养照顾。父亲去世后，母亲召集亲朋好友，亲笔留下新遗嘱，称两套房产均由儿子继承，父亲在世时也多次表达了这个意思。母亲的自书遗嘱虽然时间在公证遗嘱之后，但并不发生撤销、变更公证遗嘱的法律效力。根据继承法的规定，先前有公证遗嘱的，只有后立的遗嘱也采用公证方式，才能撤销、变更先前的公证遗嘱。所以，按照继承法的规定，如果不以新的公证遗嘱撤销原来的公证遗嘱,立遗嘱人的心愿无法实现。

这次《民法典》继承编删除公证遗嘱效力优先,让各种形式的遗嘱回归平等地位,相信会更方便立遗嘱人根据自己的意志自由处置遗产。

设立遗产管理人,更好地维护继承人、债权人等各方利益

《继承法》第23条提到在遗产的处理中可以设遗嘱执行人,但就遗嘱执行人的产生方式、职责范围等都没有具体明确地规定,是否仅在遗嘱继承中有遗嘱执行人?还是所有的继承形式中都有?随着科技的进步和经济的发展,可以作为遗产的财产种类从工资收入、生活用品、生产资料等扩大到房地产、知识产权、股权、使用权的收益权,甚至包括微博、公众号、游戏账户、游戏装备等网络虚拟财产,财产种类的数量和财产金额都有了大幅度提升。居民家庭可支配的财产越来越多,自然人频繁参与各种经济活动,如购置不动产或者投资等,从而引发大量的债权债务关系,因为法律关系复杂,涉及的利害关系人众多,遗产的管理不再仅仅是保管和分割遗产,而是主要了结围绕遗产发生的各种债权债务关系,普通自然人凭热心和常识往往难以胜任,需要专业人士的介入,如果交给律师、会计师等专业人士去管理遗产,会更加科学、稳妥和高效。为确保遗产得到妥善管理、顺利分割,更好地维护继承人、债权人、受遗赠人等各方的利益,避免和减少纠纷,适应遗产继承复杂化、专业化等需求,《民法典》继承编用第1145条至第1149条5个条文专门设立了遗产管理人制度,就遗产管理人的选任、指定,遗产管理人的职责范围,遗产管理人因故意或者重大过失造成继承人、受遗赠人、债权人损害应承担的赔偿责任,遗产管理人的获得报酬权等作了具体规定。

由于传统,我国民众普遍比较忌讳谈论死亡以及后事的安排,然而天有不测风云,2019年澎湃新闻里就报道过这样的实例:四川某企业家突然离世,留下常年患病的妻子和在外地工作的女儿,还有一大堆因承包工程、合伙、民间借贷等产生的错综繁杂的诉讼纠纷,粗略算下来对外债务债权高达上千万元,涉的法律关系复杂。母女俩觉得没有能力处理,但又想让亲人走得安心,于是两人自愿放弃继承遗产,并找到某律师事务所担任遗产管理人,对遗产进行处置和分配。

国外继承法中也有遗产管理人（或遗嘱执行人），但不同国家设立的出发点稍有不同。德国更注重于对被继承人的保护，遗嘱执行人的主要职责为实现被继承人的遗嘱。日本法律则侧重对继承人利益的保护，遗嘱管理人被视为继承人的代理人。英国采用遗嘱执行人和遗产管理人并存的制度。当遗嘱中指明遗嘱执行人，则该遗嘱执行人将负责管理遗产；如果被继承人并未设立遗嘱，或遗嘱中并未指定执行人，法院将会指定遗产管理人。遗嘱执行人按照遗嘱分配遗产，遗产管理人按照相关继承法律进行分配。

中国人民大学民商法中心主任杨立新认为，增设遗产管理人，可以保护相关利害关系人的利益，更好地实现被继承人支配其遗产的愿望。北京理工大学法学院孟强说，1985 年《继承法》虽然规定了遗嘱执行人，但没有突出其管理财产的功能，而此次《民法典》继承编正式增加了遗产管理人制度，不仅有利于维护各方利害关系人的利益，也避免留下纠纷隐患，有利于维护整体社会秩序的稳定。遗产管理人制度可以借鉴已经成熟的破产管理人制度，同时也要防止遗产管理人滥用职权，所以《民法典》继承编规定遗产管理人因故意或者重大过失造成损害应承担赔偿责任。遗产管理人有获得报酬权，担任遗产管理人可能是律师未来拓展新业务的一个方向。

增加遗嘱形式，尊重立遗嘱人的真实意思

如今，互联网等信息技术快速发展，电脑、打印机走入千家万户，社会上出现了"打印遗嘱内容，遗嘱人亲笔签名"形式的遗嘱，但按照 1985 年《继承法》的规定，自书遗嘱要求的"遗嘱人亲笔书写"，打印遗嘱可能被判无效。这显然很不合理，说明对遗嘱形式的僵化规定已无法满足和应对现今人们生活的需要。这次修订增加打印遗嘱和录像遗嘱等形式，是回应社会潮流的一个进步。对遗嘱效力的认定，如果死板地拘泥于形式，错误地理解、适用法条，而不探究立遗嘱人背后的真实意思和基础法律关系，有可能会让恶人钻了空子，造成个案的不公和恶劣的社会影响。可喜的是，司法实践在某些方面走在了立法的前面。

　　湖南女子周某芬长期受丈夫陈某辉家暴，后丈夫因杀死在姘头家床上的男子而被判无期徒刑，一年后两个儿子又在车祸中去世，遭遇沉重打击的周某芬不堪疾病缠身，留下自书遗嘱寻了短见。遗书内容是："我不想再生不如死地活着……父母都已病故，我的定期存款本息分给我的四个弟妹，妹妹和弟媳照顾我太辛苦了，给她们家多分一些。现住房和出租房由弟弟暂管。"遗书还备注了每张存单的密码，有落款日期但没有周某芬的签名。已经在狱中服刑8年的丈夫向法院提起诉讼，一审法院认为：自书遗嘱除要求书面形式外，还需满足遗嘱人亲笔书写、有落款日期和亲笔签名等要求，因遗嘱尾部没有签名，不符合法律规定的形式条件，所以无效。二审法院改判遗嘱有效，理由是：从周某芬自书遗书的内容来看，其虽然没有在自书遗嘱尾部签名，但在遗书开头写明"我不想再生不如死地活着……"这已充分证实了该份遗书确系周某芬本人书写，是其本人的真实意思表示，符合自书遗嘱法律规定的形式条件，一审法院仅以自书遗嘱尾部没有签名而认定该自书遗嘱无效，存在认定不当，应予纠正。

　　继承法强调遗嘱的形式要件有其历史原因，但随着技术的发展，打印机、带录音录像功能的智能手机等电子产品在普通人生活中普及，所以出现了打印、录像等新的遗嘱形式。笔者认为法律追求的是遗嘱内容真实，如果遗嘱反映了立遗嘱人的真实意思，就不必在外观形式上一味做刻板要求，而应该按照遗嘱去处分其遗产。增加打印遗嘱和录像遗嘱等形式的遗嘱，即基于这样的考量。

　　随着我国老龄化人口的增加，完善遗赠扶养协议制度，不仅要扩大扶养人的范围以满足养老形式多样化需求，更要对遗赠扶养协议的合同规范和协议履行的指导监督，这需要律师和所在社区的共同努力。我接触到很多中科院、高校的老知识分子，其子女多在国外定居，他们在刚刚退休时也许愿意去国外与儿女一起生活，如今他们年事已高，只想叶落归根，国外的子女因自己工作、家庭的缘故无法回国照顾父母，老人们习惯了熟悉的居住环境，不愿意去陌生的郊区养老院，并且这些老人一般对陪伴者的精神要求比较高，家政保姆往往只能打理老人的家务，满足不了老人的情感、品位上的需求，于是老人面临虽有丰厚退休金和房产但身边缺人照顾的窘境。有时候自己的学生、下属、远亲或者世交的晚辈来看他们是他们最开心的事了，因为能带来新鲜的、他们感兴趣的话题，让老人觉得自己和外界保持联系，没有完全与时代脱节。但这样的老人又是自尊心极强的人，不愿意白白受人恩惠，为此，他们愿意将自己的部分甚至全部财产在自己去世后作为对价赠与陪伴者。

这可能也是将来养老多元化中的一个模式。

遗产范围究竟有多大?

袁学虹*

一、《民法典》规定

第 1122 条 遗产是自然人死亡时遗留的个人合法财产。

依照法律规定或者根据其性质不得继承的遗产,不得继承。

二、知识要点

《民法典》继承编对继承遗产的范围作出改变,将《继承法》对于遗产范围的列举式规定方式删除,采取了概括式立法方式,即将遗产范围扩大为"遗产是自然人死亡时遗留的个人合法财产"。只要是自然人合法取得的财产,都属于遗产,都可以被继承,最大限度地保障私有财产继承的需要。

三、典型案例

【案例1】 电子邮箱继承纠纷案

2011 年 3 月 9 日,张某的老公王某在一场车祸中不幸丧生。王某的 QQ 邮箱里保存了大量他们从恋爱到结婚期间的信件和照片。然而,张某不知道老公的 QQ 邮箱密码。于是,张某向腾讯公司求助。腾讯公司的客服人员告诉张某:"想要拿回密码,只能按照'找回被盗号码'的方式操作,除需提

---

* 袁学虹,北京市安通(东莞)律师事务所律师,法律硕士。曾任黑龙江司法警官职业学院教师、黑龙江省哈尔滨市基层法院法官。曾参与多个国家级、省级教育课题的研究工作,撰写论文多篇,论文《"导学型"课型研究的几点体会》获得全国教育科学"十五"教育部规划课题"贰等奖";参编司法警官高等职业院校教材《社区矫正教育理论与实务》。曾是婚姻家事案件审理的专家型法官,主审及参与审理民商事案件千余件。

供逝者王某本人的基本资料和联系方式外，还需提供该号码的使用资料、密保资料。此外，还需请王某的QQ好友为其'作证'。在上述程序全部履行完毕后，才能拿到密码。"腾讯公司的客服人员解释："因为根据腾讯公司与用户之间达成的协议，QQ号码的所有权归腾讯公司所有，用户只拥有QQ号码的使用权。如果QQ账号被发现长时间不使用，该账户将被收回。这是互联网行业的惯例，用户不能将QQ号码作为个人财产处置。"

【案例2】李某与杨某网络装备继承纠纷案

陆某因突发心脏病去世。病危时，迷恋网络游戏的他告诉妻子李某说，自己的很多网游装备可以卖钱。然而，在老公去世几个月后，李某准备将陆某的网络游戏装备"金刀"变卖以补贴家用时，却有人阻止了她。这个人是杨某。当初，陆某迷恋网络游戏，与网友杨某在网络里结为"夫妻"。在两人的默契配合下，陆某得到了某网络游戏中的顶级装备"金刀"。因此，当李某准备将"金刀"变卖时，杨某出面提出了抗议。但李某认为这是老公留给自己的遗产，于杨某无关。于是，她把杨某告上法庭，要求法院确认"金刀"属于自己的合法财产。

法院判决：陆某作为网络游戏玩家，为这把"金刀"付出了体力及脑力的劳动，还支付了上网费用以及游戏充值卡等费用，有玩家愿出资5万元购买这把"金刀"，所以，该装备具有财产的属性，可以被陆某的合法妻子李某继承。但因该装备是陆某与杨某共同努力获得的，其所有权应归两人共同所有。最终，李某作为陆某的唯一合法继承人，继承该游戏装备中陆某的份额，其余份额归杨某所有。

【焦点问题】网络财产、虚拟货币、虚拟财产等是否属于遗产范围？能否被合法继承？

2020年4月28日，中国互联网络信息中心（CNNIC）发布第45次《中国互联网络发展状况统计报告》（以下简称《报告》），《报告》显示，截至2020年3月，我国网民规模为9.04亿，互联网普及率达64.5%。庞大的网民构成了中国蓬勃发展的消费市场，也为数字经济发展打下了坚实的用户基础。在日常生活中，我们每个人都或多或少地拥有一些虚拟财产。例如，微信或者支付宝里的余额，微博的短文，微信朋友圈中的风景照，邮箱中的过往点滴记录和照片。如果有一天这些虚拟财产的"主人"突然离世，他所拥有的社交账户、游戏账户、手机号码、淘宝网店、微信余额、支付宝余额等诸如此类的虚拟财产应该如何处理？

《继承法》第3条规定："遗产是公民死亡时遗留的个人合法财产，包括：（一）公民的收入；（二）公民的房屋、储蓄和生活用品；（三）公民的林木、牲畜和家禽；（四）公民的文物、图书资料；（五）法律允许公民所有的生产资料；（六）公民的著作权、专利权中的财产权利；（七）公民的其他合法财产。"

可见，《继承法》第3条采用了"列举＋兜底条款"的方式规定了遗产范围。而《民法典》第1122条则采用概括式立法方式扩大了遗产的范围，将诸如虚拟财产、网络财产、虚拟货币等新型财产类型涵盖于遗产范围之内。这样的规定，不仅顺应了经济发展的需要，也为司法实践提供了充分的认定空间与裁判依据。

四、律师解析

根据《民法典》第1122条的规定可以看出，遗产具备如下要件：①主体是自然人；②发生时间是被继承人死亡时；③遗产范围是被继承人死亡时遗留的全部个人合法财产，不得违反社会公共利益和公序良俗。遗产必须具有财产价值属性，属于人身性的"荣誉称号"等不能继承，也不属于遗产。同时，该条第2款明确规定根据法律规定或者根据其性质不得继承的除外，进一步限定了遗产的范围，如死亡赔偿金、丧葬补助费、死亡抚恤金等不属于遗产。

虚拟财产大致可以分为四类：第一类，用户账号密码类，如常见的QQ号的密码、邮箱的密码、微信的密码、支付宝的密码等；第二类，文件和视频，比如，常见的邮箱中存储的照片和往来电子邮件，网络硬盘里存储的文件、资料，QQ空间的日志、说说和照片等；第三类，网络游戏中用户的游戏装备，比如，某网游中的"屠龙宝刀"。在某网站上，网游"征途"的一个225级的刺客账号挂牌售价为18万元。在已经售出的账号中，曾有一个

"征途"的 214 级账号卖出了 109 000 元；第四类，虚拟货币，如耳熟能详的比特币、常见的 Q 币等。

首先，能够被认定为遗产的虚拟财产首先需要具有现实价值，或者是使用价值、交换价值。无论是网络游戏账号、社交账户、电子邮箱、微信、支付宝，还是虚拟货币、网络游戏道具、电子文件，均是现实世界的多种要素在虚拟世界中的反映，都具有现实意义。例如，支付宝中的余额可以购买真实世界的物品，在网络游戏世界中使用的道具，在游戏迷中间显然可以自由流通，且网络游戏公司也同样提供 Q 币、点卡等可供游戏者购买、充值。即使是看似没有价值的普通照片、视频、电子信件等，在近亲属看来，一样具有悼念或者纪念的价值，这也属于使用价值。

其次，虚拟财产需要具有财产属性。比如，网络游戏道具、高等级的游戏账号、比特币等，在公开市场上可以用法定货币购买或者充值，具有一定的价值性。其价值高低又与其稀缺性密切相关，网络用户一旦取得其使用权，便在一定期限内拥有独享的权利，也就具有了排他性。

目前，国内网络运营商提供的数字产品服务协议大多从事实上排除了对数字遗产继承的权利。比如，《QQ 软件许可及服务协议》第 3 条约定："【QQ 号码】使用本软件您需要注册 QQ 号码，并应当遵守《QQ 号码规则》。若您注册的 QQ 号码长期没有登录或使用，腾讯有权将 QQ 号码进行回收处理，您将无法再继续使用相应号码。"《QQ 号码规则》在第 2 条中约定"【QQ 号码的性质】QQ 号码是腾讯按照本规则授权注册用户用于登录、使用腾讯的软件或服务的数字标识，其所有权属于腾讯。"第 5 条约定："【QQ 号码的使用】5.4　若您注册的 QQ 号码长期没有登录或使用，腾讯有权将 QQ 号码进行回收处理，您将无法再继续使用相应号码。"第 8 条约定："【用户行为规范】8.2　腾讯根据本规则对 QQ 号码的使用授权，仅限于初始申请注册人。未经腾讯许可，初始申请注册人不得赠与、借用、租用、转让或售卖 QQ 号码或者以其他方式许可其他主体使用 QQ 号码。非初始申请注册人不得通过受赠、继承、承租、受让或者其他任何方式使用 QQ 号码。"

即使腾讯公司依据自己拟定的格式合同对于 QQ 号码拥有所有权，但是并不意味着腾讯公司对 QQ 账号中的信件、照片拥有所有权。而记载被继承人生前信息的信件、照片都属于用户的私人物品，如被继承人生前无明确反对，理应由其继承人继承。

现有判决已经确定了游戏装备、手机号码、淘宝网店、QQ 号码、比特币的财产属性，具有财产属性的虚拟财产是可以被认定为遗产的。

结语

具有财产属性、自然人合法拥有所有权或使用权的虚拟财产，在发生继承时，是可以被认定为遗产的。随着现实生活中不断涌现出的新的案例以及《民法典》的适用，虚拟财产属于遗产范围的事例会越来越多，这也会为司法实践提供越来越多的经验支撑，为更好地适用该法条提供保障。

继承权丧失与宽恕制度主要是针对谁?

一、《民法典》规定

第 1125 条　继承人有下列行为之一的，丧失继承权：

（一）故意杀害被继承人；

（二）为争夺遗产而杀害其他继承人；

（三）遗弃被继承人，或者虐待被继承人情节严重；

（四）伪造、篡改、隐匿或者销毁遗嘱，情节严重；

（五）以欺诈、胁迫手段迫使或者妨碍被继承人设立、变更或者撤回遗嘱，情节严重。

继承人有前款第三项至第五项行为，确有悔改表现，被继承人表示宽恕或者事后在遗嘱中将其列为继承人的，该继承人不丧失继承权。

受遗赠人有本条第一款规定行为的，丧失受遗赠权。

二、知识要点

《民法典》继承编是在《继承法》及其司法解释基础上，根据社会发展和司法实务的需要作出了完善和修改，修改最大的亮点是在兼顾社会利益基础上，最大限度地尊重和保障被继承人按照自己的意志支配、处置其合法遗产的权利，这是保护私有财产权理念在家族代际传承上的体现。继承编还发

---

* 袁学虹，北京市安通（东莞）律师事务所律师，法律硕士。曾任黑龙江司法警官职业学院教师、黑龙江省哈尔滨市基层法院法官。曾参与多个国家级、省级教育课题的研究工作，撰写论文多篇，论文《"导学型"课型研究的几点体会》获得全国教育科学"十五"教育部规划课题"贰等奖"；参编司法警官高等职业院校教材《社区矫正教育理论与实务》。曾是婚姻家事案件审理的专家型法官，主审及参与审理民商事案件千余件。

挥着维护继承秩序的功能，修改完善丧失继承权情形并增加宽恕制度正是这一理念的体现。

继承权丧失，是指继承人因发生法律规定的事由而失去继承被继承人遗产的资格，故又称继承权的剥夺，体现了法律对继承人的否定评价和严厉制裁。《民法典》第 1125 条规定，继承人故意杀害被继承人或者为争夺遗产而杀害其他继承人，绝对丧失继承权；继承人在以下三种情形下，相对丧失继承权：遗弃被继承人，或者虐待被继承人情节严重；伪造、篡改、隐匿或者销毁遗嘱，情节严重；以欺诈、胁迫手段迫使或者妨碍被继承人设立、变更或者撤回遗嘱，情节严重。相对丧失继承权是指继承人先有前述三种情形，后确有悔改表现，被继承人表示宽恕或者事后在遗嘱中将其列为继承人的，该继承人不丧失继承权。受遗赠人有本条法律规定的五种规定行为的，丧失受遗赠权。

这与我国台湾地区所谓的"民法"继承篇第 1145 条关于"继承权丧失的 5 种事由"的规定非常接近，正是海峡两岸同宗同源同文化的反映。其中新增的第 5 项是对我国台湾地区所谓的"民法"继承篇第 1145 条关于"继承权丧失的 5 种事由"中第 2、3 项的合并，把"迫使或者妨碍"并列纳入第 5 项，在立法上达到简洁的效果。第 2 款新增的宽恕制度，尊重亲属关系的人伦特点，顺应民心，符合国家惯例，是立法将司法实务经验上升为法律的结果。

三、典型案例

【案例 1】吴某乙、吴某丙等与吴某甲、吴某 2 等继承纠纷案①。案件基本事实：妻子魏某与丈夫吴某生有吴某 1、吴某 2、吴某 3、吴某 4 四个儿女，吴某 1 与妻子有一女吴某甲，吴某 3 与妻子有女儿吴某乙、吴某丙。吴某于 1975 年去世，1981 年建成的一栋楼房，登记在魏某名下。吴某 1 曾表示对母亲魏某"生不养，死不葬"，1993 年后和母亲再无来往。1996 年魏某、吴某 2、吴某 3、吴某 4 签署继承析产协议并办理公证，魏某将 9 间房产中的 7 间分给

---

① 一审案号：（2019）苏 0303 民初 1164 号民事判决书；二审案号：（2020）苏 03 民终 1119 号二审民事判决书。

吴某 2、吴某 4，自留两间，吴某 3 放弃参与上述房产的分配，吴某 1 未参与此次析产活动。2006 年魏某借为丈夫吴某迁坟之际，出具"提示录"承诺，只要吴某 1 将来参加其葬礼，她就愿意把自己两间房屋中的一间给吴某 1，另一间给吴某 3。但 2012 年魏某去世，吴某 1 未参加母亲葬礼。吴某 3 于 2015 年去世。吴某 3 的女儿吴某乙、吴某丙主张魏某留下的两间房屋，按"提示录"由其继承一间；因吴某 1 遗弃被继承人，丧失继承权，其女儿吴某甲也不享有代位继承权，剩下一间按法定继承平均继承。吴某 2、吴某 4 认为吴某 3 在继承析产协议中放弃继承所有房产，所以不同意其女儿代位继承。法院认为，吴某 3 只是放弃了 1996 年那次的析产，在 2012 年魏某去世时并没有放弃对魏某房产的继承，所以其妻女可以转继承其份额；吴某 1 不构成遗弃，不属于丧失继承权，其女享有代位继承权。法院判决，诉争房屋其中一间属于吴某乙、吴某丙、吴某 3 妻子康某所有；另外一间由吴某乙、吴某丙、康某继承 25% 的产权份额，由吴某甲、吴某 2、吴某 4 各继承 25% 的产权份额。

【焦点问题】放弃继承和丧失继承权的区别。

放弃继承和丧失继承权都不能取得遗产，但二者有区别：放弃继承权，是继承人于继承开始后、遗产分割前以书面形式作出的放弃继承被继承人遗产的权利的意思表示，是主动行为，是继承人自由表达其意志、行使继承权的表现，是单方民事法律行为，无需征得任何人同意。丧失继承权，又叫继承权的剥夺，是指继承人因发生法律规定的事由而失去继承被继承人遗产的资格，是被动的，体现了法律对违法继承人的民事制裁。放弃继承只能发生在继承开始后，放弃继承所放弃的是继承既得权；丧失继承权可以在继承开始之前或者之后，丧失继承权所丧失的是继承期待权。

只有没有丧失继承权的人才可以放弃继承权，丧失继承权的人无继承权可放弃。

【案例 2】苗某琴与袁某芬继承纠纷案①，基本事实：原告苗某琴是被继承人柳某鹏的母亲，被告袁某芬是柳某鹏的妻子，被告与柳某鹏于 2001 年 6

---

① 案号：〔2018〕辽 0202 民初 1343 号。

月结婚。被告于 2008 年到日本打工，期限 3 年。柳某鹏在 2011 年 11 月 13 日突发心脏病到大连市友谊医院就诊，后住进某医院 ICU 治疗 53 天，苏醒后，出现失语后遗症并失去生活自理能力。原告诉称，作为妻子的被告在丈夫患病、生活不能自理的近 6 年中，不但不见人影甚至连电话也从没打过，没有尽到夫妻间应有的义务，其行为构成事实上对被继承人的遗弃。法院查明，柳某鹏于 2017 年 10 月 27 日去世，柳某鹏的父亲先于其离世，柳某鹏无子女，其继承人为母亲苗某琴、妻子袁某芬。从被继承人柳某鹏患病后直至去世，被告于 2012 年年初从日本回来陪伴柳某鹏半个月左右，然后一直消失不见，柳某鹏一直由母亲即原告精心照顾。法院认为，继承人遗弃被继承人的，丧失继承权。被告在被继承人失去生活自理能力需要照顾时，自 2012 年离家出走一直未回，属于遗弃被继承人的行为，按照法律规定，应丧失对被继承人遗产的继承权。

【焦点问题】

1. 什么行为构成遗弃被继承人？

2. 子女有能力而对父母不尽赡养义务，会丧失继承权吗？

3. 夫妻因感情不和而互无来往、长期分居，一方会丧失对配偶的遗产继承权吗？

遗弃被继承人，是指继承人对没有劳动能力又没有生活来源和没有独立生活能力的被继承人拒不履行扶养义务。其一，遗弃的对象是没有独立生活能力的人，如案例 2 中的情形。如果被继承人有收入来源并且生活能自理；或者即使没有收入来源、生活困难，但还有负有义务的其他近亲属对其照顾，继承人不构成遗弃。司法实践中有大量案例，被继承人子女中的某一人或某几人因为家庭矛盾等种种原因与父母关系冷淡，联系不多，不赡养老人，甚至与父母约定"生不养，死不葬"，如案例 1 中的长子吴某 1，其他继承人认为该继承人构成遗弃，应该丧失继承权，但法院认为该行为虽然不符合正常伦理，却属于道德约束和谴责的范围，不构成遗弃，不丧失继承权。这种情况下应适用《继承法》第 13 条，在遗产分配上，同一顺序继承人一般应当均分，但"对被继承人尽了主要扶养义务或者与被继承人共同生活的继承人，分配遗产时，可以多分。有扶养能力和有扶养条件的继承人，不尽扶养义务的，分配遗产时，应当不分或者少分。"其二，继承人有扶养能力而不尽扶养义务的，构成遗弃；继承人如果是因没有扶养能力而导致无力尽扶养义务的，则不构成遗弃。

遗弃被继承人，按法律规定丧失继承权。遗弃与虐待被继承人情节严重的，伪造、篡改、隐匿或者销毁遗嘱情节严重的，以欺诈、胁迫手段迫使或者妨碍被继承人设立、变更或者撤回遗嘱情节严重的，都属于相对丧失继承权的情形。遗弃不分情节，后面几种情形都需要情节严重才会丧失继承权。与"故意杀害被继承人，为争夺遗产而杀害其他继承人"而导致继承权的绝对丧失不同，在前面几种相对丧失继承权的情形下，如果继承人确有悔改表现，被继承人表示宽恕或事后在遗嘱中将其列为继承人的，不丧失继承权。

【案例3】张某1、张某2继承纠纷案①。基本事实：被继承人陈某霞育有二子张某1、张某2，被继承人离异后，生前由长子张某1提供名下一套住房供其居住，并尽赡养义务。次子张某2在母亲死后向法院提起遗产继承诉讼，并隐瞒真实情况，故意不提供胞兄张某1的准确送达地址和联系方式；私刻母亲私人印章，借助伪造的遗嘱误导原审法院，原审法院在张某1缺席的情况下审理本案，以致无法查明被继承人生前不会写字、无法独立完成自书遗嘱的事实，进而作出错误判决，损害张某1的合法继承权。二审法院认为张某2的上述行为已经严重违法，依法应丧失继承权。故二审法院以裁定撤销一审判决，发回重审。

【焦点问题】伪造遗嘱，一定会丧失继承权吗？

案例3中，二审法院认为张某2的行为严重违法，依法应丧失继承权。笔者不敢苟同。伪造遗嘱，需要情节严重才会丧失继承权，"情节严重"根据最高人民法院印发的《关于贯彻执行〈中华人民共和国继承法〉若干问题的意见》规定："14.继承人伪造、篡改或者销毁遗嘱，侵害了缺乏劳动能力又无生活来源的继承人的利益，并造成其生活困难的，应认定其行为为情节严重。"本案中张某2的行为虽然比较恶劣，但没有达到情节严重的地步，法律不应该剥夺其继承权。在分配遗产时，张某2应该不分或者少分。

---

① 案号：（2018）粤03民再62号。

四、律师解析

《民法典》第1125条第1款第1项"故意杀害被继承人",主观上要求故意,过失不构成。不以是否既遂、是否被追究刑事责任为条件,行为人未遂、未被追究刑事责任也都绝对地丧失继承权,这是法律对故意杀害继承人这种丧失人伦行为的根本否定和严厉惩罚。例外情形:8岁以下的未成年人,因为是无民事行为能力人,没有意思表示能力,不构成故意,不具备刑事责任能力,这种情况下不丧失继承权。但如果是无民事行为能力的成年人呢?法律也剥夺其继承权吗?重庆万州曾发生这样的案件,孙子纵火烧死爷爷、奶奶,刑事审判中被判死缓,后来民事判决书认定其为无民事行为能力人,俩老人的儿子先于父母死亡,孙子本来是继承人,可以代位继承爷爷、奶奶的遗产。从法理上来说,无民事行为能力人杀害被继承人的行为构不成故意,应该不丧失继承权。

第2项"为争夺遗产而杀害其他继承人",与第1项同样,主观上要求故意,不论既遂未遂、是否被追究刑事责任,法律都绝对地剥夺其继承权。杀害的目的是"为争夺遗产",其他原因杀害其他继承人则不丧失继承权。

上面两种情形,被继承人以遗嘱指定该继承人继承遗产的,可确认遗嘱无效。

第3项"遗弃被继承人"的情节中不论轻重,行为人都丧失继承权;虐待被继承人,需要达到情节严重才丧失继承权。第4项增加了"隐匿"遗嘱情节严重的情形。第5项"以欺诈、胁迫手段迫使或者妨碍被继承人设立、变更或者撤回遗嘱,情节严重",是社会上最常见的一种破坏遗嘱自由的情形,属于这次《民法典》的新增项,是立法机关听取人民群众呼声的反映。

第2款规定"被继承人宽恕制度"。继承人有前款第3项至第5项行为,确有悔改表现,被继承人表示宽恕或者事后在遗嘱中将其列为继承人的,该继承人不丧失继承权。原来的《继承法》中没有明确规定宽恕制度,但司法实务中常常采用,比如最高人民法院印发的《关于贯彻执行〈中华人民共和国继承法〉若干问题的意见》规定"13. 继承人虐待被继承人情节严重的,或者遗弃被继承人的,如以后确有悔改表现,而且被虐待人、被遗弃人生前又表示宽恕，可不确认其丧失继承权。"而这次《民法典》进一步扩大了可以被宽恕行为的范围，规定第 3 项至第 5 项都是继承权的相对丧失，毕竟中华民族的传统是"血浓于水""打断骨头连着筋"，这次立法将其上升为法律，是对亲属关系的人伦特色的尊重，是对被继承人处置其财产自由的尊重，是发挥继承的家族财富传承功能的应有之义，也是一项国际惯例。

第 3 款规定"受遗赠人有本条第一款规定行为的，丧失受遗赠权。"但法律没有明确被继承人是否可以宽恕受遗赠人，按照立法的文意解释，这里没有像第 2 款那样明确规定，那么"丧失受遗赠权"就是绝对的丧失，因为，受遗赠人是法定继承人以外的人，不符合法律规定的宽恕制度是为了尽可能维护财富在家族中传承的初衷。

继承权丧失的时间是继承开始。继承权丧失的事由多发生在继承开始前，如故意杀害被继承人、遗弃被继承人；也有发生在继承开始后，如篡改、销毁遗嘱，无论在先还是在后，均应自继承开始之时发生效力。

代位继承的被代位人如果丧失继承权，代位继承人是否也丧失继承权？法律界一直对这个问题存在争议，一般认为，如果被代位人丧失继承权则代位继承人也丧失继承权，因为我国对代位继承的通说采"代表权说"而不是"固有权说"，所以本位继承人丧失继承权，则代位继承的基础丧失，也就不发生代位继承。笔者认为这一点值得商榷。因为代位继承是财富向下传承，代位继承人一般是被继承人的晚辈直系亲属或晚辈近亲属，如果因为被代位人丧失继承权而丧失对被继承人的继承期待权，子代父过，不符合公平原则，也往往违背了被继承人的意愿。另外，从比较法上来看，有些国家规定，继承权的丧失对继承人的晚辈直系血亲不发生效力，即晚辈直系血亲仍可以代位继承。

不同遗嘱形式的效力优先顺序是什么?

袁学虹[*]

一、《民法典》规定

第1134条　自书遗嘱由遗嘱人亲笔书写,签名,注明年、月、日。

第1135条　代书遗嘱应当有两个以上见证人在场见证,由其中一人代书,并由遗嘱人、代书人和其他见证人签名,注明年、月、日。

第1136条　打印遗嘱应当有两个以上见证人在场见证。遗嘱人和见证人应当在遗嘱每一页签名,注明年、月、日。

第1137条　以录音录像形式立的遗嘱,应当有两个以上见证人在场见证。遗嘱人和见证人应当在录音录像中记录其姓名或者肖像,以及年、月、日。

第1138条　遗嘱人在危急情况下,可以立口头遗嘱。口头遗嘱应当有两个以上见证人在场见证。危急情况消除后,遗嘱人能够以书面或者录音录像形式立遗嘱的,所立的口头遗嘱无效。

第1139条　公证遗嘱由遗嘱人经公证机构办理。

第1142条　遗嘱人可以撤回、变更自己所立的遗嘱。立遗嘱后,遗嘱人实施与遗嘱内容相反的民事法律行为的,视为对遗嘱相关内容的撤回。立有数份遗嘱,内容相抵触的,以最后的遗嘱为准。

---

* 袁学虹,北京市安通(东莞)律师事务所律师,法律硕士。曾任黑龙江司法警官职业学院教师、黑龙江省哈尔滨市基层法院法官。曾参与多个省级、国家级教育课题的研究工作,撰写论文多篇,论文《"导学型"课型研究的几点体会》获得全国教育科学"十五"教育部规划课题"二等奖";参编司法警官高等职业院校教材《社区矫正教育理论与实务》。曾是婚姻家事案件审理的专家型法官,主审及参与审理民商事案件千余件。

二、知识要点

不同遗嘱形式的效力优先顺序：《民法典》继承编增加了打印、录像等新遗嘱形式；删除了"公证遗嘱效力优先"的规定，在判定各份遗嘱之间的效力时，以最后订立的遗嘱为准。

三、典型案例①

【案情简介】谭某机（2016 年 11 月 13 日死亡）和王某芳（1986 年死亡）系夫妻关系，双方共同生育长子谭某英（2006 年死亡）、次子谭某 1、三子谭某 3、长女谭某 4、次女谭某 2。谭某 5 系谭某 3 的儿子、谭某机的孙子。

本案中，共出现 3 份遗嘱，按照遗嘱显示的时间顺序列明如下：

第一份遗嘱，落款人为"谭某机"，日期为 2009 年 1 月 8 日，内容系由电脑打印的遗嘱书复印件，内容为"……我身后作如下安排：一、新建成的临街六层楼按份额分给四个子女谭某英、谭某 1、谭某 3、谭某 2 共同继承，大儿子谭某英已故且无子女，其份额全部交由孙子谭某 5 继承……"该遗嘱书没有见证人签字，也没有原件核对。

第二份遗嘱，2009 年 11 月 3 日，谭某机出具一份遗嘱，内容为"……我过世后，上述财产全部由我的儿子谭某 1、谭某 3、孙子谭某 5、女儿谭某 2 四人继承"，公证处对该遗嘱进行了公证，对谭某机立遗嘱的行为进行了拍照、录音录像。

第三份遗嘱，2010 年 10 月 19 日，谭某机自书一份遗嘱，内容为："……现立下本遗嘱，对我个人的财产作如下处理……由谭某 4……由谭某 5……由谭某 1……由谭某 3……由谭某 2 继承"。

因继承发生纠纷，谭某 1 和谭某 2 一审的诉讼请求为：①确认遗嘱人谭某机 2009 年 1 月 8 日及 2010 年 10 月 19 日所立两份遗嘱无效；②确认遗嘱人谭某机 2009 年 11 月 3 日所立的公证遗嘱部分无效（谭某 5 继承财产部分无效）。

---

① 一审案号：（2018）琼 0108 民初 14003 号，二审案号：（2020）琼 01 民终 283 号。

一审法院认为，第一，关于 2009 年 1 月 8 日的遗嘱书（复印件）的效力问题。因该遗嘱书没有原件核对，且系代书遗嘱，没有见证人签名见证，不符合代书遗嘱的形式要件，故应当认定该遗嘱书无效。第二，关于 2009 年 11 月 3 日的公证遗嘱的效力问题。该公证遗嘱是合法有效的。关于该公证遗嘱中谭某 5 继承财产部分的效力问题，因原告未能证明被告谭某 5 在 2009 年 11 月 3 日就已经知晓公证遗嘱的内容，且被告谭某 5 在调取到公证遗嘱后，向本院提交答辩状，明确表示接受遗赠。故上述公证遗嘱中关于谭某 5 继承财产部分是有效的。第三，关于 2010 年 10 月 19 日的遗嘱的效力问题。虽然各被告认为该遗嘱是真实的，但是，因谭某机在公证遗嘱中称"涉案房产全部由谭某 1、谭某 3、谭某 5、谭某 2 四人继承"，而 2010 年 10 月 19 日遗嘱中却称"涉案房产由谭某 4、谭某 1、谭某 5、谭某 3、谭某 2 继承"，说明该遗嘱的内容变更了公证遗嘱的内容，应当认定该遗嘱无效。

一审判决结果：第一，遗嘱人为"谭某机"，落款时间为 2009 年 1 月 8 日的遗嘱书无效；第二，遗嘱人谭某机于 2010 年 10 月 19 日所立的遗嘱无效；第三，驳回原告谭某 1、谭某 2 的其他诉讼请求。

谭某 1、谭某 2、谭某 4 不服一审判决，提出上诉。

谭某 1、谭某 2 上诉请求：第一，撤销（2018）琼 0108 民初 14003 号判决中第 3 项判决，依法改判遗嘱人谭某机 2009 年 11 月 3 日所立的公证遗嘱部分无效（谭某 5 继承财产部分无效）。

谭某 4 上诉请求：请求依法撤销原审判决书第二项，依法改判。

二审判决结果：驳回上诉，维持原判。

【焦点问题】

1. 如何撤回、变更公证遗嘱？

2. 公证遗嘱的优先效力问题。

3. 多份遗嘱之间的效力问题。

根据《继承法》第 17 条的规定："公证遗嘱由遗嘱人经公证机关办理。自书遗嘱由遗嘱人亲笔书写，签名，注明年、月、日。代书遗嘱应当有两个以上见证人在场见证，由其中一人代书，注明年、月、日，并由代书人、其他见证人和遗嘱人签名。以录音形式立的遗嘱，应当有两个以上见证人在场见证。遗嘱人在危急情况下，可以立口头遗嘱。口头遗嘱应当有两个以上见证人在场见证。危急情况解除后，遗嘱人能够用书面或者录音形式立遗嘱的，所立的口头遗嘱无效。"即在《民法典》颁布之前我国的继承立法中，规定了五种遗嘱形式，分别为公证遗嘱、自书遗嘱、代书遗嘱、录音遗嘱和口头遗嘱。

根据《继承法》第20条的规定："遗嘱人可以撤销、变更自己所立的遗嘱。立有数份遗嘱，内容相抵触的，以最后的遗嘱为准。自书、代书、录音、口头遗嘱，不得撤销、变更公证遗嘱。"《最高人民法院关于贯彻执行〈中华人民共和国继承法〉若干问题的意见》① 第42条规定："遗嘱人以不同形式立有数份内容相抵触的遗嘱，其中有公证遗嘱的，以最后所立公证遗嘱为准；没有公证遗嘱的，以最后所立的遗嘱为准。"由此可知，在《民法典》颁布之前我国的继承立法中，将上述五种遗嘱形式赋予了不同的效力位阶，即将五种遗嘱形式分为公证遗嘱和非公证遗嘱两个效力位阶，且公证遗嘱效力高于非公证遗嘱；非公证遗嘱不得撤销、变更公证遗嘱；立多份遗嘱的，其中有公证遗嘱的，以最后所立公证遗嘱为准；没有公证遗嘱的，以最后的遗嘱为准。

四、律师解析

对于公证遗嘱效力优先的原因，学界通说认为，公证遗嘱是经由国家公证机关按照法定程序证明的，最能体现遗嘱人设立遗嘱的真实意思表示，经公证的遗嘱真实性、合法性能得到最大限度的保障。

但是，随着时间的推移、社会的进步，我国经济生活越来越丰富多彩，家庭收入和财富累积越来越多，对于家族财富代际传承的要求越来越显著，现实生活中有关公证遗嘱的有效性、公证遗嘱的优先效力、遗嘱的撤回与变更、多份遗嘱之间的效力认定等的纠纷越来越多。而随着实践经验的不断丰富，对公证遗嘱效力优先观点提出质疑的声音也越来越多。

在《民法典》的编纂中，根据我国社会家庭结构、继承观念等方面的发

---

① 本书下文简称《继承法意见》。

展变化，第六编"继承"在《继承法》的基础上，修改完善了继承制度，以满足人民群众处理遗产的现实需要。

要点一：时代的发展、科技的进步与普及，让遗嘱形式更加多元化。《民法典》在我国《继承法》规定的公证遗嘱、自书遗嘱、代书遗嘱、录音遗嘱和口头遗嘱五种遗嘱形式的基础上，增加了打印遗嘱和录像遗嘱为有效的新遗嘱形式，使得遗嘱人对于遗嘱形式的选择有了更大的空间和自由度。

对于《继承法》第 20 条第 3 款关于公证遗嘱效力优先的规定，反对方的观点认为，"法律行为的成立，属于事实判断问题；法律行为的有效，属于价值判断问题"。法律行为的成立是法律行为有效的逻辑起点。公证行为是对遗嘱法律行为成立真实性、合法性的事实判断，而非对遗嘱是否有效、是否可供执行的价值判断。"公证遗嘱效力优先"的规定混淆了遗嘱成立与遗嘱生效间的区别。

继承制度的立法目的是保护遗嘱人自由处分其合法财产的权利，遗嘱自由则是实现这一目的的保障手段。遗嘱自由不仅包括是否订立遗嘱的自由、遗嘱内容的自由，而且包括选择不同遗嘱形式的自由以及遗嘱人随时撤回或者变更已经订立的遗嘱的自由。而"公证遗嘱效力优先"的规定违背了撤回或者变更遗嘱自由的原则，限制了遗嘱人对于其财产处分的真实意思表达。

遗嘱自由也非完全的、毫无限制的自由。《民法典》第 1141 条规定："遗嘱应当为缺乏劳动能力又没有生活来源的继承人保留必要的遗产份额。"这条也是《继承法》第 19 条特留份的规定，也是对遗嘱自由的相对限制。而这种限制是为了更好地保护继承人的合法权益。

在《民法典》施行前的司法实践中，某人若想改变自己已经立下的公证遗嘱的全部或者部分内容的话，则其只能再次到公证处进行更改。这样的操作对于年事已高、行动不便的老人来说，是困难的，有时甚至是无法完成的任务。《民法典》第 1142 条删除了《继承法》公证遗嘱效力优先的规定，这样的立法更切实地尊重了遗嘱人的真实意愿，更好地回应了人民群众处理遗产的现实需要。

要点二：对于立有数份遗嘱，不同遗嘱形式的效力顺序又如何呢？实践中，首先根据遗嘱是否具有涉外因素区分为国内遗嘱和涉外遗嘱，进而适用不同法律、采取不同认定标准。若为国内遗嘱，根据《继承法》的规定，按照有公证遗嘱的，以最后所立公证遗嘱为准；没有公证遗嘱的，以最后所立的遗嘱为准的规定处理。2021 年 1 月 1 日《民法典》施行后，则按照《民法典》第 1142 条第 3 款的规定处理，即"立有数份遗嘱，内容相抵触的，以最后的遗嘱为准"。若为涉外遗嘱，根据《中华人民共和国涉外民事关系法律适用法》① 第 33 条的规定："遗嘱效力，适用遗嘱人立遗嘱时或者死亡时经常居所地法律或者国籍国法律。"涉外遗嘱应当首先确定遗嘱效力的准据法，再根据准据法认定遗嘱效力。若准据法确定为国外法，则应当查明国外法，再依据查明的国外法判断遗嘱效力；若不能查明国外法，根据《涉外民事关系法律适用法》第 10 条第 2 款的规定"不能查明外国法律或者该国法律没有规定的，适用中华人民共和国法律"，按照前述国内遗嘱的效力顺序认定规则认定。

---

① 本书下文简称《涉外民事关系法律适用法》。

家庭财产传承的遗嘱，
现在有哪些新方式？

欧秋钢[*]

一、《民法典》规定

第1136条 打印遗嘱应当有两个以上见证人在场见证。遗嘱人和见证人应当在遗嘱每一页签名，注明年、月、日。

第1137条 以录音录像形式立的遗嘱，应当有两个以上见证人在场见证。遗嘱人和见证人应当在录音录像中记录其姓名或者肖像，以及年、月、日。

二、知识要点

《民法典》是中华人民共和国立法史上第一部以法典形式呈现于世的法律，是一部为人民编纂的法典，对于满足人民群众日益增长的美好生活的需要提供了多重法律保护的途径；是一部为公民编纂的法典，对于保护公民的人身权、人格权、财产权提供了更多的方法和手段。同时，这部法典吸收了现代科技技术、文化艺术发展成果，顺应了时代发展的巨变。该法典第六编第三章规定了遗嘱继承和遗赠制度，并在《继承法》的基础上，进一步修改完善了遗嘱继承制度。

---

* 欧秋钢，毕业于中国人民大学法学院，师从范愉教授。海南国际仲裁院、南京仲裁委仲裁员；中国保险法学研究会理事、中国法学会会员。国家高级法官（退休），从事民商事审判二十余年；北京市多元调解发展促进会退休高级法官调解示范团专家调解员、北京市西城区法院诉前调解员，是我国保险纠纷行业调解机制、诉调对接机制创始人。主要学术成果：《调解员工作手册》《北京人身保险合同纠纷调解案例汇编》《北京保险合同纠纷调解案例汇编》《疫情影响之法律对策》《仲裁裁决被撤案例精析》。

三、典型案例

【案情简介】北京居民杜某山与妻子杜某氏，均出生在中华人民共和国建立前。受传统观念影响，他们生育了三儿三女，以求"多子多福"。但美中不足的是，三儿子杜某利从出生时左手就带着残疾，手指不能抓握，手腕不能上扬。杜氏夫妇在这个先天残疾儿身上倾注了更多的心血。在全家人精心呵护下，杜某利渐渐长大。当他因残疾在学校被同学讥笑、歧视时，他没有沉沦，而是变不利为动力，刻苦学习，不断进步，逐渐成为班里的优等生。上完中学后，为了让他实现生活自立，父亲早早退休，让他顶职在工厂做了门卫兼收发员。他努力工作，克服残肢带来的不便，以勤补拙，自立自强，成为工厂的先进工作者。随后他顺利地成家立业，生儿育女。退休后又被一家物业管理公司返聘，在一个居民小区做门卫。家庭小日子越过越甜蜜。

三儿三女陆续成家，杜某山晚年却因积劳成疾罹患重病。夫妻俩为了避免身后多子女为财产问题起纷争，他们找人打印了一份遗嘱，处理家中唯一的小三居住房：父母在世则父母居住；父母死亡后，则由三儿杜某利继承。老两口将六个子女叫到跟前，当着他们的面，双双在遗嘱上签上姓名、填上年月日、捺下指印。在逐个征求意见后，六个人在共同遗嘱上写下同意，并作为见证人签名捺印，遗嘱复印后每人保管一份。

两年后，杜某山撒手人寰。杜某氏将该房屋从杜某山名下转移登记到自己名下，独自在这套住房中生活了二十多年。

2019年6月的一天，杜某氏将大女儿、二女儿叫到跟前，重申了之前她与丈夫订立的遗嘱，并再三嘱咐两个女儿：自己死后，不管发生什么情况，你们一定要保证让三儿杜某利拿到房屋，让他有房住。两个女儿含泪在母亲面前写下保证书，不管两个兄弟及小妹态度有无变化，保证让该房屋顺利地转移到弟弟杜某利名下。姐妹俩在保证书上又是签名又是捺印，各自保存一份。在与病魔抗争了5个月后，杜某氏心怀牵挂地与儿女们永别了。

杜某氏去世后，三儿杜某利拿出父母的遗嘱，知会兄弟姐妹，准备将老人留下的房屋办理继承过户登记，不料遭到二哥和小妹反对，理由是你家不缺房，人均居住面积比我们两家还多，父母的房产应该出售后大家均分钱款。杜某利与他们商量半年无果，不得已向法院提起遗产继承诉讼，要求法院判令按遗嘱继承父母留下的房产。

案件开庭审理前，此案被委派给调解员进行诉前调解。调解员阅卷后认为，涉案遗嘱虽然是打印件，但能够反映两名立遗嘱人的真实愿望，遗嘱的其他形式要件都符合法律规定，应认定为有效遗嘱；遗嘱见证人虽是继承人，但见证人是全体法定继承人，见证时无一人表示异议。虽然杜某利目前的生活状况不比其他兄弟姐妹差，但他毕竟是肢体残疾人，属于应当照顾的困难人员，立遗嘱人的目的就在于此。鉴于继承人之间的兄弟姐妹关系，调解员先是找来杜某利的两位姐姐，做她们的劝说工作。通过交谈，她们意识到在母亲面前写下保证书，实际上是确认了遗产管理人、遗嘱执行人的地位。因而有责任、有义务做其他继承人的工作，让父母的遗愿得以实现。姐妹俩分别与弟弟、妹妹交谈多次，重申父母的身前交代，进行规劝，逐渐唤醒了两人的亲情。根据两人的思想变化情况，调解员各个击破，分别给两人做工作，说情、说理、说法。经过二十多天的调解，兄弟姐妹六人终于达成协议：按照父母遗嘱执行，由杜某利继承房产。涉案打印遗嘱终得执行。

【焦点问题】

1. 打印遗嘱是否有效？我国 1985 年起实施的《继承法》对于公民订立遗嘱的形式设定了种种限制。第一，对"自书遗嘱"形式要件的规定十分严格，必须由立遗嘱人自行书写全部遗嘱内容，落款处需要立遗嘱人本人签名、本人填写年月日等。第二，打印形式的遗嘱无效。如果遗嘱为打印文件，即使内容能反映立遗嘱人的真实愿望，遗嘱效力也会被否认。在这种严苛的法律制度下，一部分文化程度不高，书写有困难的老人，还有那些进入生命末期、浑身插满医药导管而无法亲自书写的人士，就难以自书遗嘱的形式处分自己身后的财产；有些希望更改公证遗嘱内容的人也就无法实现愿望。本案中杜某山与妻子杜某氏请人打印的遗嘱，因遗嘱内容不是立遗嘱人逐字书写，一旦涉诉，就会被确认无效。其子女就不能依遗嘱继承遗产。

《民法典》将打印遗嘱纳入订立遗嘱的合法形式之中，成为民事立法的一个突出亮点，其意义十分深远。

它顺应了时代发展。采用电子化书写形式，内容清晰，文字容易辨认。《民法典》的这一规定，尊重了被继承人的意思自治，更好地保障了被继承人支配合法遗产的决定权。继承法律制度虽然有着明显的身份属性，涉及公序良俗，但终究还是属于私法领域。只要被继承人的行为不违反法律的强制性规定，那么法律就应该最大限度地为其提供便利。这种思想在本次立法中就得到了体现。打印和录像在目前来说，应该是比较便捷且很流行的方式，如果坚持一定要手写，不能打印；坚持只能书面不能通过数码技术记录，就无法紧跟时代潮流，也就不能更好地保障公民权利。

它尊重了大多数人的书写习惯。电脑早已走进千家万户，绝大多数人每天习惯打开电脑进行写作，比过去的纸笔写作更省时，修改起来更方便，这种电子文档，节省了大量的纸张笔墨，且便于打印、辨认、保存、传输。

它解决了特殊人群的书写困难。部分老年人、文盲半文盲人、视力不佳的人、上肢残疾人，订立遗嘱时都会遇到书写难题。《民法典》将打印遗嘱作为新增加的遗嘱形式，对遗产继承中保护特殊公民群体的意思自治、保障特定公民的继承权更加充分，同时也顺应了信息时代电脑普及，微机录入取代人工书写的社会生活变化。

它充分体现了当事人意思自治。每个公民都有权自主处分遗产。那么立遗嘱就是自主处分遗产的最有效方式。所以从遗嘱这个角度上来说，只要被继承人的遗嘱内容是真实的，是他真实意思的表示，在外观形式上符合法律要求，就可以按照他的遗嘱去处分其遗产。增加打印遗嘱的规定，可以保障更多的人自主处分遗产，在私法领域有效地减少国家干预。

它为更改遗嘱提供了便利及可能。《继承法》除了对自书遗嘱有严格的形式要件规定之外，还赋予公证遗嘱以效力优先的地位。那么，当一些公民在身体健康时订立过公证遗嘱，但到生命临终时希望废除公证遗嘱，重新订立自书遗嘱，更改遗嘱内容的话，因公证遗嘱优先效力的制度限制和个人书写的重重困难，造成这些人没办法按照自己的意愿去处分遗产。最后或多或少带着遗憾离世，影响了公民个人家庭财产的传承。

2. 继承人能否成为见证人？《民法典》第1140条规定："下列人员不能作为遗嘱见证人：（一）无民事行为能力人、限制民事行为能力人以及其他不具有见证能力的人；（二）继承人、受遗赠人；（三）与继承人、受遗赠人有利害关系的人。"这是民法典对遗嘱见证人资格的限制性规定。由于遗产继承既涉及家庭成员间的亲属关系，也涉及数额较大或巨大的财产关系，充当遗嘱见证人必须具有完全民事行为能力。又因遗产继承绝大部分发生在家庭亲属关系人之间，继承人与被继承人、遗产、其他继承人之间的人身关系、财产关系十分密切；他们之间可能存在利益冲突或利害关系，如果让继承人中的一人或两人作为遗嘱见证人，他或他们出于私心，有可能左右立遗嘱人的思想，立出对见证人有利而对其他继承人不利的遗嘱；或者客观上给见证人提供了篡改、变造、伪造遗嘱的便利。因此，继承人、受遗赠人以及与继承人受遗赠人有利害关系的人不能作为遗嘱见证人。

但上述案件确属例外。杜某山与杜某氏所共同订立的遗嘱，全体法定继承人都是遗嘱见证人；都明确写下日后不与继承人争夺遗产的保证；都亲笔写下姓名、年月日，并捺指印。立遗嘱人这样做的目的是要最大限度地保护残疾儿子的利益，让他无论遇到任何困难也能有房住。这种签名，既是对父母订立共同遗嘱的见证，也是对执行共同遗嘱的保证。形式上看，六名子女是遗嘱见证人，实质上，立遗嘱人是借用见证人形式将其中的五名子女变成日后遗嘱的执行人、保证人。如果我们机械地照搬法条，那么本案的遗嘱效力可能会被归于无效，带来的结果将是不能适用遗嘱继承。如果按照法定继承的方式分割遗产，被继承人的遗产会被均等地分为六份，遗嘱继承人杜某利只能与其他人一样分得其中一份。这样的结果显然与立遗嘱人想要重点保护残疾儿子的愿望相悖。扶老携幼，济困助残，一直是中华民族的优良传统，杜氏夫妇所立的共同遗嘱，体现了这种精神，不能因见证人均为继承人而否定其遗嘱效力。公民订立遗嘱的意思自治应当得到法律保护。所以，在特定情况下，继承人也能够成为遗嘱见证人。

3. 继承人能否成为遗产保管人和遗嘱执行人？《民法典》在继承立法的基础上新增加了遗嘱执行人和遗产管理人制度。遗嘱执行人和遗产管理人既可以由立遗嘱人指定，也可以由继承人推选，还可以由继承人委托律师担任。立遗嘱人订立遗嘱时如果指定了遗嘱执行人，如本案中立遗嘱人杜某氏在去世前两个月要求其长女、次女写下保证书，就是指定遗嘱执行人的行为。继承开始后，遗嘱执行人就是遗产管理人，应履行职责，按照遗嘱完成遗产的转移或分割。继承开始后，如果没有遗嘱执行人，继承人应及时推选遗产管理人。随着继承法律制度的日臻完善，为继承人提供遗产管理、遗嘱执行的法律服务，也将成为律师业务的新机遇。

四、律师解析

遗嘱继承是根据被继承人生前所立遗嘱处理遗产的继承方式。相较于法定继承，遗嘱继承更能体现公民对遗产处置的意思自治。遗嘱继承的基础是被继承人身前立有遗嘱，而且所立遗嘱合法有效。因此，继承立法对订立遗嘱的形式有着明确、具体、细致的要求。《民法典》在继承编凸显出许多创新及亮点。

第一，增加了新的遗嘱形式。《民法典》在《继承法》规定的自书遗嘱、代书遗嘱、录音遗嘱、口头遗嘱、公证遗嘱的基础上，以第1136条规定了打印遗嘱为有效的遗嘱形式。现阶段，计算机早已成为新的办公工具和日常书写工具，打印出来的文档较之于人工手书的文档，既方便快捷，又清晰好看，容易修改，便于保存。对于需要订立遗嘱的人来说，还能解决书写困难。将打印遗嘱纳入订立遗嘱的形式之中，使遗嘱形式的立法与当今社会生活的现实状况和科技发展的实际水平相适应，使当事人订立遗嘱处分遗产的意思自治得到了更好的保证。这一规定具有创新性和先进性，相较于过去的继承立法，更加尊重被继承人的意思自治，让遗嘱形式愈加多元化。律师在为当事人提供法律服务时，可以根据当事人的年龄大小、身体健康状况、智力状况等特点，建议其采用更适合自己的遗嘱订立形式。

第二，规定了打印遗嘱的有效条件。从立法特点看，新增加的打印遗嘱，有可能是立遗嘱人自行打印遗嘱文件，也有可能是立遗嘱人委托他人打印遗嘱文件，因此其生效要件参照代书遗嘱规定为"应当有两个以上见证人在场见证"；其遗嘱的形式要件是"遗嘱人和见证人应当在遗嘱每一页签名，注明年、月、日"。《民法典》于 2021 年 1 月 1 日起施行后，协助公民订立遗嘱，将成为律师业务新的增长点。为公民打印遗嘱、代书遗嘱，并为公民的打印遗嘱、代书遗嘱、口头遗嘱、录音录像遗嘱做见证人，都将是律师提供法律服务的用武之地。要注意提醒当事人完善所立遗嘱的形式要件。

第三，调整了遗嘱的效力。过去由于《继承法》规定了公证遗嘱效力优先于其他任何形式的遗嘱，于是，公民订立遗嘱时，许多人首选公证遗嘱，客观上制约了其他形式遗嘱的使用。《民法典》删除了《继承法》关于公证遗嘱效力优先的规定，让公证遗嘱的效力与其他形式遗嘱的效力平起平坐，从而保证立遗嘱人对遗嘱形式有了更多的选择。此外，打印遗嘱、录音录像遗嘱合法性的确立，遗嘱形式的多样化，也为立遗嘱人更改、修订遗嘱内容提供了可能，满足了人民群众处理遗产的现实需要。

第四，减少了无人继承、收归国有的公民财产。《民法典》诞生之前，我国公民用订立遗嘱的形式处分遗产并未形成遗产继承的主流。所以，有的人去世之后，由于没有第一顺序和第二顺序的法定继承人，身前也没有订立遗嘱处分身后的财产，遗留的财产就成为无主财产而被收归国有。在我们走向现代法治国家的进程中，民事法律制度应当最大限度地保护公民的合法财产能够顺利地在其家庭成员间、家族成员间传承，从而有效地减少无主财产。此外，我国在过去一段时期实行"一对夫妻只生育一个孩子"的基本国策，遗留于今的失独老人家庭、丧偶老人家庭出现养老难题，有些不是家庭或家族成员但对被继承人尽了扶养、帮助义务的人，可能因自己的善举而依据遗嘱遗赠得到他人遗产的传承。所以，遗嘱形式的多样化，还可以促进新型养老模式诞生。

第五，完善了遗产处理的程序和规则。《民法典》在《继承法》的基础上进一步完善了有关遗产处理的制度。一是增加了遗产管理人制度，明确了遗产管理人的产生方式、职责和权利等内容，确保遗产在实际继承之前得到妥善管理。二是增加了遗嘱执行人制度，以保证遗产的顺利分割，更好地维护继承人、债权人利益。三是完善遗赠抚养协议制度，适当扩大抚养人的范围，明确继承人以外的组织或者个人均可以成为抚养人，以满足养老形式多样化的需求。四是完善无人继承遗产的归属制度，明确归国家所有的无人继承遗产，应当用于公益事业。

遗产管理人主要做什么?

梁 梅[*]

《民法典》通过后,在继承编的第三章及第四章中规定了遗产管理人制度。《民法典》规定,继承开始后,遗嘱执行人为遗产管理人;没有遗嘱执行人的,继承人应当及时推选遗产管理人;继承人未推选的,由继承人共同担任遗产管理人;没有继承人或者继承人均放弃继承的,由被继承人生前住所地的民政部门或者村民委员会担任遗产管理人,若对遗产管理人的确定有争议的,则可依据《民法典》第1146条规定,向人民法院申请指定遗产管理人。

一、《民法典》规定

第1147条 遗产管理人应当履行下列职责:(一)清理遗产并制作遗产清单;(二)向继承人报告遗产情况;(三)采取必要措施防止遗产毁损、灭失;(四)处理被继承人的债权债务;(五)按照遗嘱或者依照法律规定分割遗产;(六)实施与管理遗产有关的其他必要行为。

二、知识要点

在《民法典》出台之前,遗产管理人制度在我国基本处于"空白",《继承法》仅规定了遗嘱执行人。遗嘱执行人是指在遗嘱继承及遗赠中有权按照遗嘱人生前的要求,在其死后执行遗嘱的特定的人。这种通过遗嘱处理自己财产的方式,是每一个拥有合法财产的自然人均享有的权利。遗产执行人最先见诸罗马法,原则上为承继遗嘱人人格的继承人,只有在例外的情况下才

---

[*] 梁梅,北京市安通(东莞)律师事务所实习律师。

可以委任选择继承人以外的人作为遗嘱执行人。但通常认为遗产执行人一说并非真正源于罗马法，而是来自近现代民法典之中。

《继承法》第 16 条开始出现"遗嘱执行人"的规定，"公民可以依照本法规定立遗嘱处分个人财产，并可以指定遗嘱执行人"，同时，在第 23 条第 1 款中规定："继承开始后，知道被继承人死亡的继承人应当及时通知其他继承人和遗嘱执行人"；在第 24 条中规定："存有遗产的人，应当妥善保管遗产，任何人不得侵吞或者争抢"。尽管《继承法》对遗嘱执行人及遗产保管人概念有所提及，但《民法典》却未对此作出具体细化，因而缺乏实操性。

《民法典》对于遗嘱执行人和遗产管理人的法律性质和区别并没有予以明确的阐述。遗产管理人的产生方式中具有中国特色部分是，可由继承人所在地民政部门或村民委员会担任，这是根据我国的国情提出的方式。

首先，《民法典》中遗产管理人的职责之一即是明确遗产清单，遗产管理人的义务类似于"财产清算"程序。我们现阶段的遗产分割，无论是采取公证还是法院诉讼的方式，最重要的是制作遗产清单。明确遗产清单是遗产管理人行使法定职责的重要程序之一，遗产清单的明确，无论对于内部法定继承人之间的遗产分配还是外部债权人来说都是相对公平的。在遗产继承中，继承人和债权人之间属于利益冲突，因此由继承人担任遗产管理人可能会存在继承人藏匿或者转移财产线索损害债权人利益的情况。在涉及的债权债务关系比较复杂的前提下，建议法院指定继承人以外的专业机构担任遗产管理人。遗产管理人作为中立方会站在相当公平和中立的角度进行遗产清算，能够最大程度上保证债权人的合法利益。

其次，是遗产管理人的妥善保管义务。虽然《民法典》中并未直接规定遗产管理人具有妥善保管的义务，但我个人认为妥善保管义务是遗产管理人的义务之一，是贯穿整个继承过程的一项职责。对于"保管"一词，有的学者主张是单纯的保管，并不包括处分行为，但《法国民法典》认为，遗产管理人对于不易保管的鲜活物品具有处分的权利，且这种处分权在行使时无须得到任何人或机关的同意，但前提是不得损害被继承人的遗产，以保护其价值。我个人也比较倾向于这种具有适当处分权的妥善保管义务，且遗产管理人在保管过程中应当行使与所获得的报酬同等的注意义务。妥善保管遗产是遗产管理人在管理遗产过程中必须尽到的职责。

从《民法典》的相关规定可知，我国的遗产管理人在遗产管理方面具有重要作用。对于遗产管理人的义务可以用一句话总结，即清算、妥善保管财产，保证遗产能够得到公平公正合理的分配。但《民法典》对于遗产管理人职责的规定过于笼统，没有进行具体的细化。例如，遗产管理人在管理遗产时是否可以直接处理被继承人生前的债权债务问题？遗产管理人在接管遗产之后是否可以公告搜索债务人……类似的遗产管理人的具体职责，在2020年5月28日颁布的《民法典》中并没有进行明确规定。

根据第1148条，遗产管理人应当依法履行职责，因故意或者重大过失造成继承人、受遗赠人、债权人损害的，应当承担民事责任。

遗产管理人因故意或重大过失造成继承人等相关的利益主体的合法权益受损的，应当承担相应的民事责任，这种惩罚机制正对应了"有权必有责，违责必受惩罚"原则。遗产管理人和正常普通人一样，设定相应的惩罚机制能够让遗产管理人在管理遗产过程中更加细致谨慎。惩罚机制能够让遗产管理人内心有一种息息相关的责任感，认为遗产管理这件事并不只是别人家的一件小事，更是与自身利益相挂钩的大事。但《民法典》只是很简略地提了一下遗产管理人应当承担相应的民事责任，对于如何承担以及承担的数额是否超过应获取的报酬、是否可以从劳动报酬中直接扣除等都没有作出相关的规定。

三、典型案例

【案例1】2007年侯某文因心肌梗死抢救无效死亡，其生前并未立下遗嘱和签订遗赠协议，从而导致遗产分割一直无定论，且在侯某文死亡之后，其兄侯某华第一时间处理侯某文的后事，掌握了各项财产和相关证件，在侯某文死亡后两年内侯某华并没有将遗产情况告知两位继承人。侯某文生前购买别墅时曾向银行贷款，银行多次催告两位继承人偿还贷款，但由于两位继承人并没有在时效内进行贷款偿还，银行据此将两位继承人告上法庭。

【案例2】女富商龚某心因病去世留下巨额财产，在她离世后的几天时间里，出现了两份遗嘱，一份是2002年设立的，交由慈善基金进行管理，一份是由陈某聪持有，以遗赠的方式将巨额财产赠与陈某聪。我国香港地区高等法院审理此案，双方以遗产管理人的身份提交了相关的证明文件，最终香港高等法院确定了有效的遗嘱，遗产管理人将剩余的遗产交由继承人。

【焦点问题】

1. 在侯某文遗产纠纷案中，主要涉及几种法律关系？

2. 是什么造成了两个案例截然不同的结果？

3. 遗产管理人产生的必要性有哪些？

4. 遗产管理人的任职资格是什么？

四、律师解析

关于问题1，在该遗产纠纷一案中，主要涉及两种法律关系。第一，内部法律关系即遗产继承纠纷；第二，外部法律关系即债权债务关系。按照我国法律法规规定，内部法律关系处理的前提在于外部法律关系已经处理完毕，但在侯某文财产纠纷一案中，自继承开始后3年内遗产继承纠纷尚未得到解决。其实在我个人看来，该案一直无法解决的原因在于，两位遗产继承人对于财产范围无法达成一致，进而无法统计清算财产，以至于财产一直处于一种分散及不固定的状态。生老病死属于必然事件，在人一生中都必定会经历，如若是自然而然地因年龄增长而死亡或因长期疾病的折磨而死亡，一般情形下的被继承人都会立下遗嘱或者遗赠抚养协议，避免发生遗产纠纷。但是在本案中，侯某文因心肌梗死而猝死，属于一种意想不到的突发事件，财产及很多证件尚未来得及变更，才导致在侯某文死亡后3年该遗产纠纷还未得到解决。设想在10年前发生的侯某文继承一案中，自被继承人侯某文死亡之后，继承开始之时，被继承人委托了遗产管理人进行遗产管理，耗时3年之久的遗产纠纷一案还会发生吗？

关于问题2，对比侯某文案，龚某心案中出现了两份遗嘱，孰真孰假，难以确定，遗嘱的有效性不能确定，势必会导致内部继承关系混乱和外部债权债务纠纷。但那时我国香港地区已经存在遗产管理人制度，香港高等法院根据当事人申请，确定了遗产管理人，此后遗产管理人根据香港的相关规定获取或收集遗产，制作遗产清单，向继承人报告遗产管理的具体情形。

通过侯某文和龚某心遗产纠纷案，不难看出遗产管理人制度的重要性。在没有遗产管理人制度的内地，若被继承人突然离去，在没有遗嘱的情形下，内部的遗产纠纷、外部的债权债务关系纠纷都将持续很长一段时间，然而在设定遗产管理制度的我国香港地区，能够通过发挥遗产管理人的作用，有效地确定遗嘱，在较短的时间内将遗产分配给继承人。

关于问题3，遗产管理人制度在内地属于新事物，但在我国香港地区及其他国家已经相当普遍。香港的遗嘱管理人制度和《民法典》规定的管理人有些许的不同。在香港，遗嘱管理人只有在无遗嘱的情形下才会出现，如果遗嘱中规定了遗嘱执行人，则该人只能以遗嘱执行人的身份来执行被继承人的遗产。但无论是遗产管理人还是遗产执行人都需要到遗产承办处办理登记备案，获得授予书后方可以遗嘱执行人或者遗产管理人的身份来收集或获取遗产、制作遗产清单、清偿遗产债务。

在现实的遗产继承纠纷中，最大的争议焦点在于遗产范围的确定。而在继承开始到分配遗产这段时间内，由于缺乏实际管理遗产的管理人，出现遗产纠纷的概率大大增加。而在侯某文一案中可知：缺乏遗产管理不但会直接涉及继承人是否能得到公正公平的遗产份额，还会导致外部的债权债务纠纷，从而影响债权人应有的合法利益的实现。遗产管理人的出现是为了回应现实需要，也是向我国香港地区法律及世界各国法律学习的体现。在笔者看来，新增遗产管理人更重要的是为以后征收遗产税埋下伏笔。在现实生活中，遗产纠纷的标的额都不会太小，从社会公平及实现共同富裕、缩小贫富差距的角度出发，对继承遗产的继承人征收遗产税是势在必行的。若从遗产管理人的手中直接征收会更加方便，这其实是因为在现实生活中可能会存在继承人为了逃避遗产税而选择隐瞒实际的遗产范围及标的的情形。根据《民法典》的规定，遗产管理人履行相应的职责后有权收取相应的报酬。从专业和理性的角度，遗产管理人制度对于征收遗产税可能也会有利。先在法律层面上规定遗产管理人，后进行征收遗产税的方式也是各国普遍实施的办法。

2020 年 5 月 28 日，第十三届全国人民代表大会第三次会议通过了《民法典》，其中《民法典》继承编第四章"遗产的处理"中新增了遗产管理人制度。且随着一代"赌王"何鸿燊逝世，社会大众纷纷都在猜测"赌王"的巨大遗产将会怎么分配？在赌王家人为"赌王"伤心哀思之时，继承的遗产将会由谁进行管理？财富传承可谓是一个世界性的难题，尤其是国人忌讳谈生死的国情，更是给财富传承增加了不少难度。为更好地解决财富传承这一困境，事关人一生的《民法典》增加了遗产管理人制度。

遗产管理人是指依照法律规定或约定对被继承人的遗产进行妥善保管、管理、清算以及分配的人。遗产管理人制度在《民法典》颁布之前属于空白，此前中华人民共和国法律并无遗产管理人制度，仅在《继承法》第 16 条、第 24 条和《最高人民法院印发关于贯彻执行〈中华人民共和国继承法〉若干问题的意见》中提出遗产执行人。

但无论在英美法系国家还是大陆法系国家，遗产管理人制度已经处于一种相对成熟的状态，这都非常值得我们进行学习研究。早在罗马时期，遗产管理人初现雏形，由国库管理无人继承的遗产，虽然当时并未出现遗产管理人这一概念，但国库对无人继承的遗产进行有效管理，实际上等同于遗产管理人。遗产管理人这一概念是由英国人提出的，并对遗产管理人进行明确的规定。此后，无论是发达国家还是发展中国家纷纷在立法上效仿英国，且在颁发并落实遗产管理人制度的国家中，遗产纠纷确实减少许多。为此，遗产管理人制度的构建既是现实所需，也是向世界立法学习靠近的途径之一。

关于问题 4，如今，遗产的形式各种各样，《民法典》对于遗产管理人的资格并未进行明确的规定，本人认为委托专业的律师担任遗产管理人有助于更好地清算遗产、制作遗产清单、避免遗产缩水；再者，遗产继承本属于家庭纠纷，涉及各种法律关系，当各种错综复杂的法律关系牵连在一起时，诉讼负担会有所增加，委托专业的律师担任遗产管理人，律师会站在中立的角度，解决家庭纠纷、缓和家庭矛盾。

　　法律来源于生活，生活是法律的原材料，《民法典》中遗产管理人制度的增加，回应了现实需要，这一制度是现实生活中存在的因缺少遗产管理人而导致遗产纠纷长时间得不到解决，进而严重损害各继承人及债权人合法权益等问题的解决途径。遗产管理人制度是与我国社会、经济发展相适应的一种制度，而律师是遗产管理人的合适人选，应该在提供遗产管理服务，守护当事人财富，维护社会和谐方面发挥应有的作用。

侵权责任编

侵权责任编：一种指引规则的继往开来[*]

梁会青^{**}

民法典的诞生，无疑具有伟大的历史意义。

作为一名深耕法律行业 15 年的老兵，深知每次立法更新绝非偶然，更多的法律工作者已经走在立法前面，当事人敢想，律师敢代，司法者敢判，立法者敢立，才成就了时至今日的民法典。

当然，每一个"敢"字都建立在对立法宗旨及立法本意的深刻领悟基础之上。只有如此，才可以承袭立法意图，使原本模糊的地带更加清晰化。

就本次民法典侵权责任编而言，从立法层面来看，创新颇多，包括但不限于"自力救济制度""风险自甘原则""精神性赔偿的适用""惩罚性赔偿的适用""免费搭乘中交通事故责任的划分"以及"高空坠物纠纷中，物业管理公司的安全保障义务"等，均在具体的法律条款中得到明确。

诚然，前述更新亦是对既往裁判规则的总结和升华。通过对既往案例的研判，或许更能加深我们对新规的理解。

自力救济："过犹不及"

自力救济制度在侵权责任法（以下简称旧法）尚属模糊地带，民法典（以下简称新法）第 1177 条对自力救济制度予以明确规定：合法权益受到侵

---

* 本文首发于《民主与法制》周刊 2020 年第 23 期。

** 梁会青，曾就读于中南财经政法大学，师从中国诉讼法权威蔡虹教授，获诉讼法学硕士学位。有多年执业律师经验，曾担任多家上市公司（集团）法务负责人，在股权并购及争议解决方面具备丰富的经验。主要学术成果：《民事裁判执行中的第三人及权利保障》《证券投资者利益保护的诉讼法视角——论证券民事赔偿诉讼制度》《侵权责任编：一种指引规则的继往开来》，创建微信公众号"花开茶山刘"，发表多篇专业文章。

害，情况紧迫且不能及时获得国家机关保护，不立即采取措施将使其合法权益受到难以弥补的损害的，受害人可以在保护自己合法权益的必要范围内采取扣留侵权人的财物等合理措施；但是，应当立即请求有关国家机关处理。受害人采取的措施不当造成他人损害的，应当承担侵权责任。

基于立法宗旨并结合前述规定来看，对于侵权行为，应以"公力救济"为主，权利人采取自力救济，仅限于情况急迫且不应超过必要的限度，否则将存在承担侵权责任的法律风险。在司法实践中，权利人采用自力救济措施的适度性往往成为此类案件争议的焦点。通过对既往案例的研判，笔者认为"适度性"的判断，应结合具体案情而言，权利人采取自力救济的后果不应超过公力救济后实现的后果。

在武某与蔡某的侵权责任纠纷①中，法院判决认为蔡某系在合理限度内行使自力救济，而无须对武某承担侵权责任。主要案情如下：2001 年，武某租赁蔡某位于石景山区北辛安和平街的公房一间，2005 年武某经蔡某同意在租住的院内最南端自建房屋一间，面积 16 平方米。法院于 2013 年 1 月 23 日判决：武某于本判决生效后 3 个月内将自建南房一间自行拆除，并将占用场地腾空返还给蔡某。

2014 年 2 月 27 日，蔡某申请强制执行未果，自行拆除武某自建南房并将屋内物品放置其自建房内。武某诉至法院，诉讼请求如下："1. 依法判令蔡某赔偿武某房屋损失 80 000 元、财产损失 64 129 元（其中现金 30 000元）。2. 蔡某赔偿武某误工费 9000 元 ……"

最终法院判决为：蔡某所为系在必要合理限度内的自力救济行为，无须承担赔偿责任。

在上述案例中，蔡某采用自力救济的后果系：在不损害武某财产权益的情况下，腾空房屋，该后果并未超过判决书所列执行内容，受诉法院认定"蔡某所为系在必要合理限度内的自力救济行为，无须承担赔偿责任"，并无不当。

---

① 案号：（2014）一中民终字第 8048 号。

赔偿原则：侵权责任编的灵魂条款

一、精神损害范围的突破性拉伸

较之旧法第 22 条而言，新法第 1183 条将"自然人具有人身意义的特定物"增入"精神损害标的之内"，突破了"精神损害赔偿限于人身权受到侵犯"的传统理念。在该等侵权行为中，如何界定"具有人身意义的特定物"将成为该等新型案件争议的焦点之一，也为司法适用留下了很大的空间。

在新疆维吾尔自治区乌鲁木齐市新市区人民法院〔（2019）新 0104 民初 5672 号〕案中，夏家三子女向法院提出诉讼请求：被告夏某怀因对母亲黄某所立遗嘱不满，私自将存放在乌鲁木齐市第二殡仪馆内母亲的骨灰盒取出藏匿，致使三原告祭奠母亲的权利被剥夺，给三原告精神上造成了极大的伤害，故诉至法院，诉求判令被告赔偿因私藏母亲黄某骨灰盒而给三原告造成的精神损失费 1 万元。

法院认为：亲人骨灰是一种特殊物体，祭奠权为所有具有亲属关系的成员共同拥有，具有亲属关系的成员应相互尊重对方的权利，不得随意侵害他人行使祭奠权。本案中，被告夏某怀应按照传统习惯和道德伦理的要求，尊重大多数亲属的意见，现被告擅自将存放在殡仪馆中母亲的骨灰取回，放置在自己家中，并拒绝交出骨灰的行为有违社会公序良俗，侵犯了三名原告对已故母亲表示追思和敬仰的权利，也必然对三名原告造成一定的精神损害，故三名原告作为死者的子女起诉要求被告赔偿精神损失费的主张，于法有据，本院予以支持！

在前述案例中，将"已逝亲人的骨灰"视为近亲属具备人身意义的特定物，要求擅自转移藏匿骨灰的侵权人承担精神赔偿责任，在当时的立法环境中，颇具前瞻性和创造性。

二、惩罚性赔偿或将普遍

较旧法而言，新法第 1207 条、第 1185 条及第 1232 条对产品侵权责任、知识产权侵权责任及环境侵权责任适用惩罚性赔偿原则作出明确规定。

知识产权侵权纠纷和产品责任纠纷中，惩罚性赔偿在单行法中已有规定，司法实践中并不鲜见。惩罚性赔偿原则列入环境污染侵权中，应是质的飞跃，中华环保联合会提起的公益诉讼中，多次提出惩罚性赔偿的诉求，终因法律无明确规定而不被法院支持，新法颁布，也算是守得云开见月明。毋庸置疑，立法虽对"惩罚性赔偿的适用"作出明确规定，但对惩罚性赔偿金额的计量依据，尚未作出明确规定，有待进一步完善。

山东省德州市中级人民法院（2015）德中环公民初字第 1 号案，中华环保联合会与德州晶华集团振华有限公司环境污染责任纠纷一审民事判决书中，关于原告中华环保联合会要求被告振华公司赔偿因超标排放污染物造成的损失 780 万元，法院认为，原告中华环保联合会该项诉讼请求的依据是《中华人民共和国大气污染防治法》第 99 条及《中华人民共和国环境保护法》第 59 条，该两条规定的是行政处罚而非民事责任，且环境民事公益诉讼司法解释中并未规定惩罚性赔偿，故原告中华环保联合会该项诉讼请求法律依据不足，法院不予支持。

三、风险自甘原则植入立法

较旧法而言，新法第 1176 条对风险自甘原则予以明确规定：自愿参加具有一定风险的文体活动，因其他参加者的行为受到损害的，受害人不得请求其他参加者承担侵权责任；但是，其他参加者对损害的发生有故意或者重大过失的除外。

在本条的适用过程，需要关注：①本条仅基于活动的其他参加者承担重大过失或故意的侵权责任作出规定，活动的组织者仍应根据第 1198 条承担安全保障义务，仅在证明其已经尽到安全保障义务之前提下方可免责。②虽然"风险自甘"对文体活动的其他参赛者作出保护性规定，作为文体活动的参加者建议通过购买保险产品有效转移活动风险。

江苏省常州市中级人民法院（2020）苏 04 民终 181 号案中，程某在参加学校学生自行组织的篮球训练时因与周某有肢体接触后受伤，要求周某承担赔偿责任。

受诉法院认为：篮球运动是一种竞技体育项目，具有对抗性特点，参与运动的人员之间在快速投篮、防守和抢攻运动中身体接触的概率极高，在激烈的对抗运动中，很难要求行为人每次做出下一个动作之前考虑清楚是否伤害他人，篮球运动中常规性身体接触带来的碰撞伤害是常见现象，这种伤害是正当和被允许的，参与篮球运动的人也习惯了接受这种伤害风险。

因此，篮球竞赛运动中常规性身体接触带来的碰撞伤害的正当危险并不属于篮球运动员参与者的合理注意义务，故周某对程某不负担篮球运动中常规性身体接触带来的碰撞伤害注意义务，当然不存在过失；同时，程某提交的证据也不能证明周某在篮球运动中有故意伤害程某的行为的事实。

综上，虽周某与程某在篮球运动中有身体接触致程某受伤，但周某的行为不具备一般侵权行为的构成要件，周某不应承担侵权责任。

承揽合同：侵权责任谁买单？

较旧法而言，新法新增第 1193 条对承揽合同中的侵权责任主体作出明确规定：承揽人在完成工作过程中造成第三人损害或者自己损害的，定作人不承担侵权责任。但是，定作人对指示或者选任有过错的，应当承担相应的责任。

该规定与雇佣活动中侵权责任主体有颠覆性差异。基于此，在新规的适用过程中，涉诉法律关系属于劳务关系还是承揽关系，往往是案件的争议焦点，如涉案法律关系被认定为劳务关系，则履行过程中发生侵权责任由劳务接受方承担；如属于承揽关系，则由承揽人自行承担履行过程中的侵权责任。

承揽关系与劳务关系的主要区别在于：

当事人的地位与关系不同。提供劳务者依据雇主的意志完成雇主所交办的工作任务，二者在劳务活动中是支配和从属的关系，具有一定人身关系属性；承揽合同的当事人之间是相互独立的，承揽人只需按照定作人对定作物的要求完成任务即可，至于如何完成、完成场所、进程一般由承揽人自己的意志决定。

计酬依据和方式的不同。这是二者的基本区别。雇佣合同以劳务为标的，其计酬依据是劳务本身，只要雇员依雇主指示为其工作，不论有无工作成果，都应得到报酬；而承揽合同则以劳动成果为标的，其计酬依据是劳务的成果，承揽人仅有劳务，没有成果，不应得到报酬。另外，雇佣合同一般是定期给付劳动报酬，而承揽合同一般是一次性结算劳务报酬。

对劳务提供者的亲历性要求不同。雇佣合同中，劳务提供者不可将劳务转由他人提供，如果不是合同当事人所为的劳务，劳动报酬就应由实际提供劳务人所得；而承揽合同中，并不禁止转承揽。

在朱某等与尚某侵权责任纠纷①中，李某与朱某达成一致，朱某操作叉车为李某提供两车砖的装卸服务，朱某在作业过程中，致尚某受伤。尚某诉至法院主张李某和朱某承担连带赔偿责任。李某与朱某之间是雇佣关系或是承揽关系的认定为案件的争议焦点。

法院认为：本案中，首先从工作的具体内容及双方指示与配合的角度来看，将两货车砖运卸至指定地点本是李某应当完成的劳务内容及对外应当负责的劳务工作结果，李某在运送砖的路途中遇到朱某，临时与朱某口头协商由朱某驾驶叉车卸砖，李某向朱某支付 300 元，实际效果为李某的人工劳务内容由朱某使用叉车协助完成。对于朱某驾驶叉车导致尚某受伤，李某作为劳务接受方应依法承担赔偿责任。

免费搭载车辆：风险不"免单"

较旧法而言，新法第 1217 条对免费搭载车辆发生交通事故的责任作出明确规定：非营运机动车发生交通事故造成无偿搭乘人损害，属于该机动车一方责任的，应当减轻其赔偿责任，但是机动车使用人有故意或者重大过失的除外。

在新法 1217 条的适用中，应关注如下几点：

第一，如何界定"属于机动车一方责任"？从目前的操作惯例来看，交通事故责任认定书应为判断机动车使用方是否承担责任的主要证明文件。

第二，机动车一方承担责任≠机动车一方存在重大责任。

第三，机动车一方在多大的"程度内"可减轻赔偿责任，本次立法尚未明确。

第四，如搭乘人乘车前口头或者书面放弃索赔的权利，该种放弃行为是否生效？人身权具有非财产性、不可转让性、不可放弃性、法定性、绝对性和支配性等特征，故搭车人放弃索赔的声明涉嫌无效。

---

① 案号：（2019）京 02 民终 4262 号。

第五，购买合理的保险产品是车辆使用人转移风险的有效方式。在徐某与毕某等机动车交通事故责任纠纷案①中，2019 年 5 月 24 日 7 时 40 分，在大兴区南中轴路与西伍路交叉路口，徐某乘坐了毕某驾驶的车牌号为×××的小型轿车由南向北行驶，后发生交通事故，造成车辆侧翻损坏，毕某及同乘人徐某受伤。此事故经交通队处理，认定毕某驾车时有其他妨碍安全行车的过错行为，负事故全部责任，徐某无责任。

本案中，毕某作为具有合法驾驶资格的驾驶员，在他人搭乘过程中，应尽相应的注意义务以确保同乘人员的安全，而其未确保安全驾驶发生交通事故，经交通行政主管部门认定，其承担事故全部责任，故毕某对本次交通事故发生存在过错，应对徐某因此事故遭受的合理损失予以赔偿。

搭乘者徐某应当意识到与驾驶员共同处于危险之中，其免费搭乘车辆意味着自愿接受一定的风险，故法院根据双方的好意同乘关系和庭审查明的事实，酌情减少了毕某的赔偿责任。

高空坠（抛）物纠纷：祸不再从天而降

较旧法第 87 条而言，新法第 1254 条对高空坠（抛）物纠纷作出更为明确的规定：禁止从建筑物中抛掷物品。从建筑物中抛掷物品或者从建筑物上坠落的物品造成他人损害的，由侵权人依法承担侵权责任；经调查难以确定具体侵权人的，除能够证明自己不是侵权人的外，由可能加害的建筑物使用人给予补偿。可能加害的建筑物使用人补偿后，有权向侵权人追偿。物业服务企业等建筑物管理人应当采取必要的安全保障措施防止前款规定情形的发生；未采取必要的安全保障措施的，应当依法承担未履行安全保障义务的侵权责任。发生本条第 1 款规定的情形的，公安等机关应当依法及时调查，查清责任人。

在《民法典》第 1254 条的适用过程中，应关注如下几点：

明确禁止从建筑物中抛掷物品。从行为人的角度，要知晓该等行为的违法性且避免实施该等行为；从物业管理企业的角度而言，要尽其安全保障义

---

① 案号：（2019）京 0115 民初 28538 号。

务。最为常见的，物业管理企业在抛掷物品业主所在的楼层甚至行为人所在的房间门口张贴告示，对其抛掷物品的危险行为作出书面警示。

公安机关等相关机关在"确定侵权人过程"中的调查义务。从调查义务的承担主体而言，立法采用列举加兜底的技巧。通常意义上判断，物业管理企业应尽必要的配合义务。如何启动公安机关等相关机关的调查权，是事发时拨打110抑或是在诉讼程序中法院依职权申请调查取证，在相关规定未进一步明确之前，前两种途径都可尝试。

关于如何履行举证义务的建议。对于权利人而言，建议在事发当时拨打110报警，一方面可以固化证据，出警记录无疑是证明侵权事实发生最好的证据之一；另一方面申请公安机关对侵权人进行调查锁定；对于事发建筑物内的业主而言，可以提供单位出勤记录、外出购物记录、乘坐交通工具的记录等证明自己不在事发现场，避免承担侵权责任；对于物业管理企业而言，建筑物公共部分的维修保养记录及其他安全保障义务措施，应做好存档工作。物业管理企业的安全保障义务可以从法定及物业服务合同约定两个维度界定。

如属于建筑物公共部分的高空坠物，物业管理公司可能承担"直接行为人"的侵权责任。在京南顺达物业管理有限责任公司与龙某等财产损害赔偿纠纷案①中：张某所有的奔驰 C260L 停放在大兴区×××西侧停车位内，建筑物共有部分坠落，砸中涉案车辆。事后，张某报警并起诉，因京南物业公司未提交证据证明对坠落物是否牢固已尽到了排查危险、定期检查和维护的职责，法院认为京南物业公司存在过错，应对张某的各项合理合法损失承担损害赔偿责任。

十里民情不同，百里民风各异。民法典根植于民生，服务于民生，侵权责任编作为民法典的"收口"编章，更是如此。

无论高空坠物纠纷、免费搭载车辆事故纠纷抑或是文体活动风险自甘原则，无一不贴近寻常百姓生活。

亦规范亦指引，或许难以穷尽世间万象。然而，这何尝不是法律创造性适用的空间呢！

---

① 案号：（2020）京 02 民终 2927 号。

自甘风险中的责任如何认定？

刘惜惜[*]

一、《民法典》规定

第 1176 条　自愿参加具有一定风险的文体活动，因其他参加者的行为受到损害的，受害人不得请求其他参加者承担侵权责任；但是，其他参加者对损害的发生有故意或者重大过失的除外。

活动组织者的责任适用本法第 1198 条至第 1201 条的规定。

二、知识要点

首先《民法典》第 1176 条第一句的前半段中表明了自甘风险的适用范围仅在具有一定风险的文体活动中，此处文体活动应当要扩大解释，不仅仅包括体育活动还应当包含其他具有一定风险的户外活动，如户外探险等。其实在民法典三稿以前的二审稿，在适用范围这块只规定"具有危险性的活动"，之所以把它限制到文体活动中，主要是为防止滥用，不让它演变成所有侵权行为人的安全牌。

其次第一句可以得出自甘风险的构成要件：第一，受害人明知或者应当知道此活动具有一定风险；第二，受害人自愿承担此风险；第三，产生了损害结果；第四，损害结果与行为人的行为具有因果关系；第五，行为人没有故意或者重大过失；第六，符合适用范围。

再次第二句规定了活动组织者的责任，第 1198 条至第 1201 条的规定中，包含了公共场所的管理者、经营者、群众性活动的组织者以及幼儿园、学校

---

* 刘惜惜，北京市安通（东莞）律师事务所实习律师。

或者其他教育机构，判断以上主体是否承担责任，主要认定他们是否尽到了相应安全保障的义务。

最后通过对这一条文的分析可以归纳出自甘风险与受害人同意、过失相抵以及好意同乘的区别。

第一，受害人同意指的是受害人同意、认可行为人做出的行为产生对其人身或财产某种损害。其构成要件包括受害人做出同意行为人对其人身、财产造成某种损害的意思表示，且受害人在明知或应当知道会对其产生损害后果的情况下自愿做出。行为人的行为产生了损害后果，即具有因果关系，且没有超出受害人同意的范围。在适用范围上受害人同意要比自甘风险更广泛。从对象上来看，受害人同意的对象更为具体，指向具体的损害结果，而自甘风险的对象则是指向活动可能产生的所有风险，不会具体到损害结果。从行为人主观方面来看，受害人同意更倾向于故意为之，而自甘风险要求行为人属于一般过失。从受害人民事行为能力的限制来看，受害人同意，由于是行为人对其造成直接损害，因此需要受害人具有相应的民事行为能力，而自甘风险并没有对此作出限制。

第二，过失相抵规定在《民法典》中的第 1173 条：被侵权人对同一损害的发生或者扩大有过错的，可以减轻侵权人的责任。具体指的是在侵权案件中，受害人对损害结果的产生具有一定的过错，可以根据过错的比例来减轻侵权行为人的责任。从这个概念不难发现，过失相抵主要解决的是责任分配问题，能运用此规则主要的一种情况是双方均有过错，按照过错比例来分配责任。因此它们的区别在于：首先过失相抵中的受害人是不需要有风险认知的，这是其与自甘风险最大的区别；其次过失相抵是根据过错来分配双方的责任，但不会因此免责，而自甘风险是完全的免责条款，只要行为人不存在重大过失和故意，就不存在责任分配。

笔者之所以会在案例分析前用相应的篇幅来解析法条，是因为理解法条是运用法条的前提基础，通过对新法条的运用可知目前新规则与之前没有法律规定时期自甘风险案例裁判的不同。

三、典型案例

我国最早的自甘风险的案例是 1998 年南京足球致伤案。1998 年 11 月 28

日，A 公司与 B 公司组队举办足球比赛，B 公司职工刘某担任守门员，双方单位均未表示异议。比赛过程中 A 公司郑某带球进攻时，刘某上前扑球，双方发生了碰撞，致使刘某腿部左髌骨粉碎性骨折。随后刘某起诉至法院请求 A 公司、B 公司以及郑某赔偿。一审法院认为刘某自愿参加比赛，明知会存在危险，因此 A 公司、B 公司以及郑某均无过错，按照公平责任来分担责任，A 公司以及 B 公司给予原告一定的经济补偿。A 公司不服随即上诉，经审理，南京市中级人民法院认为："足球比赛是一种激烈的竞技性运动，此性质决定了参赛者难以避免地存在潜在的人身危险。参赛者自愿参加比赛，属于自甘风险行为。"并且二审法院认为自甘风险中的受害人并非受到恶意加害的人身损害，不应以公平责任来划分责任归属，因此二审法院撤销了一审法院让 A 公司给予经济补偿的部分，B 公司作为受益方，承担部分的经济补偿。

四、律师解析

从这个案子的两个裁判来看，其最主要的区别就是责任划分的问题。一审法院认为虽然双方都没有责任，但是的确有损害结果发生，因此可以用公平责任原则来共同分担损失。这种判法的确让受害人的心里感到平衡，但是这种比赛的风险是相互的，每个参与者都有可能面临这种风险，如果每次都用公平责任原则来划分责任的话，可能会与国家鼓励全民健身，发扬体育精神背道而驰。

"中国驴友索赔第一案"也是典型的错用公平责任原则划分责任的案件。案件基本事实：爬山组织者"驴头"梁某和 12 位自助游"驴友"在山上露营时遇山洪，1 人死亡，死者家属将其他 12 人告上法庭，一审法院认定"驴头"及"驴友"对受害人死亡应承担过错责任，判决"驴头"承担 60% 赔偿责任，死者自己承担 30% 责任，其他 11 名"驴友"共同承担 10% 责任，共赔偿 21 万元。二审法院在认定"驴头"及其他"驴友"对受害人的死亡"已尽必要的救助义务，主观上并无过错"后，最终按公平责任原则酌情给受害人家属适当补偿："驴头"3000 元，其余每名"驴友"各 2000 元，共计25 000 元。

为什么在过去会有部分自甘风险案件的裁判采用公平责任原则呢？首

先《侵权责任法》赋予了裁判者有关公平责任原则运用一定的自由裁量权，《侵权责任法》第 24 条规定：受害人和行为人对损害的发生都没有过错的，可以根据实际情况，由双方分担损失。所以这个条款仿佛变成了责任划分的兜底条款，只要有损害结果的产生，为了给受害人一个心理安慰，能用公平责任原则的尽量用。但是，公平责任原则的运用应当放在原本不应该有损害结果的产生，受害人也没有办法预料到，受害人和行为人双方都没有过错的情况下，是基于行为人的行为产生了损害结果，为了弥补这个损失双方按照实际情况分担。而自甘风险是受害人已经预料也应当预料到可能会有风险产生，从主观上接受了这个风险，这是两种完全不同的状态。因此立法者在这次《民法典》编纂的过程中很巧妙地更改了公平责任原则的条款，在第 1186 条规定：受害人和行为人对损害的发生都没有过错的，依照法律的规定由双方分担损失。《民法典》把其中的"根据实际情况"改成了"依照法律的规定"，那就意味着公平责任原则将有所限制，不再赋予裁判者在公平责任原则上的自由裁量权。

又例如我国法院首次适用"自愿承担风险"抗辩事由的案例是 2003 年北京市石景山区人民法院判决的一起学生在校体育活动人身损害赔偿案。原告和被告是同学，某日在校，利用午休时间与其他数名同学在学校操场上踢足球。原告当守门员，被告射门踢出的足球经过原告手挡之后，打在原告左眼，造成伤害。北京同仁医院诊断为，左眼外伤性视网膜脱离，经行左眼视网膜复位术，网膜复位，黄斑区前膜增殖，鉴定为 10 级伤残。原告以被告和所在学校为共同被告起诉，请求人身赔偿损害。北京市石景山区法院认定，足球运动具有群体性、对抗性及人身危险性，出现人身伤害事件属于正常现象，应在意料之中，参与者无一例外地处于潜在的危险之中，既是危险的潜在制造者，又是危险的潜在承担者。足球运动中出现的正当危险后果是被允许的，参与者有可能成为危险后果的实际承担者，而正当危险的制造者不应为此付出代价。被告的行为不违反运动规则，不存在过失，不属侵权行为。此外，学校对原告的伤害发生没有过错，故驳回原告的诉讼请求。以上两个案例在裁判者有关自甘风险案件的裁判上是具有指导意义的，也为自甘风险的法律运用开了一个好头。

2016 年 12 月 10 日，"2016 建发厦门（海沧）国际半程马拉松赛"（以下简称案涉赛事）在厦门市海沧区举行。吴某钢当日佩戴"李某华、F12530"的号码布进入赛道参跑，在通过终点后不久摔倒在地，最终死亡。

吴某钢的 3 名家属将赛事运营方和转让号码布者李某华告上法庭，要求赛事运营方和李某华连带赔偿吴某钢的死亡赔偿金、丧葬费、精神抚慰金等共计一百二十三万余元。厦门市海沧区人民法院于 2020 年 6 月 7 日、8 月 2 日两次公开开庭审理这一案件。

法院认为，吴某钢曾参加过泰宁环大金湖世界华人马拉松赛并顺利完赛，应知晓马拉松赛事的运动风险及有关规程，在明知号码布不能转让的情况下却仍然受让，并通过检录参跑，属于自甘风险。

法院认定，赛事运营方与李某华无须对吴某钢的死亡承担损害赔偿责任。原告三人向赛事运营方和李某华主张侵权损害赔偿不能成立，法院不予支持。

这个案例在当时引发了人们的讨论，并衍生出来了一个问题：冒名顶替他人参与活动的，被顶替者与活动组织者是否需要承担责任？对于被顶替者而言，他违反的只不过是参赛规则中的诚实信用；对于活动组织者而言，虽然对参与者身份信息的审查存在过失，但是尽到了安全保障义务，因此吴某钢作为一名成年人，应当有辨别风险的能力，因此活动组织者与损害结果没有因果关系。

在前面我们谈到自甘风险是免责条款，但是行为人具有故意或重大过失的情形除外。例如，在电视观看冬季奥运会短道速滑的比赛时，我们能看到极个别的运动员为了恶意竞争金牌，用速滑刀故意绊倒其他参赛者，导致参赛者受伤，尽管运动员应当预见速滑比赛存在的风险，但是行为人恶意竞争，其主观上具有故意的状态，依然要对受害人承担侵权责任。在认定行为人的行为是否符合自甘风险的主观要求时，可以通过考量行为人是否违反了比赛规则或者活动的安全守则来判断，如行为人在赛场上严重犯规的情况下，就不再适用自甘风险的免责条款。

结语

随着民法典时代的到来，中国的民事法律达到了一个新的高度，而自甘风险的规定绝对称得上是《民法典》中耀眼的一笔。在过去的很长一段时间内，民事法律都没有涉及自甘风险的规定，在早期制定《侵权责任法》时，虽然也有人提出来增加自甘风险的适用，但是对于当时的立法者来讲这太超前了，而且有很多不可控的因素，毕竟即使在有些法律体系较为完善的欧美国家，自甘风险规则也是经历了由"紧"到"松"的艰难过程。因此，司法实践中相关案件的裁判也是五花八门，此次写进《民法典》，也算是为自甘风险案件的裁判奠定了法律基础。

自甘风险被首次规定在《民法典》中，解决了司法实践中同案不同判的问题。在《民法典》实施后需要判断的更多的是该案件是否属于自甘风险，只要行为人不存在故意或重大过失，则依法免责，而不像以前那样错误地运用其他归责原则。就社会而言，消除了参与者后顾之忧，促进了全民运动，对于各方参与者提供了法律上的安全保障。

"自助行为"的权益保护如何实现?

罗　坤[*]

一、《民法典》规定

第 1177 条　合法权益受到侵害,情况紧迫且不能及时获得国家机关保护,不立即采取措施将使其合法权益受到难以弥补的损害的,受害人可以在保护自己合法权益的必要范围内采取扣留侵权人的财物等合理措施;但是,应当立即请求有关国家机关处理。受害人采取的措施不当造成他人损害的,应当承担侵权责任。

二、知识要点

《民法典》侵权责任编首次将"自助行为"明文规定,为公民的权益保障新增法律途径,明确公民在自身合法权益受侵害且情况紧迫不能获得国家机关及时保护时,可以采取自助措施,以便自身合法权益得到及时保护。自助行为作为一种私力救济途径,必然需要对其适用条件进行严格限制,以构建一个"公力救济为主,私力救济为辅"的公民权益救济体系。要想全面透彻理解《民法典》这一侵权责任的免责规则,需要着重把握以下知识要点。

1. 自助行为的历史溯源和发展。早在原始社会时期,自助行为就已经存在,原始社会是一个"弱肉强食"的社会,当时的人类权益是以武力说话,

---

* 罗坤,北京市安通(东莞)律师事务所律师,毕业于广东海洋大学法学院。擅长处理劳动合同纠纷、工伤赔偿、人身损害赔偿及买卖合同纠纷等类型案件。法律专业知识扎实,办事认真负责,办案经验丰富,执业至今,成功代理近百起劳动争议纠纷、人身损害赔偿及其他民事纠纷案件,得到众多委托人的认可。

通过自主生产和对外掠夺获得生存的权益，物竞天择，适者生存，这是自助行为最早的体现。然而，随着公权力（国家）的诞生和发展，其制定的规则开始逐步限制早期的自助行为，人类的活动行为受到了规则的限制，但是在公权力产生，法制尚不完备的很长一段时期，自助行为仍是保护人类权利的主要途径，这是因为国家公权力没有足够的力量来协调大量的民事纠纷。随着社会的进步和发展，国家通过公权力制定的法律愈来愈完善，公力救济逐步取代自力救济成为保护权利的主要途径。直至今天，《侵权责任法》并没有关于公民的自助行为的明文规定，但公民在自身合法权益受到侵犯时，采取的合理自助行为在司法实践中是被认可的。《民法典》第 1177 条规定："合法权益受到侵害，情况紧迫且不能及时获得国家机关保护，不立即采取措施将使其合法权益受到难以弥补的损害的，受害人可以在保护自己合法权益的必要范围内采取扣留侵权人的财物等合理措施；但是，应当立即请求有关国家机关处理。受害人采取的措施不当造成他人损害的，应当承担侵权责任。"这是我国首次将自助行为纳入正式的法律条文，此举势必会对侵权责任领域产生深远的影响。

2. 自助行为的概念及构成要件。民法领域的自助行为也称作私力救济行为，它是相对于公力救济产生的一个概念，是指当公民的合法权益受不法侵害，又不能及时获得公力救济的情况下，为维护自身合法权益而被迫采取的临时自救行为措施。《民法典》首次以法律条款的形式规定了自助行为，进一步在私法领域中完善对公民的合法权益的保障，但不可否认的是，自助行为是一把"双刃剑"，自助行为一旦被滥用，将破坏法律的权威性和稳定性，不利于社会和谐稳定。所以，应该平衡维护社会法律秩序和保障公民权利两者之间的关系，防止公民滥用自助行为，严格限制自助行为的构成要件，具体而言，自助行为应具备下列条件：

（1）行为人自身的合法权益受不法侵害。首先，自助行为系救助自身的行为，如果所受侵害的权利非自身之权利而是属于第三人的权利，则不存在实行自力救助的问题。其次，受侵害的权益必须是合法的权益，若行为人为了保护自身非法的权益（如赌债、赃物等非法所得的财产）而对不法侵害人采取的行为则不属于自助行为。最后，自助行为的行使只有指向不法侵害行为，才具有合法性。如果侵害行为本身系合法行为，则不存在自力救助的问题，因而不允许自力救助。

（2）情况紧急且不能及时获得国家机关保护。行为人在实施自助行为时是有特定的情势要求的，必须是在不法侵害发生后且发生不法侵害时行为人不能及时获得国家机关保护，两个情势要件缺一不可。关于紧急性的程度，理论上存在着多种观点。有学者认为，若是为了保护请求权的自助行为，当来不及等待官方救援时，侵害行为必须达到使行为人不能实现请求权或者可能陷于明显困境的程度。

（3）不立即采取措施将使其权利受到难以弥补的损害。从《民法典》关于自助行为条款的表述可知，维护公民的合法权益最主要的途径仍然在于公力救济，这是国家法律高度完善的表现；自助行为是作为补充辅助途径，所以必须要对自助行为加以严格的条件限制，以防止公民滥用自助行为维权。将"不立即采取措施将使其权利受到难以弥补的损害"列在"情况紧迫且不能及时获得国家机关保护"之后，作为限制适用自助行为的进一步必要构成要件，体现了《民法典》立法的严谨性，也引导公民在自身合法权益受到不法侵害时，应优先采取公力救济途径，直到万不得已时，才采取自助行为予以保护自身合法权益。自助行为以不法侵害行为已经存在为前提，属于一种事后救济，所以对未发生或将来发生的不法侵害，亦不允许实施自助行为，这是与正当防卫的区别所在。譬如，在盗窃案件中，嫌疑人已经完成盗窃行为，被害人在目击到嫌疑人逃离现场后追赶嫌疑人并经过搏斗取回财物的行为，显然不属于正当防卫而是典型的自助行为。

（4）对侵权人实施扣留财产或者限制人身自由等在保护自己合法权益的必要范围内的行为。根据法益平衡的原则，自助行为方法之正当性必须以不超过必要限度为基准，也就是说，自助行为不得超过保护自身合法权益请求权所必须的程度。例如，权利人扣押债务人的一项财产就可保全其请求权时，不得扣押其数项财产；扣押财产可以达到自己目的时，不得毁损债务人之财产；债务人虽有逃走的可能，但扣押其物即可保护权利人之请求权时，不得限制债务人的自由。如果自助行为超过必要限度，其方法即失去了正当性，就造成了对他人人身权利或财产权利的侵犯，应负一定的民事责任或刑事责任。行为人实施自助行为后应立即向有关国家机关申请援助，这是判断自助行为是否构成阻却违法事由的标准之一。若行为人无故迟延申请，应立即归还所扣押之财产或释放债务人。若行为人的行为不被有关国家机关事后认可，就必须立即停止侵害并对受害人负赔偿责任。若紧急情况解除之后，行为人仍然扣押、毁损他人财产或限制他人人身自由，其行为则失去合法性，可能构成犯罪。

三、典型案例

【案例1】原告刘某与被告丹东某汽车销售服务有限公司、鞍山市某汽车销售服务有限公司返还原物纠纷案①。主要案情为：刘某按揭贷款购买丹东某汽车销售服务有限公司销售的经营性车辆，并将该车辆挂靠在东港某货运有限公司名下。2016年5月14日，丹东某汽车销售服务有限公司工作人员与鞍山某汽车销售服务有限公司工作人员以刘某欠贷款未还为由，将该车拖走，并将该车辆在未通知刘某的情况下擅自卖给第三方，后刘某诉至法院，要求两公司返还原物，并赔偿车辆停运期间的损失。

法院经审理认为，自助行为是指权利人为保护自己的权利，在情事紧迫而又不能及时请求国家机关予以救助的情况下，对他人的财产或自由施加扣押、拘束或其他相应措施，且为法律或社会公德所认可的行为。是否符合自助行为，要从情事的紧迫性、必要性以及有无超过必要限度等方面分析。行为人错误实施自助行为或者采取自助措施不当造成损害的，应当承担责任。法院最终认定，法律并未赋予两被告有强行拖走刘某车辆后变卖的权利，两被告实施上述行为不属于情事紧迫而又不能及时请求国家机关予以救助的情形，两被告关于其将涉案车辆拖走系自力救济的主张不成立，遂判决两被告赔偿原告车辆损失260 000元及车辆停运损失459 250元。后两被告不服提起上诉，但二审法院维持原判，判决生效后，两被告向辽宁省高级人民法院申请再审，亦被驳回再审申请。

上述案例中，充分说明了自助行为只有在来不及援用公力救济且权利在

---

① 案号：（2018）辽0681民初1837号。

被侵犯的现实危险时，才是被允许的，用以弥补公力救济的不足。本案中，两被告的工作人员强行拖走涉案车辆的行为不属于情势紧迫而又不能请求国家机关给予救助的情形，两被告完全可以向人民法院申请财产保全，请求法院查封该车辆，以保证自己的债权得以实现，因此两被告认为其行为属于自助行为，应免除侵权责任的主张缺乏事实和法律依据。

【案例2】王某与蔡某、中国人民财产保险股份有限公司某分公司机动车交通事故责任纠纷案①。主要案情为：王某驾驶无号牌电动三轮车与蔡某驾驶的小型轿车发生追尾碰撞后，没有停下来主动与蔡某协商赔偿，而是驾车逃逸，蔡某遂驾车尾随王某。王某发现蔡某尾随后，并未停下电动三轮车，继续逆向驾驶承载重物的电动三轮车拐弯上桥，由于桥面较窄，又有一定坡度，后电动三轮车与桥栏杆发生碰撞，致王某受伤。后王某诉至法院，要求蔡某及其驾驶车辆所投保的保险公司承担侵权责任。

一审法院认定蔡某的尾随行为已经超过自助行为必要限度，对二次事故的发生存在过错，遂判决保险公司向王某赔偿合理的损失。后保险公司不服一审判决，提起上诉，二审法院经审理后认定，蔡某的尾随行为属于合理的自助行为，并未超过必要限度，遂作出撤销一审判决，并驳回王某的全部诉讼请求的二审判决。二审判决生效后，王某向江苏省高级人民法院申请再审，要求撤销二审判决，维持一审判决。江苏省高级人民法院作出的（2019）苏民申3056号民事裁定书认定：王某驾驶无号牌电动三轮车与蔡某驾驶的小型轿车发生追尾碰撞后，未主动与蔡某协商赔偿，反而驾车逃逸，蔡某在尾随过程中双方未有言语上的交流，未对王某驾驶的电动三轮车采取逼停、超车等危险驾驶行为，也未与电动三轮车发生摩擦和碰撞。王某发现小型轿车尾随后，不但未停下电动三轮车，反而继续逆向驾驶承载重物的电动三轮车拐弯上桥，由于桥面较窄，又有一定坡度，王某操作不当，电动三轮车与桥栏杆发生碰撞，致使发生二次事故，对此王某应自行承担责任。蔡某的行为未超过必要限度，与二次事故的发生不存在必然因果关系。二审判决驳回王某要求蔡某、保险公司承担赔偿责任的主张，并无不当。最终江苏省高级人民

---

① 案号：（2018）苏06民终1415号。

法院驳回了王某的再审申请。

本案的争议焦点在于：蔡某所采取的自助行为是否超过必要的限度。笔者认为，蔡某所采取的行为未超过必要限度。首先，王某在发生追尾碰撞后，有义务停车并报警或者主动与王某协商赔偿事宜，王某因害怕承担赔偿责任而驾车驶离现场，因此存在过错。蔡某为保护自身合法权益（财产权），在发现王某驾车驶离现场后，驾车尾随，尾随过程中也没有其他过激行为，属于典型的自助行为且未超过必要限度，不应当对王某的受伤承担责任。若蔡某在尾随的过程中，为了逼停王某的电动车，驾驶汽车直接撞击电动车，导致事故发生并造成王某受伤，则蔡某的自助行为就超过必要限度，因为其损害的权益是王某的生命健康权益，该项权益明显大于蔡某受损的财产权益。司法实践中，如何判断自助行为是否超必要限度，应当结合案件事实、当事人行为的合理性、必要性、危害性等因素，综合作出判断。

四、律师解析

《民法典》将自助行为作为侵权责任的法定免责事由，进一步完善侵权责任领域中的免责事由体系，也在民事法律领域中赋予公民更大的自由权去保护自身合法权益。设立自助行为，不仅使得公民在法律规定的范围内，享有更多的行为自由，也有利于公民实现自己的尊严和价值，进而推动社会的和谐稳定发展。在司法实践领域，也让涉及自助行为的案件有法可依，类案统一适用法律尺度，避免同案不同判，有利于实现司法公平公正，维护司法权威。

自助行为首次作为正式的法律条款编入《民法典》侵权责任编，是侵权责任领域中对公民权益的进一步保障。但在侵权责任领域，应以公力救济为主，自力救济为辅，故应严格限制自助行为的适用条件，否则会导致权利的滥用。笔者认为，《民法典》第1177条的规定中仍存在不少争议之处，譬如，如何认定情况紧迫，如何认定损失的必要范围，立法机关及司法机关应当及时出台相关的立法解释和司法解释，对自助行为的条款作进一步的完善和补充，以达到维护社会法律秩序和保障公民权利的平衡的立法目的。

"惩罚性赔偿"是否适用
环境侵权公益诉讼?

梁会青*

一、《民法典》规定

第 1229 条 因污染环境、破坏生态造成他人损害的,侵权人应当承担侵权责任。

第 1232 条 侵权人违反法律规定故意污染环境、破坏生态造成严重后果的,被侵权人有权请求相应的惩罚性赔偿。

二、知识要点

1. 填平原则的理解及适用。较之于《侵权责任法》,在一般意义的环境污染侵权行为的认定及处理上,《民法典》与《侵权责任法》持相同的立场——无过错归责原则,不管行为人有无过错,只要客观上实施了发生污染环境、破坏生态的行为,造成他人损害的结果,行为人即按照"填平"原则,赔偿被侵权人因此遭受的全部损失。

2. 惩罚性赔偿原则的理解及适用。在环境污染侵权责任中引入惩罚性赔偿制度——对于那些故意污染环境的人适用惩罚性赔偿,不仅可以对行为人进行惩罚,而且对其他人可以起到威慑作用。同时,环境污染受害人属于弱

---

* 梁会青,曾就读于中南财经政法大学,师从中国诉讼法权威蔡虹教授,获诉讼法学硕士学位。有多年执业律师经验,曾担任多家上市公司(集团)法务负责人,在股权并购及争议解决方面具备丰富的经验。主要学术成果:《民事裁判执行中的第三人及权利保障》《证券投资者利益保护的诉讼法视角——论证券民事赔偿诉讼制度》《侵权责任编:一种指引规则的继往开来》,创建微信公众号"花开茶山刘",发表多篇专业文章。

势群体，维权艰难，即使胜诉，得到的赔偿也仅限于在申请救济时有证据证明的已有损害的赔偿，不包括潜在的损害。如果采用惩罚性赔偿，受害人可以获得比其实际损害更多的赔偿，受害人会为了获得更多的赔偿主动提起诉讼，可以将胜诉后获得的赔偿用于偿还政府垫付的费用，避免政府为加害人的违法行为"埋单"。

中华环保联合会提起的公益诉讼中，多次提出惩罚性赔偿的诉求，终因法律无明确规定而不被法院支持。如中华环保联合会与德州晶华集团振华有限公司环境污染责任纠纷一审判决，关于原告中华环保联合会要求被告振华公司赔偿因超标排放污染物造成的损失 780 万元。法院认为，原告中华环保联合会该项诉讼请求的依据是《中华人民共和国大气污染防治法》① 第 99 条及《中华人民共和国环境保护法》② 第 59 条，该两条规定的是行政处罚而非民事责任，且环境民事公益诉讼司法解释中并未规定惩罚性赔偿，故原告中华环保联合会该项诉讼请求法律依据不足，法院不予支持。

在 2018 年 11 月，最高人民法院在《关于为实施乡村振兴战略提供司法服务和保障的意见》提出要求，要探索惩罚性赔偿制度在环境污染和生态破坏纠纷案件中的适用。

在社会各界千呼万唤中，惩罚性赔偿原则终于面世，并成为本次《民法典》侵权责任编的亮点之一。

根据《民法典》第 1232 条，环境污染侵权诉讼中，惩罚性赔偿适用，应以满足如下要件为前提：

（1）主观要件。该条规定适用惩罚性赔偿的行为人主观上需存在主观故意，如仅存在过失或者不存在过错，则不适用惩罚性赔偿原则。如侵权人实施了法律明令禁止的行为，即可认定侵权人存在主观故意。针对污染环境行为而言，典型行为如下：行为人未依法取得排污许可，而擅自排放污染物，即通常意义上的"直排"；行为人超过排污许可证所列的排放物的种类、浓

---

① 本书下文简称《大气污染防治法》。
② 本书下文简称《环境保护法》。

度、数量等指标，即为进行"超标"排放。①

（2）规范性要件。该条规定适用惩罚性赔偿的行为应以违反法律规定为要件。仅依据文义理解，侵权人违反的需是全国人民代表大会或其常务委员会制定的法律才需承担惩罚性赔偿责任，而如果违反的是行政法规、地方性法规、部门规章、规范性文件等，则不能适用惩罚性赔偿。

（3）结果性要件——行为人的侵权行为造成了严重的后果。如何量化和界定"后果的严重性"，目前立法层面尚未给出量化标准，从立法宗旨而言，应理解为"大于一般性损害程度的损害"，如受害人的死亡或健康严重受损。

三、典型案例

【案例1】无过错归责原则的适用——企业的达标排放行为是否免除其环境污染的民事赔偿责任？

答案是否定的。天津市高级人民法院曾在被媒体和社会高度关注的"乐亭重大渔业污染案"二审判决中作出了很好的阐释。

案情回顾：2000年，大量未达标的工业污水排入滦河，并通过乐亭河系，经乐亭县沿海各排水闸流入大海，严重污染了乐亭县近岸的养殖海域。而孙某礼等18名渔民集资开办的6个海水养殖场就建于此。于是，就在海产品即将成熟上市的10月，孙某礼等渔民养殖的1882亩滩涂贝类和300亩鱼类开始出现大量死亡。孙某礼等渔民遭受重大经济损失。

2001年5月，孙某礼等18名渔民拿起法律武器，他们将"涉嫌制造

---

① 法条链接：(1)《环境保护法》第45条规定：国家依照法律规定实行排污许可管理制度。实行排污许可管理的企业事业单位和其他生产经营者应当按照排污许可证的要求排放污染物；未取得排污许可证的，不得排放污染物。(2)《中华人民共和国水污染防治法》第21条规定：直接或者间接向水体排放工业废水和医疗污水以及其他按照规定应当取得排污许可证方可排放的废水、污水的企业事业单位和其他生产经营者，应当取得排污许可证；城镇污水集中处理设施的运营单位，也应当取得排污许可证。排污许可证应当明确排放水污染物的种类、浓度、总量和排放去向等要求。排污许可的具体办法由国务院规定。禁止企业事业单位和其他生产经营者无排污许可证或者违反排污许可证的规定向水体排放前款规定的废水、污水。(3)《大气污染防治法》第19条规定：排放工业废气或者本法第七十八条规定名录中所列有毒有害大气污染物的企业事业单位、集中供热设施的燃煤热源生产运营单位以及其他依法实行排污许可管理的单位，应当取得排污许可证。排污许可的具体办法和实施步骤由国务院规定。(4)《中华人民共和国固体废物环境污染防治法》第39条第1款规定：产生工业固体废物的单位应当取得排污许可证。排污许可的具体办法和实施步骤由国务院规定。

污染"的河北省迁安第一造纸厂、河北省迁安化工有限责任公司等 9 家企业告上法庭，要求赔偿巨额经济损失，并停止污染侵害。天津海事法院受理此案后，委托农业部专门机关作出鉴定及损失评估报告，总损失额合计为 1 365.97 万元。

判决结果：法院在审理此案中查明，9 家被告企业中有 8 家企业超标排放，而河北省迁安化工有限责任公司属于达标排放。迁安第一造纸厂等 8 家企业存在超标排污的损害事实，这是造成孙某礼等养殖户水产品死亡的直接原因，应承担主要责任。8 家排污超标的被告承担连带责任，赔偿原告孙某礼等 18 名原告的经济损失 655 万余元；被环保部门确定为达标排放企业的河北省迁安化工有限责任公司，单独承担赔偿责任 14 万元。

判决解读：天津市高级人民法院认为，河北省迁安化工有限责任公司被当地环保部门确定为达标排放企业，排放工业废水属于国家许可的正常经营活动。虽然其不能提供排放工业废水入海的行为与孙某礼养殖水产品死亡不存在因果关系的相关证据，但在承担民事责任上应与超标排污企业有所区别。根据国际通行做法，判令其单独承担赔偿责任 14 万元，不承担连带责任。此案不仅以案例的形式为我国环境保护法治开创了达标排放也应承担一定民事责任的先河，同时也对污染损害赔偿案中违法行为（超标排放）和合法行为（达标排放）承担不同民事责任进行了尝试。这是环境保护司法实践的一大进步。这充分体现了现代环境法治的公平合理精神。

【案例 2】主观恶意的理解与认定——范某东与张某兵、李某生命权、健康权、身体权纠纷

案情回顾：原告范某东诉称，2015 年 7 月 4 日，原告在自家门前的田中耕作。被告养猪场排泄的废水溢流进原告田中，导致一种名为致病性钩端螺旋体（以下简称钩体）的寄生虫侵入原告体内。原告回家后出现发烧症状并随即不能行走。随后，原告之子范某云于 2015 年 7 月 7 日、8 日分别先后将原告送入成都军区医院、416 医院诊疗，均未诊断出病情。因病情加重，7 月 10 日原告转入华西医院诊疗，医院诊断为："多器官功能不全，肺部感染，代谢性酸中毒，高脂血症，电解质紊乱，即确诊原告患……"原告认为，被告的养猪场没有依据环境保护法等相关法律的规定办理环境审批手续，无任何污水处理措施，经营过程中也未采取有效的污水防护措施，猪粪直接排入农田沟渠中，严重污染原告家周边的土地。污水中一种致病性钩体的寄生虫溢流到原告的田中，原告在田中耕作时，该寄生虫侵入原告体内，导致原告生病。要求被告赔偿损失，支付误工费、医疗费、护理费等各项费用。

判决结果：法院认为本案原告应承担被告排放了污染物、原告有损害后果及排放的污染物或者其次生污染物与损害之间具有关联性的事实的证明责任。本案系因被告开办的养猪场排放污水引发的纠纷，被告所举证据不能证明存在法律规定的不承担责任或者减轻责任的情形及其行为与损害之间不存在因果关系，被告应对原告感染造成的损害后果承担赔偿责任。

律师分析：如前文所述，本案被告在未取得排污许可证的情况下，擅自排放污染物，存在主观恶意行为，如本案发生在《民法典》生效之后，原告有权依据《民法典》第1232条之规定，主张被告承担惩罚性赔偿责任。

四、律师解析

（一）惩罚性赔偿是否适用"环境侵权公益诉讼"

根据《民法典》第1234条及第1235条，违反国家规定造成生态环境损害，生态环境能够修复的，国家规定的机关或者法律规定的组织有权请求侵权人在合理期限内承担修复责任并赔偿下列损失和费用：生态环境受到损害至修复完成期间服务功能丧失导致的损失；生态环境功能永久性损害造成的损失；生态环境损害调查、鉴定评估等费用；清除污染、修复生态环境费用；防止损害的发生和扩大所支出的合理费用。

基于上述可知，环境污染的公益诉讼之诉讼请求及赔偿范围限于：侵权人的修复义务与修复义务相关的费用，并未将惩罚性赔偿纳入其列，从这个角度理解，惩罚性赔偿并不适用公益诉讼，仅适用于被侵权人直接提起的私益诉讼之中。

（二）惩罚性赔偿与生态环境损害赔偿的支付优先顺位

实践中，同一环境污染或生态破坏行为可能既导致人身、财产等私益损失，也导致生态环境公共利益损失。因此，有必要考虑针对同一环境污染或生态破坏行为的环境私益侵权诉讼和公益诉讼/生态环境损害赔偿诉讼之间应如何衔接。

私益诉讼中被侵权人有权请求的惩罚性赔偿金与国家规定的机关或者法律规定的组织有权请求的生态环境损害赔偿中的期间损失、永久性损害造成的损失等都具有一定惩罚性，且可能数额高昂。在被告赔偿能力有限的情况下，应当优先支付何者？目前也缺少清晰的规则。考虑到期间损失、永久性损害造成的损失等虽然不属于直接经济损失，但仍属于实际发生的生态环境损害以货币形式的量化，而惩罚性赔偿则完全是超出实际损害数额的赔偿，从损害填平及实现生态环境保护目的的角度考虑，似乎优先赔偿期间损失、永久性损害造成的损失等更为合理。

(三) 赔偿金额的界定

《民法典》调整的是平等民事主体之间的法律关系，生态环境侵权责任的适用不是为了代行环境保护行政管理主体的制裁职能，不能过度背离侵权责任损害填平的原则，因此惩罚性赔偿的适用应当克制。应遵循"过罚适当"和"有效遏制原则"，既要实现威慑功能，又要为法官提供裁判指引，以受害人受损金额或者加害人获利金额为基准，法院在确定惩罚性赔偿金时，还应结合个案综合以下因素而确定：行为人的过错程度、行为人对环境或受害人造成的损害程度、行为人对污染后果的处理态度、行为人既往违法情况、行为人因为污染行为所获利益大小、行为人所承担其他责任情况。

在环境公益诉讼中，
如何确定生态环境修复责任？

母琪文[*]

一、《民法典》规定

第 1234 条 违反国家规定造成生态环境损害，生态环境能够修复的，国家规定的机关或者法律规定的组织有权请求侵权人在合理期限内承担修复责任。侵权人在期限内未修复的，国家规定的机关或者法律规定的组织可以自行或者委托他人进行修复，所需费用由侵权人负担。

二、知识要点

本条的构成要件是：①违反国家规定；②生态环境损害；③因果关系。

根据本条的规定，生态环境修复责任承担主要有两种方式：第一，请求侵权人在合理期限内承担修复责任；第二，自行或者委托他人进行修复。根据本条的规定，侵权人在期限内未修复的，权利人可以自行或者委托他人履行修复义务，这实际上借鉴了执行程序中的代履行制度，所需费用由侵权人承担。从形式上看，完成生态环境修复的是权利人或者其委托的第三人，但修复责任仍然由侵权人承担。

三、典型案例

【案例1】 2017 年 4 月，张某明、毛某明、张某三人通过微信联系，约

---

 * 母琪文，北京市安通（东莞）律师事务所实习律师。

定前往三清山风景名胜区攀爬"巨蟒出山"岩柱体（又称巨蟒峰）。2017 年 4 月 15 日凌晨 4 时左右，张某明、毛某明、张某三人携带电钻、岩钉（即膨胀螺栓，不锈钢材质）、铁锤、绳索等工具到达巨蟒峰底部。张某明首先攀爬，毛某明、张某在下面拉住绳索保护张某明的安全。在攀爬过程中，张某明在有危险的地方打岩钉，使用电钻在巨蟒峰岩体上钻孔，再用铁锤将岩钉打入孔内，用扳手拧紧，然后在岩钉上布绳索。张某明通过这种方式攀爬至巨蟒峰顶部。之后，毛某明、张某沿着张某明布好的绳索分别攀爬到巨蟒峰顶部。三人被发现后，被带到公安机关。经现场勘查，张某明在巨蟒峰上打入岩钉 26 个。经专家论证，三人的行为对"巨蟒峰"地质遗迹点造成了严重损毁。

上饶市中级人民法院判决被告张某明、毛某明、张某在判决生效后 10 日内在全国性媒体上刊登公告，向社会公众赔礼道歉；连带赔偿环境资源损失计人民币 600 万元，用于公共生态环境保护和修复；赔偿民事公益诉讼起诉人上饶市人民检察院支付的专家费 15 万元。一审宣判后，张某明、张某不服一审民事判决，提出上诉。江西省高级人民法院经过审理认为，生态环境是人类生存和发展的根基，对自然资源的破坏即是对生态环境的破坏。我国法律明确将自然遗迹、风景名胜区作为环境要素加以保护，规定一切单位和个人都有保护环境的义务，因破坏生态环境造成损害的，应当承担侵权责任。张某明、毛某明、张某三人采用打岩钉方式的攀爬行为给巨蟒峰造成不可修复的永久性伤害，损害了社会公共利益，构成共同侵权。一审法院参照评估报告结论，综合考虑本案的法律、社会、经济因素，依法酌情确定赔偿数额为 600 万元并无不当。张某明、张某的上诉请求不能成立，应予驳回；一审判决认定事实清楚，适用法律正确，应予维持。依照《民事诉讼法》第 170 条第 1 款第 1 项规定，判决驳回上诉，维持原判。

三清山巨蟒峰损毁案是全国首例检察机关针对损毁自然遗迹提起的破坏生态环境民事公益诉讼案。法院判决三被告承担生态环境的修复责任，以支付"修复"费用的形式替代"修复"。作为该领域的首例判决，本案对类案办理具有参考意义，对依法保护自然生态具有鲜明的导向作用。

【案例 2】2014 年 2 月至 4 月，王某殿、马某凯在未办理任何注册、安检、环评等手续的情况下，在莱州市柞村镇消水庄村沙场大院北侧车间从事盐酸清洗长石颗粒项目，王某殿提供场地、人员和部分资金，马某凯出资建设反应池、传授技术、提供设备、购进原料、出售成品。在作业过程中产生约60吨的废酸液，该废酸液被王某殿先储存于厂院北墙外的废水池内。废酸液储存于废水池期间存在明显的渗漏迹象，渗漏的废酸液对废水池周边土壤和地下水造成污染。废酸液又通过厂院东墙和西墙外的排水沟被排入村北的消水河，对消水河内水体造成污染。2014年4月底，王某殿、马某凯从事的盐酸清洗长石颗粒作业被莱州市公安局查获关停后，盐酸清洗长石颗粒剩余的二十余吨废酸液被王某殿填埋在反应池内。该废酸液经莱州市环境监测站监测和莱州市环境保护局认定，监测pH小于2，根据《国家危险废物名录》，属于类别为"HW34废酸中代码为900-300-34"的危险废物。

山东省烟台市中级人民法院于2017年5月31日作出判决：第一，被告王某殿、马某凯在本判决生效之日起30日内在烟台市环境保护局的监督下按照危险废物的处置要求将酸洗池内受污染沙土223吨进行处置，消除危险；如不能自行处置，则由环境保护主管部门委托第三方进行处置，被告王某殿、马某凯赔偿酸洗危险废物处置费用5.6万元，支付至烟台市环境公益诉讼基金账户。第二，被告王某殿、马某凯在本判决生效之日起90日内对莱州市柞村镇消水庄村沙场大院北侧车间周边地下水、土壤和消水河内水体的污染治理制定修复方案并进行修复，逾期不履行修复义务或者修复未达到保护生态环境社会公共利益标准的，赔偿因其偷排酸洗废水造成的生态损害修复费用72万元，支付至烟台市环境公益诉讼基金账户。

法院认为：根据《最高人民法院关于审理环境侵权责任纠纷案件适用法律若干问题的解释》第1条"因污染环境造成损害，不论污染者有无过错，污染者应当承担侵权责任"的规定，污染者违反国家规定向水域排污造成生态环境损害，以被污染水域有自净功能、水质得到恢复为由主张免除或者减轻生态环境修复责任的，人民法院不予支持。

【案例3】2016年中国生物多样性保护与绿色发展基金会（以下简称中国绿发会）对秦皇岛方圆包装玻璃有限公司（以下简称方圆公司）提起环境公益诉讼后，方圆公司加快了脱硝脱硫除尘改造提升进程。2016年6月15

日，方圆公司通过了海港区环保局的环保验收。2016 年 7 月 22 日，中国绿发会组织相关专家对方圆公司脱硝脱硫除尘设备运行状况进行了考察，并提出相关建议。2016 年 6 月 17 日、2017 年 6 月 17 日，环保部门为方圆公司颁发《河北省排放污染物许可证》。2016 年 12 月 2 日，方圆公司再次投入 1965 万元，为 4 座窑炉增设脱硝脱硫除尘备用设备一套。

2017 年 7 月 25 日，中国绿发会向法院提交"关于诉讼请求及证据说明"，确认方圆公司非法排放大气污染物而对环境造成的损害期间从行政处罚认定发生损害时起至环保部门验收合格为止。法院委托环境保护部环境规划院环境风险与损害鉴定评估研究中心对方圆公司因排放大气污染物对环境造成的损害数额及采取替代修复措施修复被污染的大气环境所需费用进行鉴定，起止日期为 2015 年 10 月 28 日（行政处罚认定损害发生日）至 2016 年 6 月 15 日（环保达标日）。

河北省秦皇岛市中级人民法院于 2018 年 4 月 10 日作出（2016）冀 03 民初 40 号民事判决：第一，方圆公司赔偿因超标排放大气污染物造成的损失 154.96 万元，上述费用分 3 期支付至秦皇岛市专项资金账户（每期 51.65 万元，第一期于判决生效之日起 7 日内支付，第二、三期分别于判决生效后第二、第三年的 12 月 31 日前支付），用于秦皇岛地区的环境修复。第二，方圆公司于判决生效后 30 日内在全国性媒体上刊登因污染大气环境行为的致歉声明（内容须经一审法院审核后发布）。如方圆公司未履行上述义务，河北省秦皇岛市中级人民法院将本判决书内容在全国性的媒体公布，相关费用由方圆公司承担。第三，方圆公司于判决生效后 15 日内支付中国绿发会因本案支出的合理费用 3 万元。第四，驳回中国绿发会的其他诉讼请求。案件受理费 80 元，由方圆公司负担，鉴定费用 15 万元由方圆公司负担（已支付）。宣判后，中国绿发会提出上诉。河北省高级人民法院于 2018 年 11 月 5 日作出（2018）冀民终 758 号民事判决：驳回上诉，维持原判。

法院生效判决认为，根据《最高人民法院关于审理环境民事公益诉讼案件适用法律若干问题的解释》第 23 条的规定，结合本案案件事实，生态环境修复费用难以确定的，人民法院可以结合污染环境、破坏生态的范围和程度、防止污染设备的运行成本、污染企业因侵权行为所得的利益以及过错程度等因素予以合理确定。

本案中，方圆公司于 2015 年 2 月与无锡市格瑞环保科技有限公司签订"玻璃窑炉脱硝脱硫除尘总承包合同"，对其 4 座窑炉配备的环保设施进行升级改造，合同总金额 3617 万元，体现了企业防污整改的守法意识。方圆公司在环保设施升级改造过程中出现超标排污行为，虽然行为具有违法性，但在超标排污受到行政处罚后，方圆公司积极缴纳行政罚款共计 1280 余万元，其超标排污行为受到行政制裁。在提起本案公益诉讼后，方圆公司加快了环保设施的升级改造，并在环保设施验收合格后，再次投资 1965 万元建造一套备用排污设备，是秦皇岛地区首家实现大气污染治理环保设备开二备一的企业。

《环境保护法》第 1 条、第 4 条规定了保护环境、防止污染、促进经济可持续发展的立法目的，体现了保护与发展并重原则。环境公益诉讼在强调环境损害救济的同时，亦应兼顾预防原则。本案诉讼过程中，方圆公司加快环保设施的整改进度，积极承担行政责任，并在其安装的环保设施验收合格后，出资近 2000 万元再行配备一套环保设施，以确保生产过程中环保设施的稳定运行，大大降低了再次造成环境污染的风险与可能性。方圆公司自愿投入巨资进行污染防治，是在中国绿发会一审提出"环境损害赔偿与环境修复费用"的诉讼请求之外实施的维护公益行为，实现了《环境保护法》第 5 条规定的"保护优先，预防为主"的立法意图以及环境民事公益诉讼风险预防功能，具有良好的社会导向作用。一审法院综合考虑方圆公司在企业生产过程中超标排污行为的违法性、过错程度、治理污染的运行成本以及防污采取的积极措施等因素，对于方圆公司在一审鉴定环境损害时间段之前的超标排污造成的损害予以折抵，维持一审法院依据鉴定意见判决环境损害赔偿及修复费用的数额。

四、律师解析

生态环境损害修复责任在司法实践中得以实现，是通过政府与赔偿义务人进行生态环境损害赔偿磋商达成磋商协议约定赔偿义务人限期修复，由政府提起生态环境损害赔偿诉讼，社会组织提起环境民事公益诉讼以及检察机关承担"兜底"角色，即在生态环境损害无人救济时由检察机关提起环境民事公益诉讼或刑事附带民事公益诉讼，通过诉讼以法院的最终判决来督促侵权人承担生态环境损害修复责任。侵权责任编在"环境污染和生态破坏责任"章专设第1234条规定了生态环境损害修复责任，贯彻了《民法典》总则编第9条规定的绿色原则，同时也改变了环境公益救济缺乏明确实体法规范的困境。为修复生态环境提供了明确的法定请求权基础，突破了"恢复原状"的局限、实现了生态环境保护目的。

根据环境法保护优先原则和损害担责原则，在当前经济社会发展和环境保护的关系上，生态环境修复责任有利于加强生态环境保护，突出生态文明建设重要性，同时也是《民法典》"绿色原则"的继承和发展，扩大绿色法律制度范围，健全完善生态环境治理体系，使生态环境损害赔偿诉讼、环境民事公益诉讼有法可依。

"遛狗不拴狗绳"或将担责

王晓阳[*]

一、法律规定

(一)《民法典》

第 1245 条 饲养的动物造成他人损害的,动物饲养人或者管理人应当承担侵权责任;但是,能够证明损害是因被侵权人故意或者重大过失造成的,可以不承担或者减轻责任。

第 1246 条 违反管理规定,未对动物采取安全措施造成他人损害的,动物饲养人或者管理人应当承担侵权责任;但是,能够证明损害是因被侵权人故意造成的,可以减轻责任。

第 1247 条 禁止饲养的烈性犬等危险动物造成他人损害的,动物饲养人或者管理人应当承担侵权责任。

第 1248 条 动物园的动物造成他人损害的,动物园应当承担侵权责任;但是,能够证明尽到管理职责的,不承担侵权责任。

第 1249 条 遗弃、逃逸的动物在遗弃、逃逸期间造成他人损害的,由动物原饲养人或者管理人承担侵权责任。

第 1250 条 因第三人的过错致使动物造成他人损害的,被侵权人可以向动物饲养人或者管理人请求赔偿,也可以向第三人请求赔偿。动物饲养人

---

* 王晓阳,上海正策律师事务所律师,华东政法大学法律金融硕士。具有扎实的法学、财务知识及丰富的司法实践经验,专注于研究办理民商事疑难复杂案件及公司实务,以缜密的思维、敏锐的洞察力及高度责任心赢得客户一致好评。主要学术成果:《论我国独立董事任免制度的完善》《论我国独立董事提名现状及改进》。

或者管理人赔偿后，有权向第三人追偿。

第 1251 条　饲养动物应当遵守法律法规，尊重社会公德，不得妨碍他人生活。

（二）《中华人民共和国动物防疫法》

第 30 条　单位和个人饲养犬只，应当按照规定定期免疫接种狂犬病疫苗，凭动物诊疗机构出具的免疫证明向所在地养犬登记机关申请登记。

携带犬只出户的，应当按照规定佩戴犬牌并采取系犬绳等措施，防止犬只伤人、疫病传播。

街道办事处、乡级人民政府组织协调居民委员会、村民委员会，做好本辖区流浪犬、猫的控制和处置，防止疫病传播。

县级人民政府和乡级人民政府、街道办事处应当结合本地实际，做好农村地区饲养犬只的防疫管理工作。

饲养犬只防疫管理的具体办法，由省、自治区、直辖市制定。

二、知识要点

1. 饲养动物致人损害的归责原则。饲养动物致人损害的构成要件是：饲养动物、动物的加害行为、造成他人损害的事实、动物加害行为与损害之间的因果关系。

饲养动物致人损害的归责原则是过错责任原则，即只有行为人存在故意或者重大过失时，行为人才承担责任。这一归责原则的目的是要促使动物饲养人或者管理人认真、负责地担负起全面的注意、防范义务，以保护公众的安全。

2. "饲养动物"的范围。各国对"饲养动物"范围的规定，大不相同。大陆法系国家，如日本、德国、意大利、法国等，对"动物"的范围理解宽泛。英美法系国家，如美国，认为"动物"包括放牧牲畜、家养动物及野兽。在我国，野生动物不属于"饲养动物"。

3. 动物致害责任的赔偿主体。动物的饲养人或者管理人都是责任主体。至于定期投喂流浪动物的"爱心人士"是否是责任主体，则存在巨大争议。但是实践中，有司法机关判决定期投喂流浪动物的"爱心人士"应当承担赔偿责任。

4. 抗辩事由。所谓抗辩事由，是指动物的饲养人或者管理人依法用以减轻或者免除自己民事责任的事由或理由。只有被侵权人故意或者重大过失造成损害的，动物的饲养人或者管理人可以不承担或者减轻责任。

值得注意的是，被侵权人的故意或者重大过失是指其所为的挑逗、刺激等行为是诱发动物行为的直接主要原因。实践中，司法机关会在具体的案件中，对被侵权人的行为，进行严格判断。

5. 举证责任倒置。在民事诉讼活动中，一般实行"谁主张，谁举证"的证明原则。此处的举证责任倒置，是指动物的饲养人或者管理人，应当证明被侵权人受到的损害是因为他自己的故意或者重大过失造成的。如果动物饲养人或者管理人举证不足或者举证不能，不利后果由其自己承担。

6. 烈性犬的特别规定。①烈性犬的范围。我国很多的地方性法规对禁止饲养的烈性犬和大型犬作了明确的规定。各地对禁止饲养的烈性犬或者大型犬的品种规定不等，大致在 18 种至 40 种，如阿富汗猎犬、阿根廷杜高犬、阿根廷犬、比利时牧羊犬、藏獒犬、德国牧羊犬、俄罗斯高加索犬、雪达猎犬。除对烈性犬的品种有禁止饲养的规定外，对大型犬的体高也作了限制性规定。②烈性犬的危害性。烈性犬对于周围人的人身和财产具有的危险性不仅存在，有时甚至是巨大的。首先，大多烈性犬在野性发作时具有难以控制的破坏力，从而具有伤害人和损害财产的危险性。其次，烈性犬的流动性可能形成难以控制的破坏力。危险性不仅在于其攻击性和难以预见性，即使是温顺的奶牛或者绵羊卧倒在道路、轨道上也会引发交通事故，更别说是攻击性极强的烈性犬。③烈性犬的严格规定。为确保公民的人身安全，我国法律对动物伤人的侵权责任作出了非常严格的规定，只要违反管理规定饲养了烈性犬等危险动物，并造成他人损害的，动物饲养人或者管理人就应当承担侵权责任，没有任何的免责事由可以援引。让烈性犬的饲养人或者管理人承担更加严格的责任是对社会、对公众负责的态度。

三、典型案例

2020 年 8 月的某天夜晚，刘小姐带着自家小狗来到草坪上。刘小姐想让自己的小狗活动活动，就没有给狗牵狗绳。"失去约束"的小狗突然从草坪蹿出，对正在路边的 5 岁萌娃追撵不舍，5 岁萌娃惊吓之中，尖叫着拼命往前跑。小狗看到萌娃跑起来，更加兴奋，追得更猛烈，还发出"呼呼"的低啸声。孩子父母看到此情形，急忙对着刘小姐大喊："你怎么不管好你的狗?"刘小姐道："你家孩子不跑，狗就不追了呀!"双方的争吵由此爆发，从言语冲突一路升级至报警处理。因调解未果，孩子的父亲便将刘小姐起诉至上海市长宁区人民法院，并提出四项诉讼请求，即要求刘小姐：①书面公开道歉；②赔偿医药费、车费共计一百多元；③赔偿精神损失费 5000 元；④赔偿律师费 10 000 元。

刘小姐的代理律师认为：这个案子诉讼标的如此之少，怎么可能花一万元的律师费去打官司？这是一个极其不合理且没有必要的支出？男孩的父亲回答：您认为这个案件不必小题大做，我却觉得这可能影响我孩子一辈子的世界观和价值观。而法官则表示：从事后双方未能相互谅解，且在派出所调解下也未能和解来看，孩子父亲通过诉讼来寻求解决之道，就是合理的选择。

最终法院认定：①事发时，小狗虽然没有咬到孩子，但是刘小姐需要向原告作出书面道歉。②孩子由于被狗追逐产生惊吓，但是并没有达到严重的程度，不支持精神损害抚慰金。③律师费并非扩大损失，法院支持了该项诉求，但是根据案件难易程度、律师工作量大小等因素，酌定为 5000 元。

四、律师观点

本案的判决结果，有利于引导社会价值观，有利于切实保障广大人民群众的人身和财产安全，维护社会的稳定和正常秩序。动物饲养人或者管理人应该担负起对自己、对社会、对公众的责任，不能只图自己的喜好，只享受宠物带来的快乐，而疏于对动物的管理，饲养动物应当遵守法律法规，尊重社会公德，不能放任宠物侵扰他人的正常生活。

人与宠物和谐相处，是社会和谐、社会安定的一种体现。饲养动物的问题可以说涉及千家万户，涉及不同群体的利益。因此，对于动物饲养人或者管理人来讲，应当严格履行饲养动物的一些必要义务，规范自己的行为，不要给他人的生活带来不便，应依法、科学、文明地饲养动物。

如何保护人民"头顶上的安全"?

李建琪[*]

一、《民法典》规定

第1254条 禁止从建筑物中抛掷物品。从建筑物中抛掷物品或者从建筑物上坠落的物品造成他人损害的,由侵权人依法承担侵权责任;经调查难以确定具体侵权人的,除能够证明自己不是侵权人的外,由可能加害的建筑物使用人给予补偿。可能加害的建筑物使用人补偿后,有权向侵权人追偿。

物业服务企业等建筑物管理人应当采取必要的安全保障措施防止前款规定情形的发生;未采取必要的安全保障措施的,应当依法承担未履行安全保障义务的侵权责任。

发生本条第一款规定的情形的,公安等机关应当依法及时调查,查清责任人。

二、知识要点

《民法典》侵权责任编中,将高空抛物、坠物行为设立为法律层面的一项禁止性规定,另外还从四个方面完善了《侵权责任法》第87条。

第一,明确物业服务企业等建筑物管理人的安全保障义务和责任;

第二,强调公安机关应当依法及时调查,查清责任人的职能;

第三,由可能加害的建筑物使用人给予补偿须以经调查仍难以确定具体侵权人为前提;

第四,允许"可能加害的建筑使用人"承担补偿责任后向侵权人追偿。

---

[*] 李建琪,北京市安通(东莞)律师事务所律师。国家三级律师,经济师,美国工商管理硕士,中华全国律协涉外律师领军人才,广东省律师协会国际业务法律专业委员会委员,东莞理工学院城市学院客座教授。

三、典型案例

【案情简介】2016 年 10 月 4 日上午，受害人卜某某驾驶电动自行车行使至安徽省芜湖市伊顿公馆 28 幢 1 单元"老邻居私房菜馆"门口人行道时，被高空坠落的红砖砸中头部而死亡。经公安机关排查后，无法确认加害人。

【焦点问题】

1. 赔偿的主体有哪些？

2. 公安机关无法查清责任人时如何确定侵权责任人？

3. 过错责任如何划分？

4. 不同主体承担何种责任？

安徽省芜湖市镜湖区人民法院经审理认为，不能因为无法确认加害人，就盲目放大可能加害的主体范围，民事案件的审理应以高度盖然性作为评判依据。因此，存在加害可能性的责任主体应限定在伊顿公馆 28 幢 1 单元 2 楼以上的住户；被告某某公司未尽物业管理义务，应承担过错赔偿责任；房屋产权人并非实际使用人的，责任由实际使用人承担；有证据证明不存在侵权可能的住户不承担补偿责任。故法院判决，被告某某公司承担 30% 责任，其余 70% 由 28 幢 1 单元住户（排除侵权可能的除外）按户承担补偿责任。二审法院根据新证据改判了部分建筑物使用人的补偿责任，其余则维持一审判决。该案中法院区分了侵权责任和补偿责任。物业服务企业未完全履行管理和维护义务，在管理上存在过错，且与本案损害结果的发生存在因果关系，法院根据过错原则判定其承担赔偿责任；侵权责任不明的"可能加害的建筑物使用人"，其对受害人承担的是补偿责任；其二者分属于不同的责任形式，相互之间不承担连带责任。

四、律师解析

上述案例的判决是在《民法典》颁布之前作出的，但该判决却充分体现了前瞻性和公平原则，完全符合《民法典》第 1254 条的规定。且《民法典》这一新规定，既秉承了严格侵权责任的原则，又具体划分了相关部门的责任，形成了民刑共治的新局面，在立法上也结合了中国社会的实际情况，实现了创新突破，顺应了立法在社会发展变迁的过程中解决新的社会问题的需要。

1. 频繁发生的高空抛物、坠物事件，亟须《民法典》出台调整人们行为规范。

据最高人民法院统计，2016 年至 2018 年，全国法院审结高空抛物、坠物民事案件一千二百多件，其中 30% 的案件存在人身损害情形。由于法律责任不明确、不够细化，这种高空抛物、坠物的恶劣行径频繁发生、屡禁不止，成为"悬在城市上空的痛"。每每看到抛物、坠物伤人事件，都会不寒而栗、揪心的痛，同时又不由自主感到恐惧和担忧，人们含辛茹苦，打拼多年后，好不容易在小区买了套商品房，却既要担心走在路上祸从天降，又要担心坐在家里会无辜"背锅"。

2. 高空抛物之侵权法原则的渊源：事实自证规则的确立。

事实自证规则源自英国，由英国大法官皮洛克在 1863 年发生的利物浦面粉案中首先阐明。原告在正常行走时被从天而降的面粉桶砸成重伤，原告因只能证明自己被砸伤的事实，没有证据证明加害人及其具体行为的性质，因而一审败诉，但上诉法院大法官皮洛克最终判其胜诉。此案确立了著名的侵权法原则：事实自证规则，即事实就摆在眼前，事实本身就能说明问题，不需要进一步的证明便可判定疏忽过失。事实自证规则是在原告只能提供损害发生的事实，没有其他证据的情况下，事实情况可以作为间接证据推断出被告存在过失或者没有被告的过失案件就不会发生的时候，举证责任转移至被告，被告需要解释事实的发生，无法解释或解释不合理的需要承担侵权责任。该规则为日后英美法中严格责任案件奠定了理论基础，虽然该规则的构成要件随着社会的发展而变化，但也为我国侵权责任法所适用的原则提供了借鉴作用。

3. 《民法典》实施前高空抛物、坠物责任的适用法律。

2021 年 1 月 1 日《民法典》实施前，我国对民事侵权案件审理的法律依据是《侵权责任法》第 87 条规定："从建筑物中抛掷物品或者从建筑物上坠落的物品造成他人损害，难以确定具体侵权人的，除能够证明自己不是侵权人的外，由可能加害的建筑物使用人给予补偿。"

根据这项规定，同一幢楼的住户向外高空抛物或坠物砸到了行人或财产，如果无法查证实际加害人，就只能让无法证明自己没有责任的住户连带承担补偿责任，这条规定虽然一定程度上弥补了受害者的损失，但也可使无辜者受到牵连，且法律的规定过于简单，未对物业管理公司规定应有的责任，也未赋予受害人或住户们更多的调查取证的权利，确定实际加害人的难度大，往往社会效果不好。如2011年10月9日，长沙谢女士不幸被路过的商住楼上空飞降的水泥板击中头部，当场昏迷，长沙市芙蓉区人民法院判令整栋楼全体业主连带赔偿谢女士医疗费、营养费、精神损害抚慰金等共计22.8万元。这些钱对谢女士可能是杯水车薪，但却引起该栋楼的住户抵制判决、质疑司法公正、互相猜忌，进而矛盾不断，邻里友爱互助的精神荡然无存。而这种情形随着《民法典》新规的实施应当会得到很大程度的改善。

2019年9月26日，最高人民法院在北京举办第21期"案例大讲坛"，从进一步提高取证能力、降低被侵权人举证责任，依法强化物业公司管理职责及赔偿义务，系统发力实现源头治理三个角度专题研讨近年来人民法院审理的高空抛物、坠物民事、刑事和行政典型案例。

2019年11月14日，最高人民法院发布《关于依法妥善审理高空抛物、坠物案件的意见》，明确提出故意从高空抛弃物品，尚未造成严重后果，但足以危害公共安全的，按照《刑法》第114条规定的以危险方法危害公共安全罪定罪处罚；致人重伤、死亡或者公私财产遭受重大损失的，依照《刑法》第115条第1款的规定处罚，即处10年以上有期徒刑、无期徒刑或者死刑，完善了民事、刑事两线并进的科学立法体系。

4.《民法典》对高空抛物、坠物责任的创新立法和积极意义。

我国从2009年12月26日通过《侵权责任法》到2020年5月28日通过《民法典》，真是：风雨十年探索路，法治春秋展宏图！

这一条新增的立法可以多角度、深层次地调整人们的行为规范，较大程度杜绝人们随意抛物或疏忽导致坠物的可能性，在现实生活中起到非同小可的积极作用。

（1）明确了司法标准，改变社会公众的行为模式，从源头上杜绝高空抛物、坠物的行为。从立法角度督促大众调整自身行为，养成不随手向外抛物的生活习惯，对孩子从小进行高层居住的基本安全常识教育，定时检查门窗、空调等物品松动脱落的情况，及时清理阳台种植物、花盆等，防范高空坠物。

（2）督促物业服务企业竭力履行监督、宣传、维护人们头顶安全的责任。基于《民法典》对物业责任的确立，物业服务企业如未能履行安全保障义务，导致他人人身、财产安全受到损害的，应当依法承担相应的法律责任。这促使物业服务企业通过严格监控，加大对住户的法制宣传，增加巡查服务内容，加强排除建筑物风险、隐患的责任感，配合公安机关调查取证，运用管理的手段遏制相关违法行为，更有效地防范和监督高空抛物、坠物行为。

（3）确立公安机关的调查责任，充分体现公权为民、与时俱进的立法导向，解决弱势群众的举证负担，符合人民群众的根本利益，达到法律效果和社会效果相统一。2018年3月9日下午，东莞市塘厦镇某小区一个3个月大的女婴被家人抱至楼下散步，经过一楼入户大门处，被高空坠下的一个苹果砸中，女婴被砸致头部重伤，经法医鉴定为二级伤残。后经公安机关介入，逐户调查取证，通过DNA比对鉴定，最终认定扔苹果的是居住在该栋同一单元24层的一名12岁女孩，在鉴定报告摆在眼前后，该女孩及家长不得不承认苹果是其所扔。

上述东莞小区该栋的业主是幸运的，因公安机关介入运用高科技鉴定技术查清了真正的侵权人，从而避免了整栋楼的住户集体被诉讼的命运。依照《侵权责任法》，高空抛物、坠物事件发生后，除了有表面证据证明可能是属于故意抛物的刑事犯罪事件外，公安机关是没有责任依职权介入调查的。而住户们作为普通的民众，没有调查的技术、技能，更没有调查的权力，如果事故发生时家中有人，往往是无法证明自己不是加害人的，所以一户抛坠物，却由几十户共同承担责任的现象时有发生。《民法典》中新增了公安调查规则、先经调查规则，公安机关可以运用科学侦查手段和职权优势，有望破解高空抛坠物案"连坐"的局面，也更有利于民刑对接，化解社会矛盾。这样，法律的社会效果就得以彰显，能够深入人心，得到人们的信服和遵守。

总而言之，《民法典》的规定较《侵权责任法》第87条而言，高空抛物、坠物不再仅仅是道德行为，而是成为违法行为，这是《民法典》相比《侵权责任法》的一大进步。《民法典》在救济被害人与保护建筑物使用人之间进一步平衡了利益，坚持了过错责任原则，更合理地实行了公平分担损失原则，保持了规则的正当性，但又强化了物业服务企业等建筑物管理人的安全保障义务，确立了公权力在事实查明上的义务，发挥了刑民共治体系的积极作用。

5.《民法典》对于高空抛物、坠物的新规在实践中还需要进一步制定执行措施和认定标准，才能确保该规定得以切实发挥扭转人们行为模式的作用。《民法典》对高空抛物、坠物造成他人财产或人身损害的行为明确了赔偿的责任，但对于没有造成他人损害的抛掷物品等的违法行为，是否需要查处？由什么部门来执法？证据如何认定？处罚措施是什么？物业服务企业做到什么程度才视为"采取了必要的安全保障措施"？公安机关等部门要调查到什么程度、调查多长时间才算是尽到了"行政作为"，如果公安机关无法查清事实的是否会被认定为是"不作为"？执行新规的过程中，现实生活一定还会提出很多新问题，需要立法者或执法部门、其他相关部门进一步通过出台司法解释及配套措施来解决。特别是如下两方面：

（1）制定物业服务企业的服务规范和指引。对于物业服务企业如何科学、合理、有效地采取安全保障措施，房管部门、行业协会应当加强研究，制定具体的指引措施，更新"物业服务合同范本"，制定相应的推荐性行业规范或技术标准，如增加典型案例展示等公益广告在小区的投放量，增加巡视频率，增加监控设备的密度，明确安装摄像头的具体规范和角度，保证能全面拍摄到房屋外部情况而没有侵犯房屋内部的隐私，规定好调阅监控权限，以免造成不必要的纷争，在取证和尊重住户隐私之间取得平衡。立法部门也要同时修改《物业管理条例》，使之与《民法典》的规定相衔接，列明增加物业服务企业的成本的来源，是由业主、物业服务企业承担，还是由政府给予一定补贴，或者允许在物业维修基金中列支，令物业服务企业的行为有法可依。

（2）启用信用记录，对有高空抛物、坠物行为的人员进行惩戒。虽然《民法典》将高空抛物、坠物行为列为禁止性的违法行为，对于造成了侵权结果的行为有了承担责任的准则，但对于未造成财产人身伤害的行为却没有处罚措施，只有酿成大祸后才承担法律责任，这样人们容易存在侥幸心理，未能够有效起到防微杜渐，防患于未然的作用。因此建议可以利用信用监管体系，只要存在高空抛物、坠物违法行为的人员，不管是否造成严重法律后果，都将其个人信用纳入信用管理体系记录，以影响其积分入户、租房、贷款等，这样可以有效配合《民法典》的实施。

结语

《民法典》是一部贯穿人们整个人生、指导人们生活方方面面的基本准则，其终极目标是保护人的生命、健康和重大公私财产安全及公共生产、生活安全，提升公众的安全感、幸福感。《民法典》第1254条保护了我们"头顶上的安全"，我们才可能真正地脚踏实地，放心地仰望星空！

后　记

2020 年 5 月 28 日，第十三届全国人民代表大会高票表决通过《中华人民共和国民法典》，民法典自此诞生了。

在这一历史性时刻，当然要给最关心《民法典》的人表示祝贺，我立即给我最尊敬的王利明老师发送了恭贺短信息，热烈祝贺《民法典》高票通过！

在这一历史性时刻，北京市安通律师事务所作为一家专注高端民商事法律服务的律所，当然也必须认真学习、研究、宣传、遵守、运用《民法典》。

在《民主与法制》周刊原总编辑刘桂明老师的亲自策划、宋韬记者的具体组织下，安通律师事务所积极参与《民主与法制》周刊封面专题文章"律师眼中的民法典"的撰写。

该专题由 7 位安通所律师牵头，分别就民法典总则编、物权编、合同编、人格权编、婚姻家庭编、继承编、侵权责任编等各分编内容撰写一篇评论性学习文章，评析该编内容的亮点所在以及发表自己对于该编内容的观点。在众多投稿中，最后确定选用：汤敏煌律师撰写的《总则编：一部基本法典的来龙去脉》，李晴文律师、张前登律师撰写的《物权编：一种财产权利的天经地义》，刘勇律师撰写的《合同编：一纸契约保护的居安思危》，邵红霞律师撰写的《人格权编：一项个人权的前世今生》，郭安慧律师撰写的《婚姻家庭编：一个基础条款的天长地久》，王中梅律师撰写的《继承编：一种社会理念的承前启后》，梁会青律师撰写的《侵权责任编：一种指导规范的继往开来》7 篇专题文章。

该专题文章完成后，我又分别向我的导师王利明教授和班主任姚欢庆老师汇报了我们学习《民法典》的情况，附送了我所律师撰写的 7 篇学习文章。王利明老师、姚欢庆老师对此非常肯定与支持，并分别为我们的专题作序。

以上共9篇文章在《民主与法制》周刊2020年第23期，以封面专题形式刊登发表。可以自豪地说，自《民法典》颁布后，由中国民法泰斗作序支持，并由中央级媒体以多版面系列报道律师学习民法典，在国内尚属首次！

特别是，王利明老师还鼓励我们不能就此止步。王老师说："对于民法典的理解和适用是一项浩大的工程，需要千千万万法律人的深度参与，过程可能需要绵亘数百年。"同时，建议我们应借此契机，邀请本所律师分别将学习民法典的心得撰写成文，以安通所的名义付梓成书！

2020年7月21日，为不辜负王老师的殷切期望，我们特别邀请到时任《民主与法制》周刊总编辑刘桂明老师、知识产权出版社齐梓伊主任、《民主与法制》周刊宋韬记者来到安通所现场指导工作。经主任办公会议决定：安通总所和安通东莞所执业律师每人必须参加一个小组，至少撰写一篇5000字左右的《民法典》学习文章。并以《民法典》总则和分则为主题分别成立7个学习小组，组织成员撰写学习文章。本书预计成稿四十余万字，由知识产权出版社出版发行。

安通所各位同人均高度重视，积极参与到了学习《民法典》、适用《民法典》、撰写《民法典》学习文章活动中。

特别值得一提的是，与安通所有良好合作的内蒙古英策律师事务所闫杰慧律师、丛颖律师、姚远律师、迟伟东律师，北京中闻律师事务所张晓菊律师，上海正策律师事务所王晓阳律师，浙江晓德律师事务所陈文明律师，云南上首律师事务所赵涓涓律师，北方工业大学法律系研究生李梅青同学、刘尚蓝同学等听闻后，也积极要求参与。这样本书就有了与安通所友好合作的律师、法学院学生贡献的《民法典》学习文章。

2020年9月18日，《民主与法制》周刊、知识产权出版社和安通所共同召开了《律师眼中的民法典》新书审稿会。刘桂明老师、宋韬记者，出版社王润贵副总编，编辑部汤腊冬主任，法律编辑室齐梓伊主任、唱学静编辑，安通所汤敏煌、李晴文、刘勇、党京律师参加了会议。刘桂明老师指出，本书的出版，既是安通所学习研究《民法典》的成果展现，也是安通所对外展示的一张精美名片，更是安通所送给客户、律师同行以及社会大众的一份珍贵礼物！这次会议明确了读者群体是以安通所客户为主体，属于通俗普法读物，但不排斥专业性。

刘桂明老师对安通所新书的出版不但给予策划、支持和指导，还欣然为我们作序。北京理工大学法学院孟强老师听闻后，也为本书作序。

这样本书就有了四篇序：

中国著名民法学家，中国人民大学原常务副校长、教授，中国法学会民法典编纂项目领导小组副组长王利明老师为我们写的《律师是准确适用民法典、依法保障人民权益的重要力量》；

中国法学会《民主与法制》周刊原总编辑、《中国律师》杂志原总编辑、中国律师论坛原秘书长、团中央中国预防青少年犯罪研究会原副秘书长刘桂明老师为我们写的《这部民法典的新书是如何炼成的》；

中国法学会知识产权法学研究会副秘书长，中国人民大学民商事法律科学研究中心副主任、专职研究员，中国民商法律网负责人，《中国审判案例要览》编辑姚欢庆老师为我们写的《法典的生命在实施》；

中国法学会民法学研究会副秘书长、中国人民大学民商事法律科学研究中心研究员、中国政法大学司法改革研究中心研究员、北京理工大学法学院孟强老师为我们写的《像律师一样思考民法典》。

新书出版是安通所的一件大事。在大家的共同努力下，完成学习文章近70篇，共计45万字，基本上实现了我们定下的目标：将本书打造为安通所一部有分量的作品、一份有内涵的礼品、一件有价值的展品！在此，我要特别感谢各位老师、领导和各位同人的大力支持；感谢《民主与法制》周刊、知识产权出版社的大力支持；感谢参与写作的作者和朋友们……正是有了您的鼎力支持，本书才得以如期面世。

囿于水平，本书难免存在疏漏与不足，敬请广大读者批评指正，以帮助我们更好地研读《民法典》。

北京市安通律师事务所

汤敏煌

北京市安通律师事务所简介

北京市安通律师事务所成立于 2007 年 11 月 11 日，此后，安通所在广东东莞投资设立了北京市安通（东莞）律师事务所。北京市安通律师事务所和北京市安通（东莞）律师事务所现有注册律师、实习律师、律师助理、行政管理人员共一百六十余人。是一家综合性的法律服务机构，坚持以"专业领域、专家水平、专有服务"为特色，以提供"优质、高效"的法律服务为宗旨，为高端企业和企业家、知名人士提供法律顾问服务、民商事法律服务、企业商业模式策划。

所内合伙人均为业界资深律师，具有良好的教育背景、丰富的执业经验、优良的业绩和信誉，在创办本所之前或曾作为其他优秀或大型律师事务所的合伙人，或被各级中国司法行政管理部门评为优秀律师，或担任律师协会常务理事或专业委员会委员、其他社会团体理事、政府顾问等。安通所坚持"民主办所、人才办所、制度办所"，最大限度地让利律师，提倡和践行团队精神；提倡多品牌、跨行业合作；以人为本，唯才是举，重视人才，培养人才，大力扶持年轻律师。

主要从事民商事法律服务。在企业法律顾问、建设工程、公司法、合同法、物权法、房地产；公司收购、企业合并、破产重组、金融证券、知识产权、公司内控管理及企业商业模式策划等重大民商事诉讼与非诉讼领域实战经验丰富。可为社会各界提供全面和优质的诉讼、非诉讼法律服务。

设有从事建设工程领域法律服务的专业团队，拥有建设工程法务监理法律服务产品，专门为建筑企业提供从建筑工程招标、投标至保证金回收的全过程、全方位的法律服务。

在涉外知识产权、国际投资、国际贸易、国际金融、关税以及外商在中国设立独资、合资和合作经营企业等涉外经济方面，设有专门人员承办法律事务。2017 年 8 月，安通所作为发起人之一，成立和加入了"一带一路法律服务研究会"及其联盟，为"一带一路"企业提供法律服务支撑。

安通所从 2017 年起，每年捐赠中国人民大学民商事法律科学研究中心 30 万元用于学术调研，每月开办线上"民商法前沿论坛·安通论坛"数次，每年举办一次线下"安通民商法前沿论坛"，并邀请专家学者、高级法官、知名律师、企业高管参加。

安通所专家顾问团队均为在国内法学界享有盛誉、在自身领域有突出贡献的专家学者。强大的专家顾问团队为安通所提供了强有力的法律理论技术支持。

安通所还与多家高校、法律研究机构、新闻媒体建立了良好的合作关系，与会计师事务所、公证机构、商务调查机构、专利事务所、商标事务所、工商登记代理公司、管理咨询公司等市场中介机构也有密切的交流。

安通所重视信誉，信守合同，办事快捷，坚持公正、廉洁和保密原则，尽力维护当事人的合法权益，受到广泛好评。